大学赤本シリーズ

565

安田女子大学

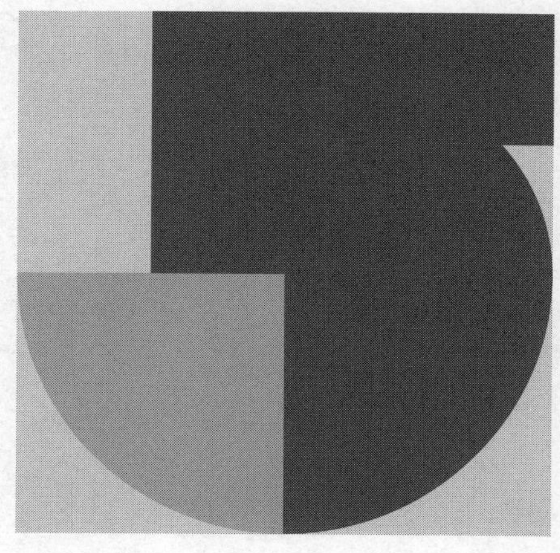

教学社

は し が き

おかげさまで，大学入試の「赤本」は，今年で創刊 70 周年を迎えました。

これまで，入試問題や資料をご提供いただいた大学関係者各位，掲載許可をいただいた著作権者の皆様，各科目の解答や対策の執筆にあたられた先生方，そして，赤本を使用してくださったすべての読者の皆様に，厚く御礼を申し上げます。

以下に，創刊初期の「赤本」のはしがきを引用します。これからも引き続き，受験生の目標の達成や，夢の実現を応援してまいります。

本書を活用して，入試本番では持てる力を存分に発揮されることを心より願っています。

編者しるす

＊　＊　＊

学問の塔にあこがれのまなざしをもって，それぞれの志望する大学の門をたたかんとしている受験生諸君！　人間として生まれてきた私たちは，自己の欲するままに，美しく，強く，そして何よりも人間らしく生きることをねがっている。しかし，一朝一夕にして，この純粋なのぞみが達せられることはない。私たちの行く手には，絶えずさまざまな試練がまちかまえている。この試練を克服していくところに，私たちのねがう真に人間的な世界がはじめて開かれてくるのである。

人生最初の最大の試練として，諸君の眼前に大学入試がある。この大学入試は，精神的にも身体的にも，大きな苦痛を感ぜしめるであろう。あるスポーツに熟達するには，たゆみなき，はげしい練習を積み重ねることが必要であるように，私たちは，計画的・持続的な努力を払うことによって，この試練を克服し，次の一歩を踏みだすことができる。厳しい試練を経たのちに，はじめて満足すべき成果を獲得できるのである。

本書は最近の入学試験の問題に，それぞれ解答を付し，さらに問題をふかく分析することによって，その大学独特の傾向や対策をさぐろうとした。本書を一般の参考書とあわせて使用し，まとはずれのない，効果的な受験勉強をされるよう期待したい。

（昭和 35 年版「赤本」はしがきより）

挑む人の、いちばんの味方

赤本創刊70周年

1954 年に大学入試の過去問題集を刊行してから 70 年。赤本は大学に入りたいと思う受験生を応援しつづけてきました。これからも，苦しいとき落ち込むときにそばで支える存在でいたいと思います。

そして，勉強をすること，自分で道を決めること，努力が実ること，これらの喜びを読者の皆さんが感じることができるよう，伴走をつづけます。

そもそも赤本とは…

受験生のための大学入試の過去問題集！

70年の歴史を誇る赤本は，500点を超える刊行点数で全都道府県の370大学以上を網羅しており，過去問の代名詞として受験生の必須アイテムとなっています。

なぜ受験に過去問が必要なのか？

大学入試は大学によって問題形式や頻出分野が大きく異なるからです。

赤本の掲載内容

傾向と対策

これまでの出題内容から，問題の「**傾向**」を分析し，来年度の入試に向けて具体的な「**対策**」の方法を紹介しています。

問題編・解答編

- 年度ごとに問題とその解答を掲載しています。
- 「**問題編**」ではその年度の試験概要を確認したうえで，実際に出題された過去問に取り組むことができます。
- 「**解答編**」には高校・予備校の先生方による解答が載っています。

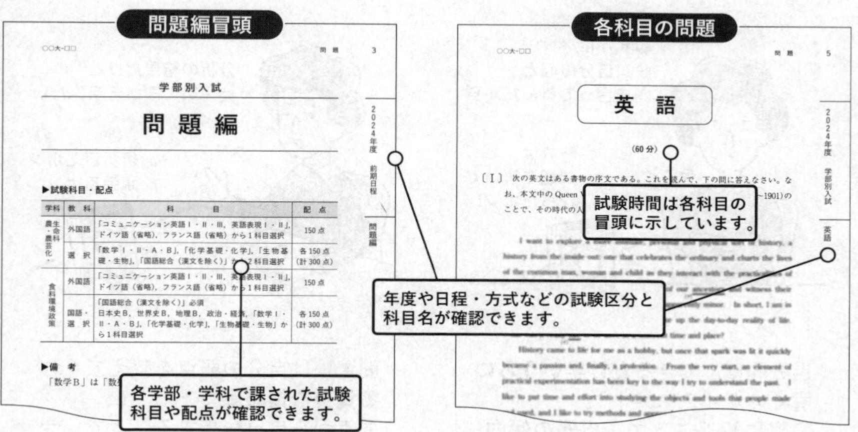

学科	教科	科目	配点
農生・命農科芸化・	外国語	「コミュニケーション英語Ⅰ・Ⅱ・Ⅲ，英語表現Ⅰ・Ⅱ」，ドイツ語（省略），フランス語（省略）から1科目選択	150点
	選択	「数学Ⅰ・Ⅱ・A・B」，「化学基礎・化学」，「生物基礎・生物」，「国語総合（漢文を除く）」から2科目選択	各150点（計300点）
食料環境政策	外国語	「コミュニケーション英語Ⅰ・Ⅱ・Ⅲ，英語表現Ⅰ・Ⅱ」，ドイツ語（省略），フランス語（省略）から1科目選択	150点
	国語・選択	「国語総合（漢文を除く）」必須 日本史B，世界史B，地理B，政治・経済，「数学Ⅰ・Ⅱ・A・B」，「化学基礎・化学」，「生物基礎・生物」から1科目選択	各150点（計300点）

他にも，大学の基本情報や，先輩受験生の合格体験記，在学生からのメッセージなどが載っていることがあります。

2024年度から見やすいデザインに！

NEW

掲載内容について

著作権上の理由やその他編集上の都合により問題や解答の一部を割愛している場合があります。
なお，指定校推薦入試，社会人入試，編入学試験，帰国生入試などの特別入試，英語以外の外国語科目，商業・工業科目は，原則として掲載しておりません。また試験科目は変更される場合がありますので，あらかじめご了承ください。

受験勉強は

過去問に始まり，

STEP 1

なにはともあれ

まずは解いてみる

しずかに…
今，自分の心と
向き合ってるんだから

ムーン

それは
問題を解いて
からだホン!

過去問は，**できるだけ早いうちに解く**のがオススメ！
実際に解くことで，**出題の傾向，問題のレベル，今の自分の実力**がつかめます。

STEP 2

じっくり具体的に

弱点を分析する

分析の結果だけど
英・数・国が苦手みたい
スリー
必須科目だホン
頑張るホン

間違いは自分の弱点を教えてくれる**貴重な情報源。**
弱点から自己分析することで，**今の自分に足りない力や苦手な分野**が見えてくるはず！

合格者があかす赤本の使い方

傾向と対策を熟読

(Fさん／国立大合格)

大学の出題傾向を調べるために，赤本に載っている「傾向と対策」を熟読しました。

繰り返し解く

(Tさん／国立大合格)

1周目は問題のレベル確認，2周目は苦手や頻出分野の確認に，3周目は合格点を目指して，と過去問は繰り返し解くことが大切です。

赤本の使い方 解説

過去問に終わる。

STEP 3

志望校にあわせて

苦手分野の重点対策

明日からはみんなで頑張るよ！
参考書も！ 問題集も！
よろしくね！
呼んだ？
なにを!?
どこから!?
グッ
グッ

参考書や問題集を活用して，苦手分野の**重点対策**をしていきます。**過去問を指針**に，合格へ向けた具体的な学習計画を立てましょう！

STEP 1 ▶ 2 ▶ 3

サイクルが大事！

実践を繰り返す

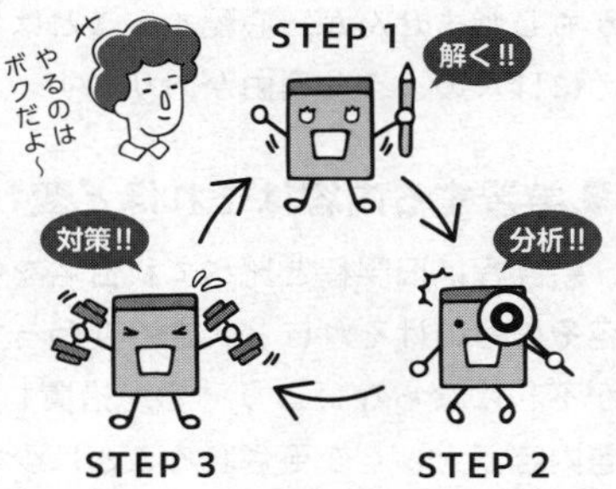

STEP 1〜3を繰り返し，実力アップにつなげましょう！
出題形式に慣れることや，**時間配分を考えること**も大切です。

目標点を決める

（Yさん／私立大合格）

赤本によっては合格者最低点が載っているので，それを見て目標点を決めるのもよいです。

時間配分を確認

（Kさん／私立大学合格）

赤本は時間配分や解く順番を決めるために使いました。

添削してもらう

（Sさん／私立大学合格）

記述式の問題は先生に添削してもらうことで自分の弱点に気づけると思います。

新課程入試 Q&A

2022 年度から新しい学習指導要領（新課程）での授業が始まり，2025 年度の入試は，新課程に基づいて行われる最初の入試となります。ここでは，赤本での新課程入試の対策について，よくある疑問にお答えします。

Q1. 赤本は新課程入試の対策に使えますか？

A. もちろん使えます！

旧課程入試の過去問が新課程入試の対策に役に立つのか疑問に思う人もいるかもしれませんが，心配することはありません。旧課程入試の過去問が役立つのには次のような理由があります。

● 学習する内容はそれほど変わらない

新課程は旧課程と比べて科目名を中心とした変更はありますが，学習する内容そのものはそれほど大きく変わっていません。また，多くの大学で，既卒生が不利にならないよう「経過措置」がとられます（Q３参照）。したがって，出題内容が大きく変更されることは少ないとみられます。

● 大学ごとに出題の特徴がある

これまでに課程が変わったときも，各大学の出題の特徴は大きく変わらないことがほとんどでした。入試問題は各大学のアドミッション・ポリシーに沿って出題されており，過去問にはその特徴がよく表れています。過去問を研究してその大学に特有の傾向をつかめば，最適な対策をとることができます。

出題の特徴の例	・英作文問題の出題の有無 ・論述問題の出題（字数制限の有無や長さ） ・計算過程の記述の有無

新課程入試の対策も，赤本で過去問に取り組むところから始めましょう。

Q2. 赤本を使う上での注意点はありますか？

A. 志望大学の入試科目を確認しましょう。

過去問を解く前に，過去の出題科目（問題編冒頭の表）と 2025 年度の募集要項とを比べて，課される内容に変更がないかを確認しましょう。ポイントは以下のとおりです。科目名が変わっていても，実際は旧課程の内容とほとんど同様のものもあります。

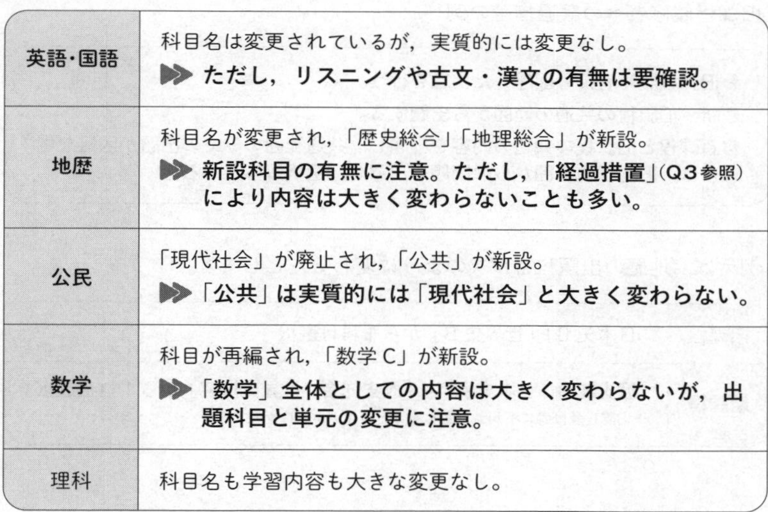

英語・国語	科目名は変更されているが，実質的には変更なし。 ▶▶ **ただし，リスニングや古文・漢文の有無は要確認。**
地歴	科目名が変更され，「歴史総合」「地理総合」が新設。 ▶▶ **新設科目の有無に注意。ただし，「経過措置」（Q３参照）により内容は大きく変わらないことも多い。**
公民	「現代社会」が廃止され，「公共」が新設。 ▶▶ **「公共」は実質的には「現代社会」と大きく変わらない。**
数学	科目が再編され，「数学Ｃ」が新設。 ▶▶ **「数学」全体としての内容は大きく変わらないが，出題科目と単元の変更に注意。**
理科	科目名も学習内容も大きな変更なし。

数学については，科目名だけでなく，どの単元が含まれているかも確認が必要です。例えば，出題科目が次のように変わったとします。

旧課程	「数学Ⅰ・数学Ⅱ・数学Ａ・数学Ｂ（数列・ベクトル）」
新課程	「数学Ⅰ・数学Ⅱ・数学Ａ・**数学Ｂ（数列）・数学Ｃ（ベクトル）**」

この場合，新課程では「数学Ｃ」が増えていますが，単元は「ベクトル」のみのため，実質的には旧課程とほぼ同じであり，過去問をそのまま役立てることができます。

Q3. 「経過措置」とは何ですか？

A. 既卒の旧課程履修者への対応です。

多くの大学では，既卒の旧課程履修者が不利にならないように，出題において「経過措置」が実施されます。措置の有無や内容は大学によって異なるので，募集要項や大学のウェブサイトなどで確認しておきましょう。

○旧課程履修者への経過措置の例

- 旧課程履修者にも配慮した出題を行う。
- 新・旧課程の共通の範囲から出題する。
- 新課程と旧課程の共通の内容を出題し，共通範囲のみでの出題が困難な場合は，旧課程の範囲からの問題を用意し，選択解答とする。

例えば，地歴の出題科目が次のように変わったとします。

旧課程	「日本史 B」「世界史 B」から１科目選択
新課程	「**歴史総合**，日本史探究」「**歴史総合**，世界史探究」から１科目選択※ ※旧課程履修者に不利益が生じることのないように配慮する。

「歴史総合」は新課程で新設された科目で，旧課程履修者には見慣れないものですが，上記のような経過措置がとられた場合，新課程入試でも旧課程と同様の学習内容で受験することができます。

要チェックだホン

新課程の情報は WEB もチェック！
より詳しい解説が赤本ウェブサイトで見られます。
https://akahon.net/shinkatei/

科目名が変更される教科・科目

	旧課程	新課程
国語	国語総合 国語表現 現代文A 現代文B 古典A 古典B	現代の国語 言語文化 論理国語 文学国語 国語表現 古典探究
地歴	日本史A 日本史B 世界史A 世界史B 地理A 地理B	歴史総合 日本史探究 世界史探究 地理総合 地理探究
公民	現代社会 倫理 政治・経済	公共 倫理 政治・経済
数学	数学Ⅰ 数学Ⅱ 数学Ⅲ 数学A 数学B 数学活用	数学Ⅰ 数学Ⅱ 数学Ⅲ 数学A 数学B 数学C
外国語	コミュニケーション英語基礎 コミュニケーション英語Ⅰ コミュニケーション英語Ⅱ コミュニケーション英語Ⅲ 英語表現Ⅰ 英語表現Ⅱ 英語会話	英語コミュニケーションⅠ 英語コミュニケーションⅡ 英語コミュニケーションⅢ 論理・表現Ⅰ 論理・表現Ⅱ 論理・表現Ⅲ
情報	社会と情報 情報の科学	情報Ⅰ 情報Ⅱ

目　次

2024 年度 問題と解答

2023年度 問題と解答

掲載内容についてのお断り

自己表現型選抜および一般選抜後期日程は掲載していません。

基本情報

学部・学科の構成

大　学

●理工学部　※ 2025 年 4 月開設予定（設置認可申請中）

生物科学科

情報科学科

建築学科

●文学部

日本文学科

書道学科

英語英米文学科

●教育学部

児童教育学科

幼児教育学科　※ 2025 年 4 月開設予定（届出設置書類提出中）

●**心理学部**

現代心理学科

ビジネス心理学科

●**現代ビジネス学部**

現代ビジネス学科

国際観光ビジネス学科

公共経営学科

●**家政学部**

生活デザイン学科

管理栄養学科

造形デザイン学科

●**薬学部**

薬学科［6年制］

●**看護学部**

看護学科

大学院

文学研究科／家政学研究科／薬学研究科／看護学研究科

大学所在地

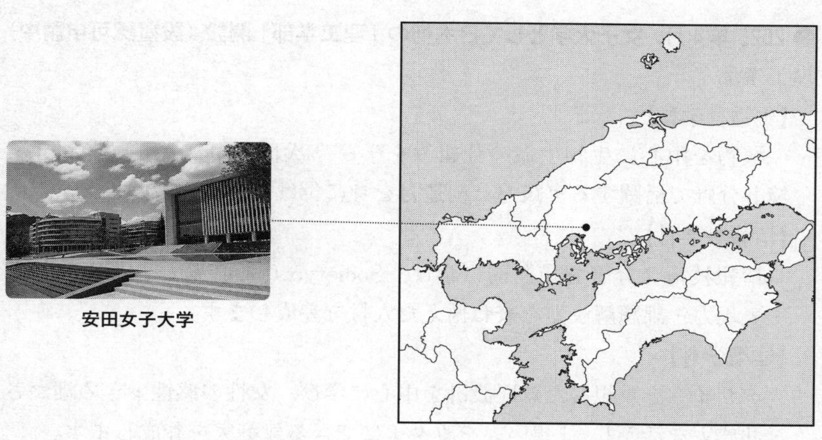

安田女子大学

〒731-0153　広島市安佐南区安東（やすひがし）六丁目13番1号

2025 年度のトピックス

● 2025 年 4 月，女子大学として日本初の「理工学部」開設（設置認可申請中）

理工学部

【生物科学科】

植物を中心に生物生命の仕組みを学び，次世代の「食」「資源」「環境」分野で活躍する実践力と創造力を身に付けた人材を養成します。

【情報科学科】

情報技術 3 分野を横断的に学び，Society5.0 で必要とされる発信力・表現力・課題解決力を兼ね備えた人材を養成します。

【建築学科】

デザインを重視した意匠設計を中心に学び，女性の感性・きめ細かさ・共感力を活かし，「想い」をカタチにできる建築家を養成します。

● 2025 年 4 月，教育学部「幼児教育学科」を新設（届出設置書類提出中）

新学科開設に伴い，2 学科体制（幼児教育学科・児童教育学科）になります。

幼児教育学科では，人生のスタート期であり，人間形成の基礎が培われる乳児期・幼児期のそれぞれの発達特性に応じた関わり方について，理論と実践の往還的な学びにより専門性を高めます。子どもたちの豊かな人生を創造し，幼児教育・保育分野の未来をけん引する保育者等の専門的職業人を養成します。

●理工学部棟完成予想図（2025 年度完成予定）

掲載内容は予定であり，変更になる可能性があります。

募集要項（願書）の入手方法

編入学試験・大学院入学試験以外は，すべて「インターネット出願」による受付となっています。入学試験要項は大学ホームページで閲覧・ダウンロードできます。

問い合わせ先

安田女子大学　入試広報課
〒731-0153　広島市安佐南区安東（やすひがし）六丁目13番1号
TEL　082-878-8557（直通）
E-mail　nyushi.box@yasuda-u.ac.jp
URL　https://www.yasuda-u.ac.jp/

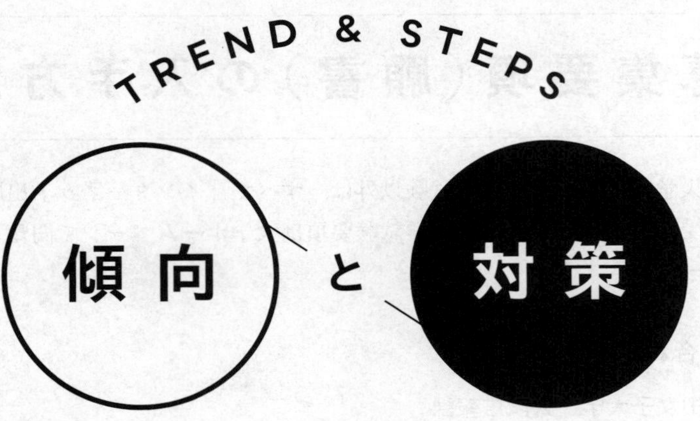

科目ごとに問題の「傾向」を分析し，具体的にどのような「対策」をすればよいか紹介しています。まずは出題内容をまとめた分析表を見て，試験の概要を把握しましょう。

注　意

「傾向と対策」で示している，出題科目・出題範囲・試験時間等については，2024 年度までに実施された入試の内容に基づいています。2025 年度入試の選抜方法については，各大学が発表する学生募集要項を必ずご確認ください。

来年度の変更点

2025 年度入試では，以下の変更が予定されている（本書編集時点）。

- 2025 年 4 月に理工学部（生物科・情報科・建築学科）が開設される。総合型選抜（専願・併願）および一般選抜（前期日程）の入学試験科目については，「国語・英語・数学・理科・情報」から 2 教科選択制とし，文理問わず受験が可能となる予定。
- 総合型選抜・一般選抜（前期日程）の実施科目に「情報Ⅰ」が加わる。

英語

▶総合型選抜

年度	区分		番号	項目	内容
2024 ●	前期日程	併願	〔1〕	文法・語彙	(1)〜(5)空所補充
			〔2〕	文法・語彙	(1)〜(5)語句整序
			〔3〕	会話文	空所補充
			〔4〕	読解	空所補充
			〔5〕	読解	空所補充，内容説明，内容真偽
		専願	〔1〕	〈併願〉〔1〕(1)・(3)〜(5)に同じ	
			〔2〕	〈併願〉〔2〕(1)・(4)・(5)に同じ	
			〔3〕	〈併願〉〔3〕に同じ	
			〔4〕	〈併願〉〔4〕に同じ	
			〔5〕	〈併願〉〔5〕に同じ	
	後期日程	併願	〔1〕	文法・語彙	(1)〜(5)空所補充
			〔2〕	文法・語彙	(1)〜(5)語句整序
			〔3〕	会話文	空所補充
			〔4〕	読解	空所補充
			〔5〕	読解	空所補充，内容説明，内容真偽
		専願	〔1〕	〈併願〉〔1〕(1)〜(4)に同じ	
			〔2〕	〈併願〉〔2〕(1)・(3)・(5)に同じ	
			〔3〕	〈併願〉〔3〕に同じ	
			〔4〕	〈併願〉〔4〕に同じ	
			〔5〕	〈併願〉〔5〕に同じ	

(注) ●印は全問，◑印は一部マークシート方式採用であることを表す。
2024年度より分析。

▶一般選抜

年度	区　分	番号	項　目	内　容
2024 ●	前期A	〔1〕	文法・語彙	空所補充
		〔2〕	文法・語彙	語句整序
		〔3〕	会　話　文	空所補充
		〔4〕	読　　　解	空所補充
		〔5〕	読　　　解	内容説明
		〔6〕	読　　　解	内容説明，空所補充，内容真偽
	前期B	〔1〕	文法・語彙	空所補充
		〔2〕	文法・語彙	語句整序
		〔3〕	会　話　文	空所補充
		〔4〕	読　　　解	空所補充
		〔5〕	読　　　解	内容説明
		〔6〕	読　　　解	内容説明，空所補充，主題
	前期C	〔1〕	文法・語彙	空所補充
		〔2〕	文法・語彙	語句整序
		〔3〕	会　話　文	空所補充
		〔4〕	読　　　解	空所補充
		〔5〕	読　　　解	内容説明
		〔6〕	読　　　解	空所補充，内容説明，同意表現，内容真偽
2023 ●	前期A	〔1〕	文法・語彙	空所補充
		〔2〕	文法・語彙	語句整序
		〔3〕	会　話　文	空所補充
		〔4〕	読　　　解	空所補充
		〔5〕	読　　　解	内容説明
		〔6〕	読　　　解	空所補充，内容説明，内容真偽
	前期B	〔1〕	文法・語彙	空所補充
		〔2〕	文法・語彙	語句整序
		〔3〕	会　話　文	空所補充
		〔4〕	読　　　解	空所補充
		〔5〕	読　　　解	内容説明
		〔6〕	読　　　解	空所補充，内容説明，内容真偽
	前期C	〔1〕	文法・語彙	空所補充
		〔2〕	文法・語彙	語句整序
		〔3〕	会　話　文	空所補充
		〔4〕	読　　　解	空所補充
		〔5〕	読　　　解	内容説明
		〔6〕	読　　　解	内容説明，同意表現，空所補充，内容真偽

（注）●印は全問，◑印は一部マークシート方式採用であることを表す。

例年同一の出題パターン 読解問題は総合型で 2 題，一般は 3 題

01 出題形式は？

総合型・一般ともに全問マークシート方式である。

総合型：前期・後期とも，文法・語彙問題２題，会話文問題１題，読解問題２題，計５題の出題である。試験時間は２科目で 90 分。

一般：文法・語彙問題２題，会話文問題１題，読解問題３題，計６題の出題である。試験時間は 60 分。

02 出題内容はどうか？

読解問題は，総合型・一般ともに空所補充形式１題に加え，総合読解問題形式１題，一般ではこれに加えてメール文を題材にした問題が１題出題されている。英文の分量は少なめで，比較的読み取りやすいものが多い。英文のテーマは，文化論や社会論を中心にさまざまなものが取り上げられており，時事的なテーマや，やや抽象的な内容のものが取り上げられることもある。

総合読解問題の設問は，空所補充，内容説明，内容真偽が出題されることが多い。同意表現や本文の主題を問われることもある。空所補充形式の大問では，語彙力はもちろん，論旨の展開の理解を問うものもみられる。一般で出題されているメール文を題材にした大問は，内容理解を問う問題である。英文・設問とも難しいものではないが，英問英答形式であるため，慎重に英文・設問を読むことが必要である。

文法・語彙問題：例年，１題が空所補充，１題が語句整序となっている。時制・語法・熟語に関するものが多い。語句整序では，文法・語法を正確に理解していないと正解できないものもあり，注意が必要。

会話文問題：空所補充形式で出題されている。日常的な場面設定での会話が取り上げられることが多い。会話特有の表現も出題されることがあるが，出題文が短いこともあり，会話の自然な流れについていけば，比較的答えやすい問題が多い。

03　難易度は？

文法・語彙問題，会話文問題は標準的である。読解問題もすべて選択式解答であり，標準的な内容である。前半の文法・語彙問題を速く，正確に解き，読解問題に十分な時間をかけられるようにしたい。

対策

01　文法・語彙問題対策

まずは基本的な知識を正確に身につけることが大切である。各文法単元の基本事項はもちろん，動詞の語法，熟語，接続詞と同じ働きをする各種の表現を習得しておくことが重要である。基本的な文法・語法項目を網羅した問題集（『Next Stage 英文法・語法問題』桐原書店など）で問題演習を行っておくとよい。同じ問題集を２，３回通して演習しておけば，基本的な知識をひととおり身につけることができる。また，語句整序が必出であるので，整序問題の演習も問題集（『英語整序問題精選600』河合出版など）や過去問で十分にこなしておく必要がある。

02　読解問題対策

長文や難解な英文は出題されていないので，日頃の演習としては共通テスト対策問題集をこなしておきたい。日頃の授業を大切にして，語彙力，文法知識，構文知識といった基本的な力を身につけることが一番の対策となる。

03　過去問の研究を

この数年似通った出題傾向が続いているので，過去問に取り組んで形式に慣れ，問題のレベルを確認しておくことが大切である。

数　学

▶総合型選抜

年度	区分		番号	項目	内容
2024 ●	前期日程	併願	〔1〕	小問7問	(1)連立方程式 (2)1次方程式の利用 (3)2次関数のグラフ (4)三角形の面積 (5)約数の総和 (6)2次関数の最小値 (7)絶対値記号を含む不等式
		専願	〔1〕	小問6問	〈併願〉(1)・(2)・(4)〜(7)に同じ
	後期日程	併願	〔1〕	小問7問	(1)2次不等式 (2)2次関数のグラフと直線との位置関係 (3)多角形の内角の和 (4)絶対値記号を含む不等式 (5)確率 (6)2次関数の最小値 (7)不等式の利用
		専願	〔1〕	小問6問	〈併願〉(1)・(3)〜(7)に同じ

（注）●印は全問，◑印は一部マークシート方式採用であることを表す。
2024年度より分析。

▶一般選抜

年度	区分		番号	項目	内容
	前期A	文・教育・心理・現代ビジネス・家政・看護	〔1〕	小問5問	(1)10回折った紙の厚さ (2)平方数の約数 (3)カードを引く確率 (4)三角比 (5)2次関数のグラフ
			〔2〕	2次関数	2次不等式・2次関数の最大・最小
			〔3〕	図形と計量	正四面体を半分に切った図形
		薬	〔1〕	小問6問	(1)〜(4)〈文・教育・心理・現代ビジネス・家政・看護学部〉〔1〕(1)〜(4)に同じ (5)対称式 (6)3次方程式の解の個数
			〔2〕	〈文・教育・心理・現代ビジネス・家政・看護学部〉〔2〕に同じ	
			〔3〕	三角関数，微分法	2倍角，三角形の面積の最小値，3次関数の最大値

年度	日程	学部	番号	項目	内容
2024 ●	前期B	文・教育・心理・現代ビジネス・家政・看護	〔1〕	小問5問	(1)1次方程式 (2)不良品の確率 (3)相関係数 (4)2次方程式 (5)三角比
			〔2〕	図形と計量	直円錐を転がしたときの底面の半径
			〔3〕	2次関数	2次関数の最大・最小，相加・相乗平均
		薬	〔1〕	小問6問	(1)～(4)〈文・教育・心理・現代ビジネス・家政・看護学部〉〔1〕(1)～(4)に同じ (5)3次方程式の解と係数の関係 (6)複素数を含む2次方程式
			〔2〕	〈文・教育・心理・現代ビジネス・家政・看護学部〉〔2〕に同じ	
			〔3〕	指数・対数	指数方程式・不等式，指数関数の最大・最小
	前期C	文・教育・心理・現代ビジネス・家政・看護	〔1〕	小問5問	(1)2次不等式 (2)雨が降る確率 (3)分散 (4)平面図形 (5)絶対値を含む2次関数の最大値
			〔2〕	確率	あるクラスの男女比とバレー部員の確率
			〔3〕	2次関数	2次関数のグラフの平行移動，最大・最小
		薬	〔1〕	小問6問	(1)～(4)〈文・教育・心理・現代ビジネス・家政・看護学部〉〔1〕(1)～(4)に同じ (5)3次関数と直線で囲まれた面積 (6)対数関数の最小値，相加・相乗平均
			〔2〕	〈文・教育・心理・現代ビジネス・家政・看護学部〉〔2〕に同じ	
			〔3〕	微・積分法	2次関数と3次関数の共通接線と曲線に囲まれた面積
2023 ◑	前期A	文・教育・心理・現代ビジネス・家政・看護	〔1〕	小問5問	(1)2次関数のグラフ (2)数と式 (3)三角比 (4)確率 (5)絶対値を含む不等式
			〔2〕	場合の数	5桁の正の偶数を作るときの場合の数
			〔3〕	図形と計量	長方形から2つの三角形を切りとった六角形
		薬	〔1〕	小問6問	(1)～(3)〈文・教育・心理・現代ビジネス・家政・看護学部〉〔1〕(1)～(3)に同じ (4)三角方程式の解 (5)指数 (6)対数
			〔2〕	〈文・教育・心理・現代ビジネス・家政・看護学部〉〔2〕に同じ	
			〔3〕	微分法	3次関数の極大・極小
	前期B	文・教育・心理・現代ビジネス・家政・看護	〔1〕	小問5問	(1)データの分析 (2)2次方程式の解 (3)三角比 (4)場合の数 (5)絶対値を含む関数
			〔2〕	確率	コインを投げて表が出る確率
			〔3〕	2次関数	2点をつなぐ線分の長さの平方の和の最大・最小
		薬	〔1〕	小問6問	(1)～(3)〈文・教育・心理・現代ビジネス・家政・看護学部〉〔1〕(1)～(3)に同じ (4)三角不等式 (5)直線の方程式 (6)対数関数
			〔2〕	〈文・教育・心理・現代ビジネス・家政・看護学部〉〔2〕に同じ	
			〔3〕	微・積分法	放物線に接する円

前期C	文・教育・心理・現代ビジネス・家政・看護	〔1〕	小 問 5 問	(1)車の速度 (2)因数分解 (3)三角比 (4)サイコロの確率 (5)絶対値を含む方程式
		〔2〕	集合と論理	3つの集合
		〔3〕	2 次 関 数	放物線と直線
	薬	〔1〕	小 問 6 問	(1)〜(3)〈文・教育・心理・現代ビジネス・家政・看護学部〉〔1〕(1)〜(3)に同じ (4)4次方程式 (5)積分法 (6)対数不等式
		〔2〕	〈文・教育・心理・現代ビジネス・家政・看護学部〉〔2〕に同じ	
		〔3〕	微・積分法	2つの放物線の共通接線

（注）●印は全問，◑印は一部マークシート方式採用であることを表す。

出題範囲の変更

2025年度入試より，数学は新教育課程での実施となります。詳細については，大学から発表される募集要項等で必ずご確認ください（以下は本書編集時点の情報）。

		2024年度（旧教育課程）	2025年度（新教育課程）
総合型選抜		数学Ⅰ・A	数学Ⅰ・A
一般選抜	文・教育・心理・現代ビジネス・家政・看護	数学Ⅰ・A	数学Ⅰ・A
	薬	数学Ⅰ・Ⅱ・A	数学Ⅰ・Ⅱ・A

旧教育課程履修者への経過措置

旧教育課程履修者に配慮して出題する。

傾向　総合型では基礎学力を問う　一般は基本的な計算問題と応用力をみる文章題

01　出題形式は？

2024年度から，総合型・一般ともに全問マークシート方式となった。

総合型：前期・後期ともに小問集合の出題である。小問数は併願で7問，専願では併願との共通問題の6問となっている。試験時間は2科目で90分。

一般：大問3題の出題。例年〔1〕は小問での出題である。小問数は薬学部で6問，その他の学部では5問となっている。試験時間は60分。

02 出題内容はどうか？

2024 年度から，総合型・一般ともに数学Ａの出題範囲が〈場合の数と確率，図形の性質〉という限定がなくなり，〈全範囲〉となった。

総合型：あらゆる分野の問題が満遍なく出題されている。2024 年度は 2 次関数，絶対値記号を含む不等式が前期・後期に共通して出題された。

一般：〔1〕の小問集合は，さまざまなタイプの計算問題が満遍なく出題されている。その他の問題では，2 次関数の最大・最小や三角比を用いた図形の問題，場合の数と確率などが頻出である。2024 年度は，相加・相乗平均の出題もみられた。薬学部は微・積分法も要注意である。

03 難易度は？

総合型：基本的な計算問題や 2 次関数の最大・最小，不等式，確率など，教科書の基礎レベルの問題で構成されており，時間的にも十分に余裕があると思われる。見直しをしっかりして，高得点を狙いたい。

一般：〔1〕は基本的な計算問題である。その他の問題も標準的なものがほとんどであるが，一般的な入試問題と異なる出題パターンのものも含まれるため，問題文を正確に読み取り，数量の意味を踏まえた処理が的確にできるようにしておく必要がある。試験時間と出題数を考慮すると，大問 1 題あたり 20 分で解くことになる。

対策

01 基本事項の確認

問題の難易度からみて，基本事項を正確にマスターしておけば十分に対応できる。教科書や傍用問題集の例題などを通じて，定理・公式，重要問題の考え方をしっかり理解しておくことが大切である。

02 過去問の研究

基本的な内容が多い反面，特徴的な出題がみられるため，過去問に当たりながら重要事項を整理し，必要な知識を確認していくと効果的である。

03 文章題，証明問題への対策

数量の意味を問うような文章題が出題されることがあるため，数量の考え方を整理しておくとよいだろう。また，一般選抜では基礎的な証明問題も過去には出題されているので，証明の正しい書き方も確認しておくと自信をもって解答できるだろう。

化　学

▶総合型選抜

年度	区　分		番号	項　目	内　容	
2024 ●	前期日程	併願	〔1〕	構　造	純物質と混合物	
			〔2〕	構　造	同素体	
			〔3〕	構　造	典型元素の分類	
			〔4〕	構　造	陽イオン	
			〔5〕	構　造	化学結合	
			〔6〕	構　造	化学反応式と量的関係	⊘計算
			〔7〕	変　化	中和滴定，中和反応の量的関係	⊘計算
			〔8〕	変　化	電池，金属の精錬，電気分解	
		専願	〔1〕	〈併願〉〔1〕に同じ		
			〔2〕	〈併願〉〔3〕に同じ		
			〔3〕	〈併願〉〔4〕に同じ		
			〔4〕	〈併願〉〔6〕に同じ		
			〔5〕	〈併願〉〔7〕に同じ		
			〔6〕	〈併願〉〔8〕に同じ		
	後期日程	併願	〔1〕	構　造	元素，単体	
			〔2〕	構　造	同位体，質量数	⊘計算
			〔3〕	構　造	電子配置	
			〔4〕	構　造	結晶	
			〔5〕	構　造	無極性分子	
			〔6〕	構　造	質量パーセント濃度，物質量	⊘計算
			〔7〕	変　化	酸・塩基の性質	
			〔8〕	変　化	酸化剤・還元剤	
		専願	〔1〕	〈併願〉〔1〕に同じ		
			〔2〕	〈併願〉〔3〕に同じ		
			〔3〕	〈併願〉〔4〕に同じ		
			〔4〕	〈併願〉〔6〕に同じ		
			〔5〕	〈併願〉〔7〕に同じ		
			〔6〕	〈併願〉〔8〕に同じ		

（注）●印は全問，◑印は一部マークシート方式採用であることを表す。
2024 年度より分析。

▶一般選抜

年度	区分	番号	項　目	内　容	
2024	前期A	〔1〕	構　造	混合物の分離	
		〔2〕	構　造	CO_2 分子の安定同位体の数	
		〔3〕	無　機	Na^+を含む化合物	
		〔4〕	構　造	Al と HCl の化学反応式と量的関係	⊘計算
		〔5〕	変　化	酸と塩基	
		〔6〕	変　化	中和の逆滴定	⊘計算
		〔7〕	変　化	化合物中の構成原子の酸化数	
		〔8〕	変　化	反応熱・結合エネルギーとエネルギー図	
		〔9〕	変　化	Cu の電解精錬と量的関係	⊘計算
		〔10〕	変　化	混合気体の化学平衡とルシャトリエの原理	
		〔11〕	無機・変化	水素	
		〔12〕	無機・変化	気体の生成	
		〔13〕	無　機	Ca の化合物	
		〔14〕	有　機	元素分析と構造異性体の数	⊘計算
		〔15〕	有　機	芳香族化合物の分離	
	前期B	〔1〕	構　造	同素体	
		〔2〕	構　造	炎色反応	
		〔3〕	構　造	原子とその構造	
		〔4〕	構　造	分子中の電子数，極性分子，分子の形	
		〔5〕	無機・構造	$CaCl_2$ の結晶	
		〔6〕	変　化	AgCl の溶解度積	⊘計算
		〔7〕	変　化	pH	
		〔8〕	変　化	$KMnO_4$ と H_2O_2 の酸化還元滴定	⊘計算
		〔9〕	変　化	CO の燃焼熱とヘスの法則	⊘計算
		〔10〕	変　化	H_2O_2 の分解の反応速度式と反応速度定数	⊘計算
		〔11〕	変　化	3種類の水溶液の pH の大小関係	⊘計算
		〔12〕	無　機	ハロゲンとその反応	
		〔13〕	無　機	両性酸化物	
		〔14〕	有　機	有機化合物の決定	
		〔15〕	有　機	有機化合物の決定	
		〔16〕	高分子	テトラペプチドの構造決定	

年度	日程	番号	分野	内容	
2024 ●	前期C	〔1〕	無機・構造	リンの同素体	
		〔2〕	構造	原子の陽子数と中性子数	
		〔3〕	構造	分子内の結合，非共有電子対，分子の形	
		〔4〕	構造	CH_4 と C_3H_8 の混合気体の燃焼反応と量的関係	⊘計算
		〔5〕	構造	溶液の濃度と希釈	⊘計算
		〔6〕	変化	電離と電離度	⊘計算
		〔7〕	変化	塩の性質	
		〔8〕	変化	酸化と還元	
		〔9〕	変化	鉛蓄電池の放電による電気量と消費された硫酸の量	⊘計算
		〔10〕	変化	触媒を加えたときの活性化エネルギーの変化	
		〔11〕	無機	オストワルト法と化学反応式	
		〔12〕	無機	アルミニウム	
		〔13〕	無機	陽イオンの系統分離（H_2S 法）	
		〔14〕	有機	有機化合物の異性体	
		〔15〕	有機	アルコールの酸化	
		〔16〕	高分子	α-アミノ酸の決定	
2023 ●	前期A	〔1〕	構造	物質の特徴と同素体	
		〔2〕	構造	放射性同位体 ^{14}C とその利用	⊘計算
		〔3〕	構造	イオン化エネルギーと価電子数	
		〔4〕	構造	イオン結晶の融点の高低	
		〔5〕	変化	水酸化ナトリウム水溶液と塩酸の中和滴定	⊘計算
		〔6〕	変化	中和滴定の標準溶液	⊘計算
		〔7〕	変化	イオン化傾向の大小と反応	
		〔8〕	変化	COD	⊘計算
		〔9〕	変化	鉛蓄電池の放電と電極の質量変化	⊘計算
		〔10〕	変化	C_2H_6 の分解反応の平衡定数	⊘計算
		〔11〕	無機	硫黄とその化合物	
		〔12〕	無機	金属イオンの系統分離	
		〔13〕	有機・高分子	有機化合物の官能基と構造	
		〔14〕	有機	有機化合物の構造	
		〔15〕	有機	*p*-ヒドロキシアゾベンゼンの合成経路	

年度	日程	番号	項目	内容	
2023 ●	前期B	〔1〕	構　造	物質の分離操作	
		〔2〕	構　造	原子の電子配置	
		〔3〕	構　造	原子とイオンの構造	
		〔4〕	構　造	アンモニア分子とアンモニウムイオンの形と構造	
		〔5〕	構　造	水とエタノールの混合溶液の濃度と体積	⊘計算
		〔6〕	変　化	水溶液の液性と BTB 溶液の色の変化	
		〔7〕	変　化	シュウ酸水溶液と水酸化ナトリウム水溶液の中和滴定	⊘計算
		〔8〕	変　化	電解質溶液の電気分解	
		〔9〕	変　化	塩化鉛の溶解度積	⊘計算
		〔10〕	変　化	硝酸銀水溶液の電気分解	⊘計算
		〔11〕	変　化	生成速度	⊘計算
		〔12〕	無　機	気体の製法と捕集方法	
		〔13〕	無　機	リンとその化合物	
		〔14〕	無　機	ナトリウムとその化合物	
		〔15〕	有　機	エタノール・2-プロパノール・クレゾールの特徴と性質	⊘計算
		〔16〕	高分子	テトラペプチドの構造決定	
	前期C	〔1〕	構　造	同素体	
		〔2〕	構　造	電子配置	
		〔3〕	構　造	電気を通さないもの	
		〔4〕	構　造	イオン化エネルギーとイオン半径の大小	
		〔5〕	構　造	同位体とその存在比，分子量	⊘計算
		〔6〕	状　態	質量パーセント濃度，溶解度と再結晶	⊘計算
		〔7〕	変　化	ガラス器具の洗浄方法	
		〔8〕	変　化	$KMnO_4$ と H_2O_2 の酸化還元滴定	⊘計算
		〔9〕	変　化	ダニエル電池の流れた電気量	⊘計算
		〔10〕	変　化	エステル化平衡時の量的関係	⊘計算
		〔11〕	変　化	CO の生成熱	⊘計算
		〔12〕	無　機	CO と CO_2 の気体の特徴と性質	
		〔13〕	無　機	Na と Ca と Mg の単体と化合物の特徴と性質	
		〔14〕	有　機	C_4H_8 の異性体と完全燃焼での量的関係	⊘計算
		〔15〕	高分子	アラニンの等電点と平衡移動	
		〔16〕	有　機	芳香族化合物の分離	

（注）●印は全問，◑印は一部マークシート方式採用であることを表す。

2024 年度 A 日程：「化学基礎・化学」は〔1〕～〔15〕，「化学基礎・生物基礎」は〔1〕～〔7〕を解答。

B 日程：「化学基礎・化学」は〔1〕～〔16〕，「化学基礎・生物基礎」は〔1〕～〔8〕を解答。

C 日程：「化学基礎・化学」は〔1〕～〔16〕，「化学基礎・生物基礎」は〔1〕～〔8〕を解答。

2023 年度 A 日程：「化学基礎・化学」は〔1〕～〔15〕，「化学基礎・生物基礎」は〔1〕～〔8〕を解答。
B 日程：「化学基礎・化学」は〔1〕～〔16〕，「化学基礎・生物基礎」は〔1〕～〔8〕を解答。
C 日程：「化学基礎・化学」は〔1〕～〔16〕，「化学基礎・生物基礎」は〔1〕～〔8〕を解答。

傾向 総合型・一般ともに教科書中心の標準問題

01 出題形式は？

総合型・一般ともに全問マークシート方式となっている。

総合型：試験時間は 2 教科で 90 分。理科は「化学基礎」と「生物基礎」を合わせて 1 教科となっている。併願は小問 8 問，専願は小問 6 問の出題である。

一般：「化学基礎・化学」「化学基礎・生物基礎」ともに試験時間は 60 分。すべて小問形式で構成されている。小問の中には枝問が数問含まれているものもある。

02 出題内容はどうか？

総合型：すべて化学基礎からの出題である。物質の分類，原子の構造，結合と結晶からの出題が多く，酸と塩基，酸化還元反応についてもそれぞれ 1 問ずつ出題されている。また，化学反応の量的関係や濃度と物質量に関する計算問題も 1 問は出題されているため，基本的な計算は習得しておきたい。

一般：出題範囲は「化学基礎・化学（物質の変化と平衡，無機物質の性質と利用，有機化合物の性質と利用）」または「化学基礎・生物基礎」となっている。小問形式ということもあって，理論分野を中心に幅広い項目から出題されている。化学反応の量的関係，反応速度や化学平衡，中和，酸化還元，電池や電気分解，濃度，電離度，pH，熱量，分子式や分子量を求める計算問題もみられる。

なお，2025 年度一般選抜の「化学」については，出題範囲が「化学基礎・化学（物質の変化と平衡，無機物質の性質，有機化合物の性質）」となる予定である（本書編集時点）。

03 難易度は？

総合型：教科書レベルの基本的な内容を問う問題が大半である。用語の分類や定義を明確にし，計算問題では，教科書の例題・演習問題は確実に解けるようにしておこう。酸と塩基，酸化還元反応は身近な物質や具体的な反応と結びつけて覚えるようにしよう。

一般：教科書レベルの問題が多く，基本～標準的な問題で構成されている。素直な出題が多く，時間を要するものは少ない。ただし，計算問題については多少時間を要するものもある。2024 年度は前期Ａ日程で逆滴定の問題，前期Ｂ日程では AgCl の溶解度積や H_2O_2 の分解の反応速度式の決定の問題，2023 年度は前期Ａ日程で化学的酸素要求量（COD）を求める問題など，やや難度の高い出題もみられた。時間を要する問題は後に回すなどして，テンポよく解答していこう。

対策

01 教科書中心の学習を心がける

ほとんどの問題が教科書内容からの出題であるので，教科書を繰り返し読み，基本的な事柄を理解することに重点をおいた学習を心がけておくとよいだろう。教科書の例題，練習問題を十分に演習して基礎学力を養うこと。また，化学的な思考や探究心を養うためにも参考書を十分に活用して知識を習得することが必要である。

02 問題集の演習による実力養成

教科書の各項目における基本事項の習得と理解をひととおり終了したら，

教科書の例題や練習問題を解き，さらに基礎〜標準レベルの問題集を使っていろいろな形式の問題を解いて実力を向上させよう。

03 計算練習

計算問題が出題されているが，ほとんどが基本問題である。化学反応式の量的関係や公式を用いての計算が多いので，化学計算の考え方や手順を習得し，十分な演習により，あわてることなく確実に解けるようにしておこう。

生　物

▶総合型選抜

年度	区分		番号	項目	内容
2024 ●	前期日程	併願	〔1〕	総　　合	独立栄養・従属栄養，同化・異化，ミドリゾウリムシの特徴，DNA とゲノム
			〔2〕	体内環境	血糖濃度の調節，糖尿病
			〔3〕	体内環境	(1)～(4)ヒトの免疫
		専願	〔1〕	〈併願〉〔1〕に同じ	
			〔2〕	〈併願〉〔2〕に同じ	
			〔3〕	〈併願〉〔3〕(1)～(3)に同じ	
	後期日程	併願	〔1〕	細　　胞	原核生物とウイルス
			〔2〕	代　　謝	生物のエネルギーと ATP
			〔3〕	体内環境	ヒトの体液とその循環
			〔4〕	体内環境	(1)～(4)ヒトの免疫
		専願	〔1〕	〈併願〉〔1〕に同じ	
			〔2〕	〈併願〉〔2〕に同じ	
			〔3〕	〈併願〉〔3〕に同じ	
			〔4〕	〈併願〉〔4〕(1)～(3)に同じ	

（注）●印は全問，◑印は一部マークシート方式採用であることを表す。
2024 年度より分析。

▶一般選抜

年度	区分	番号	項目	内容
	前期A	〔1〕	代　　謝	同化と異化，ATP の構造
		〔2〕	遺伝情報	mRNA・DNA の塩基，転写・翻訳，DNA の塩基組成 ⊘計算
		〔3〕	代　　謝	腎臓の構造と機能，原尿量・再吸収量の測定 ⊘計算
		〔4〕	生殖・発生	生殖の方法，減数分裂での染色体数，組換え価，染色体地図 ⊘計算
		〔5〕	動物の反応	聴覚，眼の構造，瞳孔反射，視物質
		〔6〕	植物の反応	種子形成，種子発芽，頂芽優勢，気孔開閉，光周性

年度	日程	番号	項目	内容
2024 ●	前期B	〔1〕	細胞	ミクロメーター，視野中の物体，固定液，光学顕微鏡での観察，細胞研究の歴史 ⊘計算
		〔2〕	体内環境	ホルモン，水分・塩分の調節
		〔3〕	生態	バイオーム，遷移，森林の環境適応，里山の自然
		〔4〕	生殖・発生	動物・植物の配偶子形成，三遺伝子雑種での連鎖・組換え価 ⊘計算
		〔5〕	動物の反応	骨格筋の構造と収縮
		〔6〕	生殖・発生	ショウジョウバエの特徴・受精・発生，唾腺染色体
	前期C	〔1〕	代謝	酵素反応，カタラーゼ，ヒトの酵素
		〔2〕	遺伝情報	DNA と RNA，細胞周期と DNA，ゲノムと遺伝子，細胞の分化 ⊘計算
		〔3〕	動物の反応	ヒトの自律神経，心臓拍動
		〔4〕	遺伝情報	花の色の遺伝 ⊘計算
		〔5〕	動物の反応	神経細胞の静止電位・活動電位・伝導，シナプスでの伝達，脳の機能
		〔6〕	植物の反応	植物の運動，植物ホルモン，分裂組織，花粉形成
2023 ●	前期A	〔1〕	細胞	細胞研究，細胞小器官，組織・器官，細胞の特徴，核のはたらき
		〔2〕	遺伝情報	DNA，ゲノム，タンパク質合成，染色体中のヌクレオチド鎖 ⊘計算
		〔3〕	体内環境	血液循環，自律神経，血糖濃度，リンパ系，腎臓
		〔4〕	生殖・発生	有性生殖，遺伝情報の分配，連鎖・組換え，性染色体 ⊘計算
		〔5〕	動物の反応	聴覚，平衡覚，視覚
		〔6〕	植物の反応	オーキシン，気孔，フォトトロピン，受精，開花結実，胚発生
	前期B	〔1〕	代謝	光合成での有機物合成，同化・異化，ATP
		〔2〕	体内環境	生体防御，組織液，免疫
		〔3〕	生態	食物連鎖，生態ピラミッド，生物濃縮
		〔4〕	生殖・発生	被子植物の配偶子形成，胚乳形成，配偶子の遺伝子型 ⊘計算
		〔5〕	動物の反応	筋肉の構造，筋収縮
		〔6〕	生殖・発生	ウニの受精・発生，ショウジョウバエのホメオティック遺伝子
	前期C	〔1〕	細胞	顕微鏡観察のサイズ，核，光学顕微鏡の操作
		〔2〕	遺伝情報	体細胞分裂，細胞周期，ゲノム，DNA 塩基の組成 ⊘計算
		〔3〕	体内環境	二酸化炭素の排出，アンモニアの代謝・排出
		〔4〕	遺伝情報	配偶子形成，減数分裂，遺伝子の連鎖・組換え ⊘計算
		〔5〕	動物の反応	聴覚，視覚，視床下部，脳のはたらき
		〔6〕	植物の反応	光周性，花芽形成，茎の構造

（注）●印は全問，◑印は一部マークシート方式採用であることを表す。
「生物基礎・生物」は〔1〕～〔6〕，「化学基礎・生物基礎」は〔1〕～〔3〕を解答。

標準レベルだが考察・計算問題も 出題範囲全分野について正確な知識を

01 出題形式は？

総合型・一般ともに全問マークシート方式である。

総合型：試験時間は2教科で90分。理科は「化学基礎」と「生物基礎」を合わせて1教科となっている。用語選択問題，正文・誤文選択問題が主である。

一般：「生物基礎・生物」の出題数は6題で，「化学基礎・生物基礎」のうち生物基礎の出題数は3題。「生物基礎・生物」「化学基礎・生物基礎」ともに試験時間は60分。用語選択問題，正文・誤文選択問題が主であるが，計算問題も多く出題されている。

02 出題内容はどうか？

総合型：「生物基礎」部分の出題範囲は一般選抜と同様である。

一般：出題範囲は「生物基礎・生物（生殖と発生，生物の環境応答）」または「化学基礎・生物基礎」である。

出題内容は，受容器の働き，血糖量の調節，酵素のように人体に関わる分野の出題が多い。他に細胞，遺伝情報，生殖・発生，生体防御，植物の反応もよく出題されている。

なお，2025年度一般選抜の「生物」については，出題範囲が「生物基礎・生物（生物の進化，遺伝情報の発現と発生，生物の環境応答）」となる予定である（本書編集時点）。

03 難易度は？

総合型：全体的に標準的な難易度の出題であるが，やや詳細な知識を問う問題や，見慣れないタイプの問題もある。浅い知識だけでは対応できない問題も多いため，よく教科書内容を理解しておくことが望まれる。計算，考察問題はみられない。

一般：やや詳細な知識を問う問題や見慣れないタイプの問題もあるが数は少なく，全体的にみれば標準的であり，知識問題が主である。考察問題は増加傾向にある。計算問題や考察問題に時間が割けるよう，時間配分を考慮したい。ケアレスミスに注意して解答していけば，教科書中心の学習で対応できるが，図説参考書などでの発展的な学習も望ましい。

対策

01 基本を固める

出題の中心は，教科書レベルの標準的な内容である。まずは教科書中心に学習するとよい。教科書の内容を出題範囲の全分野にわたって確実に理解し，記憶することが必要である。具体的方法としては，教科書を十分に読み込み，索引にある重要な用語の意味を自分の力で書けるようにしておくとよい。基本的な問題集で演習することも効果的だろう。

02 計算問題対策

筆算をいやがらずに行うことが大切である。つい電卓で計算をしがちだが，受験会場に電卓は持ち込めない。小中学校程度の計算でも，慣れていないと間違うことがある。特にマーク式では，計算ミスによる減点も，理解不足による減点も区別されない。問題演習で電卓は確認のために用い，まずは筆算で計算することが大切である。

03 問題演習

安田女子大学の特徴としては，正しい文を選択する問題と，誤りの文を選択する問題が混在していることである。この両者は，わかっていても混乱する。特に誤文選択の場合は勘違いしやすいので，注意する必要がある。また，各選択肢の正誤を判定するものも出題されている。過去問で演習して慣れておこう。

国語

▶総合型選抜

年度	区分		番号	種類	類別	内容	出典
2024 ●	前期日程	併願	〔1〕	現代文	評論	⑴書き取り，⑵⑶⑺⑼内容説明，⑷語意，⑸⑻空所補充，⑹文法（口語），⑽表題，⑾内容真偽	「心はいかに自己と他者をつなぐのか」 唐沢かおり
		専願	〔1〕	〈併願〉〔1〕⑴～⑶，⑸～⑺，⑼～⑾に同じ			
	後期日程	併願	〔1〕	現代文	評論	⑴書き取り，⑵語意，⑶⑹空所補充，⑷⑺⑽⑿内容説明，⑸表現効果，⑻表題，⑼欠文挿入箇所，⑾慣用句，⒀内容真偽	「コミュニティデザインの時代」 山崎亮
		専願	〔1〕	〈併願〉〔1〕⑴，⑶～⑻，⑽～⒀に同じ			

（注） ●印は全問，◑印は一部マークシート方式採用であることを表す。
2024 年度より分析。

▶一般選抜

年度	区分	番号	種類	類別	内容	出典
2024 ●	前期A	〔1〕	国語常識		読み，書き取り，四字熟語	
		〔2〕	現代文	評論	空所補充，欠文挿入箇所，内容説明，内容真偽	「友情を哲学する」 戸谷洋志
		〔3〕	古文	物語	文法，敬語，内容説明，口語訳，指示内容，内容真偽	「宇津保物語」
	前期B	〔1〕	現代文	評論	書き取り，内容説明，空所補充，内容真偽	「『供述調書』とエスノグラフィーのすきまに」 佐藤健二
		〔2〕	国語常識	評論	書き取り，文学史	「特講 漱石の美術世界」 古田亮
		〔3〕	古文	仮名草子	語意，口語訳，内容説明，文法，文学史	「浮世物語」 浅井了意

年度	日程	番号	種類	類別	内容	出典
	前期C	〔1〕	現代文	評論	書き取り，部首，空所補充，内容説明，表題	「ルビンのツボ」齋藤亜矢
		〔2〕	古文	物語	語意，文法，内容説明，空所補充，指示内容，口語訳，内容真偽	「宇治拾遺物語」
2023 ◑	前期A	〔1〕	現代文	評論	読み，書き取り，内容説明（50 字他），指示内容，空所補充，主旨	「利休の黒」尼ヶ﨑彬
		〔2〕	古文	評論	指示内容，文学史，口語訳，内容説明，内容真偽	「無名草子」
	前期B	〔1〕	現代文	評論	読み，書き取り，空所補充，指示内容（35 字），内容説明，主旨	「生きる哲学」若松英輔
		〔2〕	古文	説話	口語訳（45 字他），文法，指示内容，内容説明，内容真偽	「古今著聞集」橘成季
	前期C	〔1〕	現代文	評論	読み，書き取り，空所補充，慣用句，箇所指摘，内容説明，内容真偽	「物語の哲学」野家啓一
		〔2〕	古文	俳文	空所補充，内容説明（45 字他）口語訳，文法	「新花摘」与謝蕪村

（注）●印は全問，◑印は一部マークシート方式採用であることを表す。

現代文の出題は評論中心
全体の時間配分が重要

01 出題形式は？

総合型：全問マークシート方式。試験時間は２科目で 90 分。現代文の大問１題のみで，小問が併願は 11～13 問，専願は９～11 問である。

一般：2024 年度より，全問マークシート方式になった。試験時間はいずれの日程も 60 分。大問構成は日程によって異なる。

02 出題内容はどうか？

総合型：人文系の現代文を出典とし，設問内容は，漢字の書き取り・語意・口語文法・空所補充・欠文挿入箇所・表題・内容説明・内容真偽など，多岐にわたる。本文は問題冊子で４～５ページとやや長めである。

一般：現代文は，評論からの出題が続いている。設問の内容は，漢字の書き取り・読みが頻出であるほか，空所補充，内容説明，欠文挿入箇所，内容真偽など多岐にわたっている。主に文脈・論旨を問うものが中心であるが，2024 年度は評論の読解問題とは別に，A日程では〔1〕で漢字の書き取り・読みと四字熟語を問う大問，B日程では〔2〕で書き取りと近代文学史のみを問う大問が出題され，知識問題が分離して出題されている。C日程では独立した知識問題の大問はないものの，A・B日程の現代文よりも設問数が多く，漢字の部首が問われるなど，知識問題も多めに出題されており，全体的な分量にはそれほど差がない。

古文は，さまざまな時代・ジャンルから出題されている。設問は文法や口語訳，内容説明などが中心で，年度によって難易度に差がある。

03　難易度は？

総合型：本文は，小見出しのあるいくつかの段落がまとまったもので，ある程度の長さがあり，読み通す力を要する。内容説明，内容真偽などの設問はオーソドックスで，文脈を正確にたどれば解答に困ることはない。設問の「適切なものを」「適切でないものを」などの指示を読み落とさないこと。設問数の多さ，他に選択する科目との兼ね合いも含めて，時間配分が鍵を握る。

一般：内容説明・内容真偽などの設問はオーソドックスで，文脈を正確にたどれば解答に困ることはないと思われる。知識問題のレベルも標準的である。現代文 30 分，古文 20 分を目安に解き終わり，残りの時間でしっかり見直そう。

対策

01　現代文

評論対策として，教科書や『ちくま評論入門 高校生のための現代思想ベーシック』（筑摩書房）などで読み慣れておこう。そのうえで，『マーク

式基礎問題集 現代文』（河合出版）など，市販の問題集をできるだけ多くこなすことが肝要である。文と文，段落と段落の関係を決める接続詞は空所補充の形で問われることが多いので，対策しておいてほしい。必出の漢字は，同音の漢字の使い分けに注意して覚えていくと誤答を減らせるだろう。読解問題については，マークシート方式の問題であっても，選択肢を読む前に自分で解答を考えるようにすると，選択肢の表現にまどわされず解答が選べるようになる。知識問題の出題が多いので，国語便覧を用いて，文学史などもしっかり確認しておかなければならない。

02 古　文

内容説明・口語訳対策のために，まず古文単語の語彙を増やしておくことが大切である。また，助動詞の意味・活用や敬語を中心に文法もひととおり学習しておかなくてはならない。その上でできるだけ多くの問題をこなして，古文に慣れておこう。

2024年度

問題と解答

総合型選抜前期日程

問題編

▶【基礎学力調査】試験科目・配点

<table>
<tr><th>学部・学科</th><th>教　科</th><th colspan="2">内　　容</th><th>配点</th></tr>
<tr><td rowspan="4">文・教育・心理・現代ビジネス・家政（生活デザイン・造形デザイン）</td><td>英　語</td><td>コミュニケーション英語Ⅰ・Ⅱ</td><td rowspan="4">2教科選択</td><td rowspan="4">各100点</td></tr>
<tr><td>数　学</td><td>数学Ⅰ・A</td></tr>
<tr><td>理　科</td><td>化学基礎・生物基礎</td></tr>
<tr><td>国　語</td><td>国語総合（現代文）</td></tr>
<tr><td rowspan="4">家政（管理栄養）・薬・看護</td><td>英　語</td><td>コミュニケーション英語Ⅰ・Ⅱ</td><td rowspan="3">1教科選択</td><td rowspan="3">100点</td></tr>
<tr><td>数　学</td><td>数学Ⅰ・A</td></tr>
<tr><td>国　語</td><td>国語総合（現代文）</td></tr>
<tr><td>理　科</td><td colspan="2">化学基礎・生物基礎</td><td>100点</td></tr>
</table>

▶備　考

- **専願**：上記の基礎学力調査，出願書類（自己推薦書〈志望動機や活動報告など400字以内〉：50点，調査書：50点）を総合的に判定する。文学部書道学科には上記に加え，書道実技（作品提出）を課し，評価は自己推薦書に含める。
- **併願**：上記の基礎学力調査，出願書類（調査書：50点）を総合的に判定する。

基礎学力調査

■英　　語■

◀併　　願▶

（2科目90分）

I 次の 1～5 の [1] ～ [5] に入れるのに最も適切なものを，それぞれ ①～④ のうちから一つずつ選び，その番号をマークせよ。

1　The students were encouraged to [1] in after-school activities to make friends.
① participate　② put　③ give　④ deal

2　A: It was so great seeing you again.　Please give my regards to your parents.
B: I certainly [2] .　That's so nice of you!
① won't　② shouldn't　③ will　④ should

3　Could I make a reservation for dinner at seven tomorrow evening?　I'd like a table for two people with a [3] of the garden.
① sightseeing　② view　③ vision　④ window

4　We need to discuss the problem [4] at the meeting last week.
① raised　② raising　③ risen　④ rising

5　Tommy should have [5] right from wrong.　I wonder why he did such a stupid thing.
① taken　② made　③ held　④ known

Ⅱ 次の 1〜5 の日本文と同じ意味になるように，それぞれ ①〜⑥ の語句を並べかえて空所を補い，最も適切な文を完成させよ。解答は **6** 〜 **15** に当てはまる番号をマークせよ。

1 私たちは昨夜，バイオリニストの素晴らしい演奏をとても楽しんだ。

We really ____ **6** ____ ____ **7** ____ last night.

① performance　② the violinist　③ the
④ enjoyed　⑤ amazing　⑥ of

2 卒業式のあと，先生は教室に集まった人々にスピーチをした。

After the graduation ceremony, the teacher ____ **8** ____ ____ **9** ____ in the classroom.

① to　② those　③ gathered
④ who　⑤ a speech　⑥ made

3 もしも私の両親が私の結婚のことを知ったら，彼らはショックを受けるだろう。

If my parents ____ **10** ____ ____ **11** ____ , they would be shocked.

① were　② marriage　③ hear
④ my　⑤ about　⑥ to

4 健康より大切なものはないと思う。

I think that ____ **12** ____ ____ **13** ____ .

① than　② is　③ important
④ nothing　⑤ health　⑥ more

5 AI 技術によって私たちの社会は根本から変わらざるを得ないと考えられる。

It is thought that AI technology ____ **14** ____ ____ **15** ____ fundamentally.

① society　② will　③ to
④ change　⑤ force　⑥ our

III 次の対話文の 16 ～ 20 に入れるのに最も適切なものを，あとの ①～⑥ のうちから一つずつ選び，その番号をマークせよ。

Father: Hey, son! Long time, no see. Are you home to do laundry again? How's school going?

Son: It's been great, except for the homework! 16

Father: Really? How long does it take you to finish it?

Son: About four hours.

Father: Per week? 17 Stop complaining! When I was at college…

Son: No. Four hours per day! I try to study for two hours in the library on campus before I go back to my apartment. After I get there, I usually eat dinner and then spend another two hours on homework.

Father: Wow! That sounds tough! I'm impressed. 18

Son: I guess so. 19 So, I need a little more pocket money from you, Dad. OK?

Father: Oh… Sure. 20

Son: Sorry about that. But thanks, Dad! You're the best!

① You're working hard!
② That's not so terrible!
③ I've had a lot more than I'd expected.
④ But I have no time for a part-time job.
⑤ Because I want to save money for studying abroad next year.
⑥ College life is turning out to be more expensive than your mom and I expected.

IV 次の英文の 21 ～ 25 に入れるのに最も適切なものを，あとの ①～④ のうちから一つずつ選び，その番号をマークせよ。

Many young college students spend time every day commuting by train. For some people, this time is a good chance to take a nap. For others, it might be 21 time for texting, watching YouTube or listening to music. And for very diligent students, commuting provides a chance for extra study.

Whichever way we choose to spend the time on the train, it is an unfortunate fact that some things annoy us during the journey.

To find out the most annoying things on the train, we surveyed a group of about 50 college students in the Tokyo area. Their answers are summarized below.

One common complaint was people using backpacks. Some people do not remove them when entering the train. They bump into or 22 the people behind them with the backpack and do not seem to care.

Another example of bad behavior that some survey participants mentioned was people cutting in line on the platform and then 23 for an empty seat. It might be rare but when it does happen, it is very annoying.

And how about if someone falls asleep on your shoulder? That was a common complaint in the survey. This is an awkward situation to deal with. Should we pretend to 24 it or make a sudden movement to try to wake the person up?

Being pushed also seems to upset many people. During the rush hour, of course, there will be some pushing that is inevitable. But some people tend to push too much. Perhaps they want to give themselves an extra bit of space. It seems selfish.

Finally, one surprising complaint was about perfume. For some of our participants, it seems that people wearing perfume are 25 of frustration. Obviously, a perfume that smells nice for one person may be too strong for another.

How about you? What kinds of things bother you on the train?

(Jonathan Lynch・Atsuko Yamamoto・Kanako Watanabe *Read on, Think on* 三修社 一部改変)

21

① respectful　② capable　③ valuable　④ stressful

22

① block　② encourage　③ defend　④ demand

23

① urging　② dashing　③ smashing　④ emerging

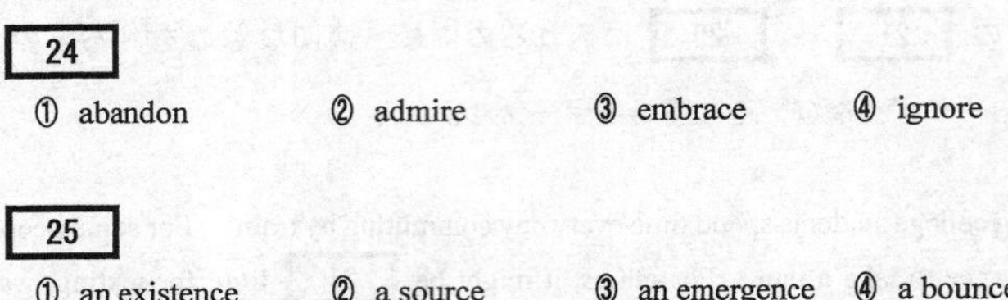
24

① abandon ② admire ③ embrace ④ ignore

25

① an existence ② a source ③ an emergence ④ a bounce

V 次の英文を読んで，あとの 1〜4 の問いに答えよ。

There is an increasing trend from cash to emoney. Some countries are adopting emoney quickly. Sweden, Finland, and Korea are moving very rapidly toward becoming cashless societies. Countries such as China, the United Kingdom, and Australia are not far behind.

In a cashless society, cash is used less and less to pay for goods and services. (A), payments are made electronically. When did this trend begin? In the early 1990s, electronic banking was introduced. By the 2010s, more and more payments were made electronically. In some countries, cash payments started to decline. In 2016, a survey of consumer spending habits in European countries found that 75 percent of people used credit cards as their main method of payment, whereas only 11 percent of people regularly used cash in shops and restaurants. Today in Sweden, only two percent of payments are made in cash.

(B) <u>Why are cash payments declining</u>? One reason is cost. For shops and restaurants, dealing with cash is more expensive than taking electronic payments. Cash is also seen as more troublesome. For example, it involves returning change, counting cash at the end of the day, and taking it to a bank. Cash involves risk and is increasingly seen by some people as dirty.

The younger generation is happy to see the end of a cash-based society and is welcoming digital technology that takes care of payments smoothly and speedily. But not everyone wants to say goodbye to cash, ATMs, and visits to a local bank. Senior citizens are resisting the disappearance of cash from their lives. One reason is that they are not familiar with digital technology. It is not uncommon for them to have difficulty using the Internet. For many senior citizens, Internet banking is almost impossible. The bottom line is that significant numbers of senior citizens are more comfortable with cash in their purses when they go shopping.

In most countries, senior citizens make up a large proportion of the society, and banks and businesses cannot neglect (C) <u>their needs</u>. When ATMs and local branches of banks close down, senior citizens are affected much more than young people. If some shops refuse cash payments, this will affect senior citizens. Some senior citizens' groups have been pushing governments to maintain cash as a payment option. Politicians who rely on the votes of older people have promised to do all they can to keep cash as a method of payment.

(Clive Langham *Developing Academic English* 朝日出版社 一部改変)

1 (**A**) に入れるのに最も適切なものを，次の ①～④ のうちから一つ選び，その番号を解答番号 **26** にマークせよ。

① However
② Instead
③ Otherwise
④ Yet

2 下線部 **(B)** の理由として最も適切なものを，次の ①～④ のうちから一つ選び，その番号を解答番号 **27** にマークせよ。

① Electronic payments include the possibility of risky transactions.
② Cash should be counted in a bank at the end of the day.
③ Taking electronic payments has a financial advantage for shops and restaurants.
④ More and more people consider cash payments as dirty as electronic ones.

3 下線部 **(C)** の内容として最も適切なものを，次の ①～④ のうちから一つ選び，その番号を解答番号 **28** にマークせよ。

① To continue to pay in cash
② To understand how to use Internet banking
③ To visit a local bank to say goodbye to cash
④ To request the younger generation to change to a cash-based society

4 本文の内容として正しいものを，次の ①～⑤ のうちから一つ選び，その番号を解答番号 **29** にマークせよ。

① China has already established entirely cashless communities.
② By the 2010s, cash payments started to go up again.
③ Currently, the majority of people in Sweden prefer to pay in cash.
④ It is difficult for elderly people to use the Internet.
⑤ Some senior citizens have been becoming politicians to maintain cash as a payment option.

◀専　願▶

（2科目90分）

◀併願▶の〔Ⅰ〕1・3～5,〔Ⅱ〕1・4・5,〔Ⅲ〕～〔Ⅴ〕に同じ。

■数　　学■

◀併　　願▶

（2科目90分）

I 次の（1）～（7）の空欄 [1] ～ [16] にあてはまる数字（と同じ番号）をマーク解答用紙にマークせよ。なお，分数はそれ以上約分できない形に，根号の中に現れる自然数は最小となる形にせよ。

(1) $\dfrac{y+1}{x}=\dfrac{x+1}{y}=x+y=k$ のとき, k の値は $-$ [1] ，または, [2] である。

(2) 濃度6%の食塩水100g と濃度13%の食塩水 [3] [4] [5] g を混ぜ合わせると濃度11%の食塩水になる。

(3) 2次関数 $y=x^2+mx+n$　$(mn\neq 0)$ のグラフが，点 $(-1,1)$ を通り, x 軸に接するとき, m, n の値を求めると, $m=$ [6] , $n=$ [7] となる。

(4) 二等辺三角形の2辺の長さがそれぞれ1であり，1つの角の大きさが120° であるとき，この二等辺三角形の面積は $\dfrac{\sqrt{\boxed{8}}}{\boxed{9}}$ になる。

(5) 自然数72の正の約数の総和は [10] [11] [12] である。

(6) x の2次関数 $f(x)=x^2-4ax+6a^2-3a+1$ の最小値を $g(a)$ とする。a がいろいろな値をとるとき, $g(a)$ の最小値は $-\dfrac{\boxed{13}}{\boxed{14}}$ である。

(7) $|x-5|+|x-2|\leqq 7$ を満たす実数 x の範囲を求めると, [15] $\leqq x\leqq$ [16] になる。

◀専　　願▶

（2 科目 90 分）

◀併願▶の〔Ⅰ〕(1)・(2)・(4)～(7)に同じ。

■化 学 基 礎■

(注)「生物基礎」とあわせて1科目として解答。

◀併　　願▶

(2科目90分)

計算に必要な場合は、次の原子量を用いよ。

O 16　S 32　Fe 56

計算問題では、必要ならば四捨五入して答えよ。

I 次の物質A ～ Eに関して、単体の場合には ① を、化合物の場合には ② を、混合物の場合には ③ を選び、それらの番号を指定された解答番号 [1] ～ [5] にマークせよ。

A：空気 [1]　B：ヘリウム [2]

C：オゾン [3]　D：食塩水 [4]

E：塩化水素 [5]

II　炭素の同素体に関する記述として**誤りを含むもの**を、次の ① ～ ⑤ のうちから一つ選び、その番号を解答番号 [6] にマークせよ。

① ダイヤモンドは無色透明で、電気を導かない。

② ダイヤモンドはかたいが、黒鉛はやわらかい。

③ 黒鉛は黒色で、電気を導かない。

④ フラーレンは電気を導かない。

⑤ フラーレンは球状の分子である。

III　次の元素 A ～ E について、アルカリ金属の場合には ① を、アルカリ土類金属の場合には ② を、貴（希）ガスの場合には ③ を選び、それらの番号を指定された解答番号 [7] ～ [11] にマークせよ。

A : Ar [7]　　B : Ba [8]
C : Ca [9]　　D : Na [10]
E : Sr [11]

IV　次の原子 ① ～ ⑥ のうち、2 価の陽イオンになりやすいものを二つ選び、それらの番号を解答番号 [12] と [13] にマークせよ。ただし、解答の順序は問わない。

① 水素　　② 銀　　③ マグネシウム
④ カリウム　　⑤ 亜鉛　　⑥ アルミニウム

V 塩化アンモニウム NH_4Cl の結晶中に**含まれない**結合を、次の ① ～ ⑤ のうちから二つ選び、それらの番号を解答番号 [14] と [15] にマークせよ。ただし、解答の順序は問わない。

① 共有結合　② イオン結合　③ 金属結合
④ 配位結合　⑤ 二重結合

VI 二硫化鉄 FeS_2 を空気中で燃焼させると、酸化鉄 Fe_2O_3 と二酸化硫黄 SO_2 が生成する。（1）・（2）の問いに答えよ。

（1） 次の反応式は、この化学反応を示したものである。式中の空欄 [16] ～ [19] に当てはまる数字と同じ番号を、解答番号 [16] ～ [19] にマークせよ。ただし、式中の O_2 の係数が1桁の整数となる場合は、解答番号 [16] に ⓪ をマークせよ。

$$4\ FeS_2 + \boxed{16}\boxed{17}\ O_2 \rightarrow \boxed{18}\ Fe_2O_3 + \boxed{19}\ SO_2$$

（2） 2.4 g の二硫化鉄を空気中で燃焼したときに生成する酸化鉄の質量 m [g]を、小数点以下1桁まで求めよ。解答は、空欄 [20] と [21] に当てはまる数字と同じ番号を、解答番号 [20] と [21] にマークせよ。

$$m = \boxed{20}\,.\,\boxed{21}\ \text{g}$$

Ⅶ 濃度不明のシュウ酸水溶液を 20.0 mL とり、フェノールフタレインを指示薬として加え、0.10 mol/L の水酸化ナトリウム水溶液で中和滴定した。中和に要した水酸化ナトリウム水溶液の体積は 12.0 mL であった。この滴定に関する記述として**誤りを含むもの**を、次の ① ～ ⑤ のうちから一つ選び、その番号を解答番号 22 にマークせよ。

① シュウ酸水溶液をホールピペットで吸い上げた。

② 吸い上げたシュウ酸水溶液をコニカルビーカーに流し出した。

③ 水酸化ナトリウム水溶液をビュレットに入れて滴下した。

④ 溶液の淡赤色が無色に変化したところを中和点とした。

⑤ シュウ酸水溶液のモル濃度は 0.030 mol/L と求められた。

Ⅷ 酸化還元反応の利用に関する記述として**誤りを含むもの**を、次の ① ～ ⑤ のうちから一つ選び、その番号を解答番号 23 にマークせよ。

① 二次電池では、放電とは逆向きに電流を流すことで起電力が戻る。

② 燃料電池では、水素は酸化され、酸素は還元される反応を利用している。

③ 鉄の製錬においては、鉄鉱石を溶鉱炉中で酸化して鉄を得る。

④ 銅の製錬は、電気分解を利用した電解精錬により行われる。

⑤ アルミニウムの製錬では、ボーキサイトから取り出したアルミナ Al_2O_3 を溶融塩電解（融解塩電解）する。

◀専　願▶

（2科目90分）

◀併願▶の〔Ⅰ〕,〔Ⅲ〕,〔Ⅳ〕,〔Ⅵ〕~〔Ⅷ〕に同じ。

■生物基礎■

(注)「化学基礎」とあわせて1科目として解答。

◀併　　願▶

(2科目90分)

Ⅰ 生物やエネルギーおよび遺伝子に関する次の（1）～（4）の問いに答えよ。

（1） 従属栄養生物と独立栄養生物についての次の①～⑤の記述のうち、適切なものを二つ選び、それらの番号を解答番号 41 と 42 にマークせよ。ただし、解答の順序は問わない。

① 従属栄養生物は、光合成を行う。

② 従属栄養生物は、独立栄養生物からの有機物に依存している。

③ 大腸菌は、独立栄養生物である。

④ ネコは、独立栄養生物である。

⑤ 独立栄養生物は、無機物だけを利用して生きることができる。

（2） 異化と同化についての次の①～⑤の記述のうち、適切なものを二つ選び、それらの番号を解答番号 43 と 44 にマークせよ。ただし、解答の順序は問わない。

① 異化に使われる酵素は、複数ある。

② 葉緑体における光エネルギーを利用したATP合成は、異化である。

③ 酸化マンガン（Ⅳ）（二酸化マンガン）による過酸化水素の分解促進は、異化である。

④ 異化は、代謝に含まれる。

⑤ グルコースが酸素の存在下で二酸化炭素と水になる過程は、同化である。

(3) ミドリゾウリムシについての次の①～⑤の記述のうち、適切なものを二つ選び、それらの番号を解答番号 45 と 46 にマークせよ。ただし、解答の順序は問わない。

① ミドリゾウリムシは、クロレラがいなくなると生きていけない。

② クロレラは、ミドリゾウリムシの体外でも生きていける。

③ ミドリゾウリムシのクロレラは、光合成を行わない。

④ ミドリゾウリムシに細胞口から取りこまれたクロレラは、消化されることはない。

⑤ ミドリゾウリムシのクロレラは、ミドリゾウリムシの細胞質において細胞分裂を行う。

(4) DNAとゲノムについての次の①～⑤の記述のうち、適切なものを二つ選び、それらの番号を解答番号 47 と 48 にマークせよ。ただし、解答の順序は問わない。

① 生物の種が異なっても、DNAに含まれるアデニンの数の割合とチミンの数の割合は等しい。

② 原核生物は、通常2本のDNAをもつ。

③ ヒトにおいて、一組のゲノムに含まれる遺伝子数は約1万である。

④ ヒトの体細胞の核1個の中には、46本のDNAが存在する。

⑤ ヒトにおいて、1本の染色体に含まれるDNAは2本である。

Ⅱ ヒトの血糖濃度の調節に関する次の（1）～（7）の問いに答えよ。

（1）　ヒトの血糖濃度は次の①～⑤のうちどれか。最も適切なものを一つ選び、その番号を解答番号 49 にマークせよ。

① 0.001%　② 0.01%　③ 0.1%　④ 1%　⑤ 10%

（2）　糖質を摂取すると、血糖濃度が一時的に上昇する。この血液がすい臓のランゲルハンス島を流れると、インスリンの分泌が促進される。インスリンは次の①～③のうちどこに分泌されるか。最も適切なものを一つ選び、その番号を解答番号 50 にマークせよ。

① 毛細血管　② 静脈　③ 動脈

（3）　血糖濃度が上昇した際には、副交感神経が刺激される。これは血糖濃度が高い血液が、次の①～⑦のうちどこを流れることによるか。最も適切なものを一つ選び、その番号を解答番号 51 にマークせよ。

① 大脳　② 間脳　③ 中脳　④ 小脳
⑤ 脳下垂体前葉　⑥ 脳下垂体後葉　⑦ 延髄

（4）　インスリンは、肝臓でグリコーゲンの合成を促進する。糖質の摂取後には、肝門脈と比べ、肝静脈中の血液の血糖濃度はどうなると考えられるか。最も適切なものを次の①～③のうちから一つ選び、その番号を解答番号 52 にマークせよ。

① 高くなる　② 変化しない　③ 低くなる

（5）　問い（4）の状態で、上大静脈と下大静脈を流れる血液の血糖濃度について、最も適切なものを次の①～③のうちから一つ選び、その番号を解答番号 53 にマークせよ。

① 上大静脈を流れる血液の血糖濃度の方が、下大静脈を流れる血液の血糖濃度より高い。
② 上大静脈を流れる血液の血糖濃度の方が、下大静脈を流れる血液の血糖濃度より低い。
③ 上大静脈を流れる血液の血糖濃度と、下大静脈を流れる血液の血糖濃度との違いは無い。

(6)　食事から時間が経過し、血糖濃度が低下するとインスリン分泌は低下する。この状況で、血糖濃度を維持するために、からだの中で起こる現象を記した次の①～⑦の記述のうちから、適切なものを三つ選び、それらの番号を解答番号 54 ～ 56 にマークせよ。ただし、解答の順序は問わない。

① 脳下垂体前葉から、副腎髄質刺激ホルモンが分泌される。
② 副腎皮質から、チロキシンが分泌される。
③ すい臓のランゲルハンス島から、グルカゴンが分泌される。
④ タンパク質の合成が、促進される。
⑤ 視床下部から、放出ホルモンが分泌される。
⑥ 副腎髄質から、ホルモンが分泌される。
⑦ 自律神経は、はたらかない。

(7)　糖尿病についての次の①～⑤の記述のうち、適切なものを二つ選び、それらの番号を解答番号 57 と 58 にマークせよ。ただし、解答の順序は問わない。

① Ⅱ型糖尿病では、インスリンの分泌量の低下はみられない。
② Ⅰ型糖尿病では、ランゲルハンス島の細胞が破壊される。
③ Ⅱ型糖尿病では、インスリンの標的細胞がインスリンに反応しなくなる。
④ Ⅰ型糖尿病では、腎臓でのグルコース再吸収が低下する。
⑤ Ⅱ型糖尿病では、グルコースが尿中に排出されることが、さまざまな血管障害の原因となる。

III ヒトの免疫に関する次の（1）～（4）の問いに答えよ。

（1） 食細胞についての次の①～⑤の記述のうち、適切なものを二つ選び、それらの番号を解答番号 59 と 60 にマークせよ。ただし、解答の順序は問わない。

① 好中球は食細胞の中で、マクロファージに次いで二番目に数が多い。
② 好中球は、細菌を取りこんで消化・分解する。
③ マクロファージは、細胞内に侵入したウイルスに作用できる。
④ マクロファージは、リンパ球が分化したものである。
⑤ 死滅した好中球は、マクロファージの食作用で取り除かれる。

（2） 炎症についての次の①～⑤の記述のうち、適切なものを二つ選び、それらの番号を解答番号 61 と 62 にマークせよ。ただし、解答の順序は問わない。

① 炎症によって、毛細血管は収縮する。
② 炎症がおこると、組織の好中球が増殖する。
③ 炎症によって生じる刺激は、視床下部に作用する。
④ 異物の侵入は、炎症の原因となる。
⑤ 炎症がおこると、その部分の血流量は減少する。

（3） 免疫の一次応答と二次応答についての次の①～⑤の記述のうち、適切なものを二つ選び、それらの番号を解答番号 63 と 64 にマークせよ。ただし、解答の順序は問わない。

① 二次応答は、一次応答に比べて短い時間で発動する。
② 一次応答は、二次応答に比べて強力である。
③ 一次応答は、記憶細胞によって引き起こされる。
④ ワクチンは、一次応答を引き起こすために接種する。
⑤ 二次応答には、T細胞は関与しない。

（4） 免疫が関係する反応や病気についての次の①～⑤の記述のうち、適切なものを二つ選び、それらの番号を解答番号 65 と 66 にマークせよ。ただし、解答の順序は問わない。

① ツベルクリン反応は、結核菌に対する記憶細胞の有無を調べる検査である。
② ツベルクリン反応は、体液性免疫による炎症である。
③ 後天性免疫不全症候群（AIDS）では、体液性免疫は保たれる。
④ 後天性免疫不全症候群（AIDS）では、日和見感染がおこりやすくなる。
⑤ Ⅰ型糖尿病は、すい臓のランゲルハンス島のA細胞が抗原となって除去されておこる。

◀専　　願▶

（2 科目 90 分）

◀併願▶の〔Ⅰ〕,〔Ⅱ〕,〔Ⅲ〕（1）～（3）に同じ。

▲専　願▼

（二科目九〇分）

▲併願▼の〔一〕問一～問三、問五～問七、問九～問十一に同じ。

③　他者の考え方や感じ方は、自分とは異なるということを知っていること。
④　他者がプレゼンを前にキンチョウすることを、自分の経験から理解すること。
⑤　他者の気持ちは、自分の気持ちを手掛かりにすれば理解できると思うこと。

問十　［Ⅰ］～［Ⅳ］の部分につける小見出しとして、最も適切なものを、次の①～⑥のうちから一つずつ選べ。解答は、解答番号［17］～［20］に、［Ⅰ］から順にそれらの番号をマークせよ。

①　自分の心を当てはめる　②　共に生きることと心を読むこと　③　対応バイアス
④　過度の同意バイアス　⑤　言動から心を推論する　⑥　知識を適用する

問十一　本文の内容と合致しないものを、次の①～⑦のうちから二つ選べ。解答は、解答番号［21］と［22］に、それらの番号をマークせよ。ただし、解答の順序は問わない。

①　私たちは、他者の心の中にあるものがわからない状態では不安になるため、他者の「心を読む」ことが必要とされる。
②　私たちは、他者の行動を観察して、無意識的にその人の行動の原因が意図しない「外圧」によることと判断してしまう。
③　他者の言動がその人の心の状態に由来すると考えてしまうことは、効率的な他者理解の必要という点では合理的である。
④　他者と自分は異なっていることを知っているが、他者の態度や意見を判断するときには自分の心の状態を基準にする。
⑤　私たちは、他者を言動から理解しようとする推論のデフォルト状態にあるが、そこから抜け出す認知的労力も必要である。
⑥　多くのアメリカ人が、以前に反カストロの態度を持っていたのは、当時の社会に「対応バイアス」が存在したためである。
⑦　「シミュレーション説」は、他者理解のための一つの方法であるが、自己中心的なバイアスが掛かることが問題点である。

問六　傍線部エに「思われる」とある。この「れる」と同じ用法を持つものを、次の①〜⑤のうちから一つ選べ。解答は、解答番号 13 に、その番号をマークせよ。

① 先生には、昔の出来事が昨日のことのように思われた。　② 裁判長には、この被告が本当のことを言っていると思われた。
③ 博士は、この新発見が今までの学説を覆すと思われた。　④ 王様は、民衆からとても尊敬できる王だと思われた。
⑤ 社長は、ぜひ新たな部門を立ち上げたいと思われた。

問七　傍線部オに「間違った他者理解を生み出す可能性」とある。その理由として本文で述べられていないものを、次の①〜⑤のうちから一つ選べ。解答は、解答番号 14 に、その番号をマークせよ。

① 他者の言動を手掛かりにして、その人の心を過剰に推論してしまうから。
② 他者の言動は、その人の本質的な心から生み出されるものであるから。
③ 他者の言動を手掛かりにして、その人の心を読もうとするから。
④ 他者の言動は、外圧や状況によって、しばしば変わる可能性があるから。
⑤ 他者の言動を手掛かりにして、その人の考えを理解しようとするから。

問八　空欄 X ・ Y に入る最も適切な語句の組み合わせを、次の①〜⑥のうちから一つ選べ。解答は、解答番号 15 に、その番号をマークせよ。

① X「出発点」・Y「最終的」　② X「出発点」・Y「正統的」　③ X「出発点」・Y「標準的」
④ X「到達点」・Y「最終的」　⑤ X「到達点」・Y「正統的」　⑥ X「到達点」・Y「標準的」

問九　傍線部カに「他者が自分と類似した心の状態を持っているという判断に到達してしまう」とある。そのような判断の対象から外れる事柄を、次の①〜⑤のうちから一つ選べ。解答は、解答番号 16 に、その番号をマークせよ。

① 他者も、自分も同じようなタレントを好むと思っていること。
② 他者が政策についてどのように考えるのかを、自分の視点で考えること。

問二　傍線部アに「外的属性を知ること」とある。この具体的状況として適切なものを、次の①～⑤のうちから一つ選べ。解答は、解答番号 6 に、その番号をマークせよ。

① 友人が無謀な試みに失敗した時の心情を知ること。
② 同僚の、取引先に対する好意的な態度を知ること。
③ 店を決める時に、友人が好きなものの情報を知ること。
④ 取引相手の役職と名前を、名刺交換で知ること。
⑤ 友人と一緒に見に行く映画の上映時間を知ること。

問三　傍線部イに「このような推論」とある。この内容としてふさわしくないものを、次の①～⑤のうちから一つ選べ。解答は、解答番号 7 に、その番号をマークせよ。

① 友人が映画を面白いと言ったのを聞いて、そう思っているのだと推測すること。
② 電車の中で席を譲った人を見て、優しい心の持ち主だと推測すること。
③ 宴席でビールを注文した人を見て、周囲に合わせたと推測すること。
④ 涙を流している人を見て、この人は悲しんでいる人だと推測すること。
⑤ 落ち着かないそぶりの人を見て、神経質な人だと推測すること。

問四　傍線部ウに「やむにやまれぬ事情」とある。このような意味の事情として適切ではないものを、次の①～⑤のうちから一つ選べ。解答は、解答番号 8 に、その番号をマークせよ。

① のっぴきならない事情
② いかんともしがたい事情
③ 背に腹は代えられない事情
④ よんどころない事情
⑤ 口にできない事情

問五　本文中の空欄 A ～ D に入る最も適切なものを、次の①～⑥のうちからそれぞれ一つずつ選べ。解答は、解答番号 9 ～ 12 に、A から順にそれらの番号をマークせよ。

① しかし　② ところで　③ もちろん　④ また　⑤ したがって　⑥ なぜなら

て自分はかなり不安になるだろうけど、彼女は私より慣れているから、私ほどではないだろう」というように、である。しかし、私たちが行う調節はしばしば不十分であり、最終的な推論結果が **X** に引きずられることが知られている。人それぞれだとか、他者と自分は異なるとわかっていても、態度や意見などについては、自分自身が **Y** だとみなす自己中心的なバイアスがあるので、他者について判断する際にも、「**Y** な自分」を他者に当てはめやすくなる。「自分はかなり不安になる」から出発する人は、他者も不安になると思いがちだし、「自分はそれほど不安にならない」から出発する人は、他者もそれほど不安を感じないと思ってしまう。結果として、他者が自分と類似した心の状態を持っているという判断に到達してしまうのである。

(唐沢(からさわ)かおり「心はいかに自己と他者をつなぐのか」『人文知1　心と言葉の迷宮』／一部改変)

(注)

※1　デフォルト　＝　最初の、初期の。

※2　バイアス　＝　先入観、偏り。

※3　ジョーンズ　＝　エドワード・E・ジョーンズ。アメリカの社会心理学者。

※4　ハリス　＝　ビクター・A・ハリス。アメリカの社会心理学者。

※5　フィデル・カストロ　＝　キューバを社会主義国に変え、初代の最高指導者になった革命家。

問一　傍線部a～eに相当する漢字を含むものを、次の①～⑤のうちからそれぞれ一つずつ選べ。解答は、解答番号 **1** ～ **5** に、aから順にそれらの番号をマークせよ。

a　クキョウ　①環境　②偏狭　③海峡　④郷愁　⑤恐慌

b　エンカツ　①沿革　②円卓　③遠路　④血縁　⑤演技

c　ケイコウ　①造詣　②継承　③系列　④傾倒　⑤掲載

d　ゲンセン　①厳粛　②財源　③減量　④夢幻　⑤弦楽

e　キンチョウ　①絶頂　②挑戦　③兆候　④徴収　⑤誇張

この実験が示すように、他者の言動を手掛かりに、その人の心の中を読もうとするとき、その言動が外圧や状況要因ゆえのものであっても、言動に対応する心をその人に付与してしまう。人助けをすれば親切な人だと思われるし、落ち着かないそぶりを見せれば神経質な人だと思われる。このように、他者の言動がその人の心の状態に由来すると考えてしまうことは、心が人の「本質」であり、様々な言動を生み出すゲンセンであるという枠組みの中で、他者を意味づけているということである。このようなケイコウは、目の前にいる他者がどのような人かを、表層的な言動ではなく、「言動を生み出す本質としての心」という点から素早く把握することにもつながる。［C］このことは、間違った他者理解を生み出す可能性をはらんでいる。誰かから圧力をかけられて、仕方なく他者に「親切な行動」をしている人は、本当に「親切な人」ではないかもしれない。そうだとしても、他者がどのような人であるかを理解するためには、他者が異なる時間や場面で示したさまざまな言動を、なんらかの形でまとめあげる必要がある。その際、意図、態度、悟性、動機など、その人の「心の状態」によりまとめることによって、その人の本質を把握できる（少なくとも把握した気になることができる）。［D］、過剰な心の推論は、効率的な他者理解の必要という、社会生活における重要な課題にこたえるという点では、むしろ合理的であるとも言えるだろう。

Ⅳ

他者の心を読むことは重要な課題であり、先述したような、言動に対応する心の状態を推論することに加えて、他にも私たちは心を読む手立てを持っている。その一つが自分の心を［X］にするやり方であり、「シミュレーション説」と呼ばれている。

シミュレーション説が提唱する方略は、他者の心の推論に際して、自分の心を手掛かりにするというやり方だ。他者の心そのものは、直接わからないので、まず、自分自身の考え、感情、好み、態度などを内省して把握し、他者も自分と同じような心の状態であると考えるところから出発する。たとえば、他者のタレントの好みや、政策への賛意について推論するとき、自分が好きだと思うタレントを思い浮かべたり、自分が政策についてどう考えているかを思い起こしたりするのである。また、重要なプレゼンを控えている他者の心を推論する際、自分ならばその状況でどれだけキンチョウするかとか、不安になるかなどを想像し、それを基準とする。

このような推論方略では、想起した自分自身の心の状態が、他者の心の推論をスタートするうえでの参照点となることにより、結果的に、自分と他者とが同じような心的状態を持つという判断に到達しやすい。もちろん私たちは、物事に対する考え方や感じ方が、人それぞれであることを知っているし、同じ場面におかれても、他者と自分とでは異なる考えや感情を持つことも知っている。したがって、自分の心の状態から出発して、他者の心を推論する際、自分と他者との違いを考慮して、推論を調節する必要があることもわかっている。「プレゼンを前にし

そこでビールを注文したら「ビールを飲みたかったのだ」と考える。また、行動にはその人の特性や動機が表れているとも考える。電車の中で席を譲ったのなら「優しい心の持ち主」であるし、自分の要求を無理やり通そうとすれば「わがまま」で「自己利益のみを追求する動機を持っている人」である。

このような推論は、決して難しいものではないし、たいして頭を悩ませることなく、自然に行われるものだ。私たちは、観察した他者の行動から、かなりすばやく、ほとんど無意識的に、行為者の特性や態度、意図、動機などを把握する。むしろ、過剰なほどに行動から行為者の心の中を推論してしまうケイコウがあると言ってもよい。本来、私たちの行動はやむにやまれぬ事情で行うことも多く、自分の特性や意図ゆえのものではないことも多い。他者からの要請や場の雰囲気など、状況の圧力で行うこともあるだろう。しかし、そのような「事情」や「状況要因」が勘案されず、その行動の原因が行為者の内的、心的な属性にあると過剰に推論されがちなのだ。たとえば、私が宴席でビールを注文したのは、みんなが注文しており自分だけ違うものは注文しにくいという「外圧」を感じたからであっても、「ビールが好きだから注文した」と推測されてしまう。言動から、心的な属性を推論し、そこに言動の原因を見出すことが、私たちの日常的な推論のデフォルト※1状態だ。したがって、状況の圧力や影響を読み取り、行動の原因がそれらにあると判断するためには、意識的に認知的労力を払うことが必要になるのである。

Ⅲ　行動からその背後にある心的な属性が過剰に推論されてしまう現象は「対応バイアス※2」と呼ばれている。ジョーンズ※3とハリス※4が一九六七年に発表した研究は、この現象を実験室で示した古典的なもので、以降数多くの議論を生んだことで有名だ。実験参加者はアメリカの大学生で、実験当時アメリカと対立していた、キューバの政治家であるフィデル・カストロ※5について書かれたエッセイを読んで、その作者のカストロ政権に対する態度を推測するよう求められる。エッセイは、カストロ政権に賛成のものと反対のものがある。「作者が自分で自由にいずれかの立場を選んでエッセイを書いた」と聞かされた参加者は、当然のことながら、エッセイの内容通りの態度を推測する。では、「作者が強制的にいずれかの立場のものを書かされた」と聞かされた条件ではどうだろうか。強制的に書かされたものだから、作者の本当の立場はわからないはずだ。 **A** 、この実験が行われた時代背景を考えると、多くのアメリカ人が反カストロの態度を持っているのだから、エッセイの内容にかかわらず、反対と推測することが妥当なことに思える。 **B** 、結果は、エッセイが強制的に書かれたという情報を十分に考慮したものとはならず、内容通りの態度を作者が持つと判断されたのだ。

者の嫌いなものを避けようとするし、食事中に同僚の噂(うわさ)話をするにしても、他者の同僚に対する態度を考慮する。仕事で交渉する際にどのような提案をするかは、他者が何を望み、考えているのかを知らなければ決められない。無謀な試みに失敗してクキョウ[a]にある他者に対して慰めるのか、批判するのか、というようなことも、他者が何を意図して失敗したのか、どんな動機を持っていたのかを知ることで変わってくる。

私たちの他者へのふるまい方や関係の持ち方は、他者の心の中をどう読むかに依存するのだ。私たちと他者とのつながりは、考えや感情、態度、動機、意図などを互いに読み取りあうことから生まれる相互作用の上に成り立っている。もしも、これら他者の心の中にあるものがまったくわからない状態になれば、どうしてよいかわからない不安や居心地の悪さにつながってしまうだろう。心の中を読み取ることで、他者が何を望んでいるのか、どうふるまおうとしているのかを知ることができ、他者が私にとって、何をもたらす存在であるのかが理解できる。また、その理解があって初めて、私が他者に対してどう応ずるかを決めることができる。他者と共に生きる日常がエンカツ[b]に回るためには、他者の「心を読む」ことが必要とされるのだ。

Ⅱ

他者の心を読もうとしても、それは直接には目に見えない。心の中を本当に知ることができるのは、その心を持っている人だけだ(と、少なくとも私たちはそう考えている)。心の中に起こる考えや、感情、動機や意図などは、主観的なものであり、その心の持ち主に限定されたものである。したがって、私たちが他者の心を読もうとすれば、様々な手掛かりや方略を用いて、推論する必要がある。では、私たちはどのようにして他者の心を読むのだろうか。他者の心を推論するやり方にはどのような特徴があるのだろうか。

他者の心を読むにあたって、もっとも直接的な手掛かりとなるのは、言葉、感情表出、行動など、他者が示す「言動」だろう。嘘(うそ)をついたりごまかしたりしていると考える根拠がないならば、普通、私たちは、他者が自分の気持ちについて述べたことを、そのまま「正しい」と信じる。一緒に映画を見た後、「いまひとつ面白くなかったよね」と相手が言えば、映画に対してそのように思っていると考える。また、表情を含む身体反応は、その人の感情状態を表現していると考える。涙を流している姿を見れば、悲しんでいると推測するし、眉をひそめ唇を尖(とが)らすような顔を見ると、不機嫌だとか、怒っているというような感情状態にあると思う。

気持ちを表現した言葉や感情表出だけではなく、行動も、心を読む手掛かりになる。他者が行うことは、通常、その人が意図したことであり、その行動から得られる結果を欲していたと、私たちは考える。レストランに行ったのなら、「食べること」を意図していたのだと思うし、

■国　語■

▲併　願▼

（二科目九〇分）

問題

I　次の文章を読んで、あとの問いに答えよ。

私たちは、他者と共に生きている。家族とは、家庭という場で、寝食を共にして密接な関係を持ちながらすごす。日中の多くの時間を、会社の同僚と協力して仕事を片づけることに費やす。休みになれば、友人と一緒に遊びに行き、また、暇を見つけては、メールでどうでもよい情報を交換したりする。日常生活の多くの時間とエネルギーは、他者との相互作用のために費やされる。喧嘩（けんか）をしたり、笑いあったり、交渉したり、助けあったりなどの「対人行動」が私の一日をかたち作る。また、直接は面識のない政治家や芸能人に対しても、ニュースや雑誌記事などで何をしているかを知り、驚いたり、呆（あき）れたりする。一人で時間を持て余しているときも、他者のことを考えて、心の中でその人と自分のやり取りを想像したり、会話したりする。このように、他者と何らかのつながりを持ち、共にこの社会の中で生きるということは、私たちの基本的なあり方なのだ。

他者と共に、つながりを持ちながら生きていることは、他者がどのような人であるか知る必要を生む。初対面の人に対する挨拶など、ごく単純な日常の相互作用の一つをとっても、相手の年齢や立場がわからなければ、大変やりにくいものだ。私たちは他者と遭遇したとき、まず、「どこの誰であるのか」について情報を交換することで、互いの距離や許される言動の範囲を暗黙に伝えあう。

もっとも、他者と共に生きるためには、そのような<u>外的属性</u>（ア）を知ることで満足してはいけない。他者の内面、つまりは、心の中にまで踏み込んで知ることが必要となる。他者が何を考え、感じ、意図しているのか、というようなことだ。一緒に食事に行く店を決めるときには、他

解答編

基礎学力調査

■英　語■

◀併　願▶

Ⅰ 解答　1―①　2―③　3―②　4―①　5―④

Ⅱ 解答　6―③　7―⑥　8―⑤　9―④　10―⑥　11―④
12―②　13―①　14―⑤　15―③

Ⅲ 解答　《大学生活についての父子の会話》

16―③　17―②　18―①　19―④　20―⑥

Ⅳ 解答　《通学電車内での迷惑行為調査》

21―③　22―①　23―②　24―④　25―②

Ⅴ 解答　《キャッシュレス社会でも現金払いが必要な理由》

26―②　27―③　28―①　29―④

◀専　願▶

◀併願▶の〔Ⅰ〕1・3～5，〔Ⅱ〕6・7，12～15，〔Ⅲ〕～〔Ⅴ〕に同じ。

■数　学■

◀併　願▶

Ⅰ　解答　《小問7問》

(1) **1**—①　**2**—②

(2) **3**—②　**4**—⑤　**5**—⓪

(3) **6**—④　**7**—④

(4) **8**—③　**9**—④

(5) **10**—①　**11**—⑨　**12**—⑤

(6) **13**—①　**14**—⑧

(7) **15**—⓪　**16**—⑦

◀専　願▶

◀併願▶の〔Ⅰ〕(1)・(2)・(4)〜(7)に同じ。

■化学基礎■

◀併　　願▶

Ⅰ　解答　《純物質と混合物》

1 ―③　2 ―①　3 ―①　4 ―③　5 ―②

Ⅱ　解答　《同素体》

6 ―③

Ⅲ　解答　《典型元素の分類》

7 ―③　8 ―②　9 ―②　10―①　11―②

Ⅳ　解答　《陽イオン》

12・13―③・⑤

Ⅴ　解答　《化学結合》

14・15―③・⑤

Ⅵ　解答　《化学反応式と量的関係》

16―①　17―①　18―②　19―⑧　20―①　21―⑥

Ⅶ　解答　《中和滴定，中和反応の量的関係》

22―④

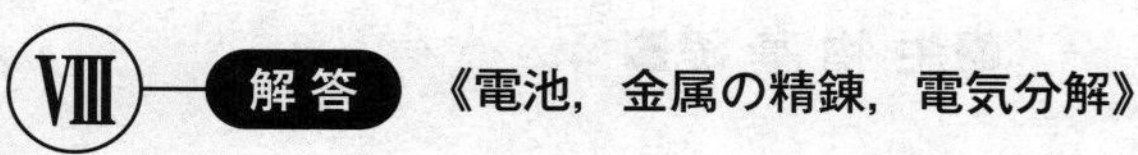

Ⅷ 解答 《電池，金属の精錬，電気分解》

23—③

◀専　願▶

◀併願▶の〔Ⅰ〕，〔Ⅲ〕，〔Ⅳ〕，〔Ⅵ〕～〔Ⅷ〕に同じ。

■生物基礎■

◀併 願▶

《独立栄養・従属栄養，同化・異化，ミドリゾウリムシの特徴，DNAとゲノム》

41・42—②・⑤

43・44—①・④

45・46—②・⑤

47・48—①・④

Ⅱ 解答 《血糖濃度の調節，糖尿病》

49—③

50—①

51—②

52—③

53—②

54・55・56—③・⑤・⑥

57・58—②・③

Ⅲ 解答 《ヒトの免疫》

59・60—②・⑤

61・62—③・④

63・64—①・④

65・66—①・④

◀専 願▶

◀併願▶の〔Ⅰ〕，〔Ⅱ〕，〔Ⅲ〕59～64に同じ。

専願

▲併願▼の〔一〕問一～問三、問五～問七、問九～問十一に同じ。

■国　語■

▲併　願▼

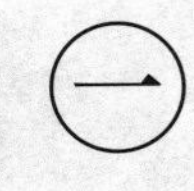

出典　唐沢かおり「心はいかに自己と他者をつなぐのか」（唐沢かおり・林徹編『人文知1　心と言葉の迷宮』東京大学出版会）

解答

問一　a—①　b—②　c—④　d—②　e—⑤

問二　④

問三　③

問四　⑤

問五　A—④　B—①　C—③　D—⑤

問六　④

問七　②

問八　③

問九　③

問十　Ⅰ—②　Ⅱ—⑤　Ⅲ—③　Ⅳ—①

問十一　②・⑥

総合型選抜後期日程

問題編

▶【基礎学力調査】試験科目・配点

学部・学科	教科	内容		配点
文・教育・心理・現代ビジネス・家政（生活デザイン・造形デザイン）	英　語	コミュニケーション英語Ⅰ・Ⅱ	2教科選択	各100点
	数　学	数学Ⅰ・A		
	理　科	化学基礎・生物基礎		
	国　語	国語総合（現代文）		
家政（管理栄養）・薬・看護	英　語	コミュニケーション英語Ⅰ・Ⅱ	1教科選択	100点
	数　学	数学Ⅰ・A		
	国　語	国語総合（現代文）		
	理　科	化学基礎・生物基礎		100点

▶備　考

- **専願**：上記の基礎学力調査，出願書類（自己推薦書〈志望動機や活動報告など400字以内〉：50点，調査書：50点）を総合的に判定する。文学部書道学科には上記に加え，書道実技（作品提出）を課し，評価は自己推薦書に含める。
- **併願**：上記の基礎学力調査，出願書類（調査書：50点）を総合的に判定する。

基礎学力調査

■英　語■

◀併　願▶

（2科目90分）

I 次の 1〜5 の [1] 〜 [5] に入れるのに最も適切なものを，それぞれ ①〜④ のうちから一つずつ選び，その番号をマークせよ。

1 When I arrived home, there was a big red car [1] outside the house.

① park　② to be parking　③ parks　④ parked

2 Parents shouldn't [2] their children stay out late at night.

① encourage　② permit　③ forgive　④ let

3 The school organizes [3] field trips to historical sites for students who want to improve their knowledge.

① opposite　② optional　③ imaginary　④ impossible

4 English has become the official language for business in Singapore [4] the fact that the population is largely Chinese Singaporeans.

① in charge of　② in aid of　③ in spite of　④ in terms of

5 Many members of the project suddenly quit, so there was nothing to do [5] to give up.

① but　② as　③ since　④ though

Ⅱ 次の 1〜5 の日本文と同じ意味になるように，それぞれ ①〜⑥ の語句を並べかえて空所を補い，最も適切な文を完成させよ。解答は [6] 〜 [15] に当てはまる番号をマークせよ。ただし，文頭に置かれるものも小文字にしてある。

1　彼女は今度の海外旅行のために熱心に新しい言語を学んでいます。

She is enthusiastically ____ [6] ____ ____ [7] ____ upcoming trip abroad.

① learning　② her　③ a
④ new　⑤ for　⑥ language

2　スーザンはその会議であまり話さなかったが，彼女が言ったことは的を射ていた。

Susan did not say much at the meeting, but ____ [8] ____ ____ [9] ____ .

① was　② said　③ to
④ what　⑤ the point　⑥ she

3　次の授業を休んでもよろしいでしょうか。

____ [10] ____ ____ [11] ____ mind me missing your next class.

① you　② was　③ if
④ would　⑤ I　⑥ wondering

4　私たちのコーチがあのようなトレーニング方法を受け入れるか確信が持てません。

I am not ____ [12] ____ ____ [13] ____ training method.

① of　② that sort　③ accept
④ would　⑤ sure　⑥ our coach

5　彼らは突然の緊急事態のために会議に出席できませんでした。

They ____ [14] ____ ____ [15] ____ a sudden emergency.

① meeting　② couldn't　③ to
④ attend　⑤ due　⑥ the

Ⅲ 次の対話文の 16 〜 20 に入れるのに最も適切なものを，あとの ①〜⑥ のうちから一つずつ選び，その番号をマークせよ。

Father: Did your vegetarian friend have fun visiting Japan?

Son: [16] Don't you remember me telling you that?

Father: No, I don't. I thought they were the same. [17]

Son: Well, they are similar. Neither eats meat, but vegans don't eat or use any animal products at all.

Father: Animal products? [18]

Son: Yes. Also, they don't drink milk, eat butter or cheese, or wear anything made of leather.

Father: That's pretty strict! I don't think I could go without milk or cheese!

Son: [19] So, we cooked a lot at home, and we packed a lunch box most days.

Father: [20]

Son: Lots of tofu and vegetables! But after a week of eating like him, I started to feel great. I think I'll try eating more plant-based meals from now on. It's so healthy!

① What did you end up eating every day?
② So, what's the difference?
③ Do you mean things like eggs?
④ I wish I were a vegan.
⑤ Actually, he's a vegan, not a vegetarian.
⑥ In fact, it was tough finding restaurants to take him to.

IV 次の英文の 21 ～ 25 に入れるのに最も適切なものを，あとの ①～④ のうちから一つずつ選び，その番号をマークせよ。

Overtourism is a new word. It first appeared in print in 2016 in an article about the impact of tourism in Iceland. It was listed in dictionaries in 2018. The definition of overtourism is "too many people visiting famous locations, damaging the environment, and having a negative [21] on the lives of the people living there."

Around the world, the number of tourists has increased dramatically in recent years. Previously, traveling internationally by air was restricted to [22] people. Today, it is much easier and cheaper to travel overseas. The main reason for this is low-cost airlines, which sell tickets at cheap prices.

When a country becomes a popular destination for tourists, new hotels, shopping malls, roads, and airports are built. Consequently, more and more tourists visit. Traffic increases, and there is a negative effect on the environment and the people who live there. In some cases, there are [23] between local people and tourists.

Venice attracts 30 million tourists every year. Between 1997 and 2010 the number of tourists increased by 440 percent. There has been a 263 percent increase in the number of cruise ships arriving in the city. Sometimes as many as 12 cruise ships arrive in the city at the same time. They leave their engines running all night and this causes smoke and noise [24]. The situation has become so bad that some residents have moved out of the city.

Visitors to Japan have increased by 21 percent in just 3 years. Most want to visit Kyoto. Nowadays, the ancient streets are crowded with tourists. Some of them behave badly. They try to take photos of themselves with *maiko*. Others enter ancient buildings without permission and take photos. The number of tour buses in Kyoto has gone up a lot. Large hotels have been constructed and the [25] of the city has been badly affected.

(Clive Langham *Steps to Academic English* 朝日出版社 一部改変)

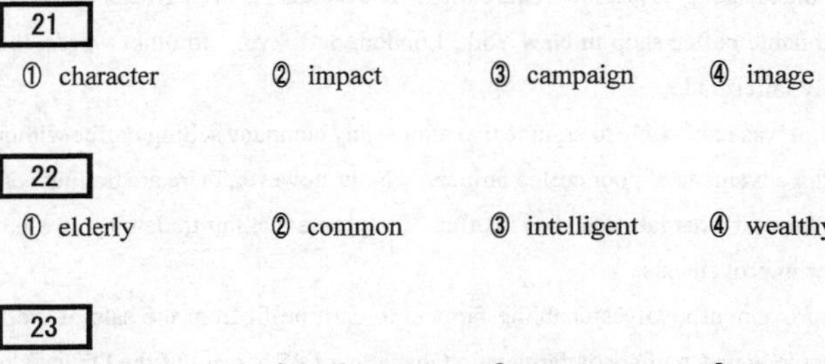

21

① character　② impact　③ campaign　④ image

22

① elderly　② common　③ intelligent　④ wealthy

23

① conflicts　② communities　③ associations　④ festivals

24

① destruction　② application　③ pollution　④ solution

25

① temperature　② weather　③ climate　④ atmosphere

V 次の英文を読んで，あとの 1～4 の問いに答えよ。

Most of the world's coffee is grown in developing countries like Brazil and Vietnam on small farms owned by poor farmers. Of the money that we pay for our cup of coffee, very little reaches the people who grow it. The rest goes to companies that trade, process, package, and sell it. The international market price changes almost every year, and is often so low that farmers and farm laborers (**A**) feed their families. This applies not merely to coffee but also to many other farm products grown in developing countries, for instance, tea, cocoa, bananas, and cotton.

Some people in Europe and North America called for a fairer trading system. Their efforts led to what is now widely known as fair trade. The fair trade label introduced by the Fairtrade Foundation in 1994 assures consumers that the farmer has been paid a better price, guaranteed for at least two years, with additional support, such as cheap loans and technical assistance. The Foundation also promotes organic farming, and prohibits the use of child labor.

The fair trade movement has achieved a great deal since it began. Fair trade products can be found in supermarkets all over Western Europe and North America, and most consumers understand that by choosing a fairly traded product, they are contributing to poverty relief. (B) <u>However, some researchers and traders have serious concerns about the present model</u>. For example, consumers may think that when they pay an extra dollar for a jar of fair trade coffee, the farmer is getting that extra dollar. In fact, all the farmer gets is a few cents extra. The contrast is even greater when the coffee is served in a fashionable coffee shop in New York, London, or Tokyo. In other words, this is not fair trade, but merely fairer trade.

Back in 1994, it was reasonable to assume that almost any company selling coffee without a fair trade label was taking advantage of poor coffee farmers. Now, however, there are trading companies that are eager to go beyond what fair trade has to offer. It appears that fair trade may now be getting in the way of further improvements.

One such improvement involves enabling farmers to earn profit from the sale of the finished product. For example, a group of cocoa farmers in Ghana owns 45 percent of the Divine Chocolate Company, founded in Britain in 1998. But fair trade needs to go a step further and support not only growers but also manufacturers. When a bar of chocolate has a label saying "produced and packaged in Africa and imported tax-free in compliance with* fair trade principles," (　**C**　).

(David Peaty・Kahori Kobayashi *What's Going On in the World?* 成美堂　一部改変)

* in compliance with 「～に従って」

1 (　**A**　) に入れるのに最も適切なものを，次の ①～④ のうちから一つ選び，その番号を解答番号 **26** にマークせよ。

① are likely to
② are liable to
③ can't help but
④ can't afford to

2 下線部 **(B)** の理由として最も適切なものを，次の ①～④ のうちから一つ選び，その番号を解答番号 **27** にマークせよ。

① Fashionable coffee shops don't serve coffee with a fair trade label.
② The money the farmer gets is not so much as consumers think.
③ Coffee with a fair trade label is too expensive.
④ Fair trade products are not sold all over the world.

3 (　**C**　) に入れるのに最も適切なものを，次の ①～④ のうちから一つ選び，その番号を解答番号 **28** にマークせよ。

① it will certainly be more delicious than ordinary ones
② it has definitely been made in Ghana
③ it can honestly be called a fair trade product
④ it will finally improve the quality of cocoa

4 本文の内容と一致するものを，次の ①～⑤ のうちから一つ選び，その番号を解答番号 **29** にマークせよ。

① Fair trade still needs to be improved in the future.
② Companies selling fair trade products should make more profit.
③ The Fairtrade Foundation pushes children to work on the farms.

④ As early as 1994, coffee companies refused fair trade offers.

⑤ The fair trade system works better for coffee companies than for cocoa ones.

◀専　　　願▶

（2 科目 90 分）

◀併願▶の〔Ⅰ〕1～4，〔Ⅱ〕1・3・5，〔Ⅲ〕～〔Ⅴ〕に同じ。

■数　　学■

◀併　願▶

（2科目90分）

I 次の (1) ～ (7) の空欄 [1] ～ [17] にあてはまる数字（と同じ番号）をマーク解答用紙にマークせよ。なお，分数はそれ以上約分できない形にせよ。

(1) $x^2-12x+27<0$ を解くと [1] $<x<$ [2] である。

(2) 2次関数 $y=x^2-4$ と，傾き4の直線が接するとき，その点の座標は ([3] , [4]) になる。

(3) p 角形と q 角形と r 角形がある $(p,q,r$ は正の整数)。それぞれの内角の和を足し合わせると 2700° であった。このとき $p+q+r=$ [5] [6] である。

(4) 不等式 $-\dfrac{1}{4}x+4\geqq|x-4|$ を解くと [7] $\leqq x\leqq\dfrac{\boxed{8}\,\boxed{9}}{\boxed{10}}$ となる。

(5) 2つのサイコロを同時に1回振る。そのとき，2つのサイコロの目の和と積が同じになる確率は, $\dfrac{\boxed{11}}{\boxed{12}\,\boxed{13}}$ である。

(6) 2次関数 $f(x)=x^2-px+p^2-p+1$ の最小値を $h(p)$ とする。p がいろいろな値をとるとき $h(p)$ の最小値は $\dfrac{\boxed{14}}{\boxed{15}}$ である。

(7) ある高校のある部活の部員の人数について，次のことがわかっている。

・部員の総数は65人である

・2年生は他のどの学年よりも多い

・3年生よりも1年生のほうが1人多い

このとき, 2年生は最も少ない場合 [16] [17] 人いることになる。

◀専　　願▶

（2 科目 90 分）

◀併願▶の〔Ⅰ〕(1)・(3)～(7)に同じ。

■化 学 基 礎■

(注)「生物基礎」とあわせて１科目として解答。

◀併　　願▶

（2科目90分）

計算に必要な場合は、次の原子量を用いよ。 Cl 35.5　　Ca 40 計算問題では、必要ならば四捨五入して答えよ。

Ⅰ　次の記述（ア）～（エ）に含まれる下線部が、元素の意味で使われている場合には①を、単体の意味で使われている場合には②を選び、それらの番号を指定された解答番号 [1] ～ [4] にマークせよ。

（ア）牛乳には<u>カルシウム</u>が含まれている。 [1]

（イ）過酸化水素は<u>水素</u>と酸素からできている。 [2]

（ウ）水素と<u>酸素</u>の混合物に点火すると水が生じる。 [3]

（エ）空気の約80%は<u>窒素</u>が占めている。 [4]

Ⅱ　ケイ素原子の同位体${}^{30}_{14}\mathrm{Si}$の質量は、リチウム原子の同位体${}^{6}_{3}\mathrm{Li}$の質量のおよそ何倍か。次の①～⑤のうちから最も適切な数値を一つ選び、その番号を解答番号 [5] にマークせよ。

① 0.2　　② 2.3　　③ 4.7　　④ 5　　⑤ 10

III

マグネシウム原子はK殻に２個、L殻に８個、M殻に２個電子をもち、その電子配置を(K2 L8 M2)と表す。次の電子配置 ① ～ ⑤ のうち、フッ素原子の電子配置を表すものを一つ選び、その番号を解答番号 [6] にマークせよ。

① (K2 L5)　② (K2 L6)　③ (K2 L7)

④ (K2 L8)　⑤ (K2 L8 M7)

IV

次の結晶 ① ～ ④ に関する **（１）・（２）** の問いに答えよ。

① 金属結晶　② イオン結晶　③ 分子結晶　④ 共有結合の結晶

（１） 次の物質 **A** ～ **D** がつくる結晶を、① ～ ④ のうちから一つずつ選び、それらの番号を指定された解答番号 [7] ～ [10] にマークせよ。ただし、同じ番号を繰り返し選んでよい。

A：二酸化ケイ素 [7]　B：塩化ナトリウム [8]
C：二酸化炭素 [9]　D：鉄 [10]

（２） 次の **（ア）** ～ **（ウ）** の性質をもつものを、① ～ ④ のうちから一つずつ選び、それらの番号を指定された解答番号 [11] ～ [13] にマークせよ。ただし、同じ番号を繰り返し選んでよい。

（ア） やわらかく昇華しやすいものもある。 [11]
（イ） 固体でも液体でも電気をよく通す。 [12]
（ウ） 固体では電気を通さないが、融解すると電気を通す。 [13]

V 次の分子A ～ Fのうち無極性分子はいくつあるか。その個数と同じ番号を解答番号 [14] にマークせよ。

A：水　B：塩素　C：塩化水素

D：アンモニア　E：メタン　F：二酸化炭素

VI 質量パーセント濃度16%、密度1.11 g/cm³の塩化カルシウム水溶液が500 mLある。溶液に溶けている塩化カルシウムの物質量 n [mol]を、小数点以下1桁まで求めよ。解答は、空欄 [15] と [16] に当てはまる数字と同じ番号を、解答番号 [15] と [16] にマークせよ。

$$n = \boxed{15}\,.\,\boxed{16}\ \text{mol}$$

VII 酸と塩基に関する記述として**誤りを含むもの**を、次の ① ～ ⑤ のうちから一つ選び、その番号を解答番号 [17] にマークせよ。

① 水酸化バリウムの水溶液は、赤色リトマス紙を青くする。

② 塩化水素を水に溶解したとき、水は塩基として働く。

③ アンモニアを水に溶解したとき、水は酸として働く。

④ ブレンステッド･ローリーの定義では、**NaOH**は塩基であるが、NH_3は塩基ではない。

⑤ ブレンステッド･ローリーの定義では、水素イオンを与える物質が酸である。

VIII 酸化剤と還元剤に関する記述として**誤りを含むもの**を、次の ① ～ ⑤ のうちから一つ選び、その番号を解答番号 **18** にマークせよ。

① 硫酸で酸性にした水溶液中の過酸化水素 H_2O_2 は、ヨウ化カリウム KI に対して酸化剤として働く。

② 二酸化硫黄 SO_2 はヨウ素 I_2 に対して還元剤として働き、ヨウ素水溶液は褐色から無色へと変化する。

③ 二酸化硫黄 SO_2 は硫化水素 H_2S に対して酸化剤として働き、硫黄 S が生成する。

④ 過マンガン酸イオン MnO_4^- は硫酸酸性水溶液中で酸化剤として働き、マンガン(II)イオン Mn^{2+} に還元される。

⑤ 過マンガン酸カリウム $KMnO_4$ は、塩基性水溶液中では酸化剤として働かない。

◀専　願▶

（2科目90分）

◀併願▶の〔Ⅰ〕,〔Ⅲ〕,〔Ⅳ〕,〔Ⅵ〕～〔Ⅷ〕に同じ。

■生物基礎■

(注)「化学基礎」とあわせて1科目として解答。

◀併　願▶

(2科目90分)

I 原核生物とウイルスに関する次の(1)と(2)の問いに答えよ。

(1) 原核生物の性質についての次の①～⑥の記述のうち、**誤っているもの**を二つ選び、それらの番号を解答番号 41 と 42 にマークせよ。ただし、解答の順序は問わない。

① 細胞膜をもつ。
② 代謝に伴うエネルギーの出入りがある。
③ 光合成を行わない。
④ 葉緑体をもたない。
⑤ ATP を利用しない。
⑥ 細胞壁をもつ。

(2) ウイルスの性質についての次の①～⑤の記述のうち、適切なものを二つ選び、それらの番号を解答番号 43 と 44 にマークせよ。ただし、解答の順序は問わない。

① 細胞の外では増殖できない。
② 遺伝物質として RNA はもたない。
③ 細胞膜をもたない。
④ タンパク質はもたない。
⑤ 栄養分を取り込む。

Ⅱ 生物のエネルギーとATPに関する次の（**1**）と（**2**）の問いに答えよ。

（**1**）　生物のエネルギーについての次の①～⑤の記述のうち、適切なものを二つ選び、それらの番号を解答番号 45 と 46 にマークせよ。ただし、解答の順序は問わない。

① グルコースに蓄えられたエネルギーは、光エネルギーが変換されたものである。

② ミトコンドリアが無くても、ATPは合成できる。

③ DNAの合成には、ATPからのエネルギーは必要ない。

④ ヒトの細胞では、ATPは一日当たり平均10回程度再利用されている。

⑤ 独立栄養生物では、ATPは利用されない。

（**2**）　ATPに関連する次の①～⑤の記述のうち、**誤っているもの**を二つ選び、それらの番号を解答番号 47 と 48 にマークせよ。ただし、解答の順序は問わない。

① ATPには、デオキシリボースが含まれる。

② ATPは、ADPよりリン酸が1つ多い。

③ ATPは、大腸菌では合成されない。

④ ADPは、高エネルギーリン酸結合をもつ。

⑤ ATPにおける高エネルギーリン酸結合は、リン酸どうしの結合である。

Ⅲ ヒトの体液とその循環に関する次の（1）～（8）の問いに答えよ。

（1） 心臓から送り出された血液は、次の①～③の3種類の血管の中をどのような順序で循環するか。正しい順序となるよう、血管の番号を解答番号 49 ～ 51 にマークせよ。

心臓 → 49 → 50 → 51 → 心臓

① 静脈　② 動脈　③ 毛細血管

（2） 血液から酸素が組織の細胞に受け渡されるのは、問い（1）の①～③の3種類の血管のどれを通じてか。正しい血管の番号を解答番号 52 にマークせよ。

（3） 組織液は、問い（1）の①～③の3種類の血管のどれから生じるか。正しい血管の番号を解答番号 53 にマークせよ。

（4） ヒトの循環系に関する次の①～⑤の記述のうち、正しいものを二つ選び、それらの番号を解答番号 54 と 55 にマークせよ。ただし、解答の順序は問わない。

① ヒトの血管からは組織液が生じるので、開放血管系とよばれる。
② リンパ管は、動脈と合流する。
③ 組織液の一部は、リンパ液となる。
④ 1分間当たりに、左心室から送り出される血液の量は、右心室から送り出される血液の量と同じである。
⑤ 静脈では、動脈に比べて血液の逆流が起こりにくい。

（5） 酸素と二酸化炭素の運搬に関する次の①～⑤の記述のうち、**誤っているもの**を二つ選び、それらの番号を解答番号 56 と 57 にマークせよ。ただし、解答の順序は問わない。

① 二酸化炭素濃度が高いと、ヘモグロビンは酸素を離しにくくなる。
② 酸素濃度が高いほど、酸素ヘモグロビンの割合は高くなる。
③ 酸素を離すと、ヘモグロビンは暗赤色となる。
④ 赤血球は、二酸化炭素を運搬している。
⑤ 二酸化炭素は、血しょうには溶けない。

(6)　血液の有形成分についての次の①～④の記述のうち、**誤っているもの**を一つ選び、その番号を解答番号 58 にマークせよ。

① 平均すると、ヒトの赤血球の120分の1は、毎日入れ替わっている。

② 同一の容積の血液中では、血小板の数は、赤血球の数より多い。

③ 白血球は、血管外に出ることができる。

④ 血管が傷ついたときにできる血ぺいには、赤血球が含まれる。

(7)　血管および心臓の中を流れる血液の性質についての次の（ア）～（エ）の記述のうち、正しいものはいくつあるか。解答の数と同じ番号を解答番号 59 にマークせよ。なお、動脈血とは酸素ヘモグロビンの割合が高い血液であり、静脈血とは酸素ヘモグロビンの割合が低い血液のことである。

正しいもの 59 つ

（ア） 肺動脈には、動脈血が流れる。

（イ） 肺静脈には、静脈血が流れる。

（ウ） 右心室には、静脈血が流れる。

（エ） 左心房には、動脈血が流れる。

(8)　ヒトの体液についての次の①～⑤の記述のうち、適切なものを二つ選び、それらの番号を解答番号 60 と 61 にマークせよ。ただし、解答の順序は問わない。

① ナトリウムイオンがカリウムイオンより多く含まれる。

② 塩化物イオンがカルシウムイオンより多く含まれる。

③ ナトリウムイオンの濃度は、海水とほぼ等しい。

④ 組織液には、二酸化炭素は含まれない。

⑤ 組織液には、老廃物は含まれない。

IV ヒトの免疫に関する次の（1）～（4）の問いに答えよ。

（1） ナチュラルキラー（NK）細胞についての次の①～⑤の記述のうち、**誤っているもの**を二つ選び、それらの番号を解答番号 62 と 63 にマークせよ。ただし、解答の順序は問わない。

① ウイルス感染細胞を破壊する。
② がん細胞には作用しない。
③ 特定の抗原を認識する。
④ 移植された他人の細胞に作用する。
⑤ 血液中を流れている。

（2） 適応免疫に関係する次の①～⑤の記述のうち、適切なものを二つ選び、それらの番号を解答番号 64 と 65 にマークせよ。ただし、解答の順序は問わない。

① 樹状細胞によって提示される抗原は、異物が断片化されたものである。
② B細胞は、樹状細胞によって提示された抗原を認識する。
③ B細胞は、異物を細胞内に取りこんで分解し、断片を細胞表面に提示する。
④ B細胞は、活性化されても増殖しない。
⑤ T細胞は、マクロファージを活性化しない。

（3） T細胞についての次の①～⑤の記述のうち、適切なものを二つ選び、それらの番号を解答番号 66 と 67 にマークせよ。ただし、解答の順序は問わない。

① T細胞は、血液中を流れない。
② T細胞は、B細胞によって提示された抗原は認識できない。
③ T細胞は、骨髄で成熟する。
④ 自己の成分を抗原として認識するT細胞も生じるが、成熟の過程で排除される。
⑤ T細胞のもとになる細胞は、骨髄でつくられる。

（4） 骨髄の造血幹細胞が障害され、その数が著しく低下する病気がある。その場合、からだの中では、どのようなことが起こると考えられるか。次の①～⑤の記述のうち、適切なものを二つ選び、それらの番号を解答番号 68 と 69 にマークせよ。ただし、解答の順序は問わない。

① 好中球が増加する。
② ナチュラルキラー（NK）細胞が増加する。
③ 酸素を運ぶ血液の能力が低下する。
④ 出血しやすくなる。
⑤ 抗体の量が増加する。

◀専　　願▶

（2科目90分）

◀併願▶の〔Ⅰ〕～〔Ⅲ〕，〔Ⅳ〕（1）～（3）に同じ。

2024年度　総合型（後期）

基礎学力調査

▲専　願▼

（二科目九〇分）

▲併願▼の〔一〕問一、問三～問八、問十～問十三に同じ。

④ 行政職員の多くは公共的な事業への「行政参加」を、住民が行政の仕事に参加することだと捉えている。

⑤ 共同体内で住民が情報を共有するような農村部のつながりを嫌って、都市で生活し始める人々が増えた。

⑥ プライベート企業の電力会社が、政府の承認を得てパブリックの立場となって、原発事業を推し進めた。

⑦ しがらみの少ない都市部でも「私」をつなげ「共」を築いて開放させ「公」をつくり出すことが必要だ。

をマークせよ。

① 目を細める
② 眉をひそめる
③ 首をすくめる
④ 手をこまねく
⑤ 口を閉ざす

問十二　傍線部**カ**に「原発問題ほどもやもやすることはない」とある。その理由として本文で述べられていないものを、次の①〜⑤のうちから一つ選べ。解答は、解答番号 **24** に、その番号をマークせよ。

① プライベート企業が効率重視で危険をはらむ事業を推進させていて、パブリックの立場にある政府もそれを支援しているから。
② プライベート企業が設立され、パブリックの立場にある政府に少しずつ開かれた支援を得て、公共的に自然を破壊してきたから。
③ プライベート企業の危険な事業が生態系を破壊しかねないのに、パブリックの立場にある政府はむしろ積極的に推進するから。
④ 生態系の保全にとって危険な事業を行う民間企業を活かしたり、企業を支援する政府を選んだりしているのが「僕たち」だから。
⑤ 「公共」は生態系まで広がるが、それを構成するプライベート企業によるパブリックの破壊を政府が黙認するのはおかしいから。

問十三　本文の内容と合致しないものを、次の①〜⑦のうちから二つ選べ。解答は、解答番号 **25** と **26** に、それらの番号をマークせよ。ただし、解答の順序は問わない。

① 「コミュニティ」や「シェア」という言葉に特定の意味合いを貼り付ける傾向は、若い世代ほど少ない。
② たくさんのプライベート（私）が集まり、一般に開放されることでパブリック（公）は成り立っている。
③ プライベートとパブリックは別の概念だが、住民参加のコミュニティ形成を促進させればつなげられる。

⑥　共同体としての生活が成立した時代

問九　本文中には、「いわば、つながりのなかで生きてきた。」という一文が脱落している。本来どこにあった一文か。最も適切なものを、次の①～⑤のうちから一つ選べ。解答は、解答番号 21 に、その番号をマークせよ。

①　空欄 Ⅰ
②　空欄 Ⅱ
③　空欄 Ⅲ
④　空欄 Ⅳ
⑤　空欄 Ⅴ

問十　傍線部**エ**に「最初はとても清々しかったことだろう」とある。その理由として本文の内容と異なるものを、次の①～⑤のうちから一つ選べ。解答は、解答番号 22 に、その番号をマークせよ。

①　地域の集落から都市部に移り、夢と希望をかなえて快適な仕事に没頭できているから。
②　隣に誰が住んでいるか、自分が誰なのかも知られない生活を快適と感じたはずだから。
③　都市ではどんな服を着て出かけても噂にならないことを快適と感じていたはずだから。
④　かつての共同体内でのように、すべての情報を共有して生活することがなくなるから。
⑤　互いのことをそれぞれよく知っている狭い共同体でのつながりから自由になれるから。

問十一　空欄 イ に入る語句として最も適切なものを、次の①～⑤のうちから一つ選べ。解答は、解答番号 23 に、その番号

③ 行政が全ての仕事に責任をもつこと
④ 行政がコミュニティの合意形成を促進すること
⑤ 住民が行政と対等の立場になること

問七 傍線部**ウ・オ**に「コミュニティデザイン」とある。この語句の意味を説明している本文中の記述として適切なものを、次の①～⑥のうちから二つ選べ。解答は、解答番号 **17** と **18** に、それらの番号をマークせよ。ただし、解答の順序は問わない。

① 広場にお店を出そう、河川敷で音楽を演奏しようなどと計画するのだが、実際にはやれないことのほうが多い
② 住民参加のコミュニティをつくったり、すでにできあがっているコミュニティの合意形成を促進したりする
③ 日本人の８割は農村部に住んでいた。この時代、「私」が集まり、協力しながら「共」を成立させていた
④ 人々のなかに「つながりがなくなりすぎたためにさまざまな問題が生まれている」という気持ちが生じた
⑤ もう一度「私」をつなげて「共」をつくり、それを外部に開くことによって「公」をつくり出す
⑥ 原発を再稼働すべきなのかどうかを考え、しかるべき生活へとシフトさせていかねばならない

問八 空欄 **X** ・ **Y** に入る小見出しとして最も適切なものを、次の①～⑥のうちからそれぞれ一つずつ選べ。解答は、解答番号 **19** ・ **20** に、**X**から順にそれらの番号をマークせよ。

① 住民側の意識を変える必要性
② 行政側の意識を変える必要性
③ 共同体の中のしがらみ
④ つながりを求める時代
⑤ つながりから抜け出す時代

問四　傍線部**ア**に「パブリックはプライベートが集まって、それらを少しずつ開くことで生じる状態だ」とある。筆者がここで具体的に提起している事例のうち適切でないものを、次の①～⑤のうちから一つ選べ。解答は、解答番号 **14** に、その番号をマークせよ。

① プライベートセクションが集まって成立し、私立が公立となった日本のパブリックスクール
② 「コモン」を構成する人数が多いほどパブリックに近づくとした島根県海士町の『島の幸福論』
③ 日本でいう私塾のような学び舎を開放することで始まったイギリスのパブリックスクール
④ 個人や企業などが集まって設立され、市民に開かれたニューヨークのパブリックライブラリー
⑤ もともとは私有地だった狩猟場を、一般に開放した空間であるイギリスのパブリックパーク

問五　傍線部**イ**に「発注」とある。この単語にカギ括弧がついているのはなぜか。筆者の意図の説明として最も適切なものを、次の①～⑤のうちから一つ選べ。解答は、解答番号 **15** に、その番号をマークせよ。

① 「発注」という語は事業主に対して用いるもので、個人に対して使うのは誤用であると指摘するため。
② 無償で行うべきボランティアに仕事を依頼して賃金を払うのは、道理が通らないと抗議するため。
③ 「公共的な事業」に住民が参加することを認めず、行政がその仕事を独占していることを非難するため。
④ 行政が「公共的な事業」を業者やボランティアに任せるだけで、無責任であることへの不満を伝えるため。
⑤ 行政は「公共的な事業」を「行政の事業」だと捉えており、住民に任せる意識がないことを皮肉るため。

問六　空欄 **ア** に入る語句として最も適切なものを、次の①～⑤のうちから一つ選べ。解答は、解答番号 **16** に、その番号をマークせよ。

① 住民が行政の仕事に参加すること
② 企業が行政の仕事に参加すること

問二 傍線部f「顕在」、g「釈然」、h「しかるべき」の意味として正しいものを、次の①～⑨のうちからそれぞれ一つずつ選べ。解答は、解答番号 6 ～ 8 に、fから順にそれらの番号をマークせよ。

① それ自身ですでに明らかなこと
② 曇りなくはっきりと映っていること
③ 疑いなどが消えて心が晴れ晴れとすること
④ 事故のないように監視し続けること
⑤ そうあるべきであり適当であること
⑥ しっかりと解釈できていること
⑦ はっきりと形に表れて存在すること
⑧ 変わりなく能力を発揮していること
⑨ はっきりと自分の意志を示すこと

問三 空欄 A ～ E に入る語として最も適切なものを、次の①～⑤のうちからそれぞれ一つずつ選べ。解答は、解答番号 9 ～ 13 に、Aから順にそれらの番号をマークせよ。

A ① とはいえ ② そして ③ もともと ④ ただし ⑤ つまり
B ① そもそも ② それでも ③ だから ④ そのうえ ⑤ たぶん
C ① ところが ② いったい ③ もとより ④ したがって ⑤ なお
D ① ところで ② したがって ③ しかし ④ ちなみに ⑤ さて
E ① ちなみに ② もちろん ③ ただ ④ しかし ⑤ なぜか

（注）
※1　コミュニティ ＝ 在住者が同じ文化や利害等を共有する地域社会。
※2　セクション ＝ ある組織や構成における部門や区分のこと。
※3　中山間離島地域 ＝ 平野の周辺部から山間地に至るまとまった平坦な耕地が少ない地域、及び離島地域。

問一　傍線部a～eに相当する漢字を含むものを、次の各群の①～④のうちからそれぞれ一つずつ選べ。解答は、解答番号 1 ～ 5 に、aから順にそれらの番号をマークせよ。

a　チクセキ
①　ハチクの勢い　②　チョチクを増やす
③　カチクを養う　④　害虫をクチクする

b　サッシン
①　医者のシンサツを受ける　②　マサツの力で止まる
③　駅のカイサツ口で待つ　④　本をゾウサツする

c　イジ
①　化学センイの服を着る　②　戦争のキョウイにさらされる
③　寒さで手足がイシュクする　④　販売を業者にイタクする

d　キュウクツ
①　事態がフンキュウする　②　シンキュウ交代を促す
③　生活にコンキュウする　④　家屋がロウキュウ化する

e　キャッコウ
①　コウイン矢のごとし　②　コウコウしたいときに親はなし
③　コウゲキは最大の防御　④　コウゲン令色にだまされるな

ているが、そこに参加しない「私」が増えている)。しかし、もはや「官」が「公」を担い続けることは難しい。税財源も縮小しているし、人々はつながりを求めている。もう一度「私」をつなげて「共」をつくり、それを外部に開くことによって「公」をつくり出すことが必要だろう。「新しい公共」という言葉が使われるが、これは結局「古くて新しい公共」ということなのだ。

〈公共をどこまで広げて考えるか〉

「公共」の概念をどこまで広げるのか。サークルやコミュニティなど、気の合う仲間だけでなく、その他の人たちにも範囲を広げた公共の概念。まち全体まで広げるのか、地域全体まで広げるのか、上下流を含めた流域まで広げるのか、日本全体まで広げるのか。地球全体のことを「グローバルコモンズ」と呼ぶことがある。地球全体を共有地とみなす表現だ。エリアだけの問題ではない。対象は人間だけなのか。あるいは水や空気や動物や植物も含めるのか。そうした自然に活(い)かされている人間という意味では、それらも「公共」に入れなければ「私」は成り立たないだろう。生態系として考えれば、こうしたつながりのなかに人間の「私」が成り立っているということになる。

こうした観点からすれば、カ原発問題ほどもやもやすることはない。プライベート企業、民間企業である電力会社が、自分たちの事業を推進するために効率の良いとされている発電手法で電気を大量につくる。パブリックだと思われている政府も国全体の経済成長等を考えてそれを推し進める。ところが、ひとたび大きな事故が起きれば、プライベートでは済まされないほど大きなダメージを与える。人間だけでなく、植物も農作物も動物も水も空気も汚れる。公共を人間だけでなく生態系全体として捉えようとすれば、プライベートがパブリックを破壊することになっているのでg釈然としない。さらにそれを政府が推進していたというわけだ。ところが、その政府を選んだり、電気を使ったりしてきたのは僕たちでもある。このあたりの入り組んだ構図が僕たちをもやもやとさせる。

しかし、もうもやもやしている場合ではないだろう。こうした入り組んだ構図がどんな事態を引き起こすのかを知ったのだから、これを契機にプライベートとコモンとパブリックについて真剣に考え、原発を再稼働すべきなのかどうかを考え、hしかるべき生活へとシフトさせていかねばならない。

(山崎(やまざき) 亮(りょう)『コミュニティデザインの時代』/一部改変)

[e]キャッコウを浴びるようになる。それまでの「しがらみ」とか「支配体制」とか「共産主義」という意味合いではなく、「人とのつながり」「楽しい仲間」というポジティブな意味として用いられるようになる。

その影響はいまでも残っている。現在、50歳代、60歳代の人たちに僕の仕事を説明すると、「コミュニティ」という言葉に［イ］人が多い。40歳代は半分半分の反応だ。そして30歳代以下になると新鮮な言葉として好意的に受け容(い)れることが多い。すでに都市居住人口率が8割以上になった日本の社会で育った若い世代は、つながりが大切であることは自明なことであり、コミュニティという言葉に特定のイメージやイデオロギーを貼り付けて理解したりしない。１９７０年代に生まれた世代は、コミュニティという言葉が新鮮な響きを持って理解されるようになった社会を生きた最初の世代なのかもしれない。

余談だが、「コミュニティ」という言葉の響きに対する世代間の反応の違いと似ているのが「シェア」という言葉に対する反応である。「シェア」が「貸し借り」「貧乏くさい」「わずらわしい」というイメージで捉えられるか、「楽しい」「つながりをつくってくれる」「スマートな生活」というイメージで捉えられるかについても、世代間の違いが存在するように感じる。

［E］、ここで安易な世代論を展開したいわけではない。どちらが良くてどちらが悪いというつもりはない。ただ、「コミュニティ」や「シェア」という言葉に対する反応の違いを現場でどう理解しておくかは、[オ]コミュニティデザインの実践にとって結構大切なことなのである。世代や性別によって反応が違う言葉をうまく使い分けながらプロジェクトを組み立てることが重要になる場合が多い。

話をもとに戻そう。都市部で生活することになって、しがらみから抜け出すことに成功した若者たちは都市的生活を謳歌(おうか)することになる。が、一方でつながりのなさに不安を感じ、気の合う仲間たちと集まるようになる。日本語で言うところの「サークル活動」などが盛んになる。同時に、つながりが希薄化することで社会的な問題が[f]顕在化し始めるようになる。

児童虐待、鬱、自殺、孤立死など、つながりがないことによって起きるであろう事件や事故が社会問題となる。これらすべてが「つながりがない」ことに起因する問題かどうかは定かではない。ただし、農村集落での暮らしとまったく違う暮らしの実感から、つながりがないことによって起きそうな社会問題が次々と顕在化し、人々のなかに「つながりがなくなりすぎたためにさまざまな問題が生まれている」という気持ちが生じたことは確かだろう。そのころから「コミュニティ」という言葉が新しい響きを持ち始めた。町内会などの「共同体」をイメージさせないように、「コミュニティ」を英語のまま使ったのだろう。コミュニティはいいものだというイメージがつくられた。

都市部では「私」が閉じることになり、それ以外は「公」なのだが、「私」がつながっていないので「共」が生まれず、「公共」が生まれにくい。自ずと「公」は「官」と近づいていく。長い間、「官」がほとんどの「公」を担ってきた（もちろん、回覧板や町内会の掃除なども残っ

同様に、住民側の意識も変えねばならないこともある。これまでの「住民参加」より積極的な活動を展開することが可能なのだということを実感してもらうことが大切になる。

〈 X 〉

現在でも中山間離島地域※3の集落では「私」と「共」の概念が残っている場合が多いが、都市部ではほとんどこの考え方が消えてしまった。かつて、日本人の8割は農村部に住んでいた。この時代、「私」が集まり、協力しながら「共」を成立させていた。里山や火除(ひよ)け地などの入会地(いりあいち)や共有地があちこちにあり、共同体としての生活が成立していた。［ I ］みんなで協力して生活し、つながりを［c］イジした。

その時代は、共同体に属する人たちは、お互いに誰がどんな人で、何ができる人なのかをよく知っていた。［ II ］日々の協同作業のなかで自(おの)ずと共同体の構成員の特徴を理解した。だから協力できたし、いざというときに助け合うことができた。みんなでお金を積み立てたり、仕事を紹介し合ったり、協力して草刈りしたりした。元気がなさそうな人がいたら声をかけたり、相談に乗ったりした。［ III ］

しかし、それがしがらみに変わる場合も少なくなかった。結びつきやつながりが積み重なりすぎると、親や祖父の代のいざこざが自分に関係してくることもある。「三代前からあの家とは喧嘩(けんか)しているんだ」という話になる。［ IV ］どこで働いているか、誰と付き合っているのかなども、すべて共同体内で情報が共有されてしまう。［ V ］つながりが強すぎて、自分がどんな人か、

そのつながりが［d］キュウクツすぎて共同体を出る人もいた。高度経済成長期には都市部に仕事がたくさん生まれたため、多くの人が共同体を抜け出して都市で生活し始めた。［エ］最初はとても清々(すがすが)しかったことだろう。扉を閉めれば隣に誰が住んでいるのかもわからない。自分が誰なのかも知られない。どんな服を着て出かけても噂(うわさ)にならない。快適な生活だと感じたはずだ。

［ D ］一方で漠然とした不安もあっただろう。誰ともつながりがなく、何かあっても誰にも相談できない。かつての共同体ほど強いつながりでなくてもいいが、自分のことを知ってくれている人がいて欲しい。相談できる人が欲しい。同じ価値観を持った人たちと一緒にいたいと思ったはずだ。僕はまだ生まれていなかったから詳しいことはわからないが、1968年ごろから激しくなった学生運動に参加していたのは中山間離島地域から都市へ出てきた若者が多かったらしい。

〈 Y 〉

もともと総人口の8割を占めた農村人口が1960年代に3割を下回った。7割以上が都市で生活することになったというわけだ。欧米では1920年代に3割を下回ったようだが、いずれも総人口に占める農村人口の割合が3割を下回るころから「コミュニティ」という言葉が

うに開いたのがパブリックスクールだ。同様に、ニューヨークのパブリックライブラリーも大規模な私立図書館であり、イギリスで誕生したパブリックパークももともとは私有地だったパーク（狩猟場）を一般に開放することによって生まれた空間である。

「私（プライベート）」が集まってコミュニティをつくる。コミュニティが共有する物や場所や価値観などを示す場合に「コモン」という言葉が使われる。「コミュニティ」と「コモン」に共通している「コム」という接頭語は「ともに」という意味を持つ。日本語ではコモンのことを「共」と示すことが多い。「共」は、それを構成する人数が少なくなると「私」に近づき、多くなると「公」に近づいていく。このことを、島根県海士(あま)町の総合振興計画『島の幸福論』では「1人でできること」「10人でできること」「100人でできること」「1000人でできること」と表現した。コモンは、集まる人数によってプライベートに近づいたりパブリックに近づいたりする。プライベートとパブリックは別々の概念なのではなく、コモンという規模を自由に変化させる概念によってつながっている、ということを示したかったのである。

〈公共的な事業に対する住民参加と行政参加〉

「公」も「共」も「私」が基本となる概念であり、「官」や「行政」という意味ではない。［B］、本来的には「公共事業」というのは「行政事業」ではないはずなのである。公共的な事業については、行政が担ってもいいし、市民が担ってもいいし、企業が担ってもいい。

1980年ごろから盛んになった「住民参加」は、公共的な事業に対する住民の参加である。30年以上続けられてきた住民参加の実践により、公共的な事業に対する住民の参加方法はかなりのチクセキ[a]をみるようになった。［C］、ここに行政がうまく参加できていない。そもそも「参加する」という意識がない。いまだに「公共的な事業」は「行政の事業」だと思い込んでいる人も多い。だからこれまでどおり、業者に仕事を発注するかのごとく、住民のボランティアに仕事を「発注」[イ]する。

僕たちの仕事は、住民参加のコミュニティをつくったり、すでにできあがっているコミュニティの合意形成を促進したりすることだが、同時に行政職員が持つ「公共」に対する意識をサッシン[b]し、公共的な事業に対する住民参加と行政参加の方法を対等に考えるところからスタートすることが多い。「行政参加」という言葉は聞き慣れない言葉かもしれない。あるいは、「［ア］」だと受け取られるかもしれない。実際、行政職員のなかには「行政参加」をそう捉えている人も多い。コミュニティデザイン[ウ]を進めるうえで、行政職員の意識を少しずつ変えていくことも大切な要素である。

2024年度　総合型(後期)　基礎学力調査

■国　語■

▲併　願▼

（二科目九〇分）

一　次の文章を読んで、あとの問いに答えよ。

〈「私」と「共」と「公」〉

コミュニティ[※1]に関する仕事をしていると、プライベート（私）とパブリック（公）ということを考える機会が多い。コミュニティの活動が盛り上がって、まちを賑（にぎ）やかにするために道路で何かイベントをやろう、広場にお店を出そう、河川敷で音楽を演奏しようなどと計画するのだが、実際にはやれないことのほうが多い。あれはダメ、これもダメ。公園で何かしようと思っても注意事項がかなりたくさんいい渡される。公園ではなく官園ではないかと思うくらい、官の持ち物かのような決まりの多さだ。たくさんの「べからず」を聞くたびに、「公」や「パブリック」の意味を考えてみたくなる。

いうまでもなく、「パブリック」は「官」ではない。「公」である。「公」は、たくさんのプライベート（私）から成り立っている。「公」という字の下にある「ム」はプライベートを示す。その「ム（プライベート）」を「ハ（開く）」というのが「公」の意味だ。「私」が少しずつ開くことで「公」が生まれる。 A 、パブリックはプライベートが集まって、それらを少しずつ開くことで生じる状態だといえよう。

イギリスのパブリックスクールは、パブリックという言葉の意味を明確に示しているように思う。日本でパブリックスクールというと公立（官立）の学校のように聞こえるが、イギリスのパブリックスクールは私立学校である。日本でいう私塾のような学び舎（や）[※2]を一般に開放したのがパブリックスクールの始まりであり、個人や企業などのプライベートセクションが集まって設立し、その他の人たちも通うことができるよ

解答編

基礎学力調査

■英 語■

◀併 願▶

Ⅰ 解答 1—④ 2—④ 3—② 4—③ 5—①

Ⅱ 解答 6—③ 7—⑤ 8—⑥ 9—③ 10—② 11—① 12—⑥ 13—② 14—④ 15—⑤

Ⅲ 解答 《ベジタリアンとビーガンの違いについての会話》

16—⑤ 17—② 18—③ 19—⑥ 20—①

Ⅳ 解答 《オーバーツーリズムのもたらす弊害》

21—② 22—④ 23—① 24—③ 25—④

Ⅴ 解答 《改善を必要とするフェアトレード制度》

26—④ 27—② 28—③ 29—①

◀専 願▶

◀併願▶の〔Ⅰ〕1～4，〔Ⅱ〕6・7，10・11，14・15，〔Ⅲ〕～〔Ⅴ〕に同じ。

■数 学■

◀併 願▶

I 解答 《小問7問》

(1) **1**―③ **2**―⑨

(2) **3**―② **4**―⓪

(3) **5**―② **6**―①

(4) **7**―⓪ **8**―③ **9**―② **10**―⑤

(5) **11**―① **12**―③ **13**―⑥

(6) **14**―② **15**―③

(7) **16**―② **17**―④

◀専 願▶

◀併願▶の〔Ⅰ〕(1)・(3)〜(7)に同じ。

■化 学 基 礎■

◀併　　願▶

I 解答 《元素，単体》

1－①　**2**－①　**3**－②　**4**－②

II 解答 《同位体，質量数》

5－④

III 解答 《電子配置》

6－③

IV 解答 《結　晶》

7－④　**8**－②　**9**－③　**10**－①　**11**－③　**12**－①　**13**－②

V 解答 《無極性分子》

14－③

VI 解答 《質量パーセント濃度，物質量》

15－⓪　**16**－⑧

VII 解答 《酸・塩基の性質》

17－④

Ⅷ　解答　《酸化剤・還元剤》

18—⑤

◀専　　願▶

◀併願▶の〔Ⅰ〕,〔Ⅲ〕,〔Ⅳ〕,〔Ⅵ〕～〔Ⅷ〕に同じ。

■生物基礎■

◀併　願▶

Ⅰ　解答　《原核生物とウイルス》

41・42—③・⑤

43・44—①・③

Ⅱ　解答　《生物のエネルギーとATP》

45・46—①・②

47・48—①・③

Ⅲ　解答　《ヒトの体液とその循環》

49—②　**50**—③　**51**—①

52—③

53—③

54・55—③・④

56・57—①・⑤

58—②

59—②

60・61—①・②

Ⅳ　解答　《ヒトの免疫》

62・63—②・③

64・65—①・③

66・67—④・⑤

68・69—③・④

◀専　　願▶

◀併願▶の〔Ⅰ〕～〔Ⅲ〕,〔Ⅳ〕62～67 に同じ。

専
願

▲併願▼の〔一〕問一、問三～問八、問十～問十三に同じ。

▲併願▼

一

出典 山崎亮『コミュニティデザインの時代―自分たちで「まち」をつくる』〈第1章 なぜいま「コミュニティ」なのか 7 パブリックとコミュニティ〉（中公新書）

解答

問一 a―② b―④ c―① d―③ e―①

問二 f―⑦ g―③ h―⑤

問三 A―⑤ B―③ C―① D―③ E―②

問四 ①

問五 ⑤

問六 ①

問七 ②・⑤

問八 X―⑤ Y―④

問九 ③

問十 ①

問十一 ②

問十二 ②

問十三 ③・⑥

一般選抜前期A日程

問題編

▶試験科目・配点

学部・学科		教科	科目		配点
文	日本文・書道	外国語	コミュニケーション英語Ⅰ・Ⅱ，英語表現Ⅰ	1教科選択	100点
		数学	数学Ⅰ・A		
		国語	国語総合（現代文・古文）・現代文B・古典B（漢文は含まない）		100点
	英語英米文	外国語	コミュニケーション英語Ⅰ・Ⅱ，英語表現Ⅰ		100点
		数学	数学Ⅰ・A	1教科選択	100点
		国語	国語総合（現代文・古文）・現代文B・古典B（漢文は含まない）		
教育		外国語	コミュニケーション英語Ⅰ・Ⅱ，英語表現Ⅰ	2教科選択	各100点
		数学	数学Ⅰ・A		
		理科	「化学基礎・化学」，「生物基礎・生物」，「化学基礎・生物基礎」より1科目選択		
		国語	国語総合（現代文・古文）・現代文B・古典B（漢文は含まない）		
心理		外国語	コミュニケーション英語Ⅰ・Ⅱ，英語表現Ⅰ	2教科選択	各100点
		数学	数学Ⅰ・A		
		国語	国語総合（現代文・古文）・現代文B・古典B（漢文は含まない）		

<table>
<tr><td rowspan="6">現代ビジネス</td><td rowspan="3">現代ビジネス・公共経営</td><td>外国語</td><td>コミュニケーション英語Ⅰ・Ⅱ，英語表現Ⅰ</td><td rowspan="3">2教科選択</td><td rowspan="3">各100点</td></tr>
<tr><td>数学</td><td>数学Ⅰ・A</td></tr>
<tr><td>国語</td><td>国語総合（現代文・古文）・現代文B・古典B（漢文は含まない）</td></tr>
<tr><td rowspan="3">国際観光ビジネス</td><td>外国語</td><td colspan="2">コミュニケーション英語Ⅰ・Ⅱ，英語表現Ⅰ</td><td>100点</td></tr>
<tr><td>数学</td><td>数学Ⅰ・A</td><td rowspan="2">1教科選択</td><td rowspan="2">100点</td></tr>
<tr><td>国語</td><td>国語総合（現代文・古文）・現代文B・古典B（漢文は含まない）</td></tr>
<tr><td rowspan="9">家政</td><td rowspan="4">生活デザイン・造形デザイン</td><td>外国語</td><td>コミュニケーション英語Ⅰ・Ⅱ，英語表現Ⅰ</td><td rowspan="4">2教科選択</td><td rowspan="4">各100点</td></tr>
<tr><td>数学</td><td>数学Ⅰ・A</td></tr>
<tr><td>理科</td><td>化学基礎・生物基礎</td></tr>
<tr><td>国語</td><td>国語総合（現代文・古文）・現代文B・古典B（漢文は含まない）</td></tr>
<tr><td rowspan="4">管理栄養</td><td>外国語</td><td>コミュニケーション英語Ⅰ・Ⅱ，英語表現Ⅰ</td><td rowspan="3">2教科選択</td><td rowspan="3">各100点</td></tr>
<tr><td>数学</td><td>数学Ⅰ・A</td></tr>
<tr><td>国語</td><td>国語総合（現代文・古文）・現代文B・古典B（漢文は含まない）</td></tr>
<tr><td>理科</td><td colspan="2">「化学基礎・化学」，「生物基礎・生物」，「化学基礎・生物基礎」より1科目選択</td><td>100点</td></tr>
<tr><td colspan="2" rowspan="3">薬</td><td>外国語</td><td colspan="2">コミュニケーション英語Ⅰ・Ⅱ，英語表現Ⅰ</td><td>100点</td></tr>
<tr><td>数学</td><td colspan="2">数学Ⅰ・Ⅱ・A</td><td>100点</td></tr>
<tr><td>理科</td><td colspan="2">化学基礎・化学</td><td>100点</td></tr>
<tr><td colspan="2" rowspan="4">看護</td><td>外国語</td><td>コミュニケーション英語Ⅰ・Ⅱ，英語表現Ⅰ</td><td rowspan="4">3教科選択</td><td rowspan="4">各100点</td></tr>
<tr><td>数学</td><td>数学Ⅰ・A</td></tr>
<tr><td>理科</td><td>「化学基礎・化学」，「生物基礎・生物」，「化学基礎・生物基礎」より1科目選択</td></tr>
<tr><td>国語</td><td>国語総合（現代文・古文）・現代文B・古典B（漢文は含まない）</td></tr>
</table>

▶**備　考**

- 上記試験の他，調査書を資料として総合的に判定する。
- 「基礎を付していない」化学の出題範囲は，「物質の変化と平衡，無機物質の性質と利用，有機化合物の性質と利用」とする。
- 「基礎を付していない」生物の出題範囲は，「生殖と発生，生物の環境応答」とする。

英　語

（60 分）

I　次の 1～10 の [1] ～ [10] に入れるのに最も適切なものを，それぞれ ①～④ のうちから一つずつ選び，その番号をマークせよ。

1　The students were advised to [1] their time wisely during exams.

① manage　② waste　③ neglect　④ motivate

2　If you don't understand the meanings of the words in his novel, why don't you [2] in your electronic dictionary?

① take them over　② look them up　③ turn them off　④ put them on

3　All information regarding our new products [3] readily available at the touch of a button.

① is　② are　③ has　④ have

4　That construction noise always [4] me mad.

① puts　② sets　③ runs　④ drives

5　In the movie, the prisoner [5] escaped and made his way back to his home country.

① particularly　② largely　③ eventually　④ increasingly

6　A: Mary told me she regrets having sent the letter to Tom.
B: I think she realizes she [6] that.

① should do　② shouldn't do
③ should have done　④ shouldn't have done

7 My brother is very good at English, so he is being transferred to the New York branch. I wish I [7] English harder when I was at college!

① had studied ② would study ③ studied ④ have studied

8 After exchanging a few words in the parking lot, the two men parted and got into their [8] cars.

① independent ② several ③ respective ④ various

9 My grandmother [9] in the hospital; she's really healthy.

① had ever been ② has never been ③ hadn't gone ④ has gone

10 Your application form must be submitted [10] March 3. After that, it will not be accepted.

① as fast as ② no sooner than ③ as long as ④ no later than

Ⅱ 次の 1～4 の日本文と同じ意味になるように，それぞれ ①～⑥ の語句を並べかえて空所を補い，最も適切な文を完成させよ。解答は [11] ～ [18] に当てはまる番号をマークせよ。

1 学生たちはその新しい法律に反対するデモを行うところだ。

The students ____ [11] ____ ____ [12] ____ the new law.

① about ② a demonstration ③ against
④ to ⑤ are ⑥ hold

2 ターラ・マックリーン博士は，今までにない偉大な科学者である。

Dr. Tara MacLean is as ____ [13] ____ ____ [14] ____ .

① scientist ② ever ③ lived
④ a ⑤ great ⑥ as

3 先週末，アンドレアが体育館で校歌を歌っているのが聞こえた。

Andrea ____ [15] ____ ____ [16] ____ the gym last weekend.

① was ② singing ③ heard
④ song ⑤ the school ⑥ in

4 彼は宇宙飛行士になりたいという気持ちがあったので，一生懸命勉強した。

His ____ [17] ____ ____ [18] ____ study hard.

① him ② ambition ③ become
④ an astronaut ⑤ to ⑥ made

III 次の対話文の [19] ～ [23] に入れるのに最も適切なものを，あとの ①～⑥ のうちから一つずつ選び，その番号をマークせよ。

Katy: Kana, I like the apartment that you helped me find, but I think…

Kana: [19] You look so worried!

Katy: I like living away from the city, but I think there might be a bear in the forest behind the apartment. I'm scared.

Kana: Don't worry, Katy! [20] It's probably just an *inoshishi*, a wild boar. The forests are full of them. They're not usually dangerous to humans.

Katy: Really? [21]

Kana: Crops, vegetables and fruits, so you need to be careful not to leave any food waste outside.

Katy: Right. When are they most active?

Kana: At night. They search for food when it's dark outside. They basically try to avoid people.

Katy: [22] By the way, why are there so many wild boars in this part of Japan?

Kana: Bears are the only animal stronger than them in Japan's forests, and there aren't many bears in this region. So, there's no real threat to them.

Katy: I didn't know that.

Kana: Wild boars also have cultural significance. [23] You can find pictures of them in traditional Japanese art.

Katy: That's interesting! Thanks for telling me all this, Kana. I feel better now.

Kana: You're welcome, Katy! Just remember to be cautious and keep a safe distance if you see one.

① Where is it?
② Oh, that's a relief.
③ Is something wrong?
④ So, what do they eat?
⑤ There are no bears around there.
⑥ They symbolize strength and courage.

IV 次の英文の **24** ～ **28** に入れるのに最も適切なものを，あとの ①～④ のうちから一つずつ選び，その番号をマークせよ。

Japan's public transportation system is world famous for its convenience and excellence. No matter where you want to go, whether it's just across town or across the country, Japanese trains and buses will get you there quickly, safely, and always **24** . In fact, the trains are so punctual that you can set your watch by them. It takes a major earthquake or heavy snowfall to alter the timetable. And even then, everything soon gets back on schedule.

This is definitely not the case in America, where I'm from. Trains and buses often run late—for no reason at all! That's why it's usually faster to drive your car than to rely on public transportation. Also, although the fares are more **25** than Japan's, the ride isn't nearly as comfortable. In Japan, most train seats are cushioned; in America, passengers sit on hard, cold plastic. If you are riding more than twenty or thirty minutes, it can be painful.

Commuting over an hour is **26** for most Americans. That's another reason why so many of us choose to commute by car: most people live quite near their work or school. And though we don't live that far away, if we took the bus, with all the transfers and waiting time, it might take ninety minutes to get where we want to go. We can make the same trip by car in twenty minutes!

Strange as it sounds, having a **27** public transportation system has an important good point: it makes it that much easier for us to get a driver's license. Most people pass the test on their first try—not long after their sixteenth birthday. We don't need to pay a large amount of money to go to a driving school. We can take "driver's education" classes at school and practice driving with an older friend or family member who has a license.

Of course, with so many people commuting by car, traffic in most American cities is terrible. During rush hours, even the freeways **28** "parking lots," with traffic barely moving. So a twenty-minute trip can take 90 minutes after all! Despite this, most Americans prefer their cars. I feel the same way. I like the comfort and freedom of driving.

(Joshua Cohen・Kei Mihara・Osato Shiki・Hiroshi Kimura *Spotlight on America and Japan* 南雲堂　一部改変)

24

① at time ② for time ③ on time ④ off time

25

① regrettable ② unbelievable ③ capable ④ reasonable

26

① uncommon ② unfair ③ unavailable ④ universal

27

① poor ② fast ③ wealthy ④ negative

28

① get into ② exchange to ③ turn into ④ work on

V 次のメールを読んで，あとの 1〜4 の問いに対する最も適切な答えを，それぞれ①〜④ のうちから一つずつ選び，その番号を解答番号 **29** 〜 **32** にマークせよ。

Subject: Internship Application at CbCD Manufacturing Ltd. Hiroshima

Dear Ms. Brown,

I am writing to apply for an internship at the Hiroshima branch of your company, CbCD Manufacturing Ltd. I am a third-year university student in Hiroshima, studying English. In the future, I want to use my language skills in an international manufacturing company.

I am so interested in CbCD Manufacturing Ltd. because of its reputation as an international company producing unique computer parts. An internship with your company would provide me with valuable experience and knowledge of the latest technology.

As for my English language skills, in addition to studying English at school and university, I have been studying it at a private language school for more than ten years. Also, during my second year at university, I spent six months living with a family in San Francisco while taking courses at a nearby university. On weekends and holidays, I enjoyed traveling around the US, visiting cities such as New York and Las Vegas. This experience enabled me to not only improve my language skills but also gain intercultural experience.

Additionally, I have been learning computer programming online for the last six months. I believe my English and computer programming skills would allow me to work well during the internship.

Please see the attached documents for more details about my educational background, language skills, and related experiences. I look forward to the opportunity to discuss my qualifications further in an interview.

Yours sincerely,

Yuko Aoki

1 What is Yuko applying for? **29**

① A job at CbCD Manufacturing Ltd. Hiroshima
② An internship at CbCD Manufacturing Ltd. Hiroshima
③ A language exchange program at CbCD Manufacturing Ltd. Hiroshima
④ A university scholarship in the US

2 What aspect of CbCD Manufacturing Ltd. appeals to Yuko? **30**

① Its global presence
② Its commitment to equality
③ Its focus on customer service
④ Its competitive pricing

3 Where did Yuko spend six months during her second year of university? **31**

① Las Vegas
② Tokyo
③ New York
④ San Francisco

4 What is Ms. Brown most likely to do next? **32**

① Correct the English in the attached documents
② Contact Yuko's host family in the US
③ Wait for Yuko to interview her
④ Read about Yuko's educational background

VI 次の英文を読んで，あとの 1〜6 の問いに答えよ。

Cycling regularly is one of the best ways to improve your health and fitness. According to a study of 250,000 commuters conducted by the University of Glasgow, cyclists were half as likely to get cancer and heart disease as non-cyclists. Meanwhile, many cyclists are involved in road accidents, and the number is rising. In Britain, thousands of cyclists each year are seriously injured on the roads, leading experts to strongly recommend that cyclists wear a helmet.

However, opinions on cycle helmets are divided in Britain. (A) Dr. John Black, a doctor of emergency medicine, believes that cycling helmets should be required. He has seen first-hand the damage that results from not wearing a helmet, from life-changing head injuries to deaths. He asserts that simply making cyclists wear helmets would save many lives. On the other hand, some believe that helmet-wearing should be down to (B). "If you want to wear a helmet, wear a helmet," says cyclist Chris Boardman, a former professional racing cyclist and British Olympic gold medalist. Nick Hussey, founder of cycling goods brand Vulpine, agrees with this. He argues that cycling is often associated with danger, which in turn discourages many people from taking up the activity. The need to wear a helmet is not viewed as a safety measure, but a symbol of the need to protect one's head (a vital part of the body) from injury. He complains that whenever he releases marketing photos using models without helmets, he receives a large number of aggressive comments criticizing cycling without a helmet, which he thinks is an overreaction.

This leads us to wonder if making helmets required really works. In New Zealand, the number of bike trips was reduced by half almost immediately after a law enforcing the use of helmets was introduced in 1994. (C) The same phenomenon occurred in Sydney, Australia. Public health officials believe that reversing that decision would actually save more lives because people would cycle more and improve their health. Some suggest that rather than making people wear helmets, creating a safer environment for cyclists is more important. In the Netherlands, where over 27% of all trips are made by bicycle, people are highly conscious of road safety. Traffic lessons start in school at age five, and as children grow older, they all begin cycling to school. (**D**) there is no campaign to make cycle helmets a requirement in the Netherlands, cycling has become safer over time as a result of the widespread cycling culture.

The Guardian investigations revealed that the health benefits of cycling are much greater than the risks associated with cycling without a helmet. What we should really fear are the negative impacts of an inactive lifestyle on public health. As both those in support of and against requiring helmet-wearing have strong arguments, perhaps it is time to consider (**E**), rather than trying to choose (**F**).

（竹内理・山岡浩一・森安瑞希・Brent Cotsworth *Integrity Advanced* 金星堂　一部改変）

1 下線部 **(A)** の理由として最も適切なものを，次の ①〜④ のうちから一つ選び，その番号を解答番号 **33** にマークせよ。

① Cycling without a helmet has caused fatal injuries.
② Wearing a helmet at any time is associated with danger.
③ Making cyclists wear helmets is very simple.
④ Opinions on cycle helmets vary in Britain.

2 (**B**) に入れるのに最も適切なものを，次の ①〜④ のうちから一つ選び，その番号を解答番号 **34** にマークせよ。

① government policy
② professional policy
③ personal choice
④ brand choice

3 下線部 **(C)** の具体的内容として最も適切なものを，次の ①〜④ のうちから一つ選び，その番号を解答番号 **35** にマークせよ。

① People cycled more when they were forced to wear helmets.
② People cycled less when they were forced to wear helmets.
③ People improved their health when they were conscious of road safety.
④ People damaged their health when they were conscious of road safety.

4 (**D**) に入れるのに最も適切なものを，次の ①～④ のうちから一つ選び，その番号を解答番号 **36** にマークせよ。

① When
② Unless
③ Because
④ Although

5 (**E**) と (**F**) に入れるのに最も適切な組み合わせを，次の ①～④ のうちから一つ選び，その番号を解答番号 **37** にマークせよ。

① **E**: a compromise　**F**: a side
② **E**: a side　**F**: a compromise
③ **E**: a risk　**F**: a benefit
④ **E**: a benefit　**F**: a risk

6 本文の内容と一致するものを，次の ①～⑤ のうちから一つ選び，その番号を解答番号 **38** にマークせよ。

① The University of Glasgow study shows that cyclists were as likely to suffer from cancer as non-cyclists.
② Chris Boardman and Nick Hussey agree in making cycling helmets necessary for the next Olympics.
③ When Nick Hussey receives a lot of criticism about using photos of models without helmets, he thinks people are complaining too much.
④ Rather than making people wear helmets, creating safer helmets for cyclists is more important.
⑤ What we should really fear is the positive impact of an active lifestyle on personal health.

数　学

◀文・教育・心理・現代ビジネス・家政・看護学部▶

（60分）

I 次の（1）～（5）の空欄 [1] ～ [19] にあてはまる数字（と同じ番号）をそれぞれの解答番号にマークせよ。なお，分数はそれ以上約分できない形に，根号の中に現れる自然数は最小となる形にせよ。

(1) 紙を1回折るごとに厚さは2倍になるので，最初の厚さが0.1mmの紙を折り続けるとき，1回目で0.2mmに，2回目で0.4mmになる。10回目で厚さ (cm) は，小数第1位を四捨五入すると [1] [2] cmになる。

(2) aとbがいずれも奇数個の正の約数を持つ自然数で，$a-b=20$のとき，$a=$ [3] [4]，$b=$ [5] [6] である。

(3) 52枚のカードがある。その内訳は1～13の数値が書かれたものが4枚ずつである。この中から無作為に2枚を抽出したとき，1枚目の数値よりも2枚目の数値のほうが大きい確率は $\dfrac{[7]}{[8][9]}$ である。

(4) 三角形ABCは，$\angle\mathrm{A}=60^\circ$，$\angle\mathrm{B}=30^\circ$ の直角三角形である。ここで，線分BCの中点を点Dとおくと，$\cos\angle\mathrm{ADC}=\dfrac{\sqrt{[10][11]}}{[12]}$ である。

(5) 2次関数 $y=x^2-ax-a+4$ のグラフが，x軸の $0\leqq x\leqq 3$ の範囲で交点を1個だけ持つためのaの範囲は，$a=-$ [13] $+$ [14] $\sqrt{[15]}$，$\dfrac{[16][17]}{[18]}<a\leqq$ [19] である。

II 関数 $f(x) = x^2 + 2x - 3$, $g(x) = -x^2 + 2x + a + 9$ について，次の（1）～（3）の空欄 [20] ～ [25] にあてはまる数字（と同じ番号）をそれぞれの解答番号にマークせよ。

（1）$-4 \leqq x \leqq 4$ の範囲で，すべての x に対して $f(x) < g(x)$ が成り立つのは $a >$ [20] [21] のときである。

（2）$-4 \leqq x \leqq 4$ の範囲で，$f(x) < g(x)$ が成り立つような x が存在するのは $a > -$ [22] [23] のときである。

（3）$-4 \leqq x \leqq 4$ の範囲で，すべての x_1，x_2 の組に対して $f(x_1) < g(x_2)$ が成り立つのは $a >$ [24] [25] のときである。

III 一辺の長さが 2 の正四面体 ABCD の底面 BCD をある平面の上に置き，辺 BC を軸にして正四面体 ABCD を回転させ，図のように，辺 AD 上の点 E がちょうどその平面上に来るまで平面下に沈み込ませた。この時，AE の長さは 1 であった。BC の中点を M, $\angle \mathrm{AME} = \theta$ とする。このとき，次の（1）～（3）の空欄 [26] ～ [30] にあてはまる数字（と同じ番号）をそれぞれの解答番号にマークせよ。なお，分数はそれ以上約分できない形に，根号の中に現れる自然数は最小となる形にせよ。

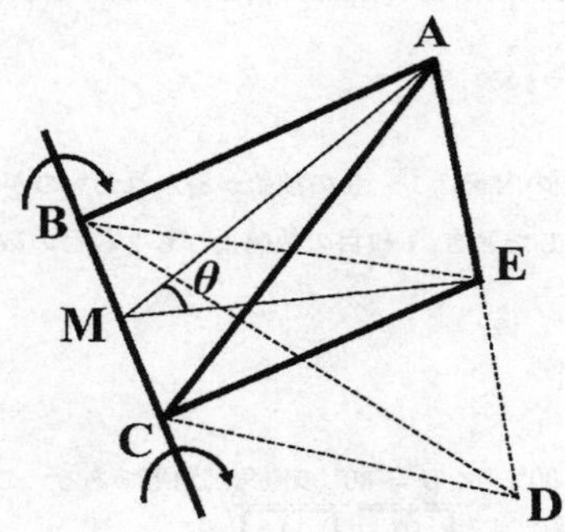

（1）CE の長さは，$\sqrt{[26]}$ である。

（2）$\cos\theta$ の値は，$\dfrac{\sqrt{[27]}}{[28]}$ である。

（3）この正四面体は，[29] [30] °の角度だけ平面下に沈み込んでいる。なお，$\sqrt{6} = 2.449$ として次の三角比の表を利用し，角度は小数点以下を切り捨てて整数とする。

三角比の表

角	正弦 (sin)	余弦 (cos)	正接 (tan)	角	正弦 (sin)	余弦 (cos)	正接 (tan)
0°	0.0000	1.0000	0.0000	45°	0.7071	0.7071	1.0000
1°	0.0175	0.9998	0.0175	46°	0.7193	0.6947	1.0355
2°	0.0349	0.9994	0.0349	47°	0.7314	0.6820	1.0724
3°	0.0523	0.9986	0.0524	48°	0.7431	0.6691	1.1106
4°	0.0698	0.9976	0.0699	49°	0.7547	0.6561	1.1504
5°	0.0872	0.9962	0.0875	50°	0.7660	0.6428	1.1918
6°	0.1045	0.9945	0.1051	51°	0.7771	0.6293	1.2349
7°	0.1219	0.9925	0.1228	52°	0.7880	0.6157	1.2799
8°	0.1392	0.9903	0.1405	53°	0.7986	0.6018	1.3270
9°	0.1564	0.9877	0.1584	54°	0.8090	0.5878	1.3764
10°	0.1736	0.9848	0.1763	55°	0.8192	0.5736	1.4281
11°	0.1908	0.9816	0.1944	56°	0.8290	0.5592	1.4826
12°	0.2079	0.9781	0.2126	57°	0.8387	0.5446	1.5399
13°	0.2250	0.9744	0.2309	58°	0.8480	0.5299	1.6003
14°	0.2419	0.9703	0.2493	59°	0.8572	0.5150	1.6643
15°	0.2588	0.9659	0.2679	60°	0.8660	0.5000	1.7321
16°	0.2756	0.9613	0.2867	61°	0.8746	0.4848	1.8040
17°	0.2924	0.9563	0.3057	62°	0.8829	0.4695	1.8807
18°	0.3090	0.9511	0.3249	63°	0.8910	0.4540	1.9626
19°	0.3256	0.9455	0.3443	64°	0.8988	0.4384	2.0503
20°	0.3420	0.9397	0.3640	65°	0.9063	0.4226	2.1445
21°	0.3584	0.9336	0.3839	66°	0.9135	0.4067	2.2460
22°	0.3746	0.9272	0.4040	67°	0.9205	0.3907	2.3559
23°	0.3907	0.9205	0.4245	68°	0.9272	0.3746	2.4751
24°	0.4067	0.9135	0.4452	69°	0.9336	0.3584	2.6051
25°	0.4226	0.9063	0.4663	70°	0.9397	0.3420	2.7475
26°	0.4384	0.8988	0.4877	71°	0.9455	0.3256	2.9042
27°	0.4540	0.8910	0.5095	72°	0.9511	0.3090	3.0777
28°	0.4695	0.8829	0.5317	73°	0.9563	0.2924	3.2709
29°	0.4848	0.8746	0.5543	74°	0.9613	0.2756	3.4874
30°	0.5000	0.8660	0.5774	75°	0.9659	0.2588	3.7321
31°	0.5150	0.8572	0.6009	76°	0.9703	0.2419	4.0108
32°	0.5299	0.8480	0.6249	77°	0.9744	0.2250	4.3315
33°	0.5446	0.8387	0.6494	78°	0.9781	0.2079	4.7046
34°	0.5592	0.8290	0.6745	79°	0.9816	0.1908	5.1446
35°	0.5736	0.8192	0.7002	80°	0.9848	0.1736	5.6713
36°	0.5878	0.8090	0.7265	81°	0.9877	0.1564	6.3138
37°	0.6018	0.7986	0.7536	82°	0.9903	0.1392	7.1154
38°	0.6157	0.7880	0.7813	83°	0.9925	0.1219	8.1443
39°	0.6293	0.7771	0.8098	84°	0.9945	0.1045	9.5144
40°	0.6428	0.7660	0.8391	85°	0.9962	0.0872	11.4301
41°	0.6561	0.7547	0.8693	86°	0.9976	0.0698	14.3007
42°	0.6691	0.7431	0.9004	87°	0.9986	0.0523	19.0811
43°	0.6820	0.7314	0.9325	88°	0.9994	0.0349	28.6363
44°	0.6947	0.7193	0.9657	89°	0.9998	0.0175	57.2900
45°	0.7071	0.7071	1.0000	90°	1.0000	0.0000	―――

◀薬 学 部▶

(60分)

I 次の (1) ～ (6) の空欄 [1] ～ [20] にあてはまる数字（と同じ番号）をそれぞれの解答番号にマークせよ。なお，分数はそれ以上約分できない形に，根号の中に現れる自然数は最小となる形にせよ。

(1) 紙を1回折るごとに厚さは2倍になるので，最初の厚さが0.1mmの紙を折り続けるとき，1回目で0.2mmに，2回目で0.4mmになる。10回目で厚さ(cm)は，小数第1位を四捨五入すると [1][2] cmになる。

(2) aとbがいずれも奇数個の正の約数を持つ自然数で，$a-b=20$のとき，$a=$ [3][4]，$b=$ [5][6] である。

(3) 52枚のカードがある。その内訳は1～13の数値が書かれたものが4枚ずつである。この中から無作為に2枚を抽出したとき，1枚目の数値よりも2枚目の数値のほうが大きい確率は $\dfrac{[7]}{[8][9]}$ である。

(4) 三角形ABCは，$\angle \mathrm{A}=60^\circ$，$\angle \mathrm{B}=30^\circ$ の直角三角形である。ここで，線分BCの中点を点Dとおくと，$\cos\angle \mathrm{ADC}=\dfrac{\sqrt{[10][11]}}{[12]}$ である。

(5) $x-\dfrac{1}{x}=2\sqrt{3}$のとき，$x^3+\dfrac{1}{x^3}$の値は，[13][14]，$-$[15][16] である。

(6) 3次方程式 $x^3-9x^2-k=0$ が異なる3つの実数解をもつとき，定数kの値の範囲は
$-$[17][18][19] $<k<$ [20] である。

II 関数 $f(x)=x^2+2x-3$, $g(x)=-x^2+2x+a+9$ について，次の（1）～（3）の空欄 [21] ～ [26] にあてはまる数字（と同じ番号）をそれぞれの解答番号にマークせよ。

（1）$-4 \leqq x \leqq 4$ の範囲で，すべての x に対して $f(x)<g(x)$ が成り立つのは $a>$ [21][22] のときである。

（2）$-4 \leqq x \leqq 4$ の範囲で，$f(x)<g(x)$ が成り立つような x が存在するのは $a>-$ [23][24] のときである。

（3）$-4 \leqq x \leqq 4$ の範囲で，すべての x_1，x_2 の組に対して $f(x_1)<g(x_2)$ が成り立つのは $a>$ [25][26] のときである。

III 図のように，xy 平面の第1象限で円：$(x-1)^2+y^2=1$ に傾きが負の接線を引き，x 軸との交点をA，y 軸との交点を B，$\angle ABO=2\theta$ とする。このとき，次の空欄 [27] ～ [41] にあてはまる数字（と同じ番号）をそれぞれの解答番号にマークせよ。ただし（1）については選択肢①～⑨の中から選べ。なお，分数はそれ以上約分できない形に，根号の中に現れる自然数は最小となる形にせよ。

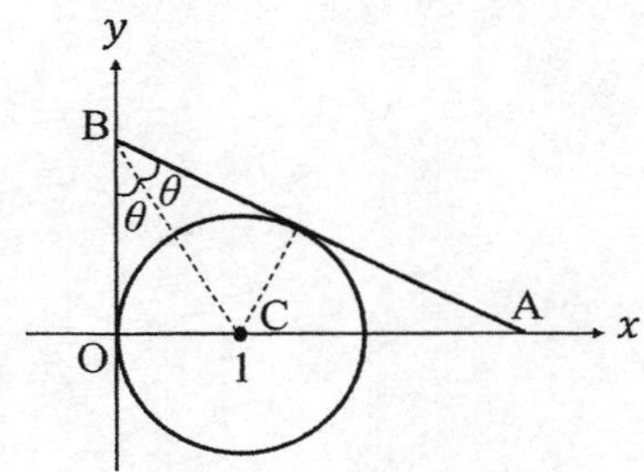

（1）OA の長さ $=\dfrac{\boxed{27}}{\boxed{28}}$，OB の長さ $=\dfrac{1}{\boxed{29}}$ である。

① $\sin\theta$　② $\cos\theta$　③ $\tan\theta$　④ $\sin 2\theta$　⑤ $\cos 2\theta$

⑥ $\tan 2\theta$　⑦ $\sin\dfrac{\theta}{2}$　⑧ $\cos\dfrac{\theta}{2}$　⑨ $\tan\dfrac{\theta}{2}$

（2）$\tan\theta = t$ とすると，$\tan 2\theta = \dfrac{\boxed{30}\,t}{\boxed{31} - t^{\boxed{32}}}$ であることから，△ABO の面積 S $=$ $\dfrac{\boxed{33}}{t - t^{\boxed{34}}}$ である。（注意：[32] と [34] は，いずれも t の指数である。）

(3) $\tan\theta = t$とすると，tの取り得る値の範囲は $\boxed{35} < t < \boxed{36}$ であることから，△ABO の面積 S は$\theta = \boxed{37}\boxed{38}$°のとき，最小値$\dfrac{\boxed{39}\sqrt{\boxed{40}}}{\boxed{41}}$をとる。

化　学

◀化学基礎・化学▶

（60分）

計算に必要な場合は、次の原子量および定数を用いよ。

H 1.0　C 12　N 14　O 16

Al 27　Cl 35.5　Cu 63.5

標準状態における 1 mol の気体の体積　22.4 L

ファラデー定数　96500 C/mol

気体は理想気体として扱うものとする。

計算問題では、必要ならば四捨五入して答えよ。

I　次の ① ～ ⑤ の分離について、分留で行うのが最も適しているものを一つ選び、その番号を解答番号 [1] にマークせよ。

① 硝酸カリウムに少量の塩化ナトリウムが混じった混合物から、硝酸カリウムを分離する。

② 砂の混じったヨウ素から、ヨウ素を分離する。

③ 砂の混じった塩化ナトリウムから、塩化ナトリウムを分離する。

④ 海水から、純粋な水を分離する。

⑤ 空気から、酸素を分離する。

II 炭素の安定同位体には ^{12}C、^{13}C があり、酸素の安定同位体には ^{16}O、^{17}O、^{18}O がある。同位体を考慮すると、二酸化炭素分子の種類はいくつあるか答えよ。解答は、空欄 [2] と [3] に当てはまる数字と同じ番号を、解答番号 [2] と [3] にマークせよ。ただし、1桁の場合には解答番号 [2] に ⓪ をマークせよ。

二酸化炭素分子の種類：[2][3]

III ナトリウムイオンを含む化合物に関する記述として**誤りを含むもの**を、次の ①～⑤ のうちから一つ選び、その番号を解答番号 [4] にマークせよ。

① 塩化ナトリウムは、食塩の主成分である。

② 炭酸水素ナトリウムは、重曹（じゅうそう）とも呼ばれる。

③ 炭酸水素ナトリウムは、ベーキングパウダーに利用される。

④ 炭酸ナトリウムは、苛性（かせい）ソーダとも呼ばれる。

⑤ 水酸化ナトリウムは、セッケンを製造するために利用される。

Ⅳ アルミニウム片を0.45 gずつ含む3本の試験管に、濃度不明の塩酸を加えた。発生した水素の標準状態における体積を測定したところ、次の表の結果になった。(1)・(2)の問いに答えよ。

加えた塩酸の質量［g］	7.3	14.6	21.9
発生した水素の体積［mL］	336	560	560

(1) 次の反応式は、この化学反応を示したものである。式中の空欄 [5] ～ [7] に当てはまる数字と同じ番号を、解答番号 [5] ～ [7] にマークせよ。

[5] Al ＋ [6] HCl → 2 $AlCl_3$ ＋ [7] H_2

(2) この塩酸の質量パーセント濃度 c [%]を2桁の整数で答えよ。解答は、空欄 [8] と [9] に当てはまる数字と同じ番号を、解答番号 [8] と [9] にマークせよ。

c ＝ [8][9] %

V 酸と塩基に関する記述として**誤りを含むもの**を、次の ① ～ ⑤ のうちから一つ選び、その番号を解答番号 [10] にマークせよ。

① シュウ酸は2価の弱酸である。

② 水酸化バリウムは2価の強塩基である。

③ 弱酸水溶液の電気伝導性は、強酸水溶液のものよりも小さい。

④ 水酸化銅(Ⅱ)は弱塩基である。

⑤ 酸の価数はリン酸と硫酸で等しい。

VI 0.10 mol/L の希硫酸 200 mL に、0.51 g のアンモニア NH_3 を吸収させた。残った硫酸をモル濃度 c [mol/L]の水酸化ナトリウム水溶液で滴定したところ、40 mL を要した。水酸化ナトリウム水溶液のモル濃度 c [mol/L]を、小数点以下2桁まで求めよ。解答は、空欄 [11] ～ [13] に当てはまる数字と同じ番号を、解答番号 [11] ～ [13] にマークせよ。

c = [11] . [12] [13] mol/L

Ⅶ　次の化合物A ～ Gについて、（１）・（２）の問いに答えよ。

A：$Cu\underline{S}O_4$　　B：$H_2\underline{C}O_3$　　C：$H_2\underline{S}$　　D：$\underline{Zn}SO_4$

E：$H\underline{Cl}O_4$　　F：$H_3\underline{P}O_4$　　G：$H\underline{N}O_2$

（１）A ～ Gの下線を引いた原子の酸化数について、最大値と最小値の差はいくらになるか。その数と同じ番号を、解答番号 **14** にマークせよ。

（２）A ～ Gの下線を引いた原子の酸化数で、4番目に大きな値を答えよ。解答は、空欄 **16** に当てはまる数字と同じ番号を、解答番号 **16** にマークせよ。ただし、酸化数が正の場合は ① を、負の場合は ② を解答番号 **15** にマークせよ。

4番目に大きな値： **15** **16**

Ⅷ 下のエネルギー図は、水素 H_2 と塩素 Cl_2 が反応し塩化水素 HCl が生成するときの、それぞれの物質がもつエネルギーの変化を示している。図中の Q_1、Q_2、Q_3 はエネルギー差を表しており、正の値をとる。図に基づいて、HCl の生成熱［kJ/mol］、Cl−Cl の結合エネルギー［kJ/mol］、H−Cl の結合エネルギー［kJ/mol］として最も適切な式を、次の ① ～ ⑨ のうちからそれぞれ一つずつ選び、それらの番号を指定された解答番号 [17] ～ [19] にマークせよ。

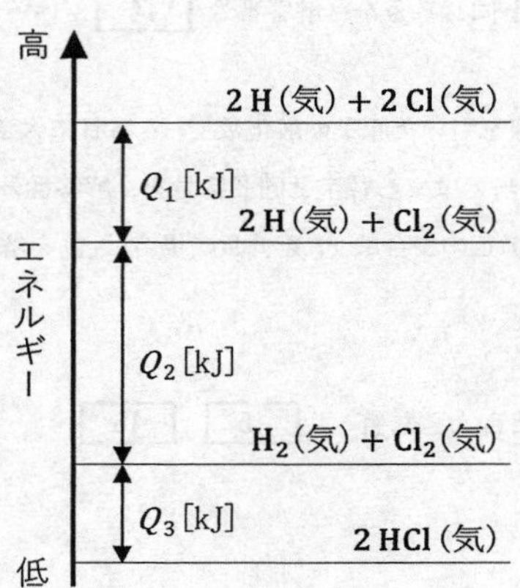

① Q_1　② Q_2　③ Q_3　④ $-Q_3$

⑤ $\frac{Q_3}{2}$　⑥ $\frac{-Q_3}{2}$　⑦ $\frac{Q_1+Q_2}{2}$　⑧ $\frac{Q_1+Q_2+Q_3}{2}$　⑨ $\frac{Q_1+Q_2-Q_3}{2}$

HCl の生成熱［kJ/mol］ [17]

Cl−Cl の結合エネルギー［kJ/mol］ [18]

H−Cl の結合エネルギー［kJ/mol］ [19]

IX

銅の電解精錬について、(1)・(2) の問いに答えよ。

(1) 次の文章中の (ア) ～ (エ) に当てはまる語句として最も適切なものはどれか。正しい組み合わせを ① ～ ⑧ のうちから一つ選び、その番号を解答番号 20 にマークせよ。

硫酸酸性の硫酸銅(Ⅱ)水溶液中で粗銅を (ア) に、純銅の薄板を (イ) にして、低電圧で電解精錬すると、純銅板上に純度 99.99%以上の純銅が析出する。粗銅中に含まれる不純物のうち、(ウ) は陽極泥として沈殿する。一方、(エ) はイオンとして水溶液中に残る。

	(ア)	(イ)	(ウ)	(エ)
①	陽極	陰極	亜鉛	金、ニッケル
②	陽極	陰極	亜鉛、ニッケル	金
③	陽極	陰極	金	亜鉛、ニッケル
④	陽極	陰極	金、ニッケル	亜鉛
⑤	陰極	陽極	亜鉛	金、ニッケル
⑥	陰極	陽極	亜鉛、ニッケル	金
⑦	陰極	陽極	金	亜鉛、ニッケル
⑧	陰極	陽極	金、ニッケル	亜鉛

(2) 2.00 A で 1930 秒間通電したときの純銅板の質量変化 Δm [g]を、小数点以下 2 桁まで求めよ。解答は、空欄 21 ～ 23 に当てはまる数字と同じ番号を、解答番号 21 ～ 23 にマークせよ。

$\Delta m =$ 21 . 22 23 g

X 気体Aと気体Bから気体Cを生じる可逆反応は、次の熱化学方程式で表される。

$$a\ \mathrm{A}(気) + b\ \mathrm{B}(気) = c\ \mathrm{C}(気) + Q\ \mathrm{kJ}$$

密閉容器にAとBを$a:b$の物質量比で加え、温度と圧力を変化させて平衡状態にした。Cの生成率を測定したところ、図のような結果が得られた。

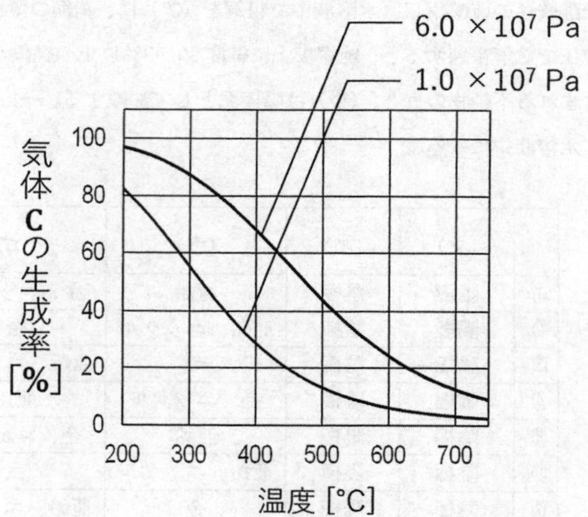

反応式中の係数a、b、cの大小関係を表した式と、反応熱Q [kJ]の正負を表した式の正しい組み合わせを、次の ①～⑥ のうちから一つ選び、その番号を解答番号 **24** にマークせよ。

	a、b、cの大小関係	反応熱Qの正負
①	$a + b < c$	$Q > 0$
②	$a + b < c$	$Q < 0$
③	$a + b = c$	$Q > 0$
④	$a + b = c$	$Q < 0$
⑤	$a + b > c$	$Q > 0$
⑥	$a + b > c$	$Q < 0$

X I 水素に関する記述として**誤りを含むもの**を、次の ① ～ ⑤ のうちから一つ選び、その番号を解答番号 **25** にマークせよ。

① 元素として宇宙に最も多く存在している。

② 単体は亜鉛に希硫酸を加えると発生する。

③ ナトリウムやカルシウムといった陽性の強い金属と化合物をつくる。

④ 単体は、触媒を用いてメタンと高温の水蒸気を反応させて製造する。

⑤ 酸化数は0か＋1しかとらない。

X II 気体の生成に関する記述として正しいものを、次の ① ～ ⑥ のうちから二つ選び、それらの番号を解答番号 **26** と **27** にマークせよ。ただし、解答の順序は問わない。

① 硫化水素は、硫化鉄(II)に水酸化ナトリウム水溶液を加えると生成する。

② 塩素は、高度さらし粉 $Ca(ClO)_2 \cdot 2H_2O$ に塩酸を加えると生成する。

③ 二酸化窒素は、銅に希硝酸を加えると生成する。

④ 酸素は、ナトリウムに水を加えると生成する。

⑤ 二酸化炭素は、ギ酸 HCOOH を濃硫酸で脱水すると生成する。

⑥ 二酸化硫黄は、亜硫酸ナトリウム Na_2SO_3 に希硫酸を加えると生成する。

XIII 下の記述（ア）～（オ）に当てはまる化合物として最も適切なものを、次の ① ～ ⑥ のうちから一つずつ選び、それらの番号を指定された解答番号 [28] ～ [32] にマークせよ。

① フッ化カルシウム　② 酸化カルシウム　③ 塩化カルシウム
④ 硫酸カルシウム　⑤ 炭酸カルシウム　⑥ 水酸化カルシウム

（ア）生石灰ともよばれる白色の固体である。[28]

（イ）凍結防止剤や乾燥剤として用いられる。[29]

（ウ）消石灰ともよばれる白色の固体である。[30]

（エ）天然に石灰岩や大理石などとして広く存在する。[31]

（オ）天然に二水和物として産出され、セッコウとして使われる。[32]

XIV 炭素、水素、酸素からなる有機化合物 9.2 mg を完全燃焼させると、二酸化炭素 17.6 mg と水 10.8 mg を生じた。この化合物に関する次の（1）・（2）の問いに答えよ。

（1） この有機化合物の組成式$C_xH_yO_z$を求めよ。解答は、x、y、zに当てはまる整数と同じ番号を、指定された解答番号 [33] ～ [35] にマークせよ。

x = [33]　　y = [34]　　z = [35]

（2） この有機化合物 11.5 g の物質量を調べると 0.25 mol であった。この有機化合物には、何種類の構造異性体が存在するか。その数と同じ番号を解答番号 [36] にマークせよ。

XV　分液ろうとを使って **(ア)** ～ **(エ)** の分離操作を行いたい。最も適切な操作を ① ～ ④ のうちからそれぞれ一つずつ選び、それらの番号を指定された解答番号 [37] ～ [40] にマークせよ。なお、同じ番号を繰り返し選んでよい。

(ア) フェノールとサリチル酸を含むエーテル溶液から、フェノールを分離する。[37]

(イ) *o*-クレゾールとナフタレンを含むエーテル溶液から、ナフタレンを分離する。[38]

(ウ) アニリンとアセトアニリドを含むエーテル溶液から、アセトアニリドを分離する。[39]

(エ) サリチル酸とサリチル酸メチルを含むエーテル溶液から、サリチル酸メチルを分離する。[40]

① 塩酸を加えて振り混ぜた後に、エーテル層を取り出す。

② 水酸化ナトリウム水溶液を加えて振り混ぜた後に、エーテル層を取り出す。

③ 炭酸水素ナトリウム水溶液を加えて振り混ぜた後に、エーテル層を取り出す。

④ 塩化ナトリウム水溶液を加えて振り混ぜた後に、エーテル層を取り出す。

◀化学基礎▶

（注）「生物基礎」とあわせて１科目として解答。

（60 分）

◀化学基礎・化学▶の〔Ⅰ〕～〔Ⅶ〕に同じ。

生　物

◀生物基礎・生物▶

（60分）

I　エネルギーと代謝に関する次の（1）～（5）の問いに答えよ。

（1）　代謝に関する次の文章中の（　ア　）と（　イ　）にあてはまる語として、適切なものを次の①～⑧のうちから一つずつ選び、それらの番号を解答番号［1］と［2］にマークせよ。

代謝のうち、複雑な物質を単純な物質に分解し、エネルギーを取り出す過程を（　ア　）という。一方、単純な物質から複雑な物質を合成し、エネルギーを蓄える過程を（　イ　）という。

①　分離　②　結合　③　異化　④　溶解　⑤　分化
⑥　固定　⑦　同化　⑧　放出

（　ア　）［1］　（　イ　）［2］

（2）　次のA～Iのうち、問い（1）の文章中の（　ア　）を行うことができるものと、（　ア　）と（　イ　）のいずれも行うことができないものは、いくつずつあるか。解答と同じ数字の番号を解答番号［3］と［4］にマークせよ。

A　ブタ　B　ホタル　C　バクテリオファージ
D　シアノバクテリア　E　コスモス　F　ブロッコリー
G　ゾウリムシ　H　ミドリムシ　I　サンマ

（　ア　）を行うことができる［3］つ

（　ア　）と（　イ　）のいずれも行うことができない［4］つ

（3）　問い（1）の文章中の（　ア　）と（　イ　）の代表的な例として、あてはまるものを次の①～④のうちから一つずつ選び、それらの番号を解答番号［5］と［6］にマークせよ。

① 燃焼　② 消化　③ 呼吸　④ 光合成

（ア）5　（イ）6

（4） ATP の構造と高エネルギーリン酸結合の位置（⬇）を示した模式図として最も適切なものを次の①～⑨のうちから一つ選び、その番号を解答番号 7 にマークせよ。

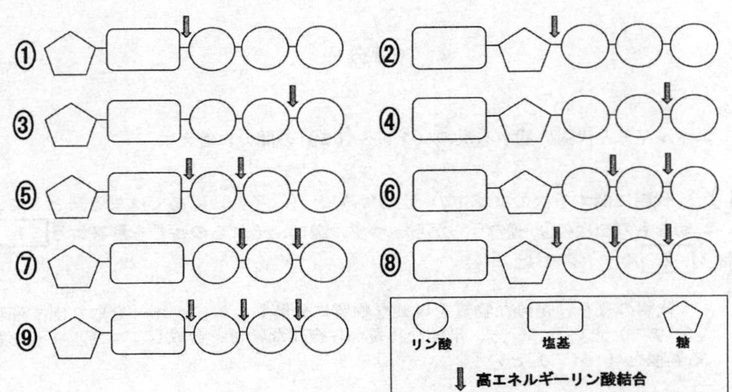

（5） ATP を構成する糖と塩基の組み合わせとして最も適切なものを次の①～⑧のうちから一つ選び、その番号を解答番号 8 にマークせよ。

	糖	塩基
①	デオキシリボース	アデニン
②	リボース	アデニン
③	デオキシリボース	チミン
④	リボース	チミン
⑤	デオキシリボース	グアニン
⑥	リボース	グアニン
⑦	デオキシリボース	シトシン
⑧	リボース	シトシン

Ⅱ 遺伝子とそのはたらきに関する次の（1）～（5）の問いに答えよ。なお、次の図1は、ある原核生物がもつDNAの塩基配列の一部と、その塩基配列が写し取られてできたmRNAの塩基配列の一部、さらにmRNAの塩基配列が翻訳されてできるタンパク質のアミノ酸配列の一部を示したものである。図1の○、△、□、●、▲、■は、いずれも互いに異なるアミノ酸であることを示している。

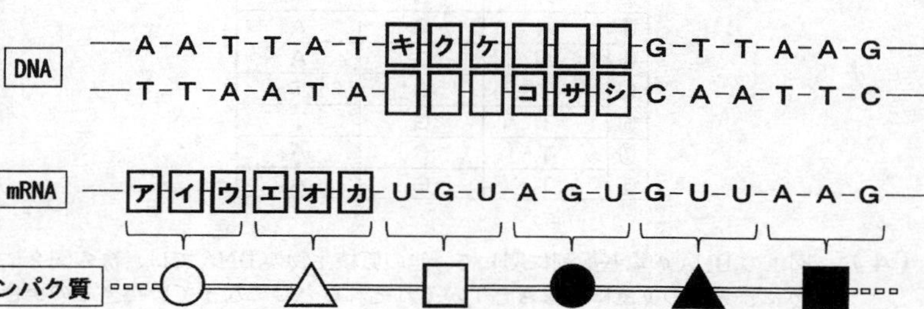

図1

（1） 図1のmRNAのア～カにあてはまる塩基の組み合わせとして最も適切なものを次の①～④のうちから一つ選び、その番号を解答番号 9 にマークせよ。

	ア	イ	ウ	エ	オ	カ
①	A	A	U	U	A	U
②	T	T	U	U	T	U
③	U	U	A	A	U	A
④	U	U	T	T	U	T

（2） 図1のDNAに関して、キ～ケにあてはまる塩基の組み合わせとして最も適切なものを次の①～⑧のうちから一つ選び、その番号を解答番号 10 にマークせよ。

	キ	ク	ケ
①	A	C	A
②	A	G	A
③	C	A	C
④	C	T	C
⑤	G	A	G
⑥	G	T	G
⑦	T	C	T
⑧	T	G	T

(3) 図1のDNAに関して、コ～シにあてはまる塩基の組み合わせとして最も適切なものを次の①～⑧のうちから一つ選び、その番号を解答番号 11 にマークせよ。

	コ	サ	シ
①	A	C	T
②	A	G	T
③	A	C	A
④	A	G	A
⑤	T	C	T
⑥	T	G	T
⑦	T	C	A
⑧	T	G	A

(4) 図1のDNAの塩基配列に関して、他の原核生物のDNAでは、次の図2に示すように、矢印の位置にあるAとTがそれぞれGとCになっていた。この場合に、図2に示すmRNAが合成され、さらに翻訳により合成されるタンパク質について、アミノ酸である（ス）と（セ）は、次の①～⑥のうちのどのアミノ酸になると考えられるか。適切なものを一つずつ選び、それらの番号を解答番号 12 と 13 にマークせよ。ただし、同じ番号を繰り返し選んでもよい。

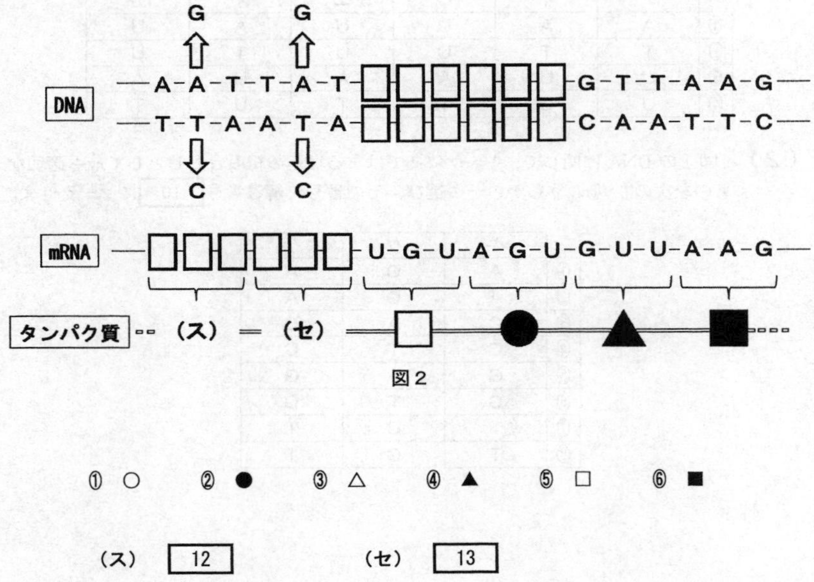

図2

① ○　② ●　③ △　④ ▲　⑤ □　⑥ ■

（ス） 12　　（セ） 13

(5) 次の文章中の（　ア　）と（　イ　）にあてはまる比として適切なものを次の①～⑨のうちから一つずつ選び、それらの番号を解答番号 14 と 15 にマークせよ。ただし、同じ番号を繰り返し選んでもよい。

GC 含量が 50%である DNA があるとする。この DNA を構成する 2 本のヌクレオチド鎖のうちの一方のヌクレオチド鎖について、A と C の数の比が 1:3 であり、A と G の数の比が 2 : 3 である場合、C と G の数の比（C : G）は、（　ア　）となる。また、A と T の数の比（A : T）は、（　イ　）となる。

① 1 : 1　② 1 : 2　③ 2 : 1　④ 2 : 3　⑤ 3 : 2
⑥ 2 : 5　⑦ 5 : 2　⑧ 2 : 7　⑨ 7 : 2

ア 14　イ 15

III ヒトの腎臓に関する次の（1）～（6）の問いに答えよ。

(1) 血しょう中と原尿中とで濃度が等しいものを次の①～⑦のうちから三つ選び、それらの番号を解答番号 16 ～ 18 にマークせよ。ただし、解答の順序は問わない。

① グルコース　② アルブミン　③ グロブリン　④ カルシウムイオン
⑤ フィブリン　⑥ 尿素　⑦ 抗体

(2) 問い（1）で選択したもののうち、健康なヒトではすべて再吸収されるものが一つある。その番号を解答番号 19 にマークせよ。

(3) ヒトの腎臓の構造と機能に関する次の①～⑤の記述のうち、**誤っているもの**を二つ選び、それらの番号を解答番号 20 と 21 にマークせよ。ただし、解答の順序は問わない。

① 糸球体とボーマンのうを合わせて、ネフロンという。
② 細尿管で再吸収された物質は、毛細血管にもどされる。
③ 集合管には、複数の細尿管が合流する。
④ 集合管では、グルコースが再吸収される。
⑤ 集合管を出た後の尿の成分と、ぼうこう中の尿の成分とは、ほぼ同じである。

(4) 糸球体でろ過され、再吸収も分泌もされず、そのまま尿に排泄される物質 A を静脈に注射した。その後、血しょう中の物質 A の濃度を測定すると 0.01%、尿中の濃度を測定すると 0.95%であった。1 分間の尿量を 1 mL とすると、原尿の生成量は 1 分間に何 mL か。なお、血しょう、原尿、尿の密度は 1 g/mL とする。解答と同じ数字の番号を解答番号 22 と 23 にマークせよ。ただし、10 の位にあてはまる適切な数字が無い場合は0（ゼロ）をマークせよ。（例　8 mLの場合、［0］［8］mLとマークすること。）

［22］［23］ mL

（5）　原尿の生成量が問い（4）の条件のとき、血しょう中濃度が0.1%で糸球体でろ過され、尿中濃度が0%の物質Bは、**1時間当たり**何gが再吸収されたか。解答と同じ数字の番号を、次の解答番号［24］と［25］にマークせよ。（例　1.8 gの場合、［1］．［8］gとマークすること。）

［24］．［25］ g

（6）　原尿の生成量が問い（4）の条件のとき、血しょう中濃度が0.04%で糸球体でろ過され、尿中濃度が0.38%の物質Cは何%が再吸収されたか。解答と同じ数字の番号を、次の解答番号［26］と［27］にマークせよ。ただし、10の位にあてはまる適切な数字が無い場合は0（ゼロ）をマークせよ。（例　8%の場合、［0］［8］%とマークすること。）

［26］［27］ %

Ⅳ　生殖と遺伝情報の分配に関する次の（1）～（5）の問いに答えよ。

（1）　無性生殖や有性生殖に関する記述として適切なものを次の①～⑥のうちから二つ選び、それらの番号を解答番号［28］と［29］にマークせよ。ただし、解答の順序は問わない。

① 無性生殖によって生じた新しい個体の遺伝情報は、親と同じになる。

② 植物でみられる栄養生殖は、有性生殖の方法の一つである。

③ 多細胞生物のなかにも、無性生殖により親のからだが二つに分裂して、新しい個体を生じるものがある。

④ ふだん分裂を行うゾウリムシは、環境条件が悪くなると、出芽により新しい個体を生じる。

⑤ 配偶子には、同形配偶子と異形配偶子とがあり、例としてウニの卵と精子は同形配偶子である。

⑥ 2個の同形配偶子による接合では、接合子のもつ遺伝情報は親のものと同じになる。

(2) 有性生殖を行い、体細胞の染色体構成が $2n=26$ の植物があるとする。この植物の配偶子が形成されるとき、減数分裂の第一分裂中期と第二分裂中期には染色体が紡錘(すい)体の赤道面に並ぶ。それぞれの時期に赤道面に並ぶ染色体は何本か。解答と同じ数字の番号を解答番号 30 ～ 33 にマークせよ。ただし、10の位にあてはまる適切な数字が無い場合は0（ゼロ）をマークせよ。（例　5本の場合、 0 5 本とマークすること。）なお、二価染色体は、4本の染色体で構成されているものとし、減数分裂の第二分裂については、第一分裂により生じた2個の細胞のうちの1個のみについて答えよ。

減数分裂の第一分裂中期 30 31 本

減数分裂の第二分裂中期 32 33 本

(3) 有性生殖を行うある動物の体細胞がもつ常染色体に2組の対立遺伝子 *A* と *a*、*B* と *b* があり、遺伝子 *A*、*B* は、それぞれ遺伝子 *a*、*b* に対して優性である。また、遺伝子 *A* と *B* は連鎖しており、遺伝子 *A*-*B* 間の組換え価は 12.5%である。この生物の体細胞の遺伝子型が *AaBb* である雄の個体で精子がつくられる場合に、遺伝子 *A*-*B* 間で組換えを起こす一次精母細胞の数の割合（%）は、いくらになると考えられるか。次の①～⑧のうちから最も適切なものを一つ選び、その番号を解答番号 34 にマークせよ。

① 12.5%　② 25%　③ 37.5%　④ 50%
⑤ 62.5%　⑥ 75%　⑦ 87.5%　⑧ 100%

(4) 有性生殖を行うある生物の体細胞がもつ1組の相同染色体に次の図に示すような3組の対立遺伝子があるとする。なお、遺伝子 *A*、*B*、*C* は、それぞれ遺伝子 *a*、*b*、*c* に対して優性である。この相同染色体に関する次の文章中の（　ア　）と（　イ　）にあてはまる遺伝子型として適切なものを次の①～⑧のうちから二つ選び、それらの番号を解答番号 35 と 36 にマークせよ。ただし、解答の順序は問わない。

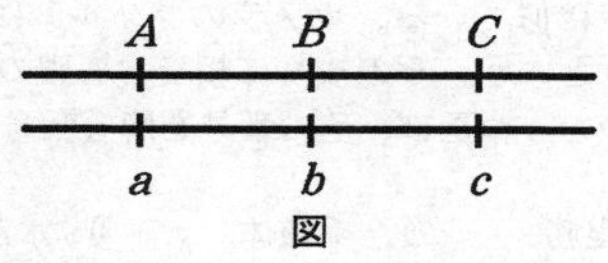

図

減数分裂によって、この生物の配偶子がつくられる際に遺伝子 *A*-*B*（*a*-*b*）間と遺伝子 *B*-*C*（*b*-*c*）間の両方で乗換えが起きると、（　ア　）と（　イ　）という遺伝子型をもつ配偶子が生じる。

① *ABC*　② *ABc*　③ *Abc*　④ *AbC*
⑤ *abC*　⑥ *aBC*　⑦ *aBc*　⑧ *abc*

(5) 問い（4）の相同染色体をもつ個体に関して検定交雑を行う場合、遺伝子 A–B（a–b）間と遺伝子 B–C（b–c）間の両方で乗換えが起きた場合の組換え価に関する記述として最も適切なものを次の①～③のうちから一つ選び、その番号を解答番号 37 にマークせよ。

① 遺伝子 A–B（a–b）間と遺伝子 B–C（b–c）間のそれぞれの組換え価を足し合わせると、遺伝子 A–C（a–c）間の組換え価よりも小さくなる。

② 遺伝子 A–B（a–b）間と遺伝子 B–C（b–c）間のそれぞれの組換え価を足し合わせると、遺伝子 A–C（a–c）間の組換え価と等しくなる。

③ 遺伝子 A–B（a–b）間と遺伝子 B–C（b–c）間のそれぞれの組換え価を足し合わせると、遺伝子 A–C（a–c）間の組換え価よりも大きくなる。

V

ヒトの刺激の受容と反応に関する次の（1）～（6）の問いに答えよ。

(1) 空気の振動が適刺激である受容器として、次の①～⑤のうち、最も適切なものを一つ選び、その番号を解答番号 38 にマークせよ。

① 半規管　② コルチ器　③ 前庭　④ シナプス
⑤ ユースタキー管（エウスタキオ管）

(2) 盲斑において、網膜を貫いているものとして、次の①～⑤のうち、最も適切なものを一つ選び、その番号を解答番号 39 にマークせよ。

① 視神経　② 色素細胞層　③ 結膜　④ 視交叉
⑤ 連絡する細胞（連絡神経細胞）

(3) 眼の構造はカメラに似ている。カメラのフィルムに到達する光の量を調節する装置をカメラの絞りという。その絞りに相当する眼の構造として、次の①～⑤のうち、最も適切なものを一つ選び、その番号を解答番号 40 にマークせよ。

① 虹彩　② 眼筋　③ 毛様体　④ 水晶体　⑤ チン小帯

(4) 眼の瞳孔が縮小する反射が起きるときに、網膜で受容した光刺激は、次の①～⑤のうち、どこを通るか。最も適切なものを一つ選び、その番号を解答番号 41 にマークせよ。

① 脊髄　② 延髄　③ 中脳　④ 間脳　⑤ 大脳の前頭葉

(5)　眼に入った光が、水晶体以外で屈折する場所として、次の①～⑤のうち、最も適切なものを一つ選び、その番号を解答番号 42 にマークせよ。

①　角膜　②　前眼房　③　脈絡膜　④　ガラス体　⑤　黄斑

(6)　ビタミンAからつくられるものとして、次の①～④のうち、最も適切なものを一つ選び、その番号を解答番号 43 にマークせよ。

①　ガンマ-アミノ酪酸（GABA）　②　レチナール　③　フォトプシン
④　オプシン

VI

安田女子大学安東キャンパス内の畑に、アサガオの種をまき、世話をして育て、成長の様子を観察した。次の（1）～（7）の問いに答えよ。

(1)　アサガオの種子や種子の形成について記した次の①～⑤の記述のうちから**誤っているもの**を一つ選び、その番号を解答番号 44 にマークせよ。

①　種子は、新しい個体が発生の途中で休眠したものである。
②　種皮は親植物由来であり、幼芽、子葉、胚軸、幼根は受精卵由来である。
③　精細胞と融合した中央細胞は、やがて胚乳となる。
④　胚柄は、発生が進むと、胚軸となる。
⑤　受精卵は胚球と胚柄になる。

(2)　種まき後、発芽の様子を観察した。そのとき起きている現象として、次の①～⑤の記述のうちから**誤っているもの**を二つ選び、それらの番号を解答番号 45 と 46 にマークせよ。ただし、解答の順序は問わない。

①　茎は負の重力屈性を示し、根は正の重力屈性を示す。
②　茎と根が、重力に対して異なる反応をするのは、地中と地上では重力環境が異なるからである。
③　師部における極性をもたないフォトトロピンの移動が、根の伸長方向の決定に関わる。
④　地中で発芽した種子は、茎の先端が鉤針（かぎばり）状に曲がった状態で、子葉が展開しないまま胚軸が成長する。
⑤　芽生えが地上に出て、フィトクロムやクリプトクロムが光を吸収すると、胚軸の伸長が抑制される。

(3) 成長しつつあるアサガオの茎の先端（頂芽）を切り取った際に起こると考えられる現象について、次の①～④の記述のうちから最も適切なものを一つ選び、その番号を解答番号 47 にマークせよ。

① 頂芽優勢がおこり、側芽が伸びなくなる。

② 先端ではたらくはずだった植物ホルモンが、下方へ移動して側芽の成長を促進する。

③ 頂芽に優先的に養分を送ることで、頂芽の再分化を促す反応がおこる。

④ 側芽周辺で植物ホルモンが合成されるようになる。

(4) 雨が降らない日が続いた。水やりなどの世話や観察をせず、しばらくして様子を見に行くと、葉や茎がしおれている様子が観察された。次の文を読み、（ X ）にあてはまる物質として最も適切なものを次の①～⑥のうちから一つ選び、その番号を解答番号 48 にマークせよ。

乾燥状態になったときに合成される植物ホルモン（ X ）が、孔辺細胞に作用すると、気孔が閉じられ、蒸散が抑えられる。

① アブシシン酸　② エチレン　③ ブラシノステロイド
④ オーキシン　⑤ ジャスモン酸　⑥ カロテノイド

(5) 問い（4）の文中の（ X ）が合成されるのは植物のどの部位か。最も適切なものを次の①～③のうちから一つ選び、その番号を解答番号 49 にマークせよ。

① 根や葉　② 花　③ 果実や種子

(6) 問い（4）の文中の気孔に関する次の①～⑤の記述のうちから**誤っているもの**を一つ選び、その番号を解答番号 50 にマークせよ。

① 2個の孔辺細胞に囲まれたすき間である。

② 光の強さや土壌中の水分量などの変化に応じて閉じたり開いたりする。

③ 光合成に必要な二酸化炭素が取り込まれる。

④ 気孔が閉じる場合には、孔辺細胞からイオンが排出される。

⑤ 遠赤色光の照射によって気孔が開く。

(7) 水やりなどの世話を再び行ったところ、アサガオは成長を再開し、やがて花芽をつけ、開花した。アサガオの花芽形成に関する次の**ア～カ**の記述のうち、正しいものには①を、誤っているものには②を、解答番号 51 ～ 56 にマークせよ。

ア．日長が一定以上（暗期の長さが一定以下）になると花芽を形成する。 51

イ．中性植物である。 52

ウ．夜に強い光が照射する場所では，花をつけなくなることがある。 53

エ．花芽形成は光周性を示す。 54

オ．花芽形成を促進する物質は，葉で合成される。 55

カ．花芽形成は，明期の長短によって引き起こされる。 56

◀生 物 基 礎▶

(注)「化学基礎」とあわせて１科目として解答。

(60 分)

◀生物基礎・生物▶の〔Ⅰ〕~〔Ⅲ〕に同じ。

ちから一つ選べ。解答は、解答番号 35 に、その番号をマークせよ。

① とても興味深い話ではないか。俊蔭の巧みな演奏法は、娘を通して三代目の仲忠に伝承され、さらにすばらしいものに違いない。
② とても興味深い話ではないか。俊蔭の巧みな演奏法を受け継いだ娘は、三代目の仲忠にすばらしい演奏法を学ばせたに違いない。
③ とても興味深い話ではないか。俊蔭の娘は父の巧みな演奏法を受け継いだが、三代目の仲忠はすばらしい演奏ができるのだろうか。
④ それほど興味深い話だろうか。どれほどすばらしい演奏法であっても、孫の仲忠まで三代にわたって伝承されるわけがないだろう。
⑤ それほど興味深い話だろうか。俊蔭の演奏法がいかにすばらしくても、直(じか)に習ってはいない三代目の仲忠に伝承されるはずはない。

問七 本文の内容と合致しないものを、次の①～⑦のうちから三つ選べ。解答は、解答番号 36 ～ 38 に、それらの番号をマークせよ。ただし、解答の順序は問わない。

① この時から、三条に住む兼雅の妻は、琴の名手であったあの俊蔭の娘であるということが、人々に知れ渡るようになった。
② 琴の名手であった俊蔭は、娘が自分よりもはるかにうまく琴を演奏することを認め、娘を通じて学ぶようにと語っていた。
③ 琴の名手であった俊蔭は、三代目の仲忠が自分よりも巧みに琴を演奏するであろうことを、予言としてすでに語っていた。
④ 兼雅は、息子の仲忠が琴の名手であったあの俊蔭の孫であり、母からその演奏法を見事に伝承している、と帝に語った。
⑤ 帝は、兼雅の息子仲忠が琴の名手であったあの俊蔭の孫であると聞き、三代目として演奏法を伝承していると確信した。
⑥ 俊蔭の娘は、息子仲忠にもう少し教養を身につけさせた後で宮仕えさせたいと話していたので、兼雅はそれにしたがった。
⑦ 嵯峨院は、琴の名手であった俊蔭に対して、大臣の位を授けるからその演奏法を少しだけでも教えてほしい、と懇願した。

① 帝は、琴の名手の俊蔭に娘がいたことを知らず、さらに孫まで生まれていたことまで聞いたから。
② 帝は、琴の名手の俊蔭に娘がいたことは知っていたが、孫まで生まれていたとは知らなかったから。
③ 帝は、お気に入りの仲忠が、俊蔭の娘の子であることを知り、琴を巧みに演奏できると気付いたから。
④ 帝は、「お気に入りの仲忠は俊蔭の娘である」と告白した兼雅が、今まで黙っていたことが意外だったから。
⑤ 帝は、琴の演奏法を教えることを固辞して参上しなくなった俊蔭が、亡くなっていたことを知ったから。

問四 傍線部エに「なくなりにたりしと聞きしは」とある。主語と内容を補った現代語訳として最も適切なものを、次の①～⑤のうちから一つ選べ。解答は、解答番号 **33** に、その番号をマークせよ。

① 琴の名手の嵯峨院が、俊蔭よりも前に亡くなっていたことを聞いたのは、
② 巧みな演奏法を伝える者が、俊蔭の死によっていなくなったと聞いたのは、
③ 巧みな演奏法が、俊蔭の死によって伝わらなくなったと聞いたのは、
④ 俊蔭の娘が、このときすでに亡くなってしまっていたと聞いたのは、
⑤ 俊蔭の娘が、父の死を悼み、泣いていたようであったと聞いたのは、

問五 傍線部オに「そこ」とある。この指示代名詞「そこ」はどの場所を指しているか。最も適切なものを、次の①～⑤のうちから一つ選べ。解答は、解答番号 **34** に、その番号をマークせよ。

① 嵯峨院のところ
② 兼雅のところ
③ 東宮のところ
④ 北の方のところ
⑤ 俊蔭のところ

問六 傍線部カに「いと興ありや。かの手は、三代はましてかしこからむ」とある。この内容として最も適切なものを、次の①～⑤のう

※6　有職＝学問教養に優れていること。
※7　消息＝手紙。

問一　傍線部アに「取り出でられたるぞ」とある。助動詞「られ」（終止形「らる」）の意味として最も適切なものを、次の①～⑤のうちから一つ選べ。解答は、解答番号 29 に、その番号をマークせよ。

①　受身　②　可能　③　自発　④　尊敬　⑤　推量

問二　傍線部イに「知り給へざりし」とある。

（1）この「給へ」の敬語の種類を、次の①～③のうちから一つ選べ。解答は、解答番号 30 に、その番号をマークせよ。

①　尊敬語　②　謙譲語　③　丁寧語

（2）この「給へ」は、誰が、誰に対して用いている敬語か。その組み合わせとして最も適切なものを、次の①～⑥のうちから一つ選べ。解答は、解答番号 31 に、その番号をマークせよ。

①　作者が、仲忠に
②　作者が、帝に
③　作者が、俊蔭に
④　兼雅が、仲忠に
⑤　兼雅が、帝に
⑥　兼雅が、俊蔭に

問三　傍線部ウに「上おどろかせ給ひて」とある。なぜ帝はおどろかれたのか。最も適切なものを、次の①～⑤のうちから一つ選べ。解答は、解答番号 32 に、その番号をマークせよ。

三

次の文章を読んで、あとの問いに答えよ。なお、この文章は右大将兼雅（うだいしょうかねまさ）の息子である仲忠（なかただ）が成人して朝廷に勤め始めた際、兼雅が帝に仲忠を紹介する場面である。仲忠の母は、琴（きん）の名手として伝説的な存在であった治部卿俊蔭（じぶのきょうとしかげ）の娘で、今は亡き父から琴の秘伝を伝えられていた。

十六といふ年、二月にかうぶり※1せさせ給ひて、名をば仲忠といふ。上達部（かんだちめ）※2の御子なれば、やがてかうぶり賜ひて※3、殿上せさせ、上も東宮も※4召しまつはしうつくしみ給ふ。上、大将に「いづくなりし人を、かうにはかに、いと優（いう）にてはア取り出でられたるぞ」と問はせ給へば、「年ごろは侍るところもイ知り給へざりし、ひととせ見いでて侍り。ものなど少し心得てのち、交（まじ）らひはせむと申ししかば、さも侍ることなりとて、籠め侍りつるなり」と奏し給ふ。「たが腹ぞ」と問はせ給へば、「故治部卿俊蔭が娘の腹に侍り」と申し給へば、ウ上おどろかせ給ひて「いかにぞ。三代の手は伝へたらむな。かの朝臣（あそん）※5、唐土（もろこし）より帰り渡りて、嵯峨（さが）の院の御時、『この手少し伝へよ』と仰せられければ、『ただ今大臣の位を賜ふとも、え伝え奉らじ』と奏しきりてまかでにしより、参らで、中納言になるべかりし身を沈めてし人なり。さるはいみじき有職（いうしょく）※6なり。ただ娘一人ありける。年七歳より習はしけるに、父の手にいと多くまさりて弾きければ、父『この子はわが面（おもて）起こしつべき子なり。これが手よりたれもたれも習ひ取れ』となむ言ひけると聞きしかば、俊蔭がありしときに消息（せうそこ）※7などして、亡くなりてのち、尋ね訪（と）ひしかど、エなくなりにたりしと聞きしは、オそこに隠されたるにこそありけれ。カいと興ありや。かの手は、三代はましてかしこからむ」とのたまはすれば、大将、「さ侍るべけれど、殊なることも侍らざるべし。代々のついでとして、一手二手なども仕（つか）うまつらむ」と奏し給ふ。

かくてのちなむ、さはこの三条の北の方は俊蔭の娘と人知りける。

（『宇津保物語』による）

（注）※1　かうぶり＝元服（成人）して初めて冠をつけること。
※2　上達部＝三位以上の公卿（くぎょう）のこと。父兼雅は右大将で上達部。
※3　かうぶり賜ひて、殿上せさせ＝官位を与え昇殿させること。破格の五位を与えられた。
※4　上も東宮も＝帝も皇太子も。
※5　かの朝臣＝俊蔭のこと。当時の中国（唐土）から帰朝した。

問九　本文中の空欄 **Ⅲ** と **Ⅳ** に入る語句の組み合わせとして正しいものはどれか。次の①～⑤のうちから一つ選べ。解答は、解答番号 **26** に、その番号をマークせよ。

① Ⅲ＝否定　Ⅳ＝敵対
② Ⅲ＝静観　Ⅳ＝共闘
③ Ⅲ＝肯定　Ⅳ＝敵対
④ Ⅲ＝理解　Ⅳ＝絶交
⑤ Ⅲ＝無視　Ⅳ＝交戦

問十　本文の内容と合致するものを、次の①～⑧のうちから二つ選べ。解答は、解答番号 **27** と **28** に、それらの番号をマークせよ。ただし、解答の順序は問わない。

① アリストテレスやカントも愛の中に友情を見出し、お互いが分かり合えるのは同じものに共感できる同質性があるからだとした。
② ニーチェは、私には本来知りえないはずの他者の苦悩を自分が経験した苦悩として考えられるのが真の友情だとしている。
③ 友達への同情は、一般論でなら相互の理解によって可能となるが、お互いの具体的な記憶に基づくときは不可能になってしまう。
④ ニーチェの友情観は、お互いの同質性を理由としたものではなく、それとは別の、むしろ逆の本質を理由としたものである。
⑤ ニーチェは、友情それ自体に価値はないので、友達の存在自体にも価値はないとし、互いが育む理想の関係性に価値があるとした。
⑥ 友達を愛していても、友達のため、さらには自分のために、あえて戦いを挑むところにこそ、真の友情を育むことができる。
⑦ ニーチェの友情観とは、お互いを愛することではなく、愛とは別の、より高尚な理想を競い合いながら求め合うことである。
⑧ 友情は、どんな友達なのか、わかり合えているのかは関係なく、ともに敵対する勇気を共有すれば成立させ得るものである。

に、その番号をマークせよ。

① 友達が苦悩を乗り越えようとすることを応援する。
② 友達が苦悩と向き合わなくてすむように気を紛らわせる。
③ 友達が苦悩しているとき、その苦しみを自分のものとする。
④ 友達の苦悩が消え去るまで、何時間でもずっと寄り添う。
⑤ 友達が苦悩しているときは、その苦悩の解消に努める。

問七 傍線部アに「単なる誤解よりもさらに性質が悪い」とある。その理由として最も適切なものはどれか。次の①〜⑤のうちから一つ選べ。解答は、解答番号 24 に、その番号をマークせよ。

① 同情は、上辺だけの解釈に過ぎず本心ではないから。
② 同情は、誰もが経験するが、実は存在しないから。
③ 同情は、友達の成長の機会を奪ってしまうから。
④ 同情は、逆に友達を苦しめてしまうこともあるから。
⑤ 同情は、往々にして一般論で語られることが多いから。

問八 傍線部イに「友情を成り立たせるものが愛であるとしても、それは同情をもたらすものであってはならない」とある。その理由として本文中で説明されているものはどれか。最も適切なものを、次の①〜⑤のうちから一つ選べ。解答は、解答番号 25 に、その番号をマークせよ。

① 友情という名の愛は、ときにぶつかり合いながらも、他者とともに高い理想を目指していくべきものであるから。
② 友情は互いに愛を育むことで継続させうるが、お互いが思い悩むときに相手の同情に期待しすぎてはならないから。
③ 友情を成立させる愛とは、互いにより高い理想を目指しつつも、互いに異なる個性を尊重すべきものであるから。
④ 友情が理想であるのは、お互いの苦悩を認め合い、励まし、許し合うからであり、それが愛と呼ばれるものだから。
⑤ 友情が理想であるのは、私と友達が苦悩と敵意を超えて、お互いに理解し合える力を手に入れることができるから。

問二　本文中の空欄［Ⅰ］と［Ⅱ］に入る語句の組み合わせとして、最も適切なものを、次の①～⑤のうちから一つ選べ。解答は、解答番号［18］に、その番号をマークせよ。

①　Ⅰ＝独善的　Ⅱ＝個性的　②　Ⅰ＝精神的　Ⅱ＝客観的　③　Ⅰ＝主観的　Ⅱ＝客観的
④　Ⅰ＝偽善的　Ⅱ＝精神的　⑤　Ⅰ＝個性的　Ⅱ＝個人的

問三　本文中の空欄［A］に入る文として、最も適切なものを、次の①～⑤のうちから一つ選べ。解答は、解答番号［19］に、その番号をマークせよ。

①　今はそっとしておいてほしいな
②　お前に何がわかるのか
③　その気持ちがいちばん嬉(うれ)しい
④　もっと話を聞いてほしいんだ
⑤　友達でいてくれてありがとう

問四　本文には、以下の一文が脱落している。この一文が記述されていた位置を、本文中の【①】～【⑤】のうちから一つ選べ。解答は、解答番号［20］に、その番号をマークせよ。

むしろ、「君が彼に逆らうとき、君の心がもっとも彼に近づいていなくてはならない」のである。

問五　筆者がニーチェを引用しつつ論じた「友情」に関する語句としてふさわしくないものはどれか。次の①～⑦のうちから二つ選べ。解答は、解答番号［21］と［22］に、それらの番号をマークせよ。ただし、解答の順序は問わない。

①　渇望　②　苦悩　③　同情　④　敵対　⑤　理想　⑥　成長　⑦　誤解

問六　本文中で「同情」を説明した具体例として、ふさわしくないものを、次の①～⑤のうちから一つ選べ。解答は、解答番号［23］

を成り立たせること自体にあるのではない、ということである。ニーチェにとって友情とはそれ自体で価値があるものではない。友達といつまでも関係を継続することが、友情の理想なのではない。そうではなく友情は、その友情を超える理想へと、友達同士を導くものなのだ――彼はそう考えるのである。

もう少し普通の言葉で言い換えるなら、次のように表現できるだろう。私たちが他者と友情を交わすのは、それによって互いに高め合い、成長するためである。そのように、その他者とともに理想へと近づいていきたい、そう願うことが、友情という名の愛に他ならない。【①】

このような意味で他者と友情を交わすとき、「私」がその友達とわかり合えているかどうか、ということは、そもそも問題ではない。友達がどんな人間であろうが、それは友情にとって関係ない。ニーチェはこのようにして、同質性に基づく伝統的な友情観とは異なる、別の友情の形を提示するのである。【②】

ニーチェの友情論は、裏を返すなら、自分の成長を阻害するような関係を、友情として認めない。だからこそ、互いを同情し合う関係は友情に値しないのである。友達が苦悩しているとき、「私」が本当にその友達を友達として愛しているのなら、その苦悩を Ⅲ し、それを乗り越えようとしている姿を励ますべきだ、ということになるだろう。【③】

それだけではない。ニーチェは、ある時には私たちは友達と Ⅳ しなければならない、とまで言う。なぜなら、人間は敵と戦うことによって、より大きな困難と立ち向かい、成長することができるからだ。彼によれば、私たちが本当に友達のことを愛しているのなら、「友のなかにおのれの最高の敵がいなくてはならない」。ただしそのことは、決して、敵として戦うために友情を解消しなければならない、ということを意味するのではない。【④】

友達と敵対することは、友情を否定することを意味しない。私たちは友達を愛しながら、愛しているがゆえに、友達と戦うことができる。そうした敵対こそが、互いを成長させ、理想へと近づけさせるからである。【⑤】

（戸谷洋志（とやひろし）『友情を哲学する』による／一部改変）

問一 本文中の空欄 ア ～ オ に入る接続詞として、最も適切なものを、次の①～⑦のうちからそれぞれ一つずつ選べ。ただし、選択肢は一度だけ選択できるものとする。解答は、解答番号 13 ～ 17 に、アから順に、それらの番号をマークせよ。

① すなわち　② しかし　③ それとも　④ たとえば　⑤ ところで　⑥ なぜなら　⑦ だから

めに苦悩と戦わなければならないときもあるのである。

たとえば、失恋で苦悩しているあなたは、そのことに切実に苦しんでいるし、毎晩眠れなくなり、日常生活にも支障をきたしてしまうかも知れない。**ウ** その苦悩を苦しみ抜くことは、きっとあなたの人間性を今までよりも深くするだろう。あなたは今までよりも繊細になり、賢くなるだろう。慎重に言葉を選ぶことができるようになり、相手の表情から多くのことを感じられるようになるだろう。同じことが再び起きたとしても、きっと今と同じようには苦しまなくなるだろう。それは紛れもなくあなたにとって成長である。あなたはその苦悩を経由することで、より強く、より深い人間にもなれるのである。

同情はそうした成長の機会をあなたから奪う。友達はあなたに同情し、毎晩電話に付き合い、居酒屋で朝まで飲み明かしてくれるかも知れない。友達はあなたがその失恋の苦悩と向き合わないように万策を尽くしてくれるかも知れない。それによって、たしかにあなたの気は晴れ、新しい恋に向かって再出発できるかも知れない。しかし、そのときあなたは何も成長しないまま、何も学ばないまま、その苦悩を手放してしまうことになる。そしてその結果、また同じように傷つくかも知れないし、あるいは同じように他者を傷つけるかも知れないのである。

同情もまた、友達同士の間の同質性を前提とする。しかしそうした同質性は、実際には、存在しない。**エ** 同情は誤謬（ごびゅう）なのだ。イ友情を成り立たせるものが愛であるとしても、それは同情をもたらすものであってはならない。ではその愛はどのようなものなのだろうか。苦悩している友達を前にして、同情することなく、しかしその友達を愛するということは、どのようにして可能になるのだろうか。

ニーチェは、そうした愛について、次のように説明している。

――しかし場合によっては、持続する愛なるものも世の中には生じうる。二人の人間相互の所有願望が、新たな欲求と所有欲に場所を空け、彼らを超えた理想を目指す共通の気高い渇望に道を譲るようなこともありうるのだ。――しかし、このような愛を知っている者があるだろうか？　このような愛を経験した者があるだろうか。その真の名は、友情である。（『喜ばしき知恵』）

オ ニーチェによれば、友達同士が、単に互いを愛するのではなく、互いにより高い「理想」を目指す関係こそが、「友情」と呼ばれるに値するのだ。

注意するべきことがある。それは、このように友情を成り立たせる「理想」が、あくまでも「彼らを超えた理想」であり、友達同士の関係

二

次の文章を読んで、あとの問いに答えよ。

ニーチェは同質性に基づく友情を否定する。「私」が他者と友達になるのは、「私」が友達と似ているからではない。では「私」は何を理由に他者と友達になるのだろうか。

アリストテレスもカントも、友情をもたらす感情を、愛のうちに見出していた。では愛とは何か。カントはその一つのあり方として「同情」を挙げていた。私たちは、友達が何かに苦悩しているとき、その友達と同じように苦しみ、共感する。友情を成り立たせる愛は、友達への同情となって表れるのである。

［ア］同情とは何だろうか。それは、「私」が友達の苦悩を、自分の苦悩のように感じることである。それはある意味において「私」と友達を同一視することを意味する。しかしそうであるとしたら、ニーチェの発想に従う限り、そうした同情もまた誤解に基づくことになるだろう。同情するということは、「私」には本来知りえないはずの他者の苦悩を、あたかも「私」が経験したことのある苦悩であるかのように理解し、わかった気になることを意味するからだ。ニーチェによれば、「他人の苦悩から、真に［Ⅰ］なものを取り去るというのは、同情という感情の本質に属する」のであり、それは他者の苦悩に対して行われる「上辺だけの解釈」に過ぎないのである。

［イ］あなたが、一年間付き合った恋人と別れ、それによって深い苦悩に陥ったとしよう。それに対して、友達があなたのそばに近寄ってきて、「うんうん、わかるよ、辛いよね」と言うとしよう。このときあなたの友達は心からあなたに同情しているかも知れない。しかし、あなたはきっと、「［Ａ］」と思うのではないだろうか。なぜなら、あなたと恋人の関係は、あなたと恋人の間でしか生じないものであり、だからこそそれを失ったことによる苦悩は、あなたにしかわからないからだ。そのときあなたの友達が理解しているのは、「人間は失恋をしたら悲しむ」程度の一般論でしかないかも知れない。しかし、あなたを苦しめているものは一般論ではない。あなたの脳裏には、その恋人と過ごした日々や、一緒に見た景色や、交わした約束が浮かんでいるのであって、そうした具体的な記憶が、あなたに苦悩をもたらしているのだ。

このように、同情は常に誤解であるが、しかしそれは、単なる誤解よりもさらに性質が悪い。（傍線ア）なぜなら同情はその誤解によって、同情されるものから苦悩を解消しようとするからである。苦悩が解消されるならいいじゃないか、と思われるかも知れない。しかしニーチェはそうは考えない。彼によれば、むしろ苦悩には「［Ⅱ］必要」というものがあるのだ。つまり、苦悩に陥っている人は、その苦悩を苦しみ抜き、そして自らの力で苦悩を乗り越えなければならない。苦悩は、単になくなればよいものではない。人間には、あるときには、自分の人生のた

④ 十年かけて書き上げた本を恩師にキンテイする。

⑤ 河川が増水し一帯の立入りがキンシされている。

(エ) 我が国のチームが激闘を乗り越え、総合優勝の栄カンに輝いた。 8

① 毎朝の良いシュウカンは人生を好転させる。

② だいぶ心配したが、ようやく症状がカンカイした。

③ 先日のゲリラ豪雨で、一帯の水田がカンスイしてしまった。

④ しまなみ海道を、尾道から今治まで自転車でカンソウした。

⑤ プロジェクトの遂行には、メンバーの意思疎通がカンジンである。

問三 次の(ア)〜(エ)の四字熟語の傍線部に用いられる漢字として正しいものを、次の①〜⑤のうちからそれぞれ一つずつ選べ。解答は、解答番号 9 〜 12 に、(ア)から順にそれらの番号をマークせよ。

(ア)「しんきいってん」 9

① 規　② 期　③ 器　④ 気　⑤ 機

(イ)「きゅうたいいぜん」 10

① 似　② 依　③ 以　④ 已　⑤ 逸

(ウ)「いみしんちょう」 11

① 慎　② 心　③ 深　④ 新　⑤ 身

(エ)「ききいっぱつ」 12

① 初　② 抜　③ 発　④ 髪　⑤ 鉢

（エ）この小さな神社は、度重なる水害をきっかけに、土地の神々を鎮めるため建立された。 4

① おさ ② まと ③ しず ④ あが ⑤ きわ

問二 次の（ア）～（エ）の傍線部の漢字と同じ漢字を用いるものを、次の①～⑤のうちからそれぞれ一つずつ選べ。解答は、解答番号 5 ～ 8 に、（ア）から順にそれらの番号をマークせよ。

（ア）国際社会に日本コ有の領土の主権を主張する。 5

① 英語のコジンレッスンを受けて、なんとか話せるようになった。
② 企業のエンコ採用の是非について、意見を述べる。
③ 熊本城はケンゴな要塞だったと言える。
④ 墨絵のコタンの美を堪能する。
⑤ 台風に遭遇したヨットは、絶海のコトウに漂着した。

（イ）一般企業は利潤を追キュウするのが使命である。 6

① 苦手なテストだったが、なんとかキュウダイ点を取ることができた。
② 総理大臣の任期満了が近づき、キュウシン力を失ってしまった。
③ 食物の栄養は、小腸でキュウシュウされ、肝臓に集められる。
④ 深夜に自宅で倒れ、キュウキュウ車で病院に運ばれた。
⑤ 学問好きな彼は、ガッキュウ的な生活に憧れている。

（ウ）彼女の美しい歌声は、ぼくのキン線に触れた。 7

① 巻末に著者のキンエイが掲載されている。
② 岩国のキンタイ橋の美しさに息をのむ。
③ 小学生が演奏するモッキンの素朴な音に癒やされる。

国語

（六〇分）

一

あとの問いに答えよ。

問一 次の（ア）～（エ）の傍線部の漢字の読みとして正しいものを、次の①～⑤のうちからそれぞれ一つずつ選べ。解答は、解答番号 [1]～[4] に、（ア）から順にそれらの番号をマークせよ。

（ア）問題解決のための外部組織を編成するにあたり、専門家に委嘱状を送付した。 [1]

① いじょく　② いたく　③ いにん　④ いぞく　⑤ いしょく

（イ）最新の技術を盛り込んだ製品は、時間を経て汎用性を獲得する。 [2]

① らんよう　② ぼんよう　③ はんよう　④ かつよう　⑤ りゅうよう

（ウ）長年一緒に暮らしてきた愛犬を懇ろに弔った。 [3]

① おもむ　② こん　③ まごこ　④ ねんご　⑤ うつ

解答編

英語

I　解答　**1**—①　**2**—②　**3**—①　**4**—④　**5**—③　**6**—④
7—①　**8**—③　**9**—②　**10**—④

解説

1.「学生たちは試験中時間を賢く（　　）するように忠告された」という内容。各選択肢は①「管理する」，②「浪費する」，③「無視する」，④「動機付ける」。よって文脈に合うのは①である。

2.「もし彼の小説の中で単語の意味がわからないなら，電子辞書で（　　）とよいのではないですか？」という内容。各選択肢は①「引き継ぐ」，②「調べる」，③「切る」，④「身につける」。よって文脈に合うのは②である。

3.「我々の新製品に関するすべての情報はボタンに触れるとすぐに利用できる」という内容。information「情報」は不可算名詞で単数扱い，available「利用できる」は形容詞で補語になっているので①が正解。

4.「あの建設騒音がいつも私をおかしくさせる」という内容なので④が正解。drive *A B*「*A* を *B* にさせる」

5.「映画の中で囚人は（　　）逃れて母国に戻った」という内容。各選択肢は①「特に」，②「主に」，③「最後は」，④「ますます」。よって文脈に合うのは③である。

6. A「メアリーはトムに手紙を送ったことを後悔していると私に言った」，B「彼女はそんなことをするべきではなかったと自覚していると思う」という対話。should not have done「～するべきではなかったのに」

7.「大学生のときもっと熱心に英語を勉強していればよかったのになあ」という内容。仮定法過去完了の願望表現なので①が正解。

8.「駐車場で少し会話を交わしたあとで，２人の男は別れて（　　）車に乗りました」という内容。各選択肢は①「独立した」，②「いくつかの」，③「それぞれの」，④「さまざまな」という意味。よって文脈に合うのは③である。

9. セミコロン以下に「彼女は本当に健康です」とあるので「祖母は一度も入院したことはありません」の②が正解。

10. 第２文に「その後は受け入れられません」とあるので④が正解。no later than「～以内に，遅くても～までに」

Ⅱ　解答　11—①　12—②　13—④　14—②　15—③　16—④　17—⑤　18—⑥

解説

11・12. ⑤—①—④—⑥—②—③

be about to *do*「まさに～しようとしている」

13・14. ⑤—④—①—⑥—②—③

as great a scientist as ever lived「今までにない偉大な科学者」 as 以下の語順に注意。

15・16. ①—③—②—⑤—④—⑥

We heard Andrea singing the school song in the gym last weekend. を受動態に変えたもの。

17・18. ②—⑤—③—④—⑥—①

make *A do*「A に～させる」

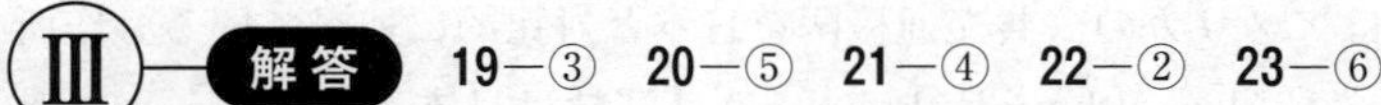
Ⅲ　解答　19—③　20—⑤　21—④　22—②　23—⑥

解説

《イノシシについての会話》

19. 空所の直後のカナの発言に「あなたはとても心配そうに見える」とあり，ケイティの最初の発言からも彼女がアパートに不安を感じている様子がうかがえるので③「何か良くないことがあるの？」が正解。

20. 空所直前のケイティの発言で，ケイティはアパートの後ろの森にクマがいるだろうと怖がっている。これに対して空所前後のカナの発言に「心配しないで！」「それは多分イノシシよ」とあるので，⑤「そのあたりにクマはいないよ」が正解。

21. 空所の直後のカナの発言に「作物や野菜や果物よ，だから食べ物の残りを外に置かないように気をつけて」とあるので④「じゃあ，それら（イノシシ）は何を食べるの？」が正解。

22. 空所直後の発言に，「ところで，なぜ日本のこういった場所にそんなにたくさんのイノシシがいるの？」とあり，ケイティは空所直前のカナの発言「イノシシは基本的に人を避けようとするのよ」に対して，安心し話題を変えていることがわかるので，②「そうなの，それはホッとしたわ」が正解。

23. 空所直前のカナの発言に，「イノシシはまた文化的に重要なのよ」とあるので，その文化的重要性を具体的に示している⑥「それら（イノシシ）は力と勇気のシンボルとなっているの」が正解。

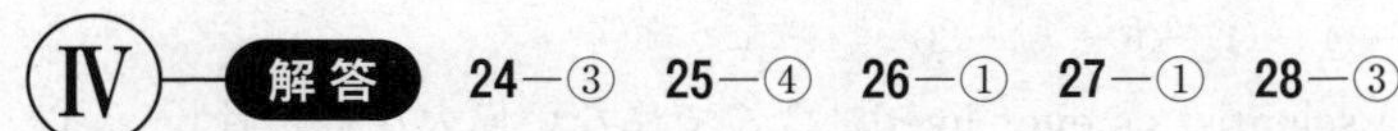

Ⅳ　解答　**24**―③　**25**―④　**26**―①　**27**―①　**28**―③

解説

《アメリカの通勤通学手段》

24. 第1段は日本の公共交通機関の便利さと優秀さについて論じている。空所を含む第2文（No matter where …）で「たとえどこに行きたくても，それが町のどこだろうが国のどこだろうが，日本の電車やバスに乗ればすぐに，安全に，そしていつも（　　）その場所に着けるのです」とあるので，この文脈に合うのは③「時間通りに」である。

25. 第2段はアメリカの公共交通機関を日本と対比的に述べている。空所を含む第4文（Also, although the …）は「運賃は日本より（　　）けれども，乗り心地は（日本ほど）よくない」という内容なので，以上の文脈から④「手頃である」が正解。

26. 空所を含む第3段第1文（Commuting over an …）は「1時間以上かけての通勤通学はほとんどのアメリカ人にとっては（　　）」とあり，直後の同段第2文（That's another reason …）に「それが我々の非常に多くの者が車で通勤通学する理由です，つまりほとんどの人は職場や学校のすぐ近くに住んでいるのです」とある。さらに同段最終文（We can make…）は「我々は同じ移動（バスで乗り換えや待ち時間を含んだ90分の移動）を車なら20分でできる」という内容なので，以上の文脈から①「めずらしい」が正解。

27. 第4段はアメリカでの運転免許のとりやすさの理由について述べている。空所を含む第1文（Strange as it…）に「奇妙に聞こえるかもしれないが，（　　）公共交通機関であることが重要な利点を備えている。つまりそのおかげで我々はずっとたやすく運転免許がとれる」とある。第2～3段落（This is definitely… in twenty minutes!）ではアメリカの公共交通機関の不便さについて述べていたので，①「不十分な」が正解。

28. 最終段第4文（Despite this, most…）に「こういったことにもかかわらずほとんどのアメリカ人は車の方を好むのです」とあり，空所を含む第2文（During rush hours…）では「ラッシュ時間は，交通がかろうじて動いている程度で，高速道路でさえも駐車場に（　　）のです」という内容なので，この文脈に合うのは③「変わる」が正解。

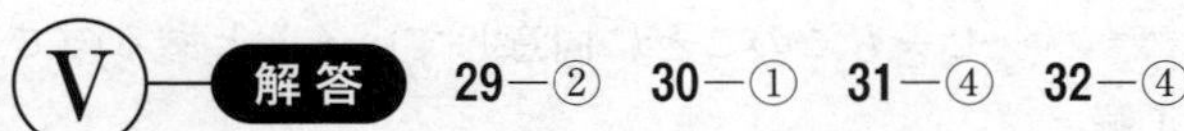
V　解答　**29**―②　**30**―①　**31**―④　**32**―④

解説

《インターンシップを求める学生のメール》

29. 第1段第1文（I am writing…）「私は貴社CbCD製造株式会社の広島支店にインターンシップを求めメールしております」とあるので，②が正解。

30. 第2段第1文（I am so…）「私は，唯一無二なコンピューターパーツを製造する国際的企業としての貴社の評判ゆえに，非常にCbCD製造株式会社に関心を持っております」とあるので，①「国際的存在感」が正解。

31. 第3段第2文（Also, during my…）「また大学2年時にはすぐ近くの大学で講座を受けながら，サンフランシスコのホストファミリーのところで6カ月過ごしました」とある。この部分から④「サンフランシスコ」が正解。

32. 最終段第1文（Please see the…）「私の学歴，言語能力そして関連する経験についてのさらなる詳細につきましては添付の書類をご覧ください」とある。この部分から④「ユウコの学歴について読む」が正解。

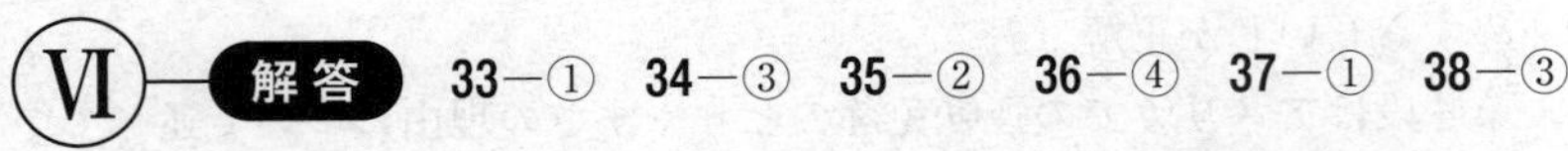
VI 解答 33―① 34―③ 35―② 36―④ 37―① 38―③

解説

《サイクリストヘルメット着用義務への賛否》

33. 第2段第3文（He has seen …）で「彼はヘルメット未着用から生じた損傷を，人生を一変させる頭部の怪我から死に至るものまで直に見てきている」とあるので，①「ヘルメットなしのサイクリングは致命的な怪我を引き起こす」が正解。

34. 第2段の空所を含む第5文（On the other …）は「ところが一方，一部の人は，ヘルメット着用は（　）次第であると信じている」という内容。直後第6文のクリス＝ボードマンの発言（"If you want …）に「もし君がヘルメットを身に着けたければ着けなさい」とあり，さらに続く第7文（Nick Hussey, founder …）に「サイクリング商品ブランドのバルパインの創設者のニック＝ハッセーもこのことに同意している」とあるので，③「個人の選択」が正解。

35. 下線部(C)を含む1文（The same phenomenon …）は「同じ現象がオーストラリアのシドニーで起こった」の意味。同じ現象とは直前の1文（In New Zealand, …）「ニュージーランドでは，1994年にヘルメット着用を強制する法律が取り入れられた直後に，自転車移動の数はほぼ半分ほどに減った」という内容を指しているので，②「ヘルメット着用が強制されると自転車に乗る人は減った」が正解。

36. 空所を含む副詞節部分には「オランダでは自転車ヘルメット着用を義務化する運動はない」ことが書かれている。一方，主節部分には，「サイクリングはサイクリング文化の広がりの結果として時間とともに安全なものとなっている」と，前述と対照的な内容を述べているので，④「～だけれども」が正解。

37. 空所を含む1文（As both those …）は「ヘルメット着用義務に賛成反対の両者に説得力のある主張があるので，おそらく今は（　F　）を選ぼうとするよりもむしろ（　E　）を考えるときであろう」という意味である。その前文（What we should …）「最も恐れるべきは非活動的なライフスタイルが人々の健康に与える負の影響だ」にあるように，「自転車に乗らなくなる」ことが何より問題視されるべきことであるため，それを避けるためには「F: a side（一方：ヘルメット着用義務に賛成もしくは反対）を選ぼうとするよりもむしろ E: a compromise（妥協案）を考えるときであろう」となる①が正解。

38. ①「グラスゴー大学の研究によると，サイクリストはサイクリングをしない人と同様のガンを患う可能性がある」とあるが，第1段第2文（According to a…）の内容と一致しないので不適。②「クリス＝ボードマンやニック＝ハッセーは次のオリンピックでヘルメット着用を義務付けさせることに同意している」は第2段第6文のクリス＝ボードマンの発言（"If you want…）に「もし君がヘルメットを身に着けたければ着けなさい」とあり，義務化に同意はしていないため不適。③「ニック＝ハッセーは，ヘルメットなしのモデルの写真を使っていることに多くの批判を受けると，人々は苦情の言いすぎだと思っている」は第2段最終文（He complains that…）の内容と一致するので正解。④「人々にヘルメットを着けさせるよりむしろ，サイクリストのためにより安全なヘルメットを作ることのほうが重要である」は本文に記述がないため不適。⑤「我々が本当に恐れなくてはいけないのは，人の健康へ与える活動的なライフスタイルのプラスの影響である」とあるが，最終段第2文（What we should…）の内容と一致しないので不適。

数　学

◀文・教育・心理・現代ビジネス・家政・看護学部▶

Ⅰ 解答 《小問5問》

(1) 1－①　2－⓪

(2) 3－③　4－⑥　5－①　6－⑥

(3) 7－⑧　8－①　9－⑦

(4) 10－②　11－①　12－⑦

(5) 13－②　14－②　15－⑤　16－①　17－③　18－④　19－④

Ⅱ 解答 《2次不等式，2次関数の最大・最小》

(1) 20－②　21－⓪

(2) 22－①　23－②

(3) 24－③　25－⑥

Ⅲ 解答 《正四面体を半分に切った図形》

(1) 26－③

(2) 27－⑥　28－③

(3) 29－③　30－⑤

◀薬　学　部▶

Ⅰ　解答　《小問6問》

(1)〜(4)　◀文・教育・心理・現代ビジネス・家政・看護学部▶の〔Ⅰ〕(1)〜(4)に同じ。

(5) 13―⑤　14―②　15―⑤　16―②

(6) 17―①　18―⓪　19―⑧　20―⓪

Ⅱ

◀文・教育・心理・現代ビジネス・家政・看護学部▶の〔Ⅱ〕に同じ。

Ⅲ　解答　《2倍角，三角形の面積の最小値，3次関数の最大値》

(1) 27―⑥　28―③　29―③

(2) 30―②　31―①　32―②　33―①　34―③

(3) 35―⓪　36―①　37―③　38―⓪　39―③　40―③　41―②

化　学

◀化学基礎・化学▶

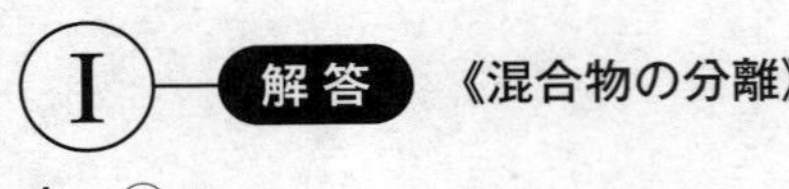

I　解答　《混合物の分離》

1－⑤

II　解答　《CO_2 分子の安定同位体の数》

2－①　**3**－②

III　解答　《Na^+ を含む化合物》

4－④

IV　解答　《Al と HCl の化学反応式と量的関係》

5－②　**6**－⑥　**7**－③　**8**－①　**9**－⑤

V　解答　《酸と塩基》

10－⑤

VI　解答　《中和の逆滴定》

11－⓪　**12**－②　**13**－⑤

Ⅶ 解答 《化合物中の構成原子の酸化数》

14―⑨　15―①　16―④

Ⅷ 解答 《反応熱・結合エネルギーとエネルギー図》

17―⑤　18―①　19―⑧

Ⅸ 解答 《Cu の電解精錬と量的関係》

20―③　21―①　22―②　23―⑦

Ⅹ 解答 《混合気体の化学平衡とルシャトリエの原理》

24―⑤

Ⅺ 解答 《水　素》

25―⑤

Ⅻ 解答 《気体の生成》

26・27―②・⑥

XIII 解答 《Ca の化合物》

28―②　29―③　30―⑥　31―⑤　32―④

XIV 解答 《元素分析と構造異性体の数》

33―②　34―⑥　35―①　36―②

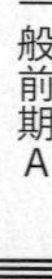

XV ― 解答 《芳香族化合物の分離》

37―③ **38**―② **39**―① **40**―③

◀化 学 基 礎▶

◀化学基礎・化学▶の〔Ⅰ〕～〔Ⅶ〕に同じ。

生　物

◀生物基礎・生物▶

Ⅰ　解答　《同化と異化，ATP の構造》

1 —③　2 —⑦
3 —⑧　4 —①
5 —③　6 —④
7 —⑥
8 —②

Ⅱ　解答　《mRNA・DNA の塩基，転写・翻訳，DNA の塩基組成》

9 —①
10—⑧
11—⑦
12—②　13—⑤
14—③　15—⑧

Ⅲ　解答　《腎臓の構造と機能，原尿量・再吸収量の測定》

16・17・18—①・④・⑥
19—①
20・21—①・④
22—⑨　23—⑤
24—⑤　25—⑦
26—⑨　27—⓪

Ⅳ 解答 《生殖の方法，減数分裂での染色体数，組換え価，染色体地図》

28・29―①・③
30―⑤　31―②　32―②　33―⑥
34―②
35・36―④・⑦
37―③

Ⅴ 解答 《聴覚，眼の構造，瞳孔反射，視物質》

38―②
39―①
40―①
41―③
42―①
43―②

Ⅵ 解答 《種子形成，種子発芽，頂芽優勢，気孔開閉，光周性》

44―④
45・46―②・③
47―④
48―①
49―①
50―⑤
51―②　52―②　53―①　54―①　55―①　56―②

◀生物基礎▶

◀生物基礎・生物▶の〔Ⅰ〕～〔Ⅲ〕に同じ。

大将が、帝に対して、自分が知らなかったことをへりくだって伝えている。

問三 傍線部ウの後の帝の発言の大意は、〈帝は、琴の名手であった俊蔭に、演奏で父に勝る娘がいたことまでは知っていて、俊蔭の生前は手紙を送り、俊蔭の亡きあとは娘の行方を尋ねたりしたが、娘は死んでしまったと聞いていた。しかし実は娘は生きていて子までおり、兼雅のところにいたとは驚きだ。琴の演奏法は三代目ともなればさぞすばらしいだろう〉というもの。③と迷うが、「そこに隠されたるにこそありけれ」の係り結びに注目すると、帝の驚きの中心は、亡くなったと思っていた俊蔭の娘が生きて兼雅のところにおり、子までいたことにあると判断できる。

問四 傍線部エの内容は〈娘の行方に関すること〉と考えるのが適当。つまり傍線部「なくなりにたりし」の主語は俊蔭の娘。

問五 帝は、かつて、俊蔭の娘の行方を尋ねたが、亡くなってしまったと聞いていた。しかし、仲忠の母は誰かと兼雅に問うたところ、俊蔭の娘だと兼雅が答えたので、彼女は亡くなったのではなく、兼雅の妻として、兼雅に隠されていたと知ったのである。

問六 傍線部カまでの文脈から、「いと興ありや」は感嘆。「かの手」は、俊蔭の琴の腕前。三代にわたって伝承されてさらに優れたものになっただろうということ。「む」は帝の期待をこめた推量。

問七 「合致しないもの」であることに注意。③俊蔭は娘の腕前については語っているが、孫の仲忠については何も語ってはいない。

④仲忠に三代目としての見事な腕前を期待する帝に対して、兼雅は「殊なることも侍らざるべし（＝格別なこともないようです）」と、やや謙遜気味に語っている。

⑦「大臣の位を賜ふとも、え伝え奉らじ」の「大臣の位を賜ふとも」は仮定である。「大臣の位のような大きな褒美をくださるとしても」できない、という強い拒絶の発言であり、嵯峨院が実際に大臣の位を授けると言ったわけではない。

⑥最後の三段落の内容に合致する。

⑦最後の五段落に「友情という名の愛」「友達として愛しているのなら」「友達のことを愛しているのなら」「友達を愛しながら、愛しているがゆえに」などと繰り返されているので、「お互いを愛することではなく」は合致しない。空欄オの段落に「単に互いを愛するのではなく」とあるが、これは「単に」が付いているので、〝互いを愛するというのは当然だが、それだけではなく〟という意味であり、互いを愛することを否定しているわけではない。

⑧「敵対する勇気を共有すれば成立させ得る」という内容は本文にない。

出典　『宇津保物語』〈俊蔭〉

解答

問一　②

問二　**(1)**―②　**(2)**―⑤

問三　②

問四　④

問五　②

問六　①

問七　③・④・⑦

解説

問一　「らる」は受身・自発・尊敬・可能の意の助動詞である。文脈から、〝取り出すことができたのか〟もしくは〝取り出しなさったのか〟のどちらかであるが、通常は、帝から大将に敬語を使うことは考えられないので、②が正解。

問二　「給ふ」が下二段活用で動詞「知り」に接続していることから、謙譲の補助動詞であることがわかる。話者である

る方向に働くものとして「同情」を捉えているので、①を選ぶ。

問七　傍線部ア直前の「同情は常に誤解である」を受けて、傍線部の後の第五〜第七段落で「単なる誤解よりもさらに性質が悪い」理由が述べられている。同情は、苦悩を取り去ろうとするものなので、その人が成長するための大切な機会をも失わせてしまう。このことが〈性質の悪さ〉を示していると読み取れる。

問八　空欄オの後に「ニーチェによれば、友達同士が、単に互いを愛するのではなく、互いにより高い『理想』を目指す関係こそが、『友情』と呼ばれるに値するのだ」とある。この内容を押さえているのは①。③・④と迷うかも知れないが、③は「互いに異なる個性を尊重すべき」、④は苦悩を「認め合い」「許し合う」が誤り。

問九　Ⅳから検討すると判断しやすい。空欄に続いて、「敵と戦う……成長することができる」「『友のなかにおのれの最高の敵がいなくてはならない』」「敵対することは、友情を否定することを意味しない」などと、友達と「敵対」する意義が繰り返されている。Ⅲは本文を通して、ニーチェが個々人の苦悩に価値を見いだしていることが述べられているので、「肯定」が入る。

問十　①アリストテレスとカントについては第二段落でのみ言及されているが、後半の内容は第二段落になく、本文と合致しない。

②第三〜五段落に合致しない。

③第三段落に「同情もまた誤解に基づく」「同情するということは、……わかった気になることを意味する」、第五段落に「同情は常に誤解である」とあるのに合致しない。

④最後から四つ目の段落の「同質性に基づく伝統的な友情観とは異なる、別の友情の形を提示する」に合致する。「むしろ逆の」については、最終段落に「敵対こそが、互いを成長させ、理想へと近づけさせる」とあり、「敵対」は「同質性」の逆と言えるので合致する。

⑤「友達の存在自体にも価値はない」という内容は本文にない。

解説

問一　ア、空欄前後で話題が転換している。イ、空欄前の具体例を空欄後で示している。ウ、空欄直前の「苦悩している
あなたは……支障をきたしてしまうかも知れない」と空欄直後の「苦悩を苦しみ抜くことは……よりも深くするだろ
う」が逆接の関係にある。エ、空欄直前の〈同情の前提となる同質性は存在しない〉という内容と空欄直後の記述が
順接の関係にある。オ、空欄前の第八・九段落の内容を空欄直後で要約している。

問二　第五～七段落にあるように、ニーチェによれば、苦悩とはその個人の精神的成長にとってかけがえのない価値のあ
るもので、他者の同情によって解消してよいものではない。Ⅱから検討して④・⑤に絞り、④のⅠ「偽善的」が空欄
前後で言及されていないことから⑤と判断する。

問三　第三・四段落に述べられていることから、空欄には一般論的にわかった気になって上辺だけの解釈で言われる同情
に対して強く反発する内容が当てはまるので②が正解。

問四　欠文の「君が彼に逆らうとき」から、「敵対」の話題が出てきた段落以降に入ると判断する。欠文は④の直前の内
容を受けた記述であり、最終段落の「私たちは友達を愛しながら、愛しているがゆえに、友達と戦うことができる」
は欠文を言い換えているので、④に入るのが適当だと判断できる。

問五　最後から三つ目の段落に「ニーチェの友情論は……成長を阻害するような関係を、友情として認めない」とあるこ
とに注目する。第七段落冒頭に「同情はそうした成長の機会をあなたから奪う」とあるので、③が正解。また第三段
落に述べられているように、ニーチェによれば、友達の苦悩を自分の苦悩のように感じる「同情」など、本来個別に
異なるはずの自分と友達を同一視することであり、わかった気になる「誤解」でしかない。よって⑦もニーチェの友
情観から外れる。

問六　本文の中心をなす友情観はニーチェによるものであり、設問の指示が「ふさわしくないもの」の選択であることに
注意。第五段落に「同情は……苦悩を解消しようとする」とあり、友達自身が乗り越えるべき苦悩を取り去ろうとす

国語

一

解答

問一　**ア**—⑤　**イ**—③　**ウ**—④　**エ**—③

問二　**ア**—③　**イ**—②　**ウ**—③　**エ**—③

問三　**ア**—⑤　**イ**—②　**ウ**—③　**エ**—④

二

出典　戸谷洋志『友情を哲学する　七人の哲学者たちの友情観』〈第三章　友達とわかり合うことができるか―ニーチェ〉（光文社）

解答

問一　**ア**—⑤　**イ**—④　**ウ**—②　**エ**—⑦　**オ**—①

問二　⑤

問三　②

問四　④

問五　③・⑦

問六　①

問七　③

問八　①

問九　③

問十　④・⑥

一般選抜前期Ｂ日程

問題編

▶試験科目・配点

<table>
<tr><th colspan="2">学部・学科</th><th>教　科</th><th colspan="2">科　　目</th><th>配　点</th></tr>
<tr><td rowspan="7">文</td><td rowspan="3">日本文・書道</td><td>外国語</td><td>コミュニケーション英語Ⅰ・Ⅱ，英語表現Ⅰ</td><td rowspan="2">1教科選択</td><td rowspan="2">100点</td></tr>
<tr><td>数　学</td><td>数学Ⅰ・A</td></tr>
<tr><td>国　語</td><td colspan="2">国語総合（現代文・古文）・現代文Ｂ・古典Ｂ（漢文は含まない）</td><td>100点</td></tr>
<tr><td rowspan="3">英語英米文</td><td>外国語</td><td colspan="2">コミュニケーション英語Ⅰ・Ⅱ，英語表現Ⅰ</td><td>100点</td></tr>
<tr><td>数　学</td><td>数学Ⅰ・A</td><td rowspan="2">1教科選択</td><td rowspan="2">100点</td></tr>
<tr><td>国　語</td><td>国語総合（現代文・古文）・現代文Ｂ・古典Ｂ（漢文は含まない）</td></tr>
<tr><td colspan="2" rowspan="4">教　育</td><td>外国語</td><td>コミュニケーション英語Ⅰ・Ⅱ，英語表現Ⅰ</td><td rowspan="4">2教科選択</td><td rowspan="4">各100点</td></tr>
<tr><td>数　学</td><td>数学Ⅰ・A</td></tr>
<tr><td>理　科</td><td>「化学基礎・化学」，「生物基礎・生物」，「化学基礎・生物基礎」より1科目選択</td></tr>
<tr><td>国　語</td><td>国語総合（現代文・古文）・現代文Ｂ・古典Ｂ（漢文は含まない）</td></tr>
<tr><td colspan="2" rowspan="3">心　理</td><td>外国語</td><td>コミュニケーション英語Ⅰ・Ⅱ，英語表現Ⅰ</td><td rowspan="3">2教科選択</td><td rowspan="3">各100点</td></tr>
<tr><td>数　学</td><td>数学Ⅰ・A</td></tr>
<tr><td>国　語</td><td>国語総合（現代文・古文）・現代文Ｂ・古典Ｂ（漢文は含まない）</td></tr>
</table>

<table>
<tr><td rowspan="6">現代ビジネス</td><td rowspan="3">現代ビジネス・公共経営</td><td>外国語</td><td>コミュニケーション英語Ⅰ・Ⅱ，英語表現Ⅰ</td><td rowspan="3">2教科選択</td><td rowspan="3">各100点</td></tr>
<tr><td>数　学</td><td>数学Ⅰ・A</td></tr>
<tr><td>国　語</td><td>国語総合（現代文・古文）・現代文B・古典B（漢文は含まない）</td></tr>
<tr><td rowspan="3">国際観光ビジネス</td><td>外国語</td><td colspan="2">コミュニケーション英語Ⅰ・Ⅱ，英語表現Ⅰ</td><td>100点</td></tr>
<tr><td>数　学</td><td>数学Ⅰ・A</td><td rowspan="2">1教科選択</td><td rowspan="2">100点</td></tr>
<tr><td>国　語</td><td>国語総合（現代文・古文）・現代文B・古典B（漢文は含まない）</td></tr>
<tr><td rowspan="8">家政</td><td rowspan="4">生活デザイン・造形デザイン</td><td>外国語</td><td>コミュニケーション英語Ⅰ・Ⅱ，英語表現Ⅰ</td><td rowspan="4">2教科選択</td><td rowspan="4">各100点</td></tr>
<tr><td>数　学</td><td>数学Ⅰ・A</td></tr>
<tr><td>理　科</td><td>化学基礎・生物基礎</td></tr>
<tr><td>国　語</td><td>国語総合（現代文・古文）・現代文B・古典B（漢文は含まない）</td></tr>
<tr><td rowspan="4">管理栄養</td><td>外国語</td><td>コミュニケーション英語Ⅰ・Ⅱ，英語表現Ⅰ</td><td rowspan="3">2教科選択</td><td rowspan="3">各100点</td></tr>
<tr><td>数　学</td><td>数学Ⅰ・A</td></tr>
<tr><td>国　語</td><td>国語総合（現代文・古文）・現代文B・古典B（漢文は含まない）</td></tr>
<tr><td>理　科</td><td colspan="2">「化学基礎・化学」，「生物基礎・生物」，「化学基礎・生物基礎」より1科目選択</td><td>100点</td></tr>
<tr><td colspan="2" rowspan="3">薬</td><td>外国語</td><td colspan="2">コミュニケーション英語Ⅰ・Ⅱ，英語表現Ⅰ</td><td>100点</td></tr>
<tr><td>数　学</td><td colspan="2">数学Ⅰ・Ⅱ・A</td><td>100点</td></tr>
<tr><td>理　科</td><td colspan="2">化学基礎・化学</td><td>100点</td></tr>
<tr><td colspan="2" rowspan="4">看　護</td><td>外国語</td><td>コミュニケーション英語Ⅰ・Ⅱ，英語表現Ⅰ</td><td rowspan="4">3教科選択</td><td rowspan="4">各100点</td></tr>
<tr><td>数　学</td><td>数学Ⅰ・A</td></tr>
<tr><td>理　科</td><td>「化学基礎・化学」，「生物基礎・生物」，「化学基礎・生物基礎」より1科目選択</td></tr>
<tr><td>国　語</td><td>国語総合（現代文・古文）・現代文B・古典B（漢文は含まない）</td></tr>
</table>

▶備　考

- 上記試験の他，調査書を資料として総合的に判定する。
- 「基礎を付していない」化学の出題範囲は，「物質の変化と平衡，無機物質の性質と利用，有機化合物の性質と利用」とする。
- 「基礎を付していない」生物の出題範囲は，「生殖と発生，生物の環境応答」とする。

英 語

(60 分)

I 次の 1〜10 の **1** 〜 **10** に入れるのに最も適切なものを，それぞれ ①〜④ のうちから一つずつ選び，その番号をマークせよ。

1 Last weekend, I **1** the movie that my friend had strongly recommended.
① had seen ② have seen ③ saw ④ would see

2 I gave Rose **2** packing her clothes and stuff before she left for Europe.
① an eye ② a hand ③ a mouth ④ a finger

3 It will take you a little while to become familiar **3** the new AI-based software.
① with ② to ③ about ④ for

4 Two years after **4** an ambitious environmental cleanup plan, the city is still one of the most polluted in the country.
① charging ② touching ③ bursting ④ launching

5 The Green Field Hotel **5** its guests a choice of two restaurants, Papa's Italian Place and Yuna's Kitchen.
① prepares ② costs ③ offers ④ points

6 The ferry was delayed due to the storm, so the passengers were made **6** in the port for four hours.
① wait ② to wait ③ waited ④ waiting

7　Do you mind [7] you something? You have some food stuck between your teeth.

① my talking to　② my telling　③ I talked to　④ I have told

8　A: I'd like to reserve a double room facing the ocean.

B: Certainly, madam. We'll [8] you with a room on the ocean side.

① provide　② connect　③ fill　④ concern

9　Why don't you explain to your parents [9] in mind?

① how you think　② when you think　③ that you have　④ what you have

10　The teacher asked the students to [10] their homework by tomorrow.

① submit　② postpone　③ neglect　④ avoid

II　次の 1～4 の日本文と同じ意味になるように，それぞれ ①～⑥ の語句を並べかえて空所を補い，最も適切な文を完成させよ。解答は [11] ～ [18] に当てはまる番号をマークせよ。

1　車を運転したり機械類を扱ったりする際は，この薬を摂取しない方がよい。

It is ____ [11] ____ ____ [12] ____ driving a car or using machinery.

① this medicine　② not　③ take

④ when　⑤ better　⑥ to

2　広島空港のラウンジで，私はファッションモデルと思われる若い男に出会った。

In the lounge at Hiroshima Airport, I met ____ [13] ____ ____ [14] ____ .

① a fashion model　② I　③ a young man

④ was　⑤ thought　⑥ who

3 彼は仕事のために英語が流ちょうである必要があります。

He ____ **15** ____ ____ **16** ____ for his job.

① fluent ② English ③ to
④ in ⑤ be ⑥ needs

4 駅で見つかった持ち主のわからない荷物はすべて，駅員に報告しなければならない。

Any unattended ____ **17** ____ ____ **18** ____ brought to the attention of railway staff.

① baggage ② be ③ the station
④ in ⑤ should ⑥ found

III 次の対話文の **19** ～ **23** に入れるのに最も適切なものを，あとの ①～⑥ のうちから一つずつ選び，その番号をマークせよ。

Father: We've had so many problems caused by social media these days. I think it's been bad for society. How about you?

Daughter: Well, I'm not sure. **19** On the other, it's spread misinformation at times. What do you think?

Father: Actually, I think it's like smoking or alcohol. Social media is something that should not be used by children, or even teenagers. I don't think they can handle social media very well. Especially now, since it's become available on their phones, bringing phones to school should not be allowed.

Daughter: Can you explain that a bit more? **20**

Father: Sure. Let me explain. Rude social media posts can hurt people's feelings or make them very concerned about their appearance. **21** They are under a lot of stress already.

Daughter: Good point. I completely agree. Maybe banning social media in schools is the best policy.

Father: But how is that possible? If students have phones, they will access social media. Who is going to ban social media?

Daughter: **22** They can ask students to stay off social media or be punished.

Father: I don't think that would work. Most schools already have a social media policy or some sort of guidelines. As long as the school enforces a code of conduct, I think that's enough. But the phones themselves are too hard to put down. **23**

Daughter: I'm not sure that's possible, but I see your point.

① I think the schools can.
② I'm not sure that I follow you.
③ Very few people can make money on social media.
④ For this reason, I really think that they should be left at home.
⑤ On the one hand, it's helped people connect with one another.
⑥ Teenagers, in particular, are often very sensitive about how they look.

IV 次の英文の [24] ～ [28] に入れるのに最も適切なものを，あとの ①～④ のうちから一つずつ選び，その番号をマークせよ。ただし [25] には同じものが入る。

In 1903, the Women's Social and Political Union (WSPU) was founded in Manchester, the UK. They had been fighting to win the right to vote. In 1928, women aged 21 and over achieved the same voting rights as men. Now, women have become players in various fields. They are lawyers, doctors, scientists, journalists, artists, economists, astronauts, politicians, and business owners. Two hundred eight women Members of Parliament were elected at the 2017 General Election in the UK. Based on these facts, it looked like the mission of the women's rights movement had been [24], at least in the Western world. However, Jeanette Winterson, a British writer, expressed her concern in her book, *Courage Calls to Courage Everywhere*, that there would be a [25] to women posed by the future dominance of AI.

Ms. Winterson mentioned that AI could be the [26] thing to happen to humans. For example, AI robot "Sophia," created by Hanson Robotics, can promote products, provide customer services, and so on. According to the writer, robots are tools and could dramatically alter the world of work. They do repetitive jobs instead of humans. On the other hand, the writer also stated that AI could be the worst thing to happen to women. It looks like computer science remains a male-dominated field. The writer indicated that women accounted for only about 18% of computer science graduates. She warned that the future dominance of AI could be a [25] to women and that we should not allow the future to exclude women.

Women in the 21st century are still active in the women's rights movement. On January 21, 2017, the day after the former US president Donald Trump took office, hundreds of thousands of women gathered in Washington, D.C. to [27] women's rights. The protests also took place throughout the US and other countries for gender equality, civil rights, and so on. Ms. Winterson claimed that women were not [28] and that they belonged in the world. The writer called for women to "Speak it. Write it. Read it. Make it visible. Let it be heard," and "Let courage call to courage everywhere."

(竹内理・薮越知子・新原由希恵・Brent Cotsworth *Integrity Intermediate* 金星堂 一部改変)

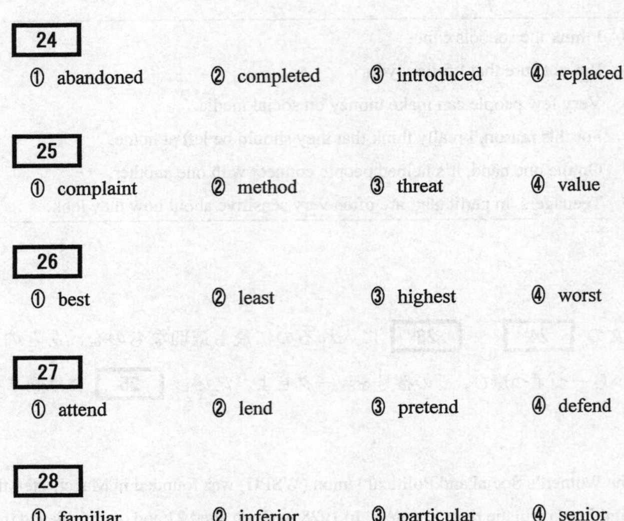

24

① abandoned ② completed ③ introduced ④ replaced

25

① complaint ② method ③ threat ④ value

26

① best ② least ③ highest ④ worst

27

① attend ② lend ③ pretend ④ defend

28

① familiar ② inferior ③ particular ④ senior

V 次のメールを読んで，1～4 の問いに対する最も適切な答えを，それぞれ ①～④ のうちから一つずつ選び，その番号を解答番号 **29** ～ **32** にマークせよ。

Dear Ms. Hanako Yasuda,

I hope that this email finds you well. We've received your application materials and are currently reviewing them. After we contact the teachers who recommended you, we will inform you of the results. Then, we will interview you online. If possible, we would like to conduct the interview at 10 o'clock in the morning (a.m.) on Thursday (April 12th), Friday (April 13th) or Saturday (April 14th). All dates and times are Japan local-time. The interview will not take more than one hour. Please let us know which day(s) you are available.

As you know, if you are selected for the scholarship, we will have to know your final decision, whether you will accept or decline, within one week (by Saturday, April 21st, Japan local-time, at the latest). You will then have to register for graduate classes at the University of Northern Alaska (UNA) and send your deposit of $400 (USD) in order to hold your place for the Fall semester. After that, we will assist you with finding a place to stay and making other arrangements.

Finally, one of the conditions of the scholarship is being a T.A. (teaching assistant) for our Japanese language courses. For this reason, you will need to arrive on campus a week before classes begin on September 16th to participate in T.A. orientation. It will be a busy week, but after completing it you should be well prepared for the classroom and for life as a UNA graduate student.

If you have any questions, please feel free to contact me. I am looking forward to hearing from you about your availability for the online interviews.

Sincerely yours,

Bob Loblaw
Dean, Graduate School
University of Northern Alaska (UNA)

1 When will the interview be held? [29]

① Any day is possible.
② On a Wednesday
③ After Saturday, April 21st
④ On one of three possible days

2 How long will the interview last? [30]

① A minimum of one hour
② A couple of hours
③ A maximum of one hour
④ One hour later than Japan local-time

3 What should Ms. Yasuda do if she wins and accepts a scholarship? [31]

① Register in order to get her money back
② Send her registration by mail and wait
③ Ask Mr. Loblaw for help finding a place
④ Register and send some money to UNA

4 What is the purpose of this email? **32**

① To explain the next steps of the application process
② To reject Ms. Yasuda's application for the scholarship
③ To give Ms. Yasuda a free place to stay
④ To hire a teaching assistant for Ms. Yasuda

VI 次の英文を読んで，あとの 1〜6 の問いに答えよ。

(A) A key episode in the development of what is now known as the Internet of Things (IoT) took place in the early 1980s in Pittsburgh's Carnegie Mellon University. It was the installing of a drink vending machine equipped with sensors that could be accessed remotely. Creative programmers could check the temperature inside the machine and whether it was stocked, before deciding whether to make the trip to the machine.

Primitive though such an example is by the standards of today, it illustrates (B) the principles of IoT: a "thing" (which could also be a human or animal) is equipped with sensors and wireless technology to transmit information from those sensors over a network to another computer. A thing on IoT could be a person with a heart monitor, concrete in a building, a refrigerator, or a coffee maker. Typically, the thing would send a signal when key conditions were met, such as if the owner of the heart monitor appeared to be having a heart attack, or there was no milk left. In the case of the coffee maker, it might receive a signal, for example from an alarm clock, that someone had woken up and would be wanting coffee soon.

(C) IoT is made possible thanks to the spread of fast wireless networks and the development of less expensive and smaller sensors. As with many advances in technology, it appears that many developments are occurring because they are technically possible, without enough attention being given to possible dangers. (**D**), smart home technology allows a car to contact its owner's home to inform it that the owner will be home soon. The home may turn on the heating in advance and then unlock the door when the owner's cellphone is detected to be nearby. If illegal access allowed someone else to pretend to be the owner, the security risks are clear. People are not only in danger of being targeted by criminals. Once IoT is everywhere, it will also be possible for governments to engage in constant monitoring of, for example, citizens with opposing political views. One report has estimated that, worldwide, there are about 7.3 billion IoT devices that need to be secured urgently.

Another problem for IoT is competing standards. Different companies use different technologies, with the result that it is often impossible for devices to talk to one another.

If these problems can be overcome, IoT could help (E) solve many problems through timely sharing of key data. For example, sensors installed in the steel of a bridge or a ship, or in the concrete of a building, could warn of the weakening of metal or structural problems, allowing engineers or builders to step in and prevent potential disaster. Sensors in forests could warn of very low humidity or high temperatures, allowing measures to be taken to prevent forest fires in danger zones. The possibilities, many yet to be seen, promise to change our lives in many ways.

（Seisuke Yasunami・Richard S. Lavin *Science Quest* 成美堂 一部改変）

1 下線部 **(A)** の指す内容として最も適切なものを，次の ①〜④ のうちから一つ選び，その番号を解答番号 **33** にマークせよ。

① The concept of IoT first occurred to a person frequently using a vending machine.
② University students making travel plans set up the first vending machine on their campus.
③ Computer programmers came up with the idea of IoT while taking their temperature inside a vending machine.
④ A special vending machine was installed at Carnegie Mellon University.

2 下線部 **(B)** で想定されているものを，次の ①〜④ のうちから一つ選び，その番号を解答番号 **34** にマークせよ。

① The concrete in a building could send a signal to a heart monitor.
② Humans and animals could also be part of the network of IoT.
③ A heart attack could be detected by a coffee maker equipped with an alarm clock.
④ If you wanted to drink coffee, the refrigerator could understand your intention.

3 下線部 **(C)** に貢献した要因として，あてはまらないものを，次の ①〜④ のうちから一つ選び，その番号を解答番号 **35** にマークせよ。

① the falling costs of making sensors
② the advancement in the speed of wireless networks
③ the recognition of possible dangers of using IoT
④ the reduction in size of sensors

4 (　D　) に入れるのに最も適切なものを，次の ①～④ のうちから一つ選び，その番号を解答番号 **36** にマークせよ。

① In short
② Despite that
③ For example
④ In contrast

5 下線部 (E) の例として最も適切なものを，次の ①～④ のうちから一つ選び，その番号を解答番号 **37** にマークせよ。

① cure various kinds of diseases
② detect the decay of human constructions
③ put out forest fires within a few hours
④ conduct medical checkups of engineers by examining the degree of humidity

6 本文のタイトルとして最も適切なものを，次の ①～④ のうちから一つ選び，その番号を解答番号 **38** にマークせよ。

① Controlling Everything
② Purchasing Excellent Sensors
③ Preventing Serious Crimes
④ Monitoring Citizens

数　学

◀文・教育・心理・現代ビジネス・家政・看護学部▶

（60 分）

I 次の（1）～（5）の空欄 [1] ～ [13] にあてはまる数字（と同じ番号）をそれぞれの解答番号にマークせよ。なお，分数はそれ以上約分できない形にせよ。

(1) 1 個 160 円の商品を 100 個仕入れて 1 個 398 円で販売していたが，途中からは半額の 199 円で販売した。最後に売れ残った 3 個は処分した。この販売での利益が 18427 円であったとすると，半額で売れた個数は [1] [2] 個である。ただし消費税は無く，処分に費用はかからないものとする。

(2) 9 個の製品の中に 4 個の不良品が入っている。この中から 3 個の製品を取り出すとき，少なくとも 1 個の不良品が入っている確率は $\dfrac{\boxed{3}\,\boxed{4}}{\boxed{5}\,\boxed{6}}$ である。ただし，取り出した製品はもとに戻さないものとする。

(3) あるスポーツクラブのメンバーの練習時間と試合での得点のデータがある。

メンバーA：練習時間 3，得点 2

メンバーB：練習時間 4，得点 6

メンバーC：練習時間 5，得点 7

このとき，練習時間と得点の相関係数を求めると，[7] . [8] [9] である。ただし $\sqrt{7} = 2.64$ とし，相関係数は小数第 3 位を四捨五入して，小数第 2 位まで求めるものとする。

(4) $\dfrac{2-a}{a} = a$ のとき，$\dfrac{2(a+1)^2}{a}$ の値は，$-$ [10] ，または [11] である。

(5) $-90° \leqq \alpha \leqq 90°$, $0 \leqq \beta \leqq 180°$ の範囲の角度 α, β が $\sin\alpha = \cos\beta$ を満たすとき，$\alpha + \beta$ の値は [12] [13] ° である。

II 次の（1）～（3）の空欄 **14** ～ **18** にあてはまる数字（と同じ番号）をそれぞれの解答番号にマークせよ。

（1）図のような直円錐がある。この直円錐を倒して平面上に置き，頂点 A を中心にすべらないように転がしたところ，ちょうど 2 回転でもとの位置に戻った。この直円錐の底面の半径は **14** **15** cm である。

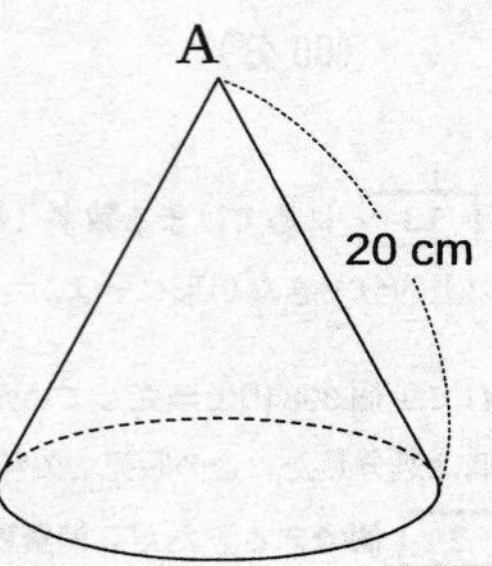

（2）図のような直円錐台がある。この直円錐台を平面上に倒して転がすとき，もとの位置に戻るまでに **16** **17** 回転する。

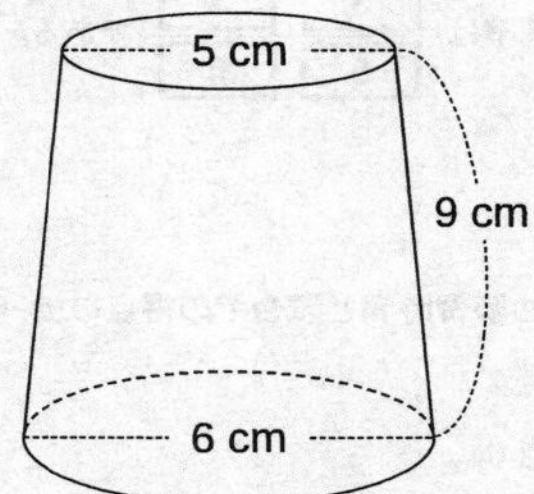

(3) 図のような直円錐台がある。この直円錐台を平面上に倒して転がすとき，もとの位置に戻るまでの回転数として正しいのは，次の選択肢のうち [18] である。

① $\dfrac{2(a-b)}{c}$　② $\dfrac{c}{2(a-b)}$　③ $\dfrac{a-b}{2c}$　④ $\dfrac{2c}{a-b}$　⑤ $\dfrac{a-b}{c}$

⑥ $\dfrac{c}{a-b}$　⑦ $\dfrac{ab}{c}$　⑧ $\dfrac{ab}{2c}$　⑨ $\dfrac{2ab}{c}$

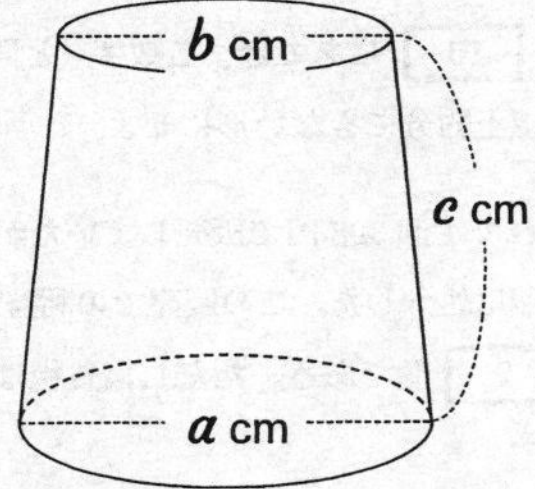

III $f(x)=ax^2+bx+16$ かつ $a+b=10$ のとき，次の（1）～（3）の空欄 [19] ～ [26] にあてはまる数字（と同じ番号）をそれぞれの解答番号にマークせよ。

(1) $a=0$ のとき，$x \geqq 0$ における $f(x)$ の最小値は [19] [20] である。

(2) $a<0$ のとき，$x \leqq 0$ における $f(x)$ の最大値は [21] [22] である。

(3) $a>0$ のとき，$f(x)$ の最小値を $g(a)$ とする。a が $a>0$ の範囲でいろいろな値をとるとき，$g(a)$ の最大値は [23] [24] で，そのとき $a=$ [25] [26] である。

◀薬　学　部▶

（60 分）

I　次の（1）〜（6）の空欄 1 〜 16 にあてはまる数字（と同じ番号）をそれぞれの解答番号にマークせよ。なお，分数はそれ以上約分できない形にせよ。

（1）1 個 160 円の商品を 100 個仕入れて 1 個 398 円で販売していたが，途中からは半額の 199 円で販売した。最後に売れ残った 3 個は処分した。この販売での利益が 18427 円であったとすると，半額で売れた個数は 1 2 個である。ただし消費税は無く，処分に費用はかからないものとする。

（2）9 個の製品の中に 4 個の不良品が入っている。この中から 3 個の製品を取り出すとき，少なくとも 1 個の不良品が入っている確率は $\dfrac{\boxed{3}\,\boxed{4}}{\boxed{5}\,\boxed{6}}$ である。ただし，取り出した製品はもとに戻さないものとする。

（3）あるスポーツクラブのメンバーの練習時間と試合での得点のデータがある。

メンバーA：練習時間 3，得点 2

メンバーB：練習時間 4，得点 6

メンバーC：練習時間 5，得点 7

このとき，練習時間と得点の相関係数を求めると，7 . 8 9 である。ただし $\sqrt{7}=2.64$ とし，相関係数は小数第 3 位を四捨五入して，小数第 2 位まで求めるものとする。

（4）$\dfrac{2-a}{a}=a$ のとき，$\dfrac{2(a+1)^2}{a}$ の値は，$-$ 10 ，または 11 である。

（5）x の 3 次方程式 $(x-a)(x-b)(x-c)=0$ が次の条件を満たすとき，解は大きい順に 12 ，13 ，14 である。

$$\begin{cases} a+b+c=12 \\ ab+bc+ca=47 \\ abc=60 \end{cases}$$

(6) a を実数の定数とするとき，$(4+i)x^2+(4+ai+i)x-8+ai=0$（$i$ は虚数単位）を満たす実数 x が存在するように a の値を定めると，$a=-$ [15]，[16] となる。

[II] 次の（1）～（3）の空欄 [17] ～ [21] にあてはまる数字（と同じ番号）をそれぞれの解答番号にマークせよ。

(1) 図のような直円錐がある。この直円錐を倒して平面上に置き，頂点 A を中心にすべらないように転がしたところ，ちょうど 2 回転でもとの位置に戻った。この直円錐の底面の半径は [17] [18] cm である。

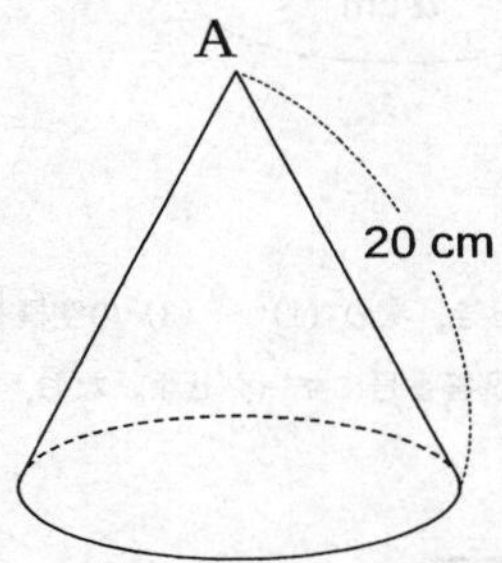

(2) 図のような直円錐台がある。この直円錐台を平面上に倒して転がすとき，もとの位置に戻るまでに [19] [20] 回転する。

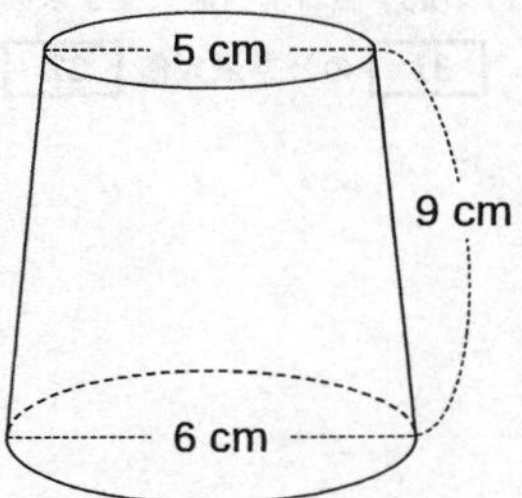

(3) 図のような直円錐台がある。この直円錐台を平面上に倒して転がすとき，もとの位置に戻るまでの回転数として正しいのは，次の選択肢のうち **21** である。

① $\dfrac{2(a-b)}{c}$　② $\dfrac{c}{2(a-b)}$　③ $\dfrac{a-b}{2c}$　④ $\dfrac{2c}{a-b}$　⑤ $\dfrac{a-b}{c}$

⑥ $\dfrac{c}{a-b}$　⑦ $\dfrac{ab}{c}$　⑧ $\dfrac{ab}{2c}$　⑨ $\dfrac{2ab}{c}$

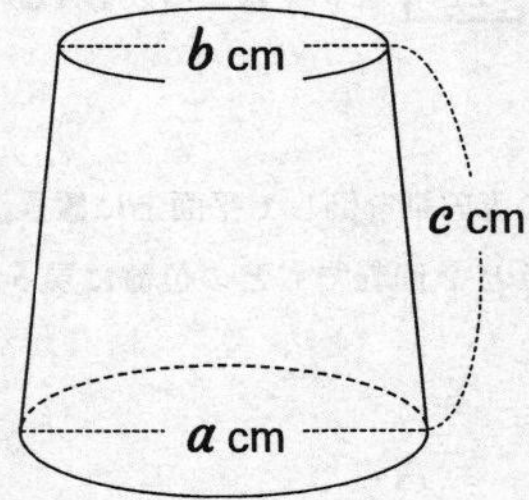

III 関数 $f(x)=2^{2x}-2^{x+3}+64$ とするとき，次の (1) ～ (3) の空欄 **22** ～ **33** にあてはまる数字（と同じ番号）をそれぞれの解答番号にマークせよ。なお，分数はそれ以上約分できない形にせよ。

(1) $f(-1)=\dfrac{\boxed{22}\,\boxed{23}\,\boxed{24}}{\boxed{25}}$ である。

(2) $f(x)<2^{x+4}+5\cdot 2^{x+1}$ を満たす x の範囲は **26** $<x<$ **27** である。

(3) $-5\leqq x\leqq 3$ の範囲における $f(x)$ の最小値および最大値を求めると，$x=$ **28** のとき最小値 **29** **30** をとり，$x=$ **31** のとき最大値 **32** **33** をとる。

化　学

◀化学基礎・化学▶

（60 分）

計算に必要な場合は、次の原子量を用いよ。

H 1.0　**C** 12　**N** 14　**O** 16

Na 23　**S** 32

計算問題では、必要ならば四捨五入して答えよ。

Ⅰ 次の物質 ① ～ ⑤ のうち、同素体を**もたないもの**を一つ選び、その番号を解答番号 [1] にマークせよ。

① 酸素　② 黄リン　③ 黒鉛　④ 青銅　⑤ 単斜硫黄

Ⅱ 次の元素 ① ～ ⑥ のうち、炎色反応で緑色を呈するものを二つ選び、それらの番号を解答番号 [2] と [3] にマークせよ。ただし、解答の順序は問わない。

① 銅　② カルシウム　③ バリウム
④ リチウム　⑤ ナトリウム　⑥ カリウム

III 原子とその構造に関する記述として**誤りを含むもの**を、次の ① ～ ⑤ のうちから一つ選び、その番号を解答番号 [4] にマークせよ。

① 原子は、中心にある原子核とそのまわりを取り巻く電子からできている。

② 質量数は、原子に含まれる陽子の数と中性子の数の和である。

③ すべての原子に含まれる陽子の数は、中性子の数に等しい。

④ 陽子 1 個の質量は、中性子 1 個の質量にほぼ等しい。

⑤ 原子の質量は、原子核の質量にほぼ等しい。

IV 次の分子 ① ～ ⑦ について、（1）～（4）の問いに答えよ。

① 水 H_2O　② メタン CH_4　③ エタン C_2H_6
④ 二酸化炭素 CO_2　⑤ エチレン C_2H_4　⑥ アンモニア NH_3
⑦ 硫化水素 H_2S

（1） 総電子数が最大の分子を、① ～ ⑦ のうちから一つ選び、その番号を解答番号 [5] にマークせよ。

（2） 非共有電子対を 1 組のみもつ分子を、① ～ ⑦ のうちから一つ選び、その番号を解答番号 [6] にマークせよ。

（3） 極性分子はいくつあるか。その個数と同じ番号を解答番号 [7] にマークせよ。

（4） 分子の形が直線形のものはいくつあるか。その個数と同じ番号を解答番号 [8] にマークせよ。

V 塩化カルシウムの結晶に関する記述として正しいものを、次の ① ～ ⑤ のうちから一つ選び、その番号を解答番号 [9] にマークせよ。

① 結晶の組成式は **CaCl** である。

② 結晶中の分子は、分子間力により規則正しく配列している。

③ 結晶に力を加えると、特定の面に沿って割れやすい。

④ 結晶は自由電子を持ち、大きな電気伝導性を示す。

⑤ 融解してできた液体は電気を通さない。

VI 0.50 mol/L の塩化ナトリウム水溶液 100 mL に、1.0 mol/L の硝酸銀水溶液 200 mL を加えたとき、塩化銀の沈殿が生じた。さらに、0.50 mol/L の塩化マグネシウム水溶液を加えて溶液中に残った銀イオンを全て沈殿させたとき、沈殿を除いた溶液中のマグネシウムイオンのモル濃度 c [mol/L]は少なくともいくらになるか、小数点以下 2 桁まで求めよ。解答は、空欄 [10] ～ [12] に当てはまる数字と同じ番号を、解答番号 [10] ～ [12] にマークせよ。

c = [10] . [11] [12] mol/L

Ⅶ 25℃における pH に関する記述として**誤りを含むもの**を、次の ① ～ ⑤ のうちから一つ選び、その番号を解答番号 [13] にマークせよ。

① 中性の水溶液の pH は 7 である。

② 0.01 mol/L 塩酸の pH は 2 である。

③ pH が 13 の水酸化ナトリウム水溶液を純水で 100 倍に希釈すると、pH は 11 となる。

④ pH が 6 の塩酸を純水で 100 倍に希釈すると、pH はおよそ 7 となる。

⑤ セッケン水の pH は、血液の pH より小さい。

Ⅷ モル濃度 c [mol/L]の過酸化水素水溶液 10.0 mL をコニカルビーカーに移し、硫酸酸性とし、0.020 mol/L の過マンガン酸カリウムで滴定したところ、終点まで 15.0 mL 必要であった。(1) ～ (3) の問いに答えよ。

(1) 酸化剤と還元剤の働きを示す反応式は以下のようになる。空欄 [14] と [15] に当てはまる数字と同じ番号を、解答番号 [14] と [15] にマークせよ。

$$MnO_4^- + 8\,H^+ + \boxed{14}\,e^- \rightarrow Mn^{2+} + 4\,H_2O$$
$$H_2O_2 \rightarrow O_2 + 2\,H^+ + \boxed{15}\,e^-$$

(2) 過酸化水素水溶液のモル濃度 c [mol/L]を、有効数字 2 桁で求めよ。解答は、空欄 [16] と [17] に当てはまる数字と同じ番号を、解答番号 [16] と [17] にマークせよ。

$$c = \boxed{16}\,.\,\boxed{17} \times 10^{-2}\ \text{mol/L}$$

(3) 終点における色の変化として最も適切なものを、次の ① ～ ⑤ のうちから一つ選び、その番号を解答番号 [18] にマークせよ。

① 桃色から無色に変化する。

② 無色からわずかに白濁する。

③ 無色からわずかに赤紫色に変化する。

④ 赤紫色から無色に変化する。

⑤ 無色からわずかに緑色に変化する。

IX

8.40 g の気体状態の一酸化炭素 CO を完全燃焼させ、発生する熱のすべてを 1.00 kg の水に与えたところ、温度が 20.3 K 上昇した。水 1 g の温度を 1 K 上げるのに必要な熱量を 4.18 J/(g・K)として、**(1)**・**(2)** の問いに答えよ。ただし、CO_2（気）の生成熱は 394 kJ/mol とする。

(1) CO(気)の燃焼熱 Q_1 [kJ/mol]を 3 桁の整数で答えよ。解答は、空欄 [19] ～ [21] に当てはまる数字と同じ番号を、解答番号 [19] ～ [21] にマークせよ。

Q_1 = [19] [20] [21] kJ/mol

(2) CO(気)の生成熱 Q_2 [kJ/mol]を 3 桁の整数で答えよ。解答は、空欄 [23] ～ [25] に当てはまる数字と同じ番号を、解答番号 [23] ～ [25] にマークせよ。ただし、Q_2 が正の場合は ① を、負の場合は ② を解答番号 [22] にマークせよ。

Q_2 = [22] [23] [24] [25] kJ/mol

X　次の表は、過酸化水素が分解されて酸素と水が発生する反応において、触媒である鉄(Ⅲ)イオン Fe^{3+} を添加した時点を開始点とし、t［分］経過後における過酸化水素の濃度 S［mol/L］、および、分解速度 v［mol/(L・分)］を示したものである。（１）・（２）の問いに答えよ。

	時間 t［分］				
	2	4	6	8	10
過酸化水素の濃度 S［mol/L］	0.60	0.51	0.43	0.37	0.32
過酸化水素の分解速度 v［mol/(L・分)］	0.048	0.041	0.034	0.030	0.026

（１） 分解の反応速度式を $v = kS^n$ と表したとき、n として最も適切な値を、次の ①～⑤ のうちから一つ選び、その番号を解答番号 **26** にマークせよ。

① 0　② 0.5　③ 1　④ 2　⑤ 3

（２） 反応速度定数 k として最も適切なものを、次の ①～⑨ のうちから一つ選び、その番号を解答番号 **27** にマークせよ。

① 0.024　② 0.030　③ 0.038　④ 0.056　⑤ 0.070
⑥ 0.080　⑦ 0.125　⑧ 1.25　⑨ 12.5

X I 次の水溶液 A ～ C に関して、25℃における pH の大小関係を正しく示した式を、①～⑥のうちから一つ選び、その番号を解答番号 **28** にマークせよ。ただし、25℃の水溶液 B におけるアンモニアの電離度は 0.015 とする。

A 水酸化ナトリウム 0.1 g を水に溶かし、2 L にした溶液

B 0.1 mol/L アンモニア水

C 塩化アンモニウムの飽和水溶液

①	A ＞ B ＞ C
②	A ＞ C ＞ B
③	B ＞ A ＞ C
④	B ＞ C ＞ A
⑤	C ＞ A ＞ B
⑥	C ＞ B ＞ A

X II ハロゲンに関して、(1)・(2) の問いに答えよ。

(1) ハロゲンに関する次の記述 ①～⑤ のうち、正しいものを二つ選び、それらの番号を解答番号 **29** と **30** にマークせよ。ただし、解答の順序は問わない。

① Cl_2 は水に少し溶け、その一部が水と反応する。

② F_2 は常温で赤褐色の液体である。

③ Cl_2 は常温で黄緑色の気体である。

④ Br_2 の融点は−101℃、沸点は−34℃である。

⑤ I_2 の融点は−7℃、沸点は 59℃である。

(2) 次の ①～⑤ のうち、反応が**起こらないもの**を一つ選び、その番号を解答番号 **31** にマークせよ。

① $H_2 + F_2 \rightarrow 2\,HF$

② $2\,KBr + Cl_2 \rightarrow 2\,KCl + Br_2$

③ $2\ KBr + I_2 \rightarrow 2\ KI + Br_2$

④ $2\ F_2 + 2\ H_2O \rightarrow 4\ HF + O_2$

⑤ $2\ KI + Cl_2 \rightarrow 2\ KCl + I_2$

XIII 次の ① ～ ⑥ のうち、両性酸化物を二つ選び、それらの番号を解答番号 **32** と **33** にマークせよ。ただし、解答の順序は問わない。

① MgO ② Al_2O_3 ③ SiO_2

④ P_4O_{10} ⑤ SO_3 ⑥ ZnO

XIV 次の記述（**ア**）～（**ウ**）に当てはまる有機化合物を、① ～ ⑨ のうちからそれぞれ一つずつ選び、それらの番号を指定された解答番号 **34** ～ **36** にマークせよ。

（**ア**）不斉炭素を持つ化合物 **34**

（**イ**）幾何異性体が存在する化合物 **35**

（**ウ**）油脂の加水分解により得られる化合物 **36**

① (2-メチルフェノール：ベンゼン環に CH_3 と OH)

② (シクロヘキサノール：シクロヘキサン環に OH)

③ $H-C(H)(OH)-C(H)(OH)-C(H)(OH)-H$

④ $CH_2=CHCH_3$

⑤ $H-C(H)(H)-C(H)(H)-C(H)(H)-OH$

⑥ $(H)(HOOC)C=C(COOH)(H)$

⑦ $H-C(H)(H)-C(H)(H)-C(H)(OH)-C(H)(H)-H$

⑧ $H_2N-C(H)(H)-COOH$

⑨ $CH_3-C(CH_3)(H)-C(H)(H)-OH$

XV 次の記述（ア）～（オ）に当てはまる化合物として最も適切なものを、①～⑨のうちからそれぞれ一つずつ選び、それらの番号を指定された解答番号 37 ～ 41 にマークせよ。ただし、同じ番号を繰り返し選んでよい。

（ア）ニッケルを触媒として水素を反応させると、アルカンを生成する。 37

（イ）加熱することにより分子内で脱水反応が進行する。 38

（ウ）常温で濃硝酸と濃硫酸の混合物（混酸）を作用させると、構造異性体の混合物が得られる。 39

（エ）すべての構成原子が同一直線上にある。 40

（オ）無水酢酸を作用させると、酢酸のみが生じる。 41

① エタン　② トルエン　③ アセトン
④ 水　⑤ シクロヘキサン　⑥ マレイン酸
⑦ アセチレン　⑧ ベンゼン　⑨ メタノール

XVI 次の図で示すような4つのアミノ酸が縮合したテトラペプチドがある。このうち3つのアミノ酸はグリシン、フェニルアラニン、リシンであり、残りの1つのアミノ酸Xの構造は不明であった。このテトラペプチドに対して実験を行い、**(ア)**～**(ウ)**の実験結果を得た。**(1)**～**(3)**の問いに答えよ。

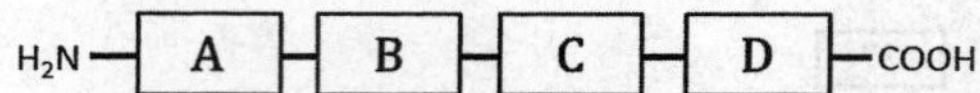

実験結果**(ア)**：リシンのカルボキシ基が形成したペプチド結合のみを加水分解したところ、2種類のジペプチドが得られた。このうちリシンを含まないジペプチドはキサントプロテイン反応を示した。

実験結果**(イ)**：リシンのアミノ基が形成したペプチド結合のみを加水分解したところ、光学活性を示さないアミノ酸が得られた。

実験結果**(ウ)**：フェニルアラニンのカルボキシ基が形成したペプチド結合のみを加水分解したところ、アミノ酸Xが得られた。このアミノ酸Xの等電点は2.8であり、分子量は133であった。

(1) Aのもとになるアミノ酸を、次の①～⑧のうちから一つ選び、その番号を解答番号 **42** にマークせよ。

(2) Cのもとになるアミノ酸を、次の①～⑧のうちから一つ選び、その番号を解答番号 **43** にマークせよ。

(3) アミノ酸Xを、次の①～⑧のうちから一つ選び、その番号を解答番号 **44** にマークせよ。

① グリシン　② アラニン　③ セリン　④ フェニルアラニン
⑤ チロシン　⑥ システイン　⑦ リシン　⑧ アスパラギン酸

◀化学基礎▶

（注）「生物基礎」とあわせて１科目として解答。

（60 分）

◀化学基礎・化学▶の〔Ⅰ〕～〔Ⅷ〕に同じ。

生　物

◀生物基礎・生物▶

（60 分）

I 一般的な光学顕微鏡での観察に関する次の（1）～（6）の問いに答えよ。

（1） ある倍率で顕微鏡に接眼ミクロメーターをセットし、ステージに対物ミクロメーターをおいて観察した。そして、目盛りが一致する点（AとB）を求めたところ、図 1 のようになった。また同じ倍率で、試料を接眼ミクロメーターで観察すると、図 2 のようになった。試料の長さは何μm であったか。なお、対物ミクロメーターの 1 目盛りは 10 μm とする。解答と同じ数字の番号を解答番号［1］と［2］にマークせよ。ただし 10 の位にあてはまる適切な数字が無い場合は 0（ゼロ）をマークせよ。（例　3 μm の場合、［0］と［3］をマークすること。）

試料の長さ　［1］［2］ μm

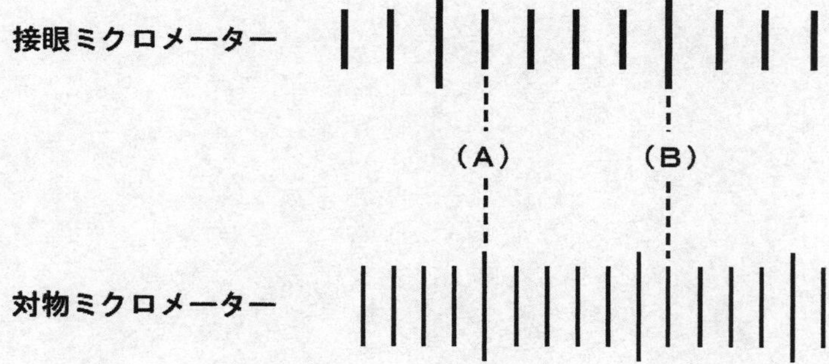

図 1　ミクロメーターの目盛り

接眼ミクロメーター　試料

図 2　試料の観察

（2） 顕微鏡で試料を観察したところ、次の図 3 のように見えたため、中央に移動させたい。プレパラートを、どの方向に動かせばよいか。最も適切なものを次の①～④のうちから一つ選び、その番号を解答番号 3 にマークせよ。

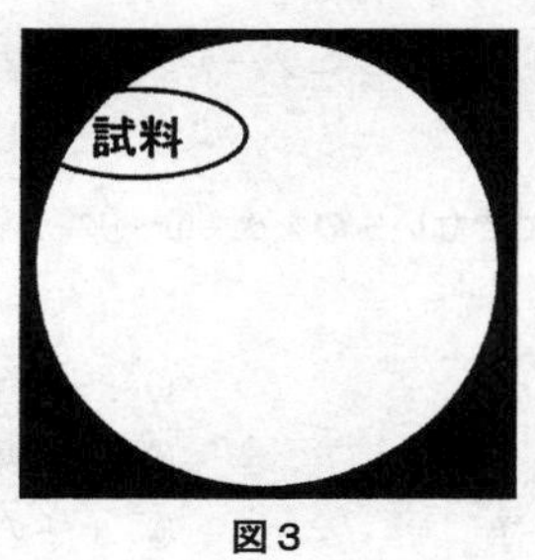

図3

① 右下　② 右上　③ 左下　④ 左上

（3） 10倍の接眼レンズに、次の表に示す倍率の対物レンズを取りつけ、試料C、D、E、Fを観察した。それぞれの試料の長さを測ったところ、接眼ミクロメーターの目盛り数は表のようになった。試料CからFについて、長さの短い順に左から右に並べたときの最も適切な順番を次の①～⑨のうちから一つ選び、その番号を解答番号 4 にマークせよ。

表　対物レンズの倍率と測定した長さ

試料	対物レンズの倍率	接眼ミクロメーターで測定した目盛り
C	10倍	8目盛り
D	40倍	30目盛り
E	50倍	10目盛り
F	100倍	40目盛り

短 ――→ 長

①	C	D	E	F
②	C	E	D	F
③	D	E	F	C
④	D	C	F	E
⑤	E	D	F	C
⑥	E	F	D	C
⑦	F	D	E	C
⑧	F	E	D	C
⑨	F	E	C	D

(4) 光学顕微鏡で試料を観察する際に、使用される固定液として、最も適切なものを次の①〜⑥のうちから一つ選び、その番号を解答番号 5 にマークせよ。

① ヨウ素液　② 塩酸　③ 酢酸
④ ニュートラルレッド　⑤ フェノールレッド　⑥ ヤヌスグリーン

(5) 光学顕微鏡で**計測できないもの**を次の①〜⑥のうちから一つ選び、その番号を解答番号 6 にマークせよ。

① 核の大きさ　② ミトコンドリアの長径
③ 葉緑体の長径　④ 細胞膜の厚さ
⑤ ヒトの赤血球の直径　⑥ ヒトの血小板の直径

(6) 次の文章を読み、（ ア ）〜（ エ ）にあてはまる人名として、適切なものを次の①〜⑨のうちから一つずつ選び、それらの番号を解答番号 7 〜 10 にマークせよ。

ア 7　イ 8　ウ 9　エ 10

細胞は、1665年、（ ア ）によって、発見された。しかし、これは内容物を失った植物細胞の細胞壁であった。数年後、生きた細胞が（ イ ）によってはじめて観察された。その後、1838年に（ ウ ）が植物について、1839年に（ エ ）が動物について、「生物のからだは細胞からできている」という細胞説を提唱した。

① フィルヒョー　② レーウェンフック　③ フック
④ エイブリー　⑤ グリフィス　⑥ シュライデン
⑦ ルスカ　⑧ シュワン　⑨ ヤンセン

Ⅱ ヒトの体内環境の調節に関する次の（**1**）～（**3**）の問いに答えよ。

（**1**）　ホルモンに関する次の①～⑨の記述のうち、**誤っているもの**を四つ選び、それらの番号を解答番号 11 ～ 14 にマークせよ。ただし、解答の順序は問わない。

① ホルモンは、全身に運ばれ、標的細胞に作用する。

② ホルモンは、血管外には出ない。

③ すい臓は、ホルモンを分泌しない。

④ 十二指腸から分泌されるホルモンがある。

⑤ 副腎から分泌されるホルモンには、腎臓に作用するものはない。

⑥ 視床下部から分泌されるホルモンは、脳下垂体前葉に作用する。

⑦ 甲状腺から分泌されるホルモンと、副甲状腺から分泌されるホルモンは異なる。

⑧ 甲状腺刺激ホルモンは、脳下垂体前葉から分泌される。

⑨ 甲状腺刺激ホルモン放出ホルモンの標的細胞は、甲状腺にある。

（**2**）　体内の水分量と体液塩分濃度の調節に関する次の①～⑦の記述のうち、適切なものを三つ選び、それらの番号を解答番号 15 ～ 17 にマークせよ。ただし、解答の順序は問わない。

① 体液の塩分濃度は、視床下部で感知される。

② バソプレシンの標的細胞は、腎臓の糸球体にある。

③ 発汗などによってからだの水分が失われると、バソプレシンが分泌される。

④ バソプレシンの作用で、尿量は増加する。

⑤ バソプレシンの作用で、原尿から毛細血管へ再吸収される水分量は増加する。

⑥ 多量の水分を飲んでも、バソプレシンの分泌には影響しない。

⑦ バソプレシンは、主として脳下垂体後葉でつくられる。

（**3**）　チロキシンに関する次の①～⑥の記述のうち、**誤っているもの**を二つ選び、それらの番号を解答番号 18 と 19 にマークせよ。ただし、解答の順序は問わない。

① チロキシンは、甲状腺刺激ホルモン放出ホルモンの分泌を抑制する。

② チロキシンは、甲状腺刺激ホルモンの分泌を刺激する。

③ チロキシンは、視床下部には作用しない。

④ チロキシンは、代謝を促進する。

⑤ チロキシンは、負のフィードバックによって分泌量が調節されている。

⑥ 体温が低くなると、チロキシンの分泌は高まる。

Ⅲ 生態系に関する次の（1）～（6）の問いに答えよ。

（1）　地球の陸上の多くは植物によって広くおおわれている。ある場所に植物が生育しているとき、その場所をおおっている植物全体を何というか。最も適切なものを次の①～⑥のうちから一つ選び、その番号を解答番号［20］にマークせよ。

① 植生　② キーストーン種　③ 優占種
④ 生態系　⑤ 相観　⑥ バイオーム（生物群系）

（2）　森林に関する次の記述①～⑦のうちから**誤っているもの**を二つ選び、それらの番号を解答番号［21］と［22］にマークせよ。ただし、解答の順序は問わない。

① 降水量が多い地域では成立しにくい。
② 垂直方向の階層構造が見られる。
③ 針葉樹林では、階層構造が2層しかない場合もある。
④ 林冠と林床とで到達する光の量が大きく異なる。
⑤ 地中には土壌が発達する。
⑥ 熱帯多雨林では、高木層の樹木の高さが50 mに達することもある。
⑦ 雨季と乾季がはっきり分かれている地域には、亜熱帯多雨林が分布する。

（3）　遷移に関する次の文章を読み、ア. 養分にあてはまる物質として適切なものを次の①～⑦のうちから二つ選び、それらの番号を解答番号［23］と［24］にマークせよ。ただし、解答の順序は問わない。

火山の噴火や大規模な山崩れなどによってできた裸地には、植物が利用できるア. 養分が乏しく、直射日光による高温や乾燥にもさらされる。裸地に最初に侵入する植物をイ. 先駆植物（パイオニア植物）という。

① デンプン　② 糖　③ アミノ酸　④ 炭素
⑤ 窒素　⑥ リン　⑦ 水

(4) 問い（3）の文章中のィ.先駆植物（パイオニア植物）に関する次の記述**ア**～**キ**のうち、正しいものには①を、誤っているものには②を、解答番号 25 ～ 31 にマークせよ。

ア．重力散布型の種子をつくる植物が多い。 25

イ．発達した根をもつことが多い。 26

ウ．ススキやイタドリなどの草本植物であることが多い。 27

エ．地衣類やコケ植物などが先駆植物となることはない。 28

オ．環境形成作用がほとんどない。 29

カ．先駆植物は、はじめ島状（パッチ状）に点在する。 30

キ．根粒菌と共生するものもある。 31

(5) 照葉樹と夏緑樹の環境への適応に関する次の記述①～⑦のうちから、適切なものを三つ選び、それらの番号を解答番号 32 ～ 34 にマークせよ。ただし、解答の順序は問わない。

① 夏緑樹は、陽樹である。

② 照葉樹は、陰樹である。

③ 照葉樹は、一枚の葉が光合成をできる期間が長い。

④ 温暖な地域の森林では、夏の日照の利用に特化した夏緑樹が優占する。

⑤ 照葉樹の葉は、樹種によっては4～5年の寿命をもつ。

⑥ 夏緑樹林は、冬に雨の多い地域に分布する。

⑦ 照葉樹林は、常緑広葉樹からなる。

(6) 里山の自然に関する次の①～⑥の記述のうちから**誤っているもの**を一つ選び、その番号を解答番号 35 にマークせよ。

① 人里の近くにあり、人間によって管理・維持されてきた森林や田畑などの地域一帯を里山という。

② 里山の雑木林を構成するクヌギやコナラは、照葉樹である。

③ 人為的かく乱によって維持される。

④ 草本層には、カタクリやスミレなどが生育する。

⑤ 日本の国蝶、オオムラサキが生育することがある。

⑥ 化石燃料や化学肥料が使われるようになり、多様性が失われつつある。

IV 生殖と遺伝情報の分配に関する次の（1）～（5）の問いに答えよ。

（1）　有性生殖に関する次の文章中の（　ア　）～（　ウ　）にあてはまるものの組み合わせとして最も適切なものを次の①～⑧のうちから一つ選び、その番号を解答番号 36 にマークせよ。

動物の（　ア　）である精子と卵は、（　イ　）から生じる。（　イ　）は、未分化な精巣や卵巣に移動して、精原細胞や卵原細胞になり、（　ウ　）分裂を繰り返して増殖する。

	ア	イ	ウ
①	接合子	ES 細胞（胚性幹細胞）	体細胞
②	接合子	始原生殖細胞	体細胞
③	接合子	ES 細胞（胚性幹細胞）	減数
④	接合子	始原生殖細胞	減数
⑤	配偶子	ES 細胞（胚性幹細胞）	体細胞
⑥	配偶子	始原生殖細胞	体細胞
⑦	配偶子	ES 細胞（胚性幹細胞）	減数
⑧	配偶子	始原生殖細胞	減数

（2）　被子植物における配偶子形成の過程において、めしべの胚珠内に**DNAの複製を終えた**1個の胚のう母細胞があるとする。この細胞がもつDNA量を1と表すとき、1個の胚のう細胞と成熟した胚のうがもつDNA量は、それぞれどのように表されるか。次の①～⑦のうちから適切なものを一つずつ選び、それらの番号を解答番号 37 と 38 にマークせよ。ただし、胚のうは受精していないものとする。また、同じ番号を繰り返し選んでもよい。

①　0.25　　②　0.5　　③　0.75　　④　1　　⑤　2　　⑥　4
⑦　8

胚のう細胞 37　　成熟した胚のう 38

(3) 有性生殖を行うある生物の体細胞がもつ相同染色体に3組の対立遺伝子 *A* と *a*、*B* と *b*、*C* と *c* があり、遺伝子 *A*、*B*、*C* は、それぞれ遺伝子 *a*、*b*、*c* に対して優性であるとする。この生物について、表現型がそれぞれ[*ABC*]と[*abc*]とで表される個体どうしを交雑して得られた子の表現型と数が、次の表1のようになった。このとき、親である[*ABC*]の個体の体細胞の遺伝子型として最も適切なものを次の①～⑧のうちから一つ選び、その番号を解答番号 39 にマークせよ。

表1

表現型	[*ABC*]	[*ABc*]	[*AbC*]	[*Abc*]	[*aBC*]	[*aBc*]	[*abC*]	[*abc*]
個体数	71	11	75	6	10	69	5	73

① *AABBCC*　② *AaBBCC*　③ *AABbCC*　④ *AABBCc*
⑤ *AaBbCC*　⑥ *AaBBCc*　⑦ *AABbCc*　⑧ *AaBbCc*

(4) 問い（3）に関して、親である[*ABC*]の個体の体細胞でのそれぞれの遺伝子の関係について、次の①～⑥の記述のうちから適切なものを一つ選び、その番号を解答番号 40 にマークせよ。

① 遺伝子 *A* と *B*、*a* と *b* は、それぞれ連鎖しているが、対立遺伝子 *C* と *c* は、それらとは独立している。

② 遺伝子 *A* と *C*、*a* と *c* は、それぞれ連鎖しているが、対立遺伝子 *B* と *b* は、それらとは独立している。

③ 遺伝子 *B* と *C*、*b* と *c* は、それぞれ連鎖しているが、対立遺伝子 *A* と *a* は、それらとは独立している。

④ 遺伝子 *A* と *b*、*a* と *B* は、それぞれ連鎖しているが、対立遺伝子 *C* と *c* は、それらとは独立している。

⑤ 遺伝子 *A* と *c*、*a* と *C* は、それぞれ連鎖しているが、対立遺伝子 *B* と *b* は、それらとは独立している。

⑥ 遺伝子 *B* と *c*、*b* と *C* は、それぞれ連鎖しているが、対立遺伝子 *A* と *a* は、それらとは独立している。

(5) 問い（4）で解答した連鎖している遺伝子間の組換え価（%）を求め、解答と同じ数字の番号を解答番号 41 と 42 にマークせよ。ただし、解答は整数であるとし、10の位にあてはまる適切な数字が無い場合には0（ゼロ）をマークせよ。
（例　5%の場合、 0 5 %とマークすること。）

組換え価 41 42 %

V ヒトの骨格筋の構造と収縮に関する次の（1）～（5）の問いに答えよ。

（1） 筋原繊維のＺ膜とＺ膜の間の名称として、次の①～⑤のうち、正しいものを一つ選び、その番号を解答番号 43 にマークせよ。

① 筋繊維　② 暗帯　③ 明帯　④ 終板　⑤ 筋節

（2） 運動神経末端から放出され、筋細胞の膜にある受容体に結合するものとして、次の①～⑤のうち、最も適切なものを一つ選び、その番号を解答番号 44 にマークせよ。

① グルコース
② ADP
③ アドレナリン
④ クレアチン
⑤ アセチルコリン

（3） 筋収縮時において、ATPがミオシン頭部に結合した時のミオシン頭部のはたらきに関する記述として、次の①～⑤のうち、最も適切なものを一つ選び、その番号を解答番号 45 にマークせよ。

① ナトリウムイオンをミオシン頭部内へ流入させる。
② ミオシン頭部でグルコースを合成する。
③ ミオシン頭部でアクチンを分解する。
④ ATPアーゼとしてはたらく。
⑤ ミオシン頭部へカルシウムイオンを結合させる。

（4） 筋小胞体という袋状の構造の内部に蓄えているものとして、次の①～⑤のうち、最も適切なものを一つ選び、その番号を解答番号 46 にマークせよ。

① 乳酸　② エネルギー　③ 酸素　④ ブドウ糖
⑤ カルシウムイオン

（5） アクチンフィラメントを構成しているものとして、次の①～④のうち、**誤っているもの**を一つ選び、その番号を解答番号 47 にマークせよ。

① トロポニン　② Ｔ管　③ アクチン　④ トロポミオシン

VI 生物の受精や発生に関する次の（1）～（5）の問いに答えよ。

（1）遺伝学や発生学の研究で用いられるショウジョウバエは、日本で日常的に目にすることができるキイロショウジョウバエを指す。キイロショウジョウバエの成体は、どれくらいの大きさか。次の①～③のうちから最も適切なものを一つ選び、その番号を解答番号 48 にマークせよ。

① 0.2 mm　② 2～3 mm　③ 10 mm

（2）ショウジョウバエの唾腺(だせん)の細胞には、特別な染色体が観察される。その特徴として**誤っているもの**を次の①～⑤のうちから二つ選び、それらの番号を解答番号 49 と 50 にマークせよ。ただし、解答の順序は問わない。

① 普通の細胞の染色体の100～150倍の大きさの染色体が見られる。
② 染色体の横じまは、その染色体に存在する遺伝子の位置に対応している。
③ 染色体の膨らんだ部分（パフ）では、DNAが転写されてRNAが合成されている。
④ パフの位置は、発生の進行を通して変化しない。
⑤ 染色体を肉眼で観察することができる。

（3）ショウジョウバエの雌雄を交配し、受精卵を得た。配偶子形成や受精、発生の諸現象に関わる次の①～⑦の記述を、起こる順に並べ、それらの番号を解答番号 51 ～ 57 にマークせよ。

① 母性効果遺伝子の翻訳
② 母性効果遺伝子のmRNAの蓄積
③ 減数分裂
④ 14体節からなる幼虫のからだの形成
⑤ 蛹(さなぎ)
⑥ 脱皮
⑦ 分節遺伝子の発現

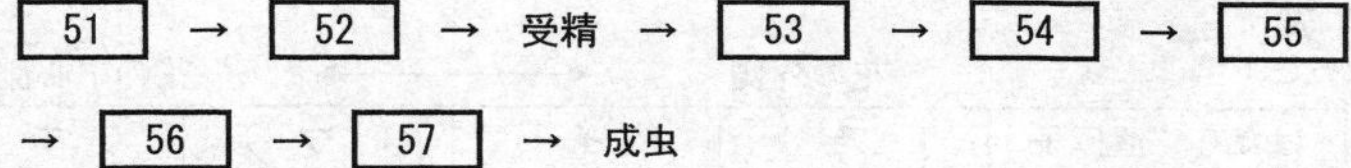

（4） ショウジョウバエの発生に関わるホメオティック遺伝子の特徴に関する次の①〜⑥の記述のうちから**誤っているもの**を二つ選び、それらの番号を解答番号 58 と 59 にマークせよ。ただし、解答の順序は問わない。

① 胚の前後軸に沿って連続するしきり（体節）をつくる。

② それぞれの体節に、前後軸に沿って決まった構造をつくることに関わる。

③ 染色体上で、からだの前方で発現する遺伝子から後方で発現する遺伝子へと順に並んでいる。

④ からだを大まかな領域に分ける。

⑤ ウルトラバイソラックス遺伝子（*Ubx*）は、ホメオティック遺伝子の１つである。

⑥ ギャップ遺伝子とペア・ルール遺伝子のはたらきで、複数のホメオティック遺伝子が発現する。

（5） シロイヌナズナの花の構造の形成過程には、３種類のホメオティック遺伝子（A クラス、B クラス、C クラス）のつくるタンパク質がかかわっており、A、B、C の３つのクラスの遺伝子がすべて正常にはたらくと、外側から、がく片、花弁、おしべ、めしべの順に形成される。シロイヌナズナの野生型と突然変異体（A、B、C 各クラスの遺伝子に突然変異が起こったもの）を栽培し、開花させたところ、次のⅠ〜Ⅲの結果を得た。

結果をもとに花の構造の形成過程に関わる遺伝子とはたらく領域についてまとめると、次の表のようになった。表中の**ア〜エ**にあてはまる遺伝子として適切なものを次の①〜⑧のうちから一つずつ選び、それらの番号を解答番号 60 〜 63 にマークせよ。

結果

Ⅰ．　A クラスの遺伝子のかわりに C クラスの遺伝子が発現すると、がく片になる部分がめしべに、花弁になる部分がおしべになった花ができた。

Ⅱ．　B クラスの遺伝子が欠損して発現しなくなると、花弁になる部分が、がく片に、おしべになる部分がめしべになった花ができた。

Ⅲ．　C クラスの遺伝子のかわりに A クラスの遺伝子が発現すると、おしべになる部分が花弁に、めしべになる部分が、がく片になった花ができた。

表

花の外側 ←→ 花の中心側

はたらく遺伝子	（ **ア** ）	（ **イ** ）	（ **ウ** ）	（ **エ** ）
花の構造	がく片	花弁	おしべ	めしべ

① A　② B　③ C
④ AとB　⑤ AとC　⑥ BとC
⑦ AとBとC　⑧ A、B、Cのいずれも発現しない

ア [60]　イ [61]　ウ [62]　エ [63]

◀生物基礎▶

(注)「化学基礎」とあわせて1科目として解答。

(60分)

◀生物基礎・生物▶の〔Ⅰ〕~〔Ⅲ〕に同じ。

問六　この文章は、江戸時代の浅井了意によって書かれた『浮世物語』に収められている作品である。同じく江戸時代の文学者とその作品の組み合わせとして正しいものを、次の①〜⑤のうちから二つ選べ。解答は、解答番号 **33** と **34** に、それらの番号をマークせよ。ただし、解答の順序は問わない。

① 宗祇（そうぎ）　『太平記』
② 上田秋成（うえだあきなり）　『雨月物語』
③ 松永貞徳（まつながていとく）　『方丈記』
④ 松尾芭蕉（まつおばしょう）　『野ざらし紀行』
⑤ 井原西鶴（いはらさいかく）　『東海道中膝栗毛』

問三 傍線部ウに「自慢して、声高に荒言はきちらし、わがままをする」とある。このような行為の具体例として最も適切なものを、次の①〜⑥のうちから一つ選べ。解答は、解答番号 29 に、その番号をマークせよ。

① おのれが疵をかくさんとて、よき者を誹り笑ふ。
② 座敷を立てて絵を描かする。
③ 「心得たり」とて焼筆をあつる。
④ 「この白鷺の飛びあがりたる、羽づかひがかやうでは飛ばれまい」といふ。
⑤ 「いやいやこの飛びやうが第一の出来物ぢや」といふ。
⑥ 「あのやうに描きたいものぢや」といふ。

問四 空欄 X に入れる語として、最も適切なものを、次の①〜⑤のうちから一つ選べ。解答は、解答番号 30 に、その番号をマークせよ。

① な ② いかで ③ え ④ いと ⑤ たとひ

問五 この文章の面白さはどこにあるのか。最も適切なものを、次の①〜⑥のうちから二つ選べ。解答は、解答番号 31 と 32 に、それらの番号をマークせよ。ただし、解答の順序は問わない。

① 下手な絵描きが自分の画技をことさらに自慢し、稚拙な画技を正当化するために強弁しているところ。
② 白鷺の絵に難癖を付けてきた自慢好きの注文主に対し、絵描きがその非を的確に指摘しているところ。
③ 絵描きの描いた白鷺の羽の形と、ちょうど飛んできた本物の白鷺の羽の形が違うと言っているところ。
④ 描き方について苦言を呈された絵描きが、負け惜しみで全く道理に合わない理屈をこねているところ。
⑤ 注文主からわがままな暴言を吐かれた絵描きが、こちらも負けじと声高に暴言で応戦しているところ。
⑥ 絵のことがわからない主人が自分の欠点を隠そうとして、上手な絵描きを非難して喜んでいるところ。

※4　荒言＝偉そうな言葉や無礼な言葉。
※5　疵＝欠点。
※6　座敷を立てて絵を～＝座敷を作って、ふすまに絵を～。
※7　白鷺の一色＝白鷺だけを描いた絵。
※8　焼筆＝柔らかくて細長い木の端を焼きこがして作った筆。下絵を描くのに用いた。
※9　羽づかひ＝羽の使いかた。
※10　本の白鷺＝本物の白鷺。

問一　傍線部アに「未練」とある。この意味として最も適切なものを、次の①～⑤のうちから一つ選べ。解答は、解答番号 27 に、その番号をマークせよ。

① まだ訓練さえおぼつかないこと。
② まだ十分に熟練していないこと。
③ まだ構想を練ってはいないこと。
④ 初歩的な練習をしていないこと。
⑤ いかにも思い切りのわるいこと。

問二　傍線部イに「我より手上の者ども、広き天下にいかほどもあるなり」とある。この文を現代語訳する時、言葉を補う必要がある。補う言葉として最も適切なものを、次の①～⑤のうちから一つ選べ。解答は、解答番号 28 に、その番号をマークせよ。

① だから・・・・というわけだ。
② しかし・・・・ということもある。
③ なぜなら・・・・であるからだ。
④ すなわち・・・・という意味である。
⑤ たとえば・・・・という場合だ。

は、解答番号 **25** と **26** に、1から順にそれらの番号をマークせよ。

1　石川啄木（いしかわたくぼく）　①　一握の砂　②　青猫　③　邪宗門　④　山羊（やぎ）の歌　⑤　道程

2　宮沢賢治（みやざわけんじ）　①　小僧の神様　②　雪国　③　羅生門　④　銀河鉄道の夜　⑤　人間失格

三　次の文章を読んで、あとの問いに答えよ。

今はむかし、物ごと自慢くさき※1は[ア]未練のゆゑなり。物の上手の上からは、すこしも自慢はせぬ事なり。[イ]我より手上（てうへ）の者ども、広き天下にいかほどもあるなり。諸芸ばかりに限らず、侍（さぶらひ）道※2にも武辺（ぶへん）※3・口上（こうじやう）以下、さらに自慢はならぬものを、今の世は貴賤（きせん）上下それぞれに[ウ]自慢して、声高に荒言（くわうげん）※4はきちらし、わがままをする者多し。その癖に、おのれが疵（きず）※5をかくさんとて、よき者を誹（そし）り笑ふ事あり。

ある者座敷※6を立てて絵を描（か）かする。白鷺（しらさぎ）※7の一色を望む。絵描き、「心得たり」とて焼筆※8をあつる。亭主のいはく、「いづれも良ささうなれども、この白鷺の飛びあがりたる、羽（は）※9づかひがかやうでは飛ばれまい」といふ。絵描きのいはく、「いやいやこの飛びやうが第一の出来物ぢや」といふうちに、本（ほん）※10の白鷺が四五羽うちつれて飛ぶ。亭主これを見て、「あれ見給へ。あのやうに描きたいものぢや」といへば、絵描きこれを見て、「いやいやあの羽づかひではあつてこそ、それがしが描いたやうには **X** 飛ぶまい」というた。

（浅井（あさい）了意（りようい）『浮世物語』による）

（注）※1　くさき＝そのような傾向があるという意。

※2　侍道＝武士道。

※3　武辺・口上＝武芸・武士としての口のきき方。

翻弄され、また、その妖(あや)しい魅力ゆえに虜になることさえあるが、男性中心社会では彼女たちに安住の地が用意されることはなく、常に戦い続けるか居場所を失うかという運命を背負っている女性達である。

（古田亮(ふるたりょう)『特講　漱石の美術世界』による／一部改変）

問一 傍線部a～eに相当する漢字を含むものを、次の①～④のうちからそれぞれ一つずつ選べ。解答は、解答番号 [17] ～ [21] に、aから順にそれぞれの番号をマークせよ。

a　センレツ　①猛烈　②陳列　③分裂　④劣等
b　ケイフ　①賦課　②符合　③譜面　④訃報
c　マショウ　①焦燥　②性分　③生涯　④凍傷
d　ホウシ　①報酬　②俸給　③奉書　④法曹
e　ショウトツ　①招集　②掌握　③座礁　④折衝

問二 夏目漱石の作品でないものを、次の①～⑤のうちから一つ選べ。解答は、解答番号 [22] に、その番号をマークせよ。

①こころ　②三四郎　③暗夜行路　④それから　⑤草枕

問三 空欄 [X] に入る人物を次の①～⑤のうちから選べ。解答は、解答番号 [23] にその番号をマークせよ。

①樋口一葉(ひぐちいちよう)　②与謝野晶子(よさのあきこ)　③芥川龍之介(あくたがわりゅうのすけ)　④正岡子規(まさおかしき)　⑤中原中也(なかはらちゅうや)

問四 空欄 [Y] に入る人物を次の①～⑤のうちから選べ。解答は、解答番号 [24] にその番号をマークせよ。

①森鷗外(もりおうがい)　②高村光太郎(たかむらこうたろう)　③北原白秋(きたはらはくしゅう)　④島崎藤村(しまざきとうそん)　⑤斎藤茂吉(さいとうもきち)

問五 次の1と2の人物は、明治時代に生まれた文学者である。この人物たちの代表的作品を、次の①～⑤のうちから一つずつ選べ。解答

④ 調書を作成する警察官は、調書の中で取り調べ対象者が使う隠語に対して適切な説明や解説を加えなければならない。

⑤ 隠語辞典を作成し、そこに解説を加えることに警察組織の人間が介入することはあるが、隠語使用者は関わらない。

⑥ 隠語辞典は、警察組織のなかで調書の作成を通して作られたものであり、犯罪者を裁く司法官によって使用される。

⑦ 隠語の意味は使用者によって日々変化しているが、彼らと接触する警察官の手により隠語辞典の内容は更新される。

二　次の文章は、夏目漱石（なつめそうせき）の作品の特徴と近代美術との関係について論じたものの一部である。よく読んで、あとの問いに答えよ。

風に吹かれる黒髪の女性。ここから直ちに連想されるのは、［X］の歌集『みだれ髪』の「くろ髪の千すぢの髪のみだれ髪かつおもひみだれおもひみだるる」といった恋愛感情を唄った詩的世界である。そして、その先には、［X］が愛読したという［Y］の詩集『若菜集』の、「みだれてながき／鬢（びん）の毛を／黄楊（つげ）の小櫛（おぐし）に／かきあげよ」（「おきく」）などが思い浮かぶ。

『みだれ髪』の装幀（てい）は、アール・ヌーヴォー調のデザインで彩られ、そのイメージを強く印象づけている。手がけたのは藤島武二（ふじしまたけじ）だった。藤島はこの時はまだ留学前でありながら、パリ万博以降急速に広まりを見せたアール・ヌーヴォー様式をいち早く取り入れていた。これには［X］らが発行した雑誌『明星』の表紙を飾った一条成美（いちじょうせいび）のミュシャ風のデザイン画からの刺激もあったことだろう。

藤島が『みだれ髪』の少し後に描いた《蝶》という作品は、小さき花に口づけする黒髪の女性の横顔が描かれ、その周りに無数の蝶が飛び交うセンレツ[a]なイメージで、明治後期のロマン主義を代表する作例と位置づけられている。《蝶》の絵画イメージは、夏目漱石[ア]の『野分』で唄われる詩のイメージそのものであり、漱石の好む女性像が重ねられる。これに、『夢十夜』「第一夜」の長い髪の女などをあわせて、漱石文学における黒髪の女性たちのケイフ[b]をたどることができよう。彼女たち、つまり、象徴的な意味で長い黒髪がまるで蛇のごとく男たちに巻き付き、虜（とりこ）にし、ついには生気を奪い取ってしまうようなマショウ[c]の女たちを、世紀末に現れた「宿命の女」と同一視することは、すでに多くの研究者たちが論じてきている。

世紀末の西洋に出現した「宿命の女」は、日本では漱石の作中人物ではなく、実際、明治末期の社会現象として立ち現れている。当時の言葉で、「新しい女」と呼ばれた女性たちである。男性にホウシ[d]するだけの前時代の女性から脱して新しく社会に生きようとする女性達を総じて「新しい女」と見なす傾向があった。彼女たちは、男性や社会とのショウトツ[e]のなかでも自我を貫き、自己を主張する。そのため、時として男達は

問五 傍線部ウに「ある困難を内包した特徴」とある。それが指し示している対象として最も適切なものを、次の①〜⑤のうちから一つ選べ。解答は、解答番号 **13** に、その番号をマークせよ。

① 隠語辞典が警察官と隠語使用者の対立の中で必要とされること。
② 隠語辞典は警察官が読んで理解できない言葉の説明であること。
③ 隠語辞典が警察官の語釈を積み重ねて作られたものであること。
④ 隠語辞典で扱われている言葉が一般性を有するかもしれないこと。
⑤ 隠語辞典の中の間違いが隠語使用者によって修正されにくいこと。

問六 傍線部エに「ある時点で固定された誤った解釈」とある。「ある時点」を説明した内容として最も適切なものを、次の①〜⑤のうちから一つ選べ。解答は、解答番号 **14** に、その番号をマークせよ。

① 警察官が隠語の使用者から隠語を聞いて、その言葉を調書に書くとき。
② 隠語辞典を引いて隠語の意味を調べた警察官が、取り調べで隠語を使用するとき。
③ 警察官が現場で人々と接する中で、隠語が使われていることを知るとき。
④ 警察官が、調書とその中の訳注をもとにして隠語辞典を作成するとき。
⑤ 隠語を使う集団にいる人々が、互いに協力するなかで隠語を使用するとき。

問七 本文の内容と合致しないものを、次の①〜⑦のうちから二つ選べ。解答は、解答番号 **15** と **16** に、それらの番号をマークせよ。ただし、解答の順序は問わない。

① 警察と犯罪者の対立の中で犯罪者の使う隠語の意味の理解が必要とされ、警察署長の手により『日本隠語集』が作られた。
② 警察官が作成する調書は、警察官が理解できる言葉を使って、取り調べの対象者が供述するという形式で書かれる。
③ 隠語を使う人々と日常で接触する機会がある現場の巡査は、彼らの使用する隠語の意味を隠語辞典から学んでいる。

問二　傍線部アに「第三の要件」とある。これが示す内容として最も適切なものを、次の①～⑤のうちから一つ選べ。解答は解答番号 **6** に、その番号をマークせよ。

① 隠語使用者が日常生活の中で隠語を使うことについて、警察官がそれを知らないこと。
② 隠語使用者の間で使われている隠語の意味について、調書を書く警察官がそれを知らないこと。
③ 司法官は調書に書かれている隠語の意味を隠語辞典からしか知ることが出来ないこと。
④ 警察官によって作成された隠語辞典は司法の空間において使用されること。
⑤ 隠語を使う犯罪者とそれを裁く司法官には隠語の意味の理解について隔たりがあること。

問三　空欄 **A** ～ **D** に入る最も適切なものを、次の①～⑧のうちからそれぞれ一つずつ選べ。解答は、解答番号 **7** ～ **10** に、**A** から順にそれらの番号をマークせよ。ただし、それぞれの選択肢の使用は一度かぎりとする。

① あるいは　② まさに　③ つまり　④ 例えば
⑤ むしろ　⑥ さらに　⑦ なぜ　⑧ であればこそ

問四　傍線部イに「辞書を必要とする主体」とある。それが指し示している対象として適切なものを、次の①～⑥のうちから二つ選べ。解答は、解答番号 **11** と **12** に、それらの番号をマークせよ。ただし、解答の順序は問わない。

① 警察官と対立する隠語使用者の集団
② 隠語使用者に関する調書を作成する警察官
③ 警察官の調書に供述を提供する隠語使用者
④ 隠語辞典から隠語の意味を知り犯罪者を裁く司法官
⑤ 隠語使用者とコミュニケーションをとる現場の巡査
⑥ 隠語使用者や警察官を含んだ世間一般の人々

b　ビミョウ

①　あの国は戦争で国力がスイビした。
②　あの試合は今シーズンのハクビだった。
③　あの出来事での彼の活躍はビダンとなった。
④　シュビよく事が進んで彼は安心した。
⑤　この計画にフビな点があってはいけない。

c　カッコ

①　彼女の歌声は聴衆のカッサイを浴びた。
②　戦争に負けて領土の一部をカツジョウされた。
③　カンカツ外で発生した事件にあたる。
④　会議で出された意見をガイカツする。
⑤　発表会の運営はエンカツに進んでいる。

d　サンショウ

①　ケンショウ問題に応募したら当選した。
②　少し遅れるくらいならシショウはない。
③　X線をショウシャしてレントゲン写真を撮る。
④　あの母親は子供にカンショウしすぎる。
⑤　天橋立は優れたケイショウ地として知られる。

e　キバン

①　コツバンの形状から男女を見分ける。
②　あの俳優は怪我のため主役をコウバンした。
③　合唱コンクールでピアノをバンソウした。
④　室町時代にはナンバン貿易が行われていた。
⑤　父は週に三日バンシャクすることを好む。

すなわち、さきほど論じたとおり、じっさいにそのことばを使っている人びとは、おそらくけっしてこの辞書を引かない。**C**、意味の勘違いや間違いが、当事者からは修正されにくい。「ツ」と「シ」、「ソ」と「ン」の近接や、「ウ」と「ワ」や「レ」と「ソ」の取りまぎれなど、文字の写し間違い、あるいは読みたがえに属する誤謬(びゅう)があっても、それが誤りとして直されることはないだろう。**D**、使われているうちに起こった意味変容が、また使用者によって追補・増補される機会をもたない。それゆえにエある時点で固定された誤った解釈が、孫引きされて定着しやすいのである。

（佐藤健二(さとうけんじ)「「供述調書」とエスノグラフィーのすきまに――日本近代の〈ことば〉と〈もの〉」による／一部改変）

（注）
※1　供述　＝　被告人、被疑者、証人などが、裁判官や捜査官に対し、ある事実について述べること。
※2　奸徒　＝　悪者ども。
※3　秘諜　＝　秘密の情報。
※4　予祝　＝　前もって祈ること。

問一　傍線部a〜eに相当する漢字を含むものを、次の①〜⑤のうちからそれぞれ一つずつ選べ。解答は、解答番号 1 〜 5 に、aから順にそれらの番号をマークせよ。

a　キョウヨウ

①　コクヨウセキで作られたナイフが出土した。
②　日本は魚のヨウショク産業が盛んである。
③　彼は広島のミンヨウをいくつも知っている。
④　遅刻して彼はヨウチなうそをついた。
⑤　新しい潮流をヨウゴする立場をとる。

時代のものだが、金澤次郎（かなざわじろう）『捜査書類作成要諦』〔松華堂書店、一九三五〕をみると、「司法警察執務細則」という内部文書に、「被疑者その他の関係者の供述中に方言、略語、隠語、術語または陰暦月日等あるときは、そのままこれを記載し、その下にカッコ（c）を施し、説明もしくは訳解を記入すること」とある、という。

そのうえで、間接的ながらかなり重要な役割を果たす、第三の要件（ア）がある。

それは、まさにこの「調書」が生みだした、対象となる現象や事実との一定の距離である。

その距離において生まれた、語彙としての一般性と、諸主体との関係の抽象性こそが、隠語集の存立の本質であったからである。それがまさに「調書」という書かれたもの（文書）の介入によってつくられたというのは再帰的な事態だが、立ち止まってよくみれば、存外に自然なプロセスであるようにも思う。

すなわち、こうした隠語をじっさいに使う集団にとって、これらのことばは自然の日常の交際や協働のなかで習得するもので、辞書のような集成をサンショウ（d）する必要はなかった。

現場の巡査や警官にしても、現実の捜査や動向把握をつうじて犯罪者たちと接触し、あるいはさまざまな機会をえて直接にコミュニケーションをとるなかで、その聞きなれない語彙には習熟していたのだろう。当然ながら、その知識も体験にもとづくもので、辞書では学んでいない。［A］、対処すべき状況が特定の集団との具体性にとどまるかぎり、このような辞書は必要でないのである。

むしろ、辞書は、調書という特異な文書が機能する拡（ひろ）がりのなかで必要とされた。さらに踏みこんでいうなら、辞書を必要とする主体（イ）は、調書を読み書きする実践のなかで、はじめて形づくられてきたというべきではないか。

事案の報告を書いている自らを含め、裁く役割であらわれる主体が読んで理解できるように、「説明もしくは訳解」を添えて、記述しなければならなかったからである。ひとつひとつの具体的な使用の状況からは切りはなされ、司法の空間にもちだされる。ある性質を有する対象集団の文化として、特殊ながら一般性を有するかもしれない語彙＝術語としての意味の確認と共有とが、まさにそこに生まれた。

それが、ここでいう距離であり、抽象性である。つまりキバン（e）となる語彙の蓄積は、「裁く」という目的で組織された司法の空間において、また語釈を積み重ねてきた「調書」という媒体によって生みだされたのである。そう考えるならば、［B］司法官である警部が隠語集をつくるのかを理解することができる。

以上のような性質が、いわゆる隠語辞典に、ある困難を内包した特徴（ウ）をもたらす。そのことも、この文化をとらえようとするとき、副次的ながら視野に入れておくべきだろう。

れど、学部が違うので「上司」は制度の上からも、活動の実態からみても違っている。そうした説明に、机の向こうの聞き手は、腑(ふ)に落ちないような顔をしている。「研究会」とは「会議」でいいんですよね、と言いかえようとするのだが、これも正しくない。とりあえず、説明する。うーん、会議じゃないんです……、でも仕事の打ち合わせですよね……、いやいや業務のためのミーティングというより、自分がしてきた研究を発表してみんなに聴いてもらって議論するんですけど……。この警察官の組織の理解や業務の感覚からすると、「研究会」は、意味がひどくわかりにくい集まりだったらしい。

警察官が言いかえにこだわったのは、調書に用意された記入欄に自分も理解できる「供述」[※1]として書く必要があったからだ。けっきょくどういう記載になったのかは、自分でも読まされたはずなのだが、もう覚えていない。ただただ、私にとってはあたりまえのことばが、通じなかったという印象のほうがつよく刻みこまれた。

この経験が、十数年もあとになって、よみがえってきて、ひとつの補助線となった。「隠語」研究を、新語論の組み立てのなかで論じたときである。研究対象の理解において、そして対象が浮かびあがってくる事態の把握において、意外にも役にたった。

つながりの本質だけを確認しておこう。そのとき私は組織的な隠語研究がどこで生まれ、どんな特質を有していたのかについて考察していた。近代日本での最初の隠語集成は、一九世紀の終わり、一八九二（明治二五）年に後藤待賓館(ごとうたいひんかん)から刊行された『日本隠語集』だとされている。この本の著者の稲山小長男(いなやまおさお)という人物は、徳島の士族の出身で、大阪茨木の警察署長などを歴任し、当時は広島県府中市警察署の署長であった。

なぜ警部の肩書きをもつ司法官が、隠語の集成にかかわることになったのか。そこには、おそらく以下の要件が作用している。

第一に、この時代における「隠語」のおおかたは、掏摸(すり)や賭博(とばく)・詐欺などの犯罪にかかわる逸脱集団の言語であった。そして、警察は捜査・監視・統制という介入において、その特殊な集団が固有の「符丁」（合図の隠語）で意思疎通している事実を経験的に踏まえていた。『日本隠語集』の発刊を知らせる『警察新報』[※4]［一四号、一八九二］が、この書によって「盗児の機密を訐(あば)くを得べく、奸徒(かんと)[※2]の秘諜(ひちょう)[※3]を破るを得べし」と予祝するのは、この「危険な階級」の生態と警察の治安維持の機能との、対立を前提としている。

第二に、異文化のわからないことばであればこそ、そのことばに通じた者たちによる翻訳が必要であった。裁かれるべき行為を自ら語らせ、警察が聞き取って記録する「調書」には、必然的にその集団の実践に独自の、数多くの専門語（隠語もそのひとつである）が混じらざるをえない。その語彙に適切な解説（翻訳）をくわえることは、調書作成者としての警部の任務でもあった。

稲山が「職務上必要あるを感じ」と書いたのは「犯罪の捜査・被告人の訊問(じんもん)」を文書にまとめる必要があったからであろう。しばらく後の

国語

（六〇分）

一　次の文章を読んで、あとの問いに答えよ。

いまから四〇年ほど前、キョウヨウ[a]学部の助手になったばかりの頃、いわゆる「調書」を取られたことがある。交通事故の被害者として、である。なかなかに興味深い経験であった。

あれは、文学部のT先生の研究会があった日だったと思う。当時、社会学研究室の助手だったW氏に、帰る方向が同じだから車で送ってあげるよ、といわれたので、友人とともに車に同乗させてもらった。本郷から練馬の先に向かう途中の、たしか青梅街道のどこかで、追突された。突っ込んできた車の運転手が「無免許」で、さて酒気帯びだったかは忘れてしまったが、現場検証の警察が来たとき、その場で逮捕となった。被害者のほうからも調書をとる必要があるので、署にご足労願いますといわれ、夜もずいぶんに更けて、明かりもまばらな警察署に連れていかれた。

当時、私は社会学の方法としての「調査」に興味をもっていた。それゆえにであろうか、印象にのこったいくつかの発見があった。

そのひとつが、聴き取ろうとしている警察官に、話がうまく通じないという事実である。名前と住所とは型どおり、誤解の余地なく伝わったと思うのだが、事故が起こるまでの経緯というか、状況の説明のところで、「ことば」がビミョウ[b]に通じない。

「社会学研究室で、助手と研究会をやった帰りで……」とふだん通りに私が話す。すると、なにかを書いているらしい警察官は「研究室の助手」というのは「上司」ということでよいですか、と確認してくる。いやいや、私はたしかに同じく助手として大学に雇用されてはいるのだけ

解答編

英語

1—③ 2—② 3—① 4—④ 5—③ 6—②
7—② 8—① 9—④ 10—①

解説

1. last weekend「先週」のことなので過去形の③が正解。

2. give *A* a hand *doing*「*A* が～するのを手伝う」

3. become familiar with ～「～に慣れ親しむ」

4. two years after *doing*「～した2年後」 ここでの after は前置詞扱い。launch「開始する，着手する」

5. offer *A B*「*A* に *B* を提供する」

6.「フェリーは嵐のため遅れた，そのため乗客は4時間港で待たされた」という内容。make「～させる」の受動態は to *do* を用いる。

7.「ちょっとお話ししてもかまいませんか」という内容。mind *doing*「～してもかまわない」 動名詞の意味上の主語は，所有格か目的格で表すので②が正解。

8. provide *A* with *B*「*A* に *B* を提供する」

9.「心に思っていることを両親に説明したらどうなの？」という内容。

10. 各選択肢は，①「提出する」，②「延期する」，③「怠る」，④「避ける」という意味。「先生は生徒たちに明日までに宿題を（　　）するように求めた」の文脈に合うのは①である。

Ⅱ 解答

11―②　**12**―①　**13**―⑥　**14**―④　**15**―③　**16**―④
17―⑥　**18**―⑤

解説

11・12. ⑤―②―⑥―③―①―④

it is better not to *do*「～しない方がよい」

13・14. ③―⑥―②―⑤―④―①

I thought he was a fashion model　he を関係代名詞 who に変えたもの。

15・16. ⑥―③―⑤―①―④―②

be fluent in English「英語が流ちょうである」

17・18. ①―⑥―④―③―⑤―②

should be brought to～「～に提出されなければならない」

Ⅲ 解答

19―⑤　**20**―②　**21**―⑥　**22**―①　**23**―④

解説

《学校でのソーシャルメディアの使用》

19. 父親の１番目の発言で「ソーシャルメディアによる問題について君はどう思う？」と尋ね，娘が「よくわからない」と返答した後，空所直後で「他方では，ときどき誤った情報を拡散させている」とあるので，⑤「一方では，他の人と繋がるのに役立っていると思う」が正解。

20. 空所の直前で娘が「もうちょっと，それを説明してくれない？」と発言し，空所の直後，父親は「わかった。説明しよう」と言って，具体的にソーシャルメディアの悪影響について説明を加えているので，②「言っていることがよくわからない」が最適である。

21. 空所直後の「彼らはすでにすごくストレスを感じている」という父親の説明後，娘の３番目の発言で「良い指摘ね。全く賛成。学校でソーシャルメディアを禁止することが最善策でしょう」と返答している。They「彼ら」は学生のことだと判断できるので，正解は⑥「特にティーンエイジャーたちは自分の容姿にすごく敏感だからね」。

22. 空所直前の父親の発言「誰がソーシャルメディアを禁止するんだい？」に対する返答なので，①「学校ができると思う」が正解。

23. 空所直前の父親の後半の発言（As long as …）に，「学校が行動規範を守らせる限りは，それで十分だと思う。でも携帯電話自体を置いておくのは難しすぎる」と，学校での使用を完全には禁止できないと述べているので，新たな提案をしている④「こういうわけで，携帯電話は家に置いておくべきだと強く思う」が最適である。

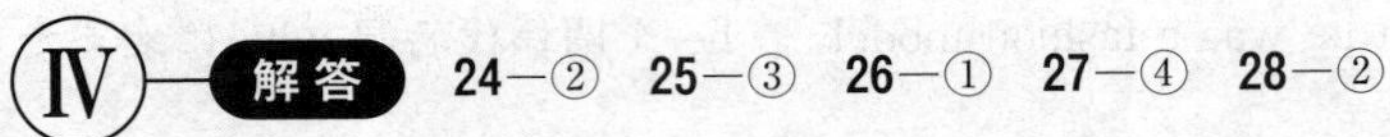

Ⅳ　解答　24―②　25―③　26―①　27―④　28―②

解説

《女性進出の必要性》

24. 第１段落で，英国で女性がさまざまな分野に進出してきた事例を列挙しており，空所を含む第７文（Based on these …）「このような事実に基づくと，女権運動の目的は少なくとも西洋世界においては（　　）されたように見えた」とある。この文脈に合うのは②「達成された」である。

25. 空所を含む最終文（However, Jeanette Winterson …）は「しかしながら，英国の作家のジャネット＝ウィンターソンは将来的な AI の支配が引き起こす女性への（　　）があるだろうという懸念を，自分の本に表した」という内容。この文脈に合うのは③「脅威」である。

26. 空所を含む第２段第１文（Ms. Winterson mentioned …）に「ウィンターソンさんは，AI は人間に（　　）ことを起こすものになるかもしれないことに言及している」とあり，その具体例を続く第２～３文（For example, … world of work.）で挙げている。同段第５文（On the other …）に「一方，その作者はまた AI は女性には最悪のことを起こすものになるかもしれないと述べている」とあるので，空所には the worst の対義語が入る。よって①「最善の」が正解。

27. 最終段は，21 世紀におけるさらなる女権の必要性を述べており，空所を含む文（On January 21, …）は「ドナルド＝トランプ前大統領が政権を取った後の 2017 年１月 21 日，何十万もの女性たちが女性の権利を（　　）するために，ワシントン DC に集結した」という内容なので，以上の文脈から④「守る」が正解。

28. 空所を含む文（Ms. Winterson claimed …）は「ウィンターソンさんは，女性は（男性より）（　　）のではなく，世界の一員であると主張した」という内容。女性の権利の必要性を主張している段なので，②「劣っている」が正解。

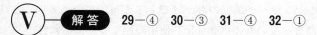

V　解答　**29**—④　**30**—③　**31**—④　**32**—①

解説

《大学から奨学金申込者への連絡メール》

29. 第1段第5文（If possible, we…）に「可能ならば4月12日木曜日，13日金曜日あるいは14日土曜日の午前10時から面接を行いたいと思います」とあるので，④「可能な3日のうちの1つで」が正解。

30. 第1段最終文（The interview will…）に「面接は，1時間以上はかかりません」とあるので，③「最長1時間」が正解。

31. 第2段第1文（As you know,…）に奨学金受給に選考された後の返答期日があり，第2文（You will then…）に「それから，UNAでの大学院クラスに登録し，秋学期の席確保のためには400ドルの内金を送る必要があります」とあるので，④「登録してUNAに送金する」が正解。

32. 第1段で面接について，第2段で選考後の手続きについて，第3段で奨学金の条件に関することについて，それぞれ記載している。よって，①「申請手続きの次の手順の説明」が正解。

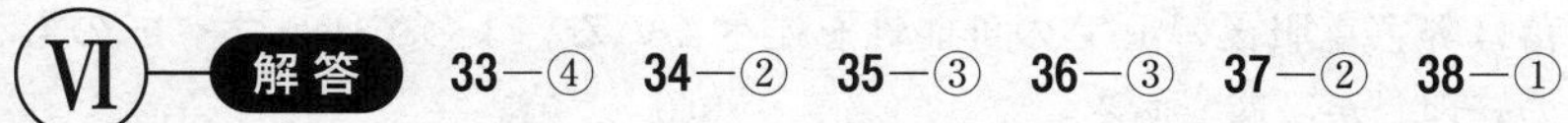

VI　解答　**33**—④　**34**—②　**35**—③　**36**—③　**37**—②　**38**—①

解説

《IoT（モノのインターネット）》

33. 第1段第1文（A key episode…）に「重要な出来事（key episode）がピッツバーグのカーネギーメロン大学で1980年代初頭に起こった」とあり，第2文（It was the…）に「それ（key episode）は遠隔でアクセスできるセンサーを備えた飲料自動販売機の設置だった」とあるので，④「特殊な自動販売機がカーネギーメロン大学に設置された」が正解。

34. 第2段第1文（Primitive though such…）後半部分に「つまり，人間か動物かもしれないモノにセンサーやワイヤレス技術が備え付けられ，それらのセンサーから情報をネットワークで別のコンピューターに送るのである」とあるので，②「人間や動物もまたIoT ネットワークの一部でもありうる」が正解。

35. 下線部(C)を含む1文（IoT is made…）に「高速無線ネットワークの普及や安価で小型のセンサーの開発のおかげでIoT が可能になっている」とあるので，あてはまらないものは③「IoT 使用の起こりうる危険性の認識」が正解。

36. 第3段第2文（As with many…）に「多くの技術進歩と同様に，多くの開発が，技術的に可能であるという理由で，起こりうる危険性に十分な注意が払われないまま，行われている」とあり，空所を含む1文で「(　　)，スマートホーム技術のおかげで，車は車所有者の家に連絡を取りその所有者がまもなく帰宅することを伝えることができる」と空所前文の例を述べているので，③「例えば」が正解。

37. 下線部(E)の「多くの問題」の例として最終段第2文に（For example, sensors…）「例えば，橋や船のスチールの中や建物のコンクリートの中に設置されたセンサーは金属の弱まりや構造問題を知らせることができるし，そのおかげで，技術者や建設者は一歩踏み込んで，起こる可能性のある災害を防ぐことができるのです」とあるので②「人間が建設した物の劣化部分を見つける」が正解。

38. 本文全体はIoT について述べたものである。第1段はIoT の始まり，第2段はIoT の具体例，第3～4段はIoT のもたらす恩恵と弊害，最終段落は弊害克服後のIoT の可能性を述べている。よって①「すべてのものの管理」が最適である。

数学

◀文・教育・心理・現代ビジネス・家政・看護学部▶

Ⅰ　解答　《小問5問》

(1) **1**—②　**2**—①

(2) **3**—③　**4**—⑦　**5**—④　**6**—②

(3) **7**—⓪　**8**—⑨　**9**—④

(4) **10**—①　**11**—⑧

(5) **12**—⑨　**13**—⓪

Ⅱ　解答　《直円錐を転がしたときの底面の半径》

(1) **14**—①　**15**—⓪

(2) **16**—①　**17**—⑧

(3) **18**—④

Ⅲ　解答　《2次関数の最大・最小，相加・相乗平均》

(1) **19**—①　**20**—⑥

(2) **21**—①　**22**—⑥

(3) **23**—①　**24**—⑥　**25**—①　**26**—⓪

◀薬　学　部▶

Ⅰ　解答　《小問6問》

(1)〜(4)　◀文・教育・心理・現代ビジネス・家政・看護学部▶の〔Ⅰ〕(1)〜(4)に同じ。

(5) 12―⑤　13―④　14―③

(6) 15―①　16―②

Ⅱ

◀文・教育・心理・現代ビジネス・家政・看護学部▶の〔Ⅱ〕に同じ。

Ⅲ　解答　《指数方程式・不等式，指数関数の最大・最小》

(1) 22―②　23―④　24―①　25―④

(2) 26―①　27―⑤

(3) 28―②　29―④　30―⑧　31―③　32―⑥　33―④

化　学

◀化学基礎・化学▶

I　解答　《同素体》

1 —④

II　解答　《炎色反応》

2・3 —①・③

III　解答　《原子とその構造》

4 —③

IV　解答　《分子中の電子数，極性分子，分子の形》

5 —④　6 —⑥　7 —③　8 —①

V　解答　《$CaCl_2$ の結晶》

9 —③

VI　解答　《AgCl の溶解度積》

10—⓪　11—①　12—⑦

13―⑤

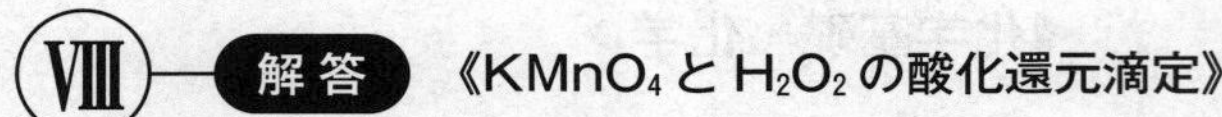

14―⑤　15―②　16―⑦　17―⑤　18―③

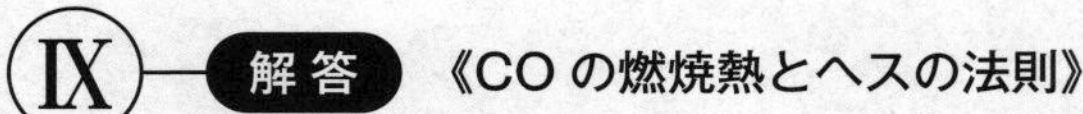

Ⅸ
解答
《CO の燃焼熱とヘスの法則》

19―②　20―⑧　21―③　22―①　23―①　24―①　25―①

Ⅹ
解答
《H2O2 の分解の反応速度式と反応速度定数》

26―③　27―⑥

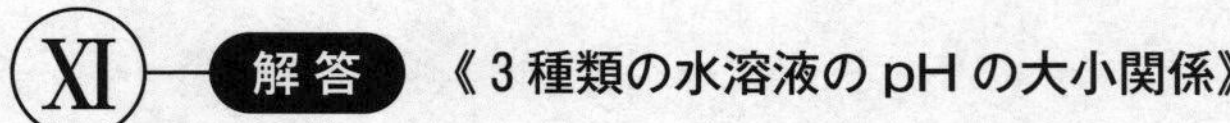

28―③

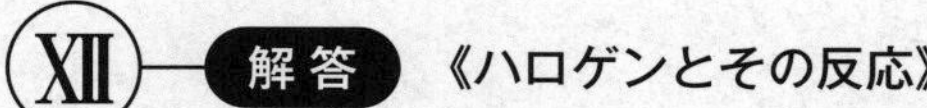

29―①　30―③　31―③

32・33―②・⑥

34―⑦　35―⑥　36―③

XV　解答　《有機化合物の決定》

37—⑦　**38**—⑥　**39**—②　**40**—⑦　**41**—④

XVI　解答　《テトラペプチドの構造決定》

42—①　**43**—④　**44**—⑧

◀化 学 基 礎▶

◀化学基礎・化学▶の〔Ⅰ〕～〔Ⅷ〕に同じ。

生　物

◀生物基礎・生物▶

Ⅰ　解答　《ミクロメーター，視野中の物体，固定液，光学顕微鏡での観察，細胞研究の歴史》

1 —④　2 —⑤

3 —④

4 —⑥

5 —③

6 —④

7 —③　8 —②　9 —⑥　10—⑧

Ⅱ　解答　《ホルモン，水分・塩分の調節》

11・12・13・14—②・③・⑤・⑨

15・16・17—①・③・⑤

18・19—②・③

Ⅲ　解答　《バイオーム，遷移，森林の環境適応，里山の自然》

20—①

21・22—①・⑦

23・24—⑤・⑥

25—②　26—①　27—①　28—②　29—②　30—①　31—①

32・33・34—③・⑤・⑦

35—②

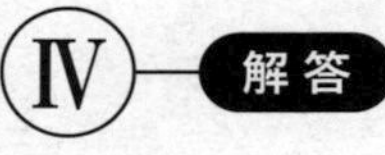

《動物・植物の配偶子形成，三遺伝子雑種での連鎖・組換え価》

36—⑥

37—①　**38**—⑤

39—⑧

40—②

41—①　**42**—⓪

《骨格筋の構造と収縮》

43—⑤

44—⑤

45—④

46—⑤

47—②

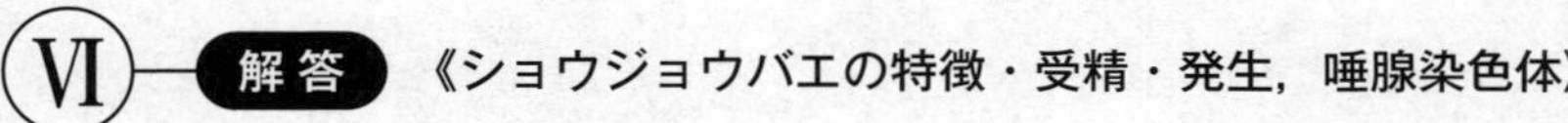

《ショウジョウバエの特徴・受精・発生，唾腺染色体》

48—②

49・50—④・⑤

51—③　**52**—②　**53**—①　**54**—⑦　**55**—④　**56**—⑥　**57**—⑤

58・59—①・④

60—①　**61**—④　**62**—⑥　**63**—③

◀生物基礎▶

◀生物基礎・生物▶の〔Ⅰ〕～〔Ⅲ〕に同じ。

さが滑稽。

問五　(1)—①　(2)—④

三

出典　浅井了意『浮世物語』〈巻第三　十二　自慢するは下手芸といふ事〉

解答

問一　②
問二　③
問三　⑤
問四　③
問五　①・④
問六　②・④

解説

問一　現代語の〝思い切りが悪い〟という意味ではなく、まだ鍛練が充分できていない、未熟な状態をさす。

問二　傍線部イは、前文で〈名人は自慢しない〉と主張したことの根拠を、〈自分より優れた技量を持つものが天下にいくらでもいるから〉と述べている。

問三　第二段落で、絵師が傍線部ウの未熟であるにもかかわらず、自慢して偉そうでわがままな人物の例として描かれている。絵師の発言・行為は③と⑤。なかでも偉そうで無礼な態度が表れているのは⑤。

問四　〈え～打消〉で、〝～できない〟の意味。

問五　自分の技能が未熟なのに自慢して偉そうにわがままにふるまう絵師の、愚かで滑稽な部分にふれているのは①と④。自分が、この絵のような羽の使い方では飛べもしない、と注文主から思われるような程度の絵を描いているにもかかわらず、下手な絵の方を正当化して、かえって本物の白鷺の羽づかいのほうに文句をつけている屁理屈っぷりの強引

いが修正されない〉という内容に追加して、〈意味変容が反映されない〉ことが述べられている。

問四 傍線部イ直前に「辞書は、調書という特異な文書が機能する拡がりのなかで必要とされた」とあり、次段落冒頭には「事案の報告を書いている自らを含め、裁く役割であらわれる主体が読んで理解できるように」とある。「事案の報告を書いている自ら」は②に相当する。また、「裁く役割」側の人間は、②「警察官」、④「司法官」、⑤「巡査」の三者だが、⑤は「調書」前の段階なので当てはまらない。したがって正解は②と④である。

問五 傍線部ウに続く最終段落で、「意味の勘違いや間違いが、当事者からは修正されにくい」「それゆえにある時点で固定された誤った解釈が、孫引きされて定着しやすい」とある。

問六 解釈が「固定」されるのは、犯罪者や現場の巡査・警察官などが隠語を使う具体的な使用の状況から離れて、司法の調書のために隠語辞典として作られたとき。

問七 「合致しないもの」という設問指示に注意。③空欄Aの段落にあるように、現場の巡査は犯罪者たちと直接コミュニケーションをとるなかで習熟するので、隠語辞典を必要としない。⑦最終段落の内容に反する。隠語の意味は変容するが、使用者によって追補・増補される機会を持たないので、隠語辞典の内容は更新されないままになってしまう。

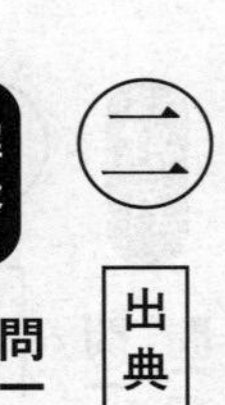

出典 古田亮『特講　漱石の美術世界』（岩波書店）

解答

問一 a―①　b―③　c―②　d―③　e―④

問二 ③

問三 ②

問四 ④

国語

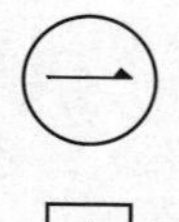

出典　佐藤健二「『供述調書』とエスノグラフィーのすきまに――日本近代の〈ことば〉と〈もの〉」（『現代思想』2023年9月号　青土社）

解答

問一　**a**―②　**b**―①　**c**―④　**d**―③　**e**―①

問二　④

問三　**A**―③　**B**―⑦　**C**―⑧　**D**―⑥

問四　②・④

問五　⑤

問六　④

問七　③・⑦

解説

問二　第三の要件について、傍線部アの次段落に「それは……対象となる現象や事実との一定の距離である」と述べられている。この「一定の距離」に着目すると、空欄Bを含む段落に「それ（隠語の意味の確認と共有）が、ここでいう距離」とあり、続けてこれらの「語彙の蓄積は……司法の空間において……『調書』という媒体によって生みだされた」とあるので④が最も適切。

問三　A、空欄前の内容を空欄後で要約している。B、空欄前に隠語集を作る理由が述べられている。C、空欄前の内容を理由として空欄後の結果が導かれている。D、空欄前の〈実際に隠語を使っている人々は辞書を引かないので間違

一般選抜前期C日程

問題編

▶試験科目・配点

<table>
<tr><th colspan="2">学部・学科</th><th>教　科</th><th colspan="2">科　　　目</th><th>配　点</th></tr>
<tr><td rowspan="6">文</td><td rowspan="3">日本文・書道</td><td>外国語</td><td>コミュニケーション英語Ⅰ・Ⅱ，英語表現Ⅰ</td><td rowspan="2">1教科選択</td><td rowspan="2">100点</td></tr>
<tr><td>数　学</td><td>数学Ⅰ・A</td></tr>
<tr><td>国　語</td><td colspan="2">国語総合（現代文・古文）・現代文B・古典B（漢文は含まない）</td><td>100点</td></tr>
<tr><td rowspan="3">英語英米文</td><td>外国語</td><td colspan="2">コミュニケーション英語Ⅰ・Ⅱ，英語表現Ⅰ</td><td>100点</td></tr>
<tr><td>数　学</td><td>数学Ⅰ・A</td><td rowspan="2">1教科選択</td><td rowspan="2">100点</td></tr>
<tr><td>国　語</td><td>国語総合（現代文・古文）・現代文B・古典B（漢文は含まない）</td></tr>
<tr><td colspan="2" rowspan="4">教　育</td><td>外国語</td><td>コミュニケーション英語Ⅰ・Ⅱ，英語表現Ⅰ</td><td rowspan="4">2教科選択</td><td rowspan="4">各100点</td></tr>
<tr><td>数　学</td><td>数学Ⅰ・A</td></tr>
<tr><td>理　科</td><td>「化学基礎・化学」，「生物基礎・生物」，「化学基礎・生物基礎」より1科目選択</td></tr>
<tr><td>国　語</td><td>国語総合（現代文・古文）・現代文B・古典B（漢文は含まない）</td></tr>
<tr><td colspan="2" rowspan="3">心　理</td><td>外国語</td><td>コミュニケーション英語Ⅰ・Ⅱ，英語表現Ⅰ</td><td rowspan="3">2教科選択</td><td rowspan="3">各100点</td></tr>
<tr><td>数　学</td><td>数学Ⅰ・A</td></tr>
<tr><td>国　語</td><td>国語総合（現代文・古文）・現代文B・古典B（漢文は含まない）</td></tr>
</table>

学部	学科	教科	科目	選択	配点
現代ビジネス	現代ビジネス・公共経営	外国語	コミュニケーション英語Ⅰ・Ⅱ，英語表現Ⅰ	2教科選択	各100点
		数学	数学Ⅰ・A		
		国語	国語総合（現代文・古文）・現代文B・古典B（漢文は含まない）		
	国際観光ビジネス	外国語	コミュニケーション英語Ⅰ・Ⅱ，英語表現Ⅰ		100点
		数学	数学Ⅰ・A	1教科選択	100点
		国語	国語総合（現代文・古文）・現代文B・古典B（漢文は含まない）		
家政	生活デザイン・造形デザイン	外国語	コミュニケーション英語Ⅰ・Ⅱ，英語表現Ⅰ	2教科選択	各100点
		数学	数学Ⅰ・A		
		理科	化学基礎・生物基礎		
		国語	国語総合（現代文・古文）・現代文B・古典B（漢文は含まない）		
	管理栄養	外国語	コミュニケーション英語Ⅰ・Ⅱ，英語表現Ⅰ	2教科選択	各100点
		数学	数学Ⅰ・A		
		国語	国語総合（現代文・古文）・現代文B・古典B（漢文は含まない）		
		理科	「化学基礎・化学」，「生物基礎・生物」，「化学基礎・生物基礎」より1科目選択		100点
薬		外国語	コミュニケーション英語Ⅰ・Ⅱ，英語表現Ⅰ		100点
		数学	数学Ⅰ・Ⅱ・A		100点
		理科	化学基礎・化学		100点
看護		外国語	コミュニケーション英語Ⅰ・Ⅱ，英語表現Ⅰ	3教科選択	各100点
		数学	数学Ⅰ・A		
		理科	「化学基礎・化学」，「生物基礎・生物」，「化学基礎・生物基礎」より1科目選択		
		国語	国語総合（現代文・古文）・現代文B・古典B（漢文は含まない）		

▶備　考

- 上記試験の他，調査書を資料として総合的に判定する。
- 「基礎を付していない」化学の出題範囲は，「物質の変化と平衡，無機物質の性質と利用，有機化合物の性質と利用」とする。
- 「基礎を付していない」生物の出題範囲は，「生殖と発生，生物の環境応答」とする。

英 語

（60 分）

I 次の 1〜10 の [1] 〜 [10] に入れるのに最も適切なものを，それぞれ ①〜④ のうちから一つずつ選び，その番号をマークせよ。

1 The scientist conducted [1] in his laboratory to test the effects of temperature on plant growth.

① a machine　② an experiment　③ an election　④ a concert

2 I can't find my keys. Gary must have picked them up [2].

① by heart　② by mistake　③ by no means　④ by the way

3 If we can't get home before dark, we might [3].

① lose　② be losing　③ have lost　④ get lost

4 As the huge storm was approaching, we [4] making a trip to Los Angeles.

① postponed　② prohibited　③ proceeded　④ perceived

5 The weight of the snow on my garage roof caused it to [5] yesterday.

① bankrupt　② decay　③ collapse　④ clash

6 Haruka is an incredibly successful business person. Her company has orders [6] in from all over the world.

① to come　② coming　③ came　④ have come

7　[7] by the local residents last night, the tour group from Japan started their two-week stay in Hawaii.

① Welcomed　② Welcoming　③ Being welcoming　④ Having welcomed

8　There is a clear [8] between the two candidates.　One has many years of experience in politics, while the other has none.

① construction　② foundation　③ distinction　④ extension

9　A: Excuse me, but do you have Kazuo Ishiguro's latest novel?

B: Let me check.　Oh, unfortunately, it's currently [9] in our store.

① out of order　② out of print　③ out of date　④ out of stock

10　The company is known for its commitment to [10] customer service and its good reputation.

① exceptional　② average　③ poor　④ minimum

II　次の 1～4 の日本文と同じ意味になるように，それぞれ ①～⑥ の語句を並べかえて空所を補い，最も適切な文を完成させよ。解答は [11] ～ [18] に当てはまる番号をマークせよ。ただし，文頭に置かれるものも小文字にしてある。

1　彼女は医者になる夢に向かって努力してきました。

She ____ [11] ____ ____ [12] ____ to become a doctor.

① working　② been　③ dream

④ has　⑤ her　⑥ toward

2　彼が我々のダンスチームに入ろうと入るまいと，私はいっこうに構いません。

It ____ [13] ____ ____ [14] ____ he joins our dance team or not.

① whether　② makes　③ me

④ no　⑤ difference　⑥ to

3　かき氷を急いで食べると頭が痛くなるのはなぜですか。

____ [15] ____ ____ [16] ____ shaved ice too fast?

① what　② headache　③ a
④ eating　⑤ causes　⑥ when

4　納豆について言えば，問題なのは，その見た目よりもむしろその味である。

As for natto, the question is ____ [17] ____ [18] ____ as how it tastes.

① so　② how　③ looks
④ much　⑤ not　⑥ it

III　次の対話文の [19] ～ [23] に入れるのに最も適切なものを，あとの①～⑥のうちから一つずつ選び，その番号をマークせよ。

Kanta: Hi, Mary!　How was your weekend?

Mary: Oh, hi, Kanta!　Thanks for asking.　It was great!　[19]　It's a really beautiful place, isn't it?

Kanta: Yes, it is.　I was there last weekend.　Look at the photo I took.　[20]　It surrounded the shrine.

Mary: Wow!　That is beautiful.　The sea was out when I went.　I think I'll go again next weekend.　Are there any other shrines or temples on the island I should visit?

Kanta: Absolutely!　[21]　It's known for its impressive architecture and statues.

Mary: That sounds interesting!　Is there anything else special about it?

Kanta: It is not only a place of worship but also a center for Buddhist learning.　Someone told me that there are more than 1,000 Buddhist statues in it.

Mary: No way!　That sounds impressive!

Kanta: By the way, if you're interested in temples, I could take you to Mitaki Temple.

Mary: Is it near here?

Kanta: Yes.　[22]　It's really peaceful, and there is a beautiful waterfall in the middle of it.

Mary: That sounds amazing, and it's so close.　Can you take me there during our lunch break?

Kanta: Sure.　There's also a small restaurant on the temple grounds.　[23]

Mary: That sounds great.　If you drive, I'll pay for lunch.

Kanta: Excellent!　Let's meet back here at 11:40.

Mary: Great!　See you soon, Kanta!

① The sea was really high. ② It's only a 10-minute drive from here. ③ We could grab something to eat there. ④ I went to Miyajima to visit Itsukushima Shrine. ⑤ The ferry ride was very expensive. ⑥ Besides Itsukushima Shrine, there's Daishoin Temple.

IV 次の英文の［24］～［28］に入れるのに最も適切なものを，あとの ①～④ のうちから一つずつ選び，その番号をマークせよ。

In Japan, people used to say, "A woman's place is in the home." But that traditional idea is gone now, and double-income households are ［24］. One reason is that one income is no longer sufficient to make ends meet. Another is that women are gaining acceptance in the workplace.

Still, an invisible barrier prevents gender equality in the workplace. ［25］ it is one of the world's biggest economies, Japan is behind other countries in gender equality. About 48% of the adult female population is in the labor force, compared to about 58% in the U.S. Further, over 70% of women in Japan with college degrees quit their jobs, compared with approximately 30% in the U.S. The main reason is to care for their children.

These statistics show the ［26］ social, cultural and economic issues that contribute to the gap in gender equality. The aging population and decreasing birth rate make Japan's situation more complicated. The view that women are responsible for housework is shared not only by men but by women. It is also expected that women will care for aging parents. These responsibilities and the unfavorable environment in the workplace cause many women to leave the workforce.

Unless Japan changes, it will ［27］ in economic growth and global competitiveness. Japan could increase its domestic product growth by almost 15%, if the number of working women increased.

Germany faces similar issues of an aging population and underpaid, underemployed women. The government is considering a benefit program aimed at preventing women from ［28］ their jobs after childbirth. It is also considering a system for hiring more women in government. The Japanese government needs to examine such ideas in order to stimulate its own society, culture, economy and politics to support working women.

It may take time for the nation to tackle these issues. However, changes can be made at the private level. Employers, for example, can increase flexibility in the work schedule. The need to do this is urgent.

(James M. Vardaman　*Front Page of the Future*　三修社　一部改変)

24

① rare ② convenient ③ common ④ selfish

25

① Since ② Although ③ Because ④ Unless

26

① illegal ② only ③ generous ④ various

27

① turn around ② look down ③ get ahead ④ fall behind

28

① leaving ② finding ③ liking ④ making

V

次のメールを読んで，あとの 1～4 の問いに対する最も適切な答えを，それぞれ ①～④ のうちから一つずつ選び，その番号を解答番号 **29** ～ **32** にマークせよ。

Dear Mr. Peterson,

Thank you for coming to our school yesterday to share your latest catalogue and textbooks with our staff. There are two titles that we are interested in, and we'd like to ask you a few more questions about them.

First, would it be possible for each teacher to receive a copy of the student textbook, as well as a teacher's manual, for *English Reading Party*? We have four teachers who are in charge of reading classes, so we would need at least four copies (one or two extra copies, in case of emergencies, would be much appreciated). Also, since our campus Wi-Fi system is still under construction, and we cannot download your audio files, can you provide us with classroom CDs for each teacher? Finally, would you be able to demonstrate how to use the e-textbook edition of *Pronunciation Party*? We are considering that title for future classes, possibly as soon as the next academic year, when all of our classrooms are scheduled to be equipped with touchscreen displays.

I look forward to hearing from you soon,
Naoko Fujita
Head English Teacher, Subarashi Junior & Senior High School

Dear Ms. Fujita,

Thank you for giving me the chance to speak with you about our textbooks and for your interest in them. I will be happy to answer all of your questions.

Yes, each teacher will receive one copy of the student textbook, one copy of the teacher's manual, and one classroom CD, as long as you order at least 30 copies of *English Reading Party* for each class. I would like to send you two extra copies of those materials for no additional fee, as a way of expressing our gratitude for choosing our textbooks for your classes. And I am more than happy to visit your school again and demonstrate the e-textbook edition of *Pronunciation Party*. Please let me know the best day and time for you and we can make arrangements.

Kind regards,
Bill Peterson
Energetic English Publishing Co.

1　What is the purpose of Ms. Fujita's email to Mr. Peterson? **29**

① To give him some advice
② To thank him for the free textbooks
③ To ask him for more specific details
④ To tell him she needs new classrooms

2　Why did Ms. Fujita ask Mr. Peterson for classroom CDs? **30**

① The campus has no CD players.
② The Wi-Fi is not ready yet.
③ The campus is under construction.
④ The Wi-Fi system is too expensive.

3 How much will it cost for the two extra copies of *English Reading Party*? **31**

① They are free.
② Mr. Peterson will charge for them later.
③ There will be an additional cost for every 30 copies.
④ The email doesn't say.

4 When will Mr. Peterson return to Subarashi Junior & Senior High School? **32**

① On the best days for him
② After Ms. Fujita orders at least 30 copies of each textbook
③ In an arrangement for next the academic year
④ After Ms. Fujita replies and they agree on a day and time

VI 次の英文を読んで，あとの 1〜6 の問いに答えよ。

The popular culture of the United States of America has influenced many countries around the world over the past centuries. Various things you know in your home country originate from the US. It is also known as a place of freedom, equality, and opportunity. (**A**), many are unaware of how the United States used education to deculturize*1 people in order to create a unified country. In the US, native peoples, minorities, and immigrants were forced to adjust their behaviors, customs, traditions, values, and religious beliefs as they became part of the nation's dominant culture.

Researchers believe that from the 1830s the common schooling movement in the US was intended to establish a standard American culture. There were so many different beliefs at that time that people were worried about a violent protest. Therefore, the ultimate goal of the authorities was to assimilate*2 the African Americans and Native Americans, and eventually do the same to the immigrants. A surprising example of (B) this can be seen with Noah Webster, who is known for creating Webster's dictionaries. Webster was active in promoting nationalistic and religious American values through education. He published many grammar, reading, writing, and spelling textbooks that were used in the common school curriculum. Although Webster may have intended to educate every young person and increase literacy, his textbooks promoted Protestant culture.

In more severe cases, deculturization was done by force. This was especially true for the Native Americans because of the government's ability to control their communities. Boarding schools were also created as a way to "civilize" them. The aim was to erase the Native American languages, cultures, and religions. The most disturbing part of this process was how children were taken away from their families at an early age and forced to live in boarding schools with poor living conditions. They could spend years away from their families (or sometimes never return), and they were required to wear Western clothing and speak English. Furthermore, the schools tried to create "(**C**)" American citizens by forcing the children to follow American customs and celebrate American holidays and heroes.

Minorities all suffered as the American education system progressed. Similar to the Native Americans, Asian and Hispanic Americans were not allowed to speak their native language in class and were also culturally oppressed*3. Furthermore, the schools which previously helped minorities achieve literacy were gradually restructured into job-training schools. At these schools, the students were mainly taught the skills needed for factory and farm work. African, Asian, and Hispanic Americans were seen by the government as a cheap labor source and were forced into manual labor positions to ensure (D) <u>they would not move above the lower class</u>.

Looking back on the United States' oppressive history, educational policies, and nationalism, it is not surprising that (**E**). That is to say, even though the US has had a fairly open immigration policy, according to the Pew Research Center, it is ranked low in cultural diversity, lower than both of its neighbors (Mexico and Canada). This is partly because much of the minorities' culture was suppressed by the education system in order to assimilate everyone into the national culture. Even to this day, you can be excluded in some parts of the US if you express yourself through different languages, religious beliefs, or cultural values.

（JA Kusaka・Jesse Elam・Dax Thomas　*Global Perspectives in the English-speaking World: Past and Present*　松柏社　一部改変）

*1 deculturize　文化を奪う　　*2 assimilate　同化させる　　*3 oppress　抑圧する

1 (**A**) に入れるのに最も適切な語を，次の ①～④ のうちから一つ選び，その番号を解答番号 **33** にマークせよ。

① Eventually
② Therefore
③ Particularly
④ However

2 下線部 (**B**) の指す内容として最も適切なものを，次の ①～④ のうちから一つ選び，その番号を解答番号 **34** にマークせよ。

① Creating a cultural standard in the US through education at schools
② Promoting mutual understanding between the African Americans and Native Americans
③ Publishing many textbooks in minorities' native languages
④ Teaching many different beliefs and developing freedom and democracy

3 (**C**) に入れるのに最も適切なものを，次の ①〜④ のうちから一つ選び，その番号を解答番号 **35** にマークせよ。

① historical
② respectful
③ awkward
④ stubborn

4 下線部 **(D)** を言い換えた文として最も適切なものを，次の ①〜④ のうちから一つ選び，その番号を解答番号 **36** にマークせよ。

① they would be successful technicians
② they would stay at lower-level positions
③ they would be richer than their neighbors
④ they would move up to manual labor

5 (**E**) に入れるのに最も適切なものを，次の ①〜④ のうちから一つ選び，その番号を解答番号 **37** にマークせよ。

① the US has so many issues today
② the US education system is fair to everyone
③ the US has high cultural diversity
④ the US has a good relationship with Mexico and Canada

6 本文の内容と一致するものを，次の ①〜⑤ のうちから一つ選び，その番号を解答番号 **38** にマークせよ。

① The US is no longer regarded as a place of freedom, equality, and opportunity.

② The US deculturizes itself to let immigrants in.

③ The US bans religions other than Christianity.

④ The US regards language diversity as an obstacle to being a strong country.

⑤ The US has more cultural variety than its neighbors.

数　学

◀文・教育・心理・現代ビジネス・家政・看護学部▶

(60分)

I 次の(1)～(5)の空欄 **1** ～ **17** にあてはまる数字(と同じ番号)をそれぞれの解答番号にマークせよ。なお，分数はそれ以上約分できない形にせよ。

(1) $6x^2-23x+21<0$ を解くと $\frac{\boxed{1}}{\boxed{2}}<x<\frac{\boxed{3}}{\boxed{4}}$ である。

(2) ある都市で1日のうちに雨が降る確率は，前日に雨が降った場合は p，降らなかった場合は $1-p$ であるという。この都市で，雨が降らなかった日につづく3日間において，少なくとも2日は雨が降る確率は，$\boxed{5}-\boxed{6}p+\boxed{7}p^2-\boxed{8}p^3$ である。

(3) データ $(1,3,4)$ の分散を求めて，小数第3位を四捨五入すると $\boxed{9}.\boxed{10}\boxed{11}$ となる。

(4) 三角形ABCは円に内接しており，$\angle \mathrm{A}=37°$ である。また，この円の中心Oは線分AB上に存在する。ここで，線分BCの中点を点Dと置くと，$\angle \mathrm{AOD}$ は，$\boxed{12}\boxed{13}\boxed{14}°$ である。

(5) 関数 $y=|x^2-3x-10|$ の区間 $0 \leqq x \leqq 6$ における最大値は $\frac{\boxed{15}\boxed{16}}{\boxed{17}}$ である。

II あるクラスの男子と女子の人数の比は1:2，男子のうちバレー部員である・ないの人数の比は2:1，女子のうちバレー部員である・ないの人数の比は1:1である。このとき，次の（1）～（3）の空欄 **18** ～ **23** にあてはまる数字（と同じ番号）をそれぞれの解答番号にマークせよ。なお，分数はそれ以上約分できない形にせよ。

(1) クラスから無作為に1人を選んだ場合，女子である確率は，$\dfrac{\boxed{18}}{\boxed{19}}$である。

(2) クラスから無作為に1人を選んだ場合，バレー部員である確率は，$\dfrac{\boxed{20}}{\boxed{21}}$である。

(3) クラスから無作為に1人を選んだ場合,「女子」または「バレー部員でない男子」である確率は，$\dfrac{\boxed{22}}{\boxed{23}}$である。

III 関数 $y=-2x^2+4x$ ―― ① について，次の（1）～（3）の空欄 **24** ～ **36** にあてはまる数字（と同じ番号）をそれぞれの解答番号にマークせよ。

(1) ①のグラフは関数 $y=-2x^2$ のグラフを x 軸方向に **24** , y 軸方向に **25** 平行移動したものである。

(2) ①の定義域が $0 \leqq x < 3$ のとき，値域は $-\boxed{26} < y \leqq \boxed{27}$ である。

(3) $a \leqq x \leqq a+2$ における関数①の最大値を $M(a)$ とすると，
$a < -\boxed{28}$ のとき, $M(a) = -\boxed{29}\,a^2 - \boxed{30}\,a$
$-\boxed{31} \leqq a < \boxed{32}$ のとき $M(a) = \boxed{33}$
$\boxed{34} \leqq a$ のとき $M(a) = -\boxed{35}\,a^2 + \boxed{36}\,a$ となる。

◀薬 学 部▶

(60分)

I 次の (1) ～ (6) の空欄 [1] ～ [19] にあてはまる数字と同じ番号をそれぞれの解答番号にマークせよ。なお，分数はそれ以上約分できない形にせよ。

(1) $6x^2-23x+21<0$ を解くと $\dfrac{[1]}{[2]}<x<\dfrac{[3]}{[4]}$ である。

(2) ある都市で1日のうちに雨が降る確率は，前日に雨が降った場合は p，降らなかった場合は $1-p$ であるという。この都市で，雨が降らなかった日につづく3日間において，少なくとも2日は雨が降る確率は，[5] − [6] p + [7] p^2 − [8] p^3 である。

(3) データ $(1,3,4)$ の分散を求めて，小数第3位を四捨五入すると [9] . [10] [11] となる。

(4) 三角形ABCは円に内接しており，$\angle \mathrm{A}=37°$ である。また，この円の中心Oは線分AB上に存在する。ここで，線分BCの中点を点Dと置くと，$\angle \mathrm{AOD}$ は，[12] [13] [14] ° である。

(5) 曲線 $y=x^3-x^2-x$ と直線 $y=x$ によって囲まれた部分の面積は $\dfrac{[15][16]}{[17][18]}$ である。

(6) 関数 $f(x)=2\log_{10}(x-5)-\log_{10}(x-6)$ の最小値は，$\log_{10}$ [19] である。

II あるクラスの男子と女子の人数の比は1 : 2，男子のうちバレー部員である・ないの人数の比は2 : 1，女子のうちバレー部員である・ないの人数の比は1 : 1である。このとき，次の（1）～（3）の空欄 **20** ～ **25** にあてはまる数字（と同じ番号）をそれぞれの解答番号にマークせよ。なお，分数はそれ以上約分できない形にせよ。

（1）クラスから無作為に1人を選んだ場合，女子である確率は，$\dfrac{\boxed{20}}{\boxed{21}}$である。

（2）クラスから無作為に1人を選んだ場合，バレー部員である確率は，$\dfrac{\boxed{22}}{\boxed{23}}$である。

（3）クラスから無作為に1人を選んだ場合，「女子」または「バレー部員でない男子」である確率は，$\dfrac{\boxed{24}}{\boxed{25}}$である。

III 関数 $f(x) = x^3 - ax^2 + 2x + 16$, $g(x) = -9x^2 + 3x + 15$ がある。曲線 $y = f(x)$ と $y = g(x)$ がともに点Aを通り，点Aでの2曲線の接線が一致するものとする。このとき，次の（1）～（3）の空欄 **26** ～ **31** にあてはまる数字（と同じ番号）をそれぞれの解答番号にマークせよ。なお，分数はそれ以上約分できない形にせよ。

（1）点Aの座標は，(**26** , **27**) である。

（2）定数 a の値は，**28** **29** である。

（3）曲線 $y = f(x)$ と曲線 $y = g(x)$ で囲まれた部分の面積は，$\dfrac{\boxed{30}}{\boxed{31}}$である。

化　学

◀化学基礎・化学▶

（60分）

計算に必要な場合は、次の原子量および定数を用いよ。

H 1.0　**C** 12　**N** 14

O 16　**S** 32

ファラデー定数　96500 C/mol

計算問題では、必要ならば四捨五入して答えよ。

I　リンの同素体に関する記述として**誤りを含むもの**を、次の ① ～ ⑤ のうちから一つ選び、その番号を解答番号 [1] にマークせよ。

① 黄リンは猛毒である。

② 黄リンは水中に保存する。

③ 赤リンはゴムに似た弾性をもつ。

④ 赤リンの毒性は低い。

⑤ 赤リンは自然発火しない。

II 次の原子 ① ～ ⑤ のうち、中性子数が陽子数より2つ多いものを一つ選び、その番号を解答番号 [2] にマークせよ。

① ^{12}C　② ^{16}O　③ ^{26}Mg　④ ^{37}Cl　⑤ ^{40}Ca

III 次の分子 ① ～ ⑥ について、**（ア）** ～ **（オ）** に当てはまるものを一つずつ選び、それらの番号を指定された解答番号 [3] ～ [7] にマークせよ。ただし、同じ番号を繰り返し選んでよい。

① 窒素　② 水　③ 二酸化炭素
④ 塩化水素　⑤ メタン　⑥ アンモニア

（ア） 二重結合をもつもの [3]
（イ） 三重結合をもつもの [4]
（ウ） 非共有電子対を1つもつもの [5]
（エ） 分子の形が正四面体形のもの [6]
（オ） 分子の形が折れ線形のもの [7]

IV メタン CH_4 とプロパン C_3H_8 を 2:1 のモル比で混合した 15.2 g の気体がある。この混合気体を完全燃焼させた。(1)・(2) の問いに答えよ。

(1) 燃焼に要した酸素 O_2 の物質量 n [mol]を、小数点以下 1 桁まで求めよ。解答は、空欄 [8] と [9] に当てはまる数字と同じ番号を、解答番号 [8] と [9] にマークせよ。

n = [8] . [9] mol

(2) 生成した水 H_2O の質量 m [g]を、小数点以下 1 桁まで求めよ。解答は、空欄 [10] ～ [12] に当てはまる数字と同じ番号を、解答番号 [10] ～ [12] にマークせよ。

m = [10] [11] . [12] g

V 質量パーセント濃度 98.0%の濃硫酸 H_2SO_4 の密度は 1.80 g/cm^3 である。この濃硫酸を水で薄めて 1.00 mol/L の希硫酸 200 mL を調製するために必要な濃硫酸の体積 V [mL]を、小数点以下 1 桁まで求めよ。解答は、空欄 [13] ～ [15] に当てはまる数字と同じ番号を、解答番号 [13] ～ [15] にマークせよ。

V = [13] [14] . [15] mL

VI 電離に関する記述として**誤りを含むもの**を、次の ① ～ ⑤ のうちから一つ選び、その番号を解答番号 [16] にマークせよ。

① 水酸化ナトリウムは、水溶液中でほとんど完全に電離している。

② 酢酸の電離度は、濃度が低くなると大きくなる。

③ 酢酸の電離度は、温度が高くなると大きくなる。

④ 同じ濃度の塩酸と酢酸の水溶液では、それらの電気伝導性は等しい。

⑤ 1価の酸 0.1 mol を溶かした水溶液中に水素イオン H^+ が 0.001 mol 存在するとき、酸の電離度は 0.01 である。

VII 塩の性質に関する記述として**誤りを含むもの**を、次の ① ～ ⑤ のうちから一つ選び、その番号を解答番号 [17] にマークせよ。

① 酢酸ナトリウムは正塩で、その水溶液は塩基性を示す。

② 塩化カルシウムは正塩で、その水溶液は中性を示す。

③ 炭酸水素ナトリウムは酸性塩で、その水溶液は塩基性を示す。

④ 塩化アンモニウムは正塩で、その水溶液は酸性を示す。

⑤ 硫酸水素ナトリウムは酸性塩で、その水溶液は中性を示す。

VIII 酸化と還元に関する記述として**誤りを含むもの**を、次の ① ～ ⑤ のうちから一つ選び、その番号を解答番号 18 にマークせよ。

① 銅 Cu を空気中で加熱すると、酸化銅(II) CuO が生成する。このとき銅は酸化される。

② 酸化銅(II) CuO を加熱して水素 H_2 と反応させると、銅 Cu が生成する。このとき酸化銅は還元される。

③ 銅 Cu を塩素 Cl_2 中で反応させると、塩化銅(II) $CuCl_2$ が生成する。このとき銅は還元される。

④ 過酸化水素 H_2O_2 水溶液と硫化水素 H_2S 水溶液を混合すると、硫黄 S が生成する。このとき過酸化水素は還元される。

⑤ 硫化水素 H_2S と塩素 Cl_2 を混合すると、塩化水素 HCl と硫黄 S が生成する。このとき塩素は還元される。

IX 以下の構成を持つ鉛蓄電池を用いて、一定時間放電を行った。

$$(-)\ \mathbf{Pb}\ |\ \mathbf{H_2SO_4}\ \mathrm{aq}\ |\ \mathbf{PbO_2}\ (+)$$

放電前の電解液の質量は2.00 kg であり、質量パーセント濃度 37.4%の硫酸が含まれていた。放電後には、電解液中の硫酸濃度は 30.0%へと減少した。**(1)・(2)** の問いに答えよ。

(1) 放電によって消費された電解液中の硫酸イオンの物質量 n [mol]を、小数点以下 2 桁まで求めよ。解答は、空欄 [19] ～ [21] に当てはまる数字と同じ番号を、解答番号 [19] ～ [21] にマークせよ。

$n =$ [19] . [20] [21] mol

(2) 放電した電気量 q [C]を有効数字 3 桁で求めよ。解答は、空欄 [22] ～ [24] に当てはまる数字と同じ番号を、解答番号 [22] ～ [24] にマークせよ。

$q =$ [22] . [23] [24] $\times 10^5$ C

X　下の図の実線は、触媒を加えない条件で水素 H_2 とヨウ素 I_2 が反応してヨウ化水素 HI が生成するときのエネルギー変化を表している。破線 (a) ～ (d) のうち、触媒を加えたときのエネルギー変化を表しているものとして最も適切なものはどれか。また、触媒の添加により、この反応の活性化エネルギーはどのように変化するか。正しい組み合わせを次の ① ～ ⑧ のうちから一つ選び、その番号を解答番号 **25** にマークせよ。

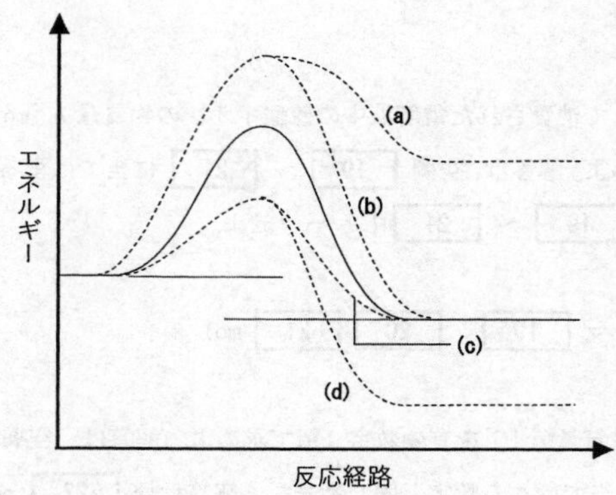

	触媒の作用を示すグラフ	活性化エネルギー
①	(a)	大きくなる
②	(a)	小さくなる
③	(b)	大きくなる
④	(b)	小さくなる
⑤	(c)	大きくなる
⑥	(c)	小さくなる
⑦	(d)	大きくなる
⑧	(d)	小さくなる

XI 硝酸の工業的製造法であるオストワルト法について、**(1)**・**(2)** の問いに答えよ。

(1) 下の文章中の [26] と [27] に当てはまる化合物として最も適切なものを、次の ①～⑤のうちから一つずつ選び、それらの番号を解答番号 [26] と [27] にマークせよ。

① N_2O　② NO　③ NO_2　④ N_2O_4　⑤ N_2O_5

オストワルト法は三段階の化学反応１～３からなる。化学反応１では、白金触媒の存在下、空気中でアンモニアを800℃に加熱して、[26] をつくる。化学反応２では、[26] を室温で空気中の酸素と反応させ、[27] に変化させる。化学反応３では、[27] を水と反応させ、硝酸と [26] が生成する。生じた [26] は化学反応２に利用される。

(2) 化学反応１は次の反応式で表される。係数a、b、cに当てはまる数字と同じ番号を、指定された解答番号 [28] ～ [30] にマークせよ。

$$a\ NH_3 + b\ O_2 \rightarrow c\ \boxed{26} + 6\ H_2O$$

a [28]　b [29]　c [30]

XⅡ アルミニウムに関する記述として**誤りを含むもの**を、次の ① ～ ⑥ のうちから二つ選び、それらの番号を解答番号 31 と 32 にマークせよ。ただし、解答の順序は問わない。

① 単体は強塩基の水溶液と反応して水素を発生するが、酸とは反応しない。

② 単体は濃硝酸と反応すると不動態となり、反応が進行しない。

③ ジュラルミンは、アルミニウムを主成分とする合金である。

④ 硫酸アルミニウム $Al_2(SO_4)_3$ と硫酸カリウム K_2SO_4 の濃い混合水溶液を冷却すると、ミョウバンの結晶が得られる。

⑤ テルミット法は、アルミニウムの酸化力を利用して金属の単体を得る方法である。

⑥ ルビーやサファイアは、微量の重金属イオンが取込まれた酸化アルミニウム Al_2O_3 を主成分とする結晶である。

XⅢ 次の金属イオン ① ～ ⑦ を含む水溶液の試料について、操作Ⅰ～Ⅵを順に行い、各イオンを分離した。

① Ag^+　② K^+　③ Ca^{2+}　④ Cu^{2+}
⑤ Pb^{2+}　⑥ Zn^{2+}　⑦ Al^{3+}

操作Ⅰ：試料に希塩酸を加えると白色沈殿が生じたため、ろ過して沈殿とろ液に分離した。

操作Ⅱ：操作Ⅰで得られた沈殿に熱水を加え、ろ過して沈殿 A とろ液に分離した。ろ液にクロム酸カリウム K_2CrO_4 水溶液を加えると黄色の沈殿 B が生じた。

操作Ⅲ：操作Ⅰで得られたろ液に硫化水素 H_2S を通じると黒色の沈殿 C が得られたので、ろ過して沈殿とろ液に分離した。

操作Ⅳ：操作Ⅲで得られたろ液を煮沸して H_2S を除き、多量のアンモニア水を加え塩基性にしたところ、白色の沈殿 D が得られたので、ろ過して沈殿とろ液に分離した。

操作Ⅴ：操作Ⅳで得られたろ液に硫化水素を通じたところ、白色の沈殿 E が得られたので、ろ過して沈殿とろ液に分離した。

操作Ⅵ：操作Ⅴで得られたろ液に炭酸アンモニウム水溶液を加えると、白色の沈殿 F が得られたので、ろ過して沈殿とろ液に分離した。

沈殿 A ～ F に含まれる金属イオンを、① ～ ⑦ のうちからそれぞれ一つ選び、それらの番号を指定された解答番号 [33] ～ [38] にマークせよ。

A [33]　B [34]　C [35]
D [36]　E [37]　F [38]

2024年度　一般前期C　化学

XIV 有機化合物の異性体に関して、次の（1）・（2）の問いに答えよ。

（1） 分子式が C_3H_8O で示される有機化合物には、何種類の構造異性体が存在するか。その数と同じ番号を解答番号 **39** にマークせよ。

（2） 分子式が $C_6H_3Cl_3$ で示される芳香族化合物には、何種類の構造異性体が存在するか。その数と同じ番号を解答番号 **40** にマークせよ。

XV あるアルコール A を酸化することでアルデヒド B を、さらに酸化することでカルボン酸 C を得た。B と C は、ともに銀鏡反応を示した。アルコール A に当てはまるものを ① ～ ⑥ のうちから一つ選び、その番号を解答番号 **41** にマークせよ。

① エタノール　② 1-プロパノール　③ 2-プロパノール

④ メタノール　⑤ エチレングリコール　⑥ ベンジルアルコール

XVI あるアミノ酸の分子量は 149 で、その等電点は 5.7 であった。その構造式を、次の ① ～ ④ のうちから一つ選び、その番号を解答番号 **42** にマークせよ。

① $H_2N-CH_2-CH_2-CH_2-CH_2-CH(NH_2)-COOH$

② $CH_3-S-CH_2-CH_2-CH(NH_2)-COOH$

③ $HOOC-CH_2-CH_2-CH(NH_2)-COOH$

④ $HS-CH_2-CH(NH_2)-COOH$

◀化 学 基 礎▶

(注)「生物基礎」とあわせて１科目として解答。

(60 分)

◀化学基礎・化学▶の〔Ⅰ〕~〔Ⅷ〕に同じ。

生　物

◀生物基礎・生物▶

（60 分）

I　酵素に関する次の（1）～（6）の問いに答えよ。

（1）　ある生物では、酵素ａ、ｂ、ｃ、ｄの触媒作用により物質Ａから物質Ｂ、Ｃ、Ｄ、Ｅが生成される。しかし酵素ａ、ｂ、ｃ、ｄがどのような順番で作用し、物質Ｂ、Ｃ、Ｄがどのような順番で生成されるかは分かっていない。そこで、次の実験Ⅰ～Ⅳを行った。次の図の（ア）～（ウ）にあてはまる適切な物質を次の①～③のうちから一つずつ選び、それらの番号を解答番号［1］～［3］にマークせよ。

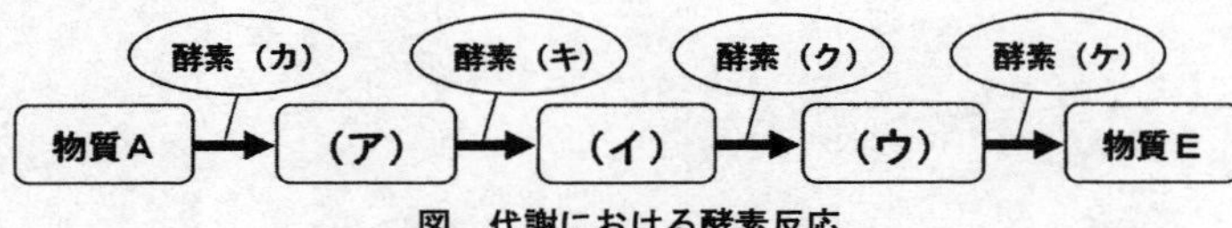

図　代謝における酵素反応

実験Ⅰ：物質Ａに、酵素ａとｃを加えると、物質Ａは変化しなかった。

実験Ⅱ：物質Ａに、酵素ｂとｄを加えると、物質Ｃが生成された。

実験Ⅲ：物質Ａに、酵素ａとｂを加えると、物質Ｄが生成された。

実験Ⅳ：物質Ｃに、酵素ａを加えると、物質Ｂが生成された。

①　物質Ｂ　　②　物質Ｃ　　③　物質Ｄ

（ア）［1］　　（イ）［2］　　（ウ）［3］

（2）　問い（1）の実験結果から、図の酵素（カ）～（ケ）にあてはまる適切な酵素を次の①～④のうちから一つずつ選び、それらの番号を解答番号［4］～［7］にマークせよ。

①　酵素ａ　　②　酵素ｂ　　③　酵素ｃ　　④　酵素ｄ

酵素（カ）［4］　　酵素（キ）［5］

酵素（ク）［6］　　酵素（ケ）［7］

（3） 酵素の性質を調べるために、次の手順で**実験Ⅴ**を行った。手順2の直後に、気泡が発生した試験管は何本あったか。解答と同じ数字の番号を解答番号［8］にマークせよ。ただし気泡の発生した試験管が無い場合は0（ゼロ）をマークせよ。

実験Ⅴの手順

手順1：　試験管3本（ⅰ、ⅱ、ⅲ）を用意して、それぞれに3%過酸化水素水を5 mL入れた。

手順2：　試験管ⅰに石英粒、試験管ⅱにすりおろしたダイコン、試験管ⅲにブタの肝臓片をそれぞれ同じ質量で入れた。

気泡の発生した試験管［8］本

（4） 問い（3）の**実験Ⅴ**の観察が終わった後、ⅰ～ⅲすべての試験管から気泡が発生していないことを確認してから、すべての試験管に、**実験Ⅴ**の手順2と同質量の酸化マンガン（Ⅳ）を加えた（**実験Ⅵ**）。直後に、気泡が発生した試験管は何本あったか。解答と同じ数字の番号を解答番号［9］にマークせよ。ただし気泡の発生した試験管が無い場合は0（ゼロ）をマークせよ。

気泡の発生した試験管［9］本

（5） 問い（4）の**実験Ⅵ**の観察が終わった後、ⅰ～ⅲすべての試験管から気泡が発生していないことを確認してから、すべての試験管に、3%過酸化水素水を5 mL入れた。直後に気泡が発生した試験管は何本あったか。解答と同じ数字の番号を解答番号［10］にマークせよ。ただし気泡の発生した試験管が無い場合は0（ゼロ）をマークせよ。

気泡の発生した試験管［10］本

（6） ヒトの酵素に関する次の①～⑥の記述のうち、最も適切なものを一つ選び、その番号を解答番号［11］にマークせよ。

① アミラーゼは、肝臓や腎臓、赤血球に多く含まれている。

② 赤血球内のヘモグロビンが酸素と結合する際には、酵素がはたらく。

③ 多くの酵素は消化酵素のように細胞外ではたらくが、細胞内ではたらく酵素もある。

④ 酵素は、DNAの遺伝情報をもとに、アミノ酸を鎖状につなげることで合成される。

⑤ ミトコンドリア内では、酵素のはたらきによって、無機物から有機物が合成される。

⑥ 多種多様の酵素が存在しており、これまでに、約10万種類の酵素が確認されている。

Ⅱ 遺伝子とそのはたらきに関する次の（1）～（5）の問いに答えよ。

（1） 次の（ア）～（オ）の物質について、DNAのみに含まれるものには①を、RNAのみに含まれるものには②を、DNAとRNAの両方に含まれるものには③を、DNAとRNAのどちらにも含まれないものには④を解答番号 12 ～ 16 にマークせよ。

（ア）アデノシン　（イ）アミノ酸　（ウ）デオキシリボース
（エ）チミン　（オ）グアニン

（ア） 12 　（イ） 13 　（ウ） 14 　（エ） 15 　（オ） 16

（2） ある動物の体細胞の核には2組のゲノムがあり、このゲノムを構成するDNAの塩基対数は、1×10^9である。この動物の体細胞の1個が分裂を行う場合、細胞周期のS期が終わった時点で核にあるDNAの塩基対数はいくらになっているか。次の①～⑦のうちから最も適切なものを一つ選び、その番号を解答番号 17 にマークせよ。

① 5×10^8　② 1×10^9　③ 2×10^9　④ 4×10^9　⑤ 6×10^9
⑥ 8×10^9　⑦ 1×10^{10}

（3） 問い（2）の動物の体細胞について、細胞周期のM期が終わった時点で娘細胞核1個あたりに分配されたDNAの塩基対数はいくらになっているか。次の①～⑦のうちから最も適切なものを一つ選び、その番号を解答番号 18 にマークせよ。

① 5×10^8　② 1×10^9　③ 2×10^9　④ 4×10^9　⑤ 6×10^9
⑥ 8×10^9　⑦ 1×10^{10}

（4） 問い（2）の動物のゲノムには、12500個の遺伝子があり、さらに遺伝子1個あたり平均の塩基対数は4000であるとする。この場合、この動物の**遺伝子以外の領域**がゲノムの全塩基配列に占める割合（%）は、いくらになると考えられるか。次の①～⑥のうちから最も適切なものを一つ選び、その番号を解答番号 19 にマークせよ。

① 5%　② 10%　③ 25%　④ 50%　⑤ 75%　⑥ 95%

（5） 多細胞生物のからだを形成する細胞は、受精卵が体細胞分裂を繰り返しながら増え、さらに特定の形やはたらきをもつ細胞に分化したものである。細胞の分化に関する記述として適切なものを次の①～⑦のうちから二つ選び、それらの番号を解答番号 20 と 21 にマークせよ。ただし、解答の順序は問わない。

① 分化した後の細胞の中には、G_2期で細胞周期を停止し、G_0期とよばれる休止期に入るものもある。

② 組織や器官の違いによって、発現している遺伝子の種類が異なる。
③ 分化した後の細胞は、受精卵とは異なるゲノムをもつ。
④ 体細胞分裂の際に、複製される遺伝子と複製されない遺伝子があることで、どのような細胞に分化するのかが決まる。
⑤ 赤血球は、造血幹細胞とよばれる細胞が分化して生じたものである。
⑥ 受精卵と分化した細胞では、ゲノムに含まれる遺伝子の数が互いに異なる。
⑦ 分化した後の細胞は、その後に分裂を行うことはできない。

Ⅲ ヒトの自律神経に関する次の（1）～（5）の問いに答えよ。

（1） 自律神経のはたらきに関する次の①～⑦の記述のうち、**誤っているもの**を三つ選び、それらの番号を解答番号 22 ～ 24 にマークせよ。ただし、解答の順序は問わない。

① 副交感神経がはたらくと、気管支は拡張する。
② 交感神経がはたらくと、血圧は上がる。
③ 副交感神経のはたらきによって、胃腸のぜん動は促進される。
④ 交感神経のはたらきによって、立毛筋は収縮する。
⑤ 暑いとき、交感神経のはたらきによって発汗が促進される。
⑥ 血糖濃度が低下すると、副交感神経のはたらきが高まる。
⑦ 交感神経のはたらきによって、排尿は促進される。

（2） 自律神経の分布に関する次の①～⑦の記述のうち、**誤っているもの**を三つ選び、それらの番号を解答番号 25 ～ 27 にマークせよ。ただし、解答の順序は問わない。

① 自律神経系は、末梢神経系に含まれない。
② 自律神経系は、体性神経系に含まれる。
③ 中脳から出る副交感神経がある。
④ 延髄から出る副交感神経がある。
⑤ 脊髄の胸の部分から出る交感神経がある。
⑥ 副交感神経は、平滑筋に分布していない。
⑦ 副交感神経は、立毛筋に分布していない。

(3)　血液中の二酸化炭素濃度が高まると、心臓に分布する自律神経はどのような状態になるか。次の①～③の記述のうち、最も適切なものを一つ選び、解答番号 28 にマークせよ。

① 交感神経がはたらく。

② 副交感神経がはたらく。

③ 交感神経も副交感神経もはたらかない。

(4)　血液中の二酸化炭素濃度は、心臓拍動中枢によって感知される。心臓拍動中枢は次の①～⑤のうちどこにあるか。最も適切なものを一つ選び、解答番号 29 にマークせよ。

① 大脳　② 間脳　③ 中脳　④ 小脳　⑤ 延髄

(5)　心臓拍動中枢からの信号が自律神経によって伝えられる部分は、心臓のどこにあるか。次の①～④のうち、最も適切なものを一つ選び、解答番号 30 にマークせよ。

① 左心房　② 左心室　③ 右心房　④ 右心室

IV　生殖と遺伝情報の分配に関する次の（1）～（5）の問いに答えよ。

(1)　ある被子植物の花の色には、青と赤があり、これには互いに独立している 2 組の対立遺伝子 A と a、B と b が影響することが分かっている。なお、遺伝子 A、B は、それぞれ遺伝子 a、b に対して優性である。この植物の花の色と遺伝子型との関係について調べたところ、次の表 1 のような結果となった。この被子植物の花の色と遺伝子型との関係に関する次の①～⑧の記述のうちから適切なものを二つ選び、それらの番号を解答番号 31 と 32 にマークせよ。ただし、解答の順序は問わない。

表1

青い花となる遺伝子型	*AABB*,	*AABb*,	*AaBB*,	*AaBb*	
赤い花となる遺伝子型	*AAbb*,	*Aabb*,	*aaBB*,	*aaBb*,	*aabb*

① 2つある遺伝子座のどちらかで優性の遺伝子が発現すれば、青い花となる。

② 2つある遺伝子座のどちらかで優性の遺伝子が発現すれば、赤い花となる。

③ 2つある遺伝子座のどちらかで劣性の遺伝子が発現すれば、青い花となる。

④ 2つある遺伝子座のどちらかで劣性の遺伝子が発現すれば、赤い花となる。

⑤ 2つある遺伝子座のどちらかで優性の遺伝子が発現し、もう一方の遺伝子座で劣性の遺伝子が発現する場合に限り、青い花となる。

⑥ 2つある遺伝子座のどちらかで優性の遺伝子が発現し、もう一方の遺伝子座で劣性の遺伝子が発現する場合に限り、赤い花となる。

⑦　2つある遺伝子座の両方で優性の遺伝子が発現する場合に限り、青い花となる。

⑧　2つある遺伝子座の両方で劣性の遺伝子が発現する場合に限り、赤い花となる。

(2)　問い（1）の植物について、青い花の個体と赤い花の個体からそれぞれ一つを選んで交配し、雑種第一代（F_1）を得た。赤い花の個体の遺伝子型に関係なく、F_1の花の色が全て青色になった場合、青い花の個体の遺伝子型は、次の①～④のうちのどれであると考えられるか。最も適切なものを一つ選び、その番号を解答番号 33 にマークせよ。

①　*AABB*　　②　*AABb*　　③　*AaBB*　　④　*AaBb*

(3)　問い（1）の赤い花の個体のうちから、遺伝子型が*AAbb*、*aaBB*、*aabb*のものを選び、それぞれを問い（2）で解答した遺伝子型の個体（青い花）と交配してF_1を得た。さらにそれぞれのF_1について、F_1どうしを交配して雑種第二代（F_2）を得た。この場合のF_2の表現型の分離比について、次の表2の（ア）～（ウ）にあてはまる最も適切なものを次の①～⑥のうちから一つずつ選び、それらの番号を解答番号 34 ～ 36 にマークせよ。なお、同じ番号を繰り返し選んでもよい。

表2

赤い花の個体の遺伝子型	F_2の表現型の分離比
AAbb	（ア）
aaBB	（イ）
aabb	（ウ）

①　全て青い花になる　　②　青い花：赤い花 ＝ 15:1

③　青い花：赤い花 ＝ 13:3　　④　青い花：赤い花 ＝ 3:1

⑤　青い花：赤い花 ＝ 9:7　　⑥　全て赤い花になる

（ア） 34　　（イ） 35　　（ウ） 36

(4)　問い（3）で得られたF_2について、F_2の遺伝子型の種類が最も多くなるのは、F_1を得る際に、赤い花の個体に関して、どの遺伝子型の個体を交配に用いた場合か。次の①～③のうちから最も適切なものを一つ選び、その番号を解答番号 37 にマークせよ。

①　*AAbb*　　②　*aaBB*　　③　*aabb*

(5)　問い（4）で解答した遺伝子型の個体を用いて交配を行った場合に、F_2の遺伝子型は全部で何種類になるか。解答と同じ数字の番号を解答番号 38 と 39 にマークせよ。ただし、10の位にあてはまる適切な数字が無い場合は0（ゼロ）をマークせよ。（例　5種類の場合、 0 5 種類とマークすること。）

F_2の遺伝子型 38 39 種類

V ヒトの刺激の受容と反応に関する次の（1）～（6）の問いに答えよ。

（1）　神経細胞の静止電位に関する記述として、次の①～⑤のうち、最も適切なものを一つ選び、その番号を解答番号 40 にマークせよ。

① 細胞の外側は、内側に対して電位は低くなっている。
② 細胞外は、マイナス 60 ～ マイナス 90 ボルトという電位となっている。
③ 細胞膜には、ナトリウムチャネルと 2 種類のカリウムチャネルがある。
④ 細胞の内側のナトリウムイオン濃度は、細胞の外側より高い。
⑤ ナトリウムポンプは、エネルギーを使わずにナトリウムイオンを細胞内へ運んでいる。

（2）　神経細胞の活動電位に関する記述として、次の①～⑤のうち、最も適切なものを一つ選び、その番号を解答番号 41 にマークせよ。

① 興奮する際には、ナトリウムチャネルはエネルギーを使って開く。
② 興奮する際には、ナトリウムイオンは細胞内に入る。
③ 興奮する際には、電位に依存しないカリウムチャネルは閉じる。
④ 活動電位の終了の際には、ナトリウムチャネルはゆっくりと開く。
⑤ 活動電位の終了の際には、静止時には開いていた電位依存性カリウムチャネルは閉じるので、電位は静止時のレベルに戻る。

（3）　末梢神経において、跳躍伝導と関係するものとして、次の①～④のうち、最も適切なものを一つ選び、その番号を解答番号 42 にマークせよ。

① オリゴデンドロサイト
② 無髄神経繊維
③ アストロサイト
④ ランビエ絞輪

(4) シナプスと興奮伝達に関する記述として、次の①～⑤のうち、最も適切なものを一つ選び、その番号を解答番号 43 にマークせよ。

① シナプスでは、神経終末は、他のニューロンや効果器と200～500 nmの隙間をおいて接続している。

② シナプス前細胞の神経終末まで興奮が伝導すると、電位依存性のナトリウムチャネルが開く。

③ シナプス小胞のエキソサイトーシスが誘発されると、神経伝達物質がシナプス間隙に放出される。

④ シナプス前細胞が放出する神経伝達物質が、シナプス後細胞の興奮を引き起こすことを興奮の伝導という。

⑤ シナプス後細胞には、伝達物質依存性のイオンポンプが多数ある。

(5) 皮膚感覚の中枢として、次の①～⑤のうち、最も適切なものを一つ選び、その番号を解答番号 44 にマークせよ。

① 大脳の頭頂葉

② 間脳

③ 小脳

④ 延髄

⑤ 脊髄の腹根

(6) 扁桃体(へんとうたい)のはたらきが関わるものとして、次の①～⑤のうち、最も適切なものを一つ選び、その番号を解答番号 45 にマークせよ。

① 味覚

② 視覚

③ 欲求・感情

④ 記憶形成

⑤ 血糖・体温調節

Ⅵ オジギソウの苗を購入し、安田女子大学安東キャンパス内に設置した植木鉢で栽培して観察した。次の（1）～（7）の問いに答えよ。

（1）　オジギソウの葉に指先で軽く触れると、葉は接触によって素早く折りたたまれた。植物の運動のうち、このような現象を何というか。次の①～③のうちから適切なものを一つ選び、その番号を解答番号 46 にマークせよ。

① 屈性　② 傾性　③ 走性

（2）　問い（1）の現象を説明する記述として適切なものを次の①～⑦から三つ選び、それらの番号を解答番号 47 ～ 49 にマークせよ。ただし、解答の順序は問わない。

① 細胞内のイオン濃度が変化して起こる現象
② オーキシンの極性移動によって起こる現象
③ アミロプラストという細胞小器官が細胞内で移動することで起こる現象
④ 細胞内の液胞の膨張の度合いが変化することで起こる現象
⑤ 細胞膜の流動性を高める脂質の割合が変化することで起こる現象
⑥ 細胞壁を押し広げようとする圧力が変化して起こる現象
⑦ アブシシン酸の合成の調節によって起こる現象

（3）　問い（1）で解答した植物の運動の別の例として、適切なものを次の①～⑦のうちから二つ選び、それらの番号を解答番号 50 と 51 にマークせよ。ただし、解答の順序は問わない。

① インゲンマメの茎が、光の方向に向かって伸びる現象
② 昼間に温度が上がると、チューリップが開花する現象
③ 茎頂分裂組織から、花をつくる芽（花芽）が分化する現象
④ タンポポの花に、光があたると開花する現象
⑤ 植物の根が、水分に向かって伸びる現象
⑥ 花粉が発芽して、花粉管が胚珠に到達する現象
⑦ 病原体の感染部位の周囲で、細胞死が起こる現象

(4) オジギソウの成長の様子に関する次の①～⑦の記述のうち、**誤っているもの**を一つ選び、その番号を解答番号 52 にマークせよ。

① オーキシンは茎だけでなく根の成長も促進する。
② 根において、重力の方向は根冠によって感知される。
③ 茎が光の方へと伸びるのは、光の当たっている側の細胞の伸長が、抑制されるからである。
④ 茎頂分裂組織では、茎の成長とともに、その周辺部で葉の原基がつくられる。
⑤ 茎頂分裂組織が若い葉に囲まれたものが芽である。
⑥ 葉のつけ根と茎の間にある芽を側芽という。
⑦ 花芽は頂芽や側芽が変化したものである。

(5) オジギソウは、やがてピンク色の花を咲かせた。その際、おしべのやくの中で起こっている現象に関する次の文章中の（ ア ）～（ カ ）にあてはまるものとして適切なものを、次の①～⑨のうちから一つずつ選び、それらの番号を解答番号 53 ～ 58 にマークせよ。ただし、同じ番号を繰り返し選んでもよい。

おしべの先端のやくの中では、1個の（ ア ）が減数分裂を行って、（ X ）個の細胞からなる（ イ ）ができる。（ イ ）の細胞は離れてそれぞれ（ ウ ）になり、さらに細胞の不等分裂によって、（ エ ）と（ オ ）が生じる。この後、（ エ ）が（ オ ）に取り込まれて成熟した（ カ ）となる。

① 花粉　② 花粉四分子　③ 胚のう細胞　④ 反足細胞
⑤ 精細胞　⑥ 花粉管細胞　⑦ 助細胞　⑧ 雄原細胞
⑨ 花粉母細胞

ア 53　イ 54　ウ 55
エ 56　オ 57　カ 58

(6) 問い（5）の文章中の（ X ）にあてはまる数と同じ数字の番号を選び、その番号を解答番号 59 にマークせよ。

X 59

(7) オジギソウの古くなった葉は黄色くなり、茎から落ちた。植物の能動的な落葉を誘導する植物ホルモンとして適切なものを次の①～⑧から二つ選び、それらの番号を解答番号 60 と 61 にマークせよ。ただし、解答の順序は問わない。

① オーキシン　② ジベレリン　③ ジャスモン酸
④ サリチル酸　⑤ アブシシン酸　⑥ エチレン
⑦ ブラシノステロイド　⑧ サイトカイニン

◀生 物 基 礎▶

(注)「化学基礎」とあわせて1科目として解答。

（60分）

◀生物基礎・生物▶の〔Ⅰ〕~〔Ⅲ〕に同じ。

問八 本文に記された内容と合致しないものを、次の①〜⑤のうちから一つ選べ。解答は、解答番号 **38** に、その番号をマークせよ。

① 人のもとで奉公している生侍は、何もする事が無かったために、他の人のまねをして清水へ千日詣を二度した。
② 生侍は、清水へ千日詣を二度した後に、主のもとで奉公をするという同じような境遇の侍と双六をした。
③ 生侍は、「この愚か者に会ったものよ」とおかしく思って、よろこんで双六に勝った侍を清水に連れて行った。
④ 双六に勝った侍は、清水の前で、師の僧から文を受け取るとよろこび、清水をふし拝みながら退去して行った。
⑤ 双六に負けた侍は、まもなく牢屋に居ることになり、勝った侍は、徳がついて、官職を得ることになった。

問四　空欄 X ・空欄 Z には、同じ語句が入る。最も適切なものを、次の①～⑤のうちから一つ選べ。解答は、解答番号 34 に、その番号をマークせよ。

①　なき事なり　②　あしき事なり　③　よき事なり　④　謀る事なり　⑤　責むる事なり

問五　空欄 Y に入る最も適切なものを、次の①～⑤のうちから一つ選べ。解答は、解答番号 35 に、その番号をマークせよ。

①　す　②　さす　③　しむる　④　む　⑤　め

問六　傍線部エに「この由」とある。この意味として、最も適切なものを、次の①～⑤のうちから一つ選べ。解答は、解答番号 36 に、その番号をマークせよ。

①　双六に勝った侍が、負けた侍のために、清水に千日詣を二度すること。
②　双六に負けた侍が、勝った侍に、清水に二千度お参りしたことを渡すこと。
③　双六に負けた侍が、清水に千日詣をして、勝った侍に支払うこと。
④　双六に負けた侍が、勝った侍から、清水で行った千日詣の文をもらうこと。
⑤　双六に負けた侍が、することがないために、清水に千日詣を二度したこと。

問七　傍線部オに「思ひかけぬ便りある妻まうけて」とある。現代語訳として、最も適切なものを、次の①～⑤のうちから一つ選べ。解答は、解答番号 37 に、その番号をマークせよ。

①　思いをかけた便りを送ってくれる妻をもらって
②　思いがけない手紙が届き、妻をもらって
③　思いがけず生活に恵まれた妻をもらって
④　思いがけない連絡があり、妻は利を得て
⑤　思いが込められた便りがあり、妻は利を得て

（注）　※1　清水 ＝ 清水寺。京都市東山区にある北法相宗（きたほっそうしゅう）の寺。本尊は十一面千手観世音菩薩（じゅういちめんせんじゅかんぜおんぼさつ）。
※2　人屋 ＝ 罪人を捕らえて押しこめておく屋舎。牢屋（ろうや）。

問一　傍線部アに「いくばくもなく」とある。この意味として、最も適切なものを、次の①～⑤のうちから一つ選べ。解答は、解答番号 31 に、その番号をマークせよ。

①　まもなく　②　理由もなく　③　することなく　④　はなはだしくなく　⑤　なにやかやとなく

問二　傍線部イに「にて」とある。文法的な説明として、最も適切なものを、次の①～⑤のうちから一つ選べ。解答は、解答番号 32 に、その番号をマークせよ。

①　接続助詞
②　断定の助動詞＋接続助詞
③　完了の助動詞＋接続助詞
④　格助詞
⑤　形容動詞＋接続助詞

問三　傍線部ウに「笑ひける」とある。「聞く人」が笑った理由として、最も適切なものを、次の①～⑤のうちから一つ選べ。解答は、解答番号 33 に、その番号をマークせよ。

①　清水に二千度参ったことを渡すという生侍の話は、双六で勝った侍をだますためだと思い、ばからしく感じたから。
②　双六で負けた生侍が、勝った侍に、清水に二度お参りした行為を渡すと言ったことが、ばからしいと感じたから。
③　清水にお参りしたことが、双六の負けの代償になると考える生侍が、常識外れでおかしなことだと思えたから。
④　する事が無いために行った清水への千度のお参りを、勝った侍に渡すという生侍の提案が、みっともないと思ったから。
⑤　双六をして負けた生侍が勝った侍に言った、清水への二千度参りを渡すとの話を、ばからしく感じたから。

問十三　この文章にタイトルをつけるとすれば、次のうちどれがふさわしいと考えられるか。最も適切なものを、次の①～⑤のうちから一つ選べ。解答は、解答番号 30 に、その番号をマークせよ。

① 選択的注意と芸術　② 要、不要　③ 木を見る、森を見る
④ 文楽、公園　⑤ 認知の不思議

二

次の文章を読んで、あとの問いに答えよ。

今は昔、人のもとに宮仕へしてある生侍(なまさぶらひ)ありけり。する事のなきままに、清水(※1きよみづ)へ人まねして、千日詣(せんにちまうで)を二度したりけり。その後アいくばくもなくして、主(しゅう)のもとにありける同じやうなる侍と双六(すぐろく)を打ちけるが、多く負けて、渡すべき物なかりけるに、いたく責めければ、思ひわびて、我持ちたる物なし。只今貯(ただいまたくは)へたる物とては、清水に二千度参りたる事のみなんある。それを渡さんといひければ、イ傍(かたは)らにて聞く人は、謀るなりと、をこに思ひてウ笑ひけるを、この勝ちたる侍、いと X 。渡さば得んといひて、いな、かくては請け取らじ。三日して、エこの由を申して、おのれ渡す由の文書きて渡さばこそ請け取ら Y といひければ、 Z と契(ちぎ)りて、その日より精進(しやうじん)して、三日といひける日、さは、いざ清水へといひければ、この負侍(まけさぶらひ)、この痴者(しれもの)にあひたると、をかしく思ひて、悦(よろこ)びてつれて参りにけり。いふままに文書きて、御前にて師の僧呼びて、事の由申させて、二千度参りつる事、それがしに双六に打ち入れつと書きて取らせければ、請け取りつつ悦びて、ふし拝みまかり出でにけり。

その後、いく程なくして、この負侍、思ひかけぬ事にて捕へられて人屋(※2ひとや)にゐにけり。取りたる侍は、オ思ひかけぬ便りある妻まうけて、いとよく徳つきて、司(つかさ)などなりて、頼もしくてぞありける。

目に見えぬものなれど、まことの心を致して請け取りければ、仏、哀(あは)れと思(おぼ)しめしたりけるなめりとぞ人はいひける。

（『宇治拾遺物語』による）

① 高い木の枝の上におにぎりを乗せたままにしていたこと。
② 木の上に置いたおにぎりを食べずに忘れてしまっていること。
③ 保管場所を手の届かないほど高い木の上に設定してしまっていること。
④ 焼きたらこおにぎりを、保管場所にふさわしくない木の上に置いたこと。
⑤ スキーマが発達した結果、木の上のおにぎりにまで気をとられていること。

問十二 傍線部カに「芸術が生まれ、芸術を楽しむ」とある。この文章から筆者はどのような「芸術」観を持っていると考えられるか。適切でないものを、次の①〜⑥のうちから二つ選べ。解答は、解答番号 **28** と **29** に、それらの番号をマークせよ。ただし、解答の順序は問わない。

① 文楽の人形の動作に集中しているうちに、操作をしている人形遣いの存在が気にならなくなるくらい、物語を鑑賞する者を引き込む魅力が芸術にはある。
② この世で人間が生活するうえで、必要だと認知しているもの以外の、不要なものを観察し抽出した「おもしろ」さを表現することから、芸術は生まれる。
③ 芸術は崇高な世界であり、一般人には認知されない「おもしろ」さを秘めているもので、芸術家はそうした高尚な精神性を表現へとつなげられる人間だ。
④ 普段われわれが抱いている先入観にとらわれず、新たな気づきやとらえ方で対象を認知するところからこそ、芸術が生まれ、芸術を楽しむことができる。
⑤ 不要な情報に囲まれているときに、ふいに認知されるあらたな視点や感覚のおもしろさを抽出して、それを表現の世界にまで高められるのが芸術家だ。
⑥ 必要な情報を瞬時に察知し認識するためのスキーマを、普段から充実させているからこそ、芸術家は現実をゆがめてとらえた「おもしろ」さを創作する。

③ 前もって用意しておいた、ある対象を認識するために必要な一連の知識（スキーマ）を喚起させたうえで関連づけること。
④ 行動の目的や周囲の状況に対応させた一連の知識（スキーマ）を照らし合わせ、人間存在の真実まで深く掘りあてること。
⑤ ある対象を認識するために必要な一連の知識（スキーマ）を、前もって用意し、すみやかに認識できるよう保持すること。

問九 傍線部エに「『知る』ことで見えてくるという感覚」とある。その説明として、最も適切なものを、次の①～⑤から一つ選べ。解答は解答番号 **25** に、その番号をマークせよ。

① スキーマを充実させ、身につけることで、うろうろしながらさがしていた目的物が見つけられる段階に達すること。
② スキーマを充実させ、身につけることで、何かを認知する際にまず質感や動きを「なんとなく」感じとれること。
③ スキーマを充実させ、身につけることで、たとえばきのこを見つけると、「！」がなんとなく照合できてくること。
④ 一連の知識を得てゆくことで、たとえばバードウォッチングを原初的な感覚で行い、鳥類全般に関して物知りになること。
⑤ 幅広い知識を所有し、生き物全般についてのセンサーを蓄積し、博学になって「おもしろい」感覚が磨かれること。

問十 空欄 **C** ～ **H** に、それぞれ言葉を入れた場合、最も適切な組み合わせを、次の①～⑤のうちから一つ選べ。解答は、解答番号 **26** に、その番号をマークせよ。

① C 察知 ── D 検出 ── E 検出 ── F 察知 ── G 察知 ── H 察知
② C 検出 ── D 察知 ── E 察知 ── F 検出 ── G 検出 ── H 検出
③ C 検出 ── D 検出 ── E 検出 ── F 察知 ── G 察知 ── H 察知
④ C 察知 ── D 検出 ── E 察知 ── F 検出 ── G 察知 ── H 察知
⑤ C 察知 ── D 察知 ── E 察知 ── F 検出 ── G 検出 ── H 検出

問十一 傍線部オに「相当うっかりものだ」とある。ここで「うっかり」していたとはどういう状況か。その説明として、不適切なものを、次の①～⑤のうちから一つ選べ。解答は、解答番号 **27** に、その番号をマークせよ。

問五　空欄 B に入る語句として、最も適切なものを、次の①～⑤のうちから一つ選べ。解答は、解答番号 16 に、その番号をマークせよ。

①　集中が必要　②　視野が必要　③　運動量の消費　④　情報が必要　⑤　運動量が重要

問六　本文中の空欄 I ～ V に入る、最も適切なものを、次の①～⑤のうちから一つずつ選べ。解答は、解答番号 17 ～ 21 に、I から順にそれらの番号をマークせよ。

①　つまり　②　ところで　③　そして　④　たとえば　⑤　それどころか

問七　傍線部イに「瞬間ごとに情報の取捨選択をおこなう」とある。ここで筆者の考えている「情報の取捨選択」の説明として、適切なものを、次の①～⑥のうちから二つ選べ。解答は、解答番号 22 と 23 に、それらの番号をマークせよ。ただし、解答の順序は問わない。

①　目的をもって街路を歩くときには、安全に注意しながら、設置された物、人や車の動きといった情報を意識しておく必要がある。
②　目的をもって街路を歩くときには、障害物や案内板といった人工物でも意識的に「おもしろい」情報に変換しておく必要がある。
③　目的をもって街路を歩くときには、街路樹の地衣類など、不要とされる情報にも注意できるような、心のヨユウを持つ必要がある。
④　公園の森の中に入ると、道路を歩いたときよりも日常生活に必要な情報を忘れ、芸術家のような創造力が湧くように思えてくる。
⑤　公園の森の中に入ると、道路を歩いたときよりも不要な情報が増え、かえってそれらの発見が「おもしろい」ものに思えてくる。
⑥　公園の森の中に入ると、道路を歩いたときよりふだんの生活に必要な情報に敏感となり、「おもしろい」ことも不要に思えてくる。

問八　傍線部ウに「別のスキーマを掘りおこす」とある。その説明として、最も適切なものを、次の①～⑤から一つ選べ。解答は解答番号 24 に、その番号をマークせよ。

①　ある対象を認識するために必要な一連の知識（スキーマ）を自己の内面の深部まで掘りおこし、刷新させて照合すること。
②　一連の知識（スキーマ）を、自分が「おもしろい」と感じたものにまで抽出して表現につなげられるよう掘りおこすこと。

問二　傍線部h〜lに相当する漢字の部首を、次の①〜⑤のうちからそれぞれ一つずつ選べ。解答は、解答番号 8 〜 12 に、hから順にそれらの番号をマークせよ。

h　ブンミャク　①あみがしら　②わかんむり　③おおざと　④りっとう　⑤にくづき
i　ゴジ　①こざとへん　②ごんべん　③おんなへん　④にんべん　⑤てへん
j　ヤミクモ　①くさかんむり　②つつみがまえ　③かくしがまえ　④もんがまえ　⑤ふしづくり
k　ナゾ　①かいへん　②のぎへん　③ごんべん　④さんずい　⑤おんなへん
l　カタヨった　①にんべん　②しめすへん　③ころもへん　④りっしんべん　⑤しんにょう

問三　空欄 A に入る表現として、最も適切なものを、次の①〜⑤のうちから一つ選べ。解答は、解答番号 13 に、その番号をマークせよ。

①　人形遣いが三人　②　文楽人形だらけ　③　黒衣の人だかり
④　頭巾の男ばかり　⑤　男性たちの頭巾

問四　傍線部アに「かれらの存在がまったく気にならない」とある。その理由として、適切なものを、次の①〜⑥のうちから二つ選べ。解答は、解答番号 14 と 15 に、それらの番号をマークせよ。ただし、解答の順序は問わない。

①　太夫の語りがわかりやすく、三味線が気分を盛り上げ、笑いどころも多かったから。
②　人形遣いたちの体幹がしっかりしていて、腰も据わっていると感じさせるから。
③　人形の動作だけに注意を向けれていればよいため、人形遣いを認識することは不要となるから。
④　人形遣いが「見えないゴリラ」よろしく、いつの間にかまんなかを通り過ぎるのと同じだから。
⑤　命を吹き込まれた文楽人形の熱演に集中し、人形遣いの存在を意識しなくなるから。
⑥　人形遣いの熱演によって物語に集中するあまり、文楽人形の存在が取捨選択されるから。

d　トウソク
① トウメンは少ない予算で生活して行こう。
② 先発トウシュは5回までヒットを打たれなかった。
③ おいしいケーキだがトウドが高い。
④ 苦手なトウリツをして頭がくらくらする。
⑤ トウセイのとれた行進は美しいものだ。

e　キンルイ
① 百円キンイツのコーナーでお菓子を買う。
② あまりキンム態度のよくない社員。
③ アルコールにはジョキン効果がある。
④ ジムに通ってフッキンをきたえる。
⑤ キンチョウカンのある講義に出席した。

f　ヨユウ
① 古くからのシンユウと再会した。
② 雨の日が続くとユウウツな気分になる。
③ 彼はいつもユウジュウフダンではっきりしない。
④ 彼らはユウフクな家庭に育った。
⑤ 彼はいつもユウゲン実行を心がけている。

g　ヨウシ
① セカイシの常識をくつがえす発見。
② 私はあの人をひそかにシボしている。
③ 教員のシシツを備えている若者。
④ 介護シセツに入居して生活する。
⑤ 彼女は生きるシセイがよい。

問一　傍線部a～gに相当する漢字を含むものを、次の①～⑤のうちからそれぞれ一つずつ選べ。解答は、解答番号 **1** ～ **7** に、aから順にそれらの番号をマークせよ。

a　キ**フク**

①　南アルプスの天然のフクリュウ水。
②　休養をとり体力をカイフクさせた。
③　あの薬には強いフクサヨウがある。
④　健康はコウフクな人生をもたらす。
⑤　チョウフクしている写真データを消す。

b　**シン**

①　シンパク数の正常値を教えてください。
②　シンの勇者とはどのようなものだろう。
③　金属バットのシンにジャストミートした。
④　新首相のショシン表明演説をテレビで視聴した。
⑤　あの夫婦はシンゼン結婚式をすることにした。

c　ショ**サ**

①　決勝の試合にキンサで敗れる。
②　サボウダムが町を土石流から守った。
③　福井県西部はかつてワカサの国と呼ばれた。
④　組み立てサギョウに熱中する。
⑤　会社の経営状況をカンサする。

スキーマのなかに、質感や動きや匂いが含まれているからなのだろう。いずれも「なんとなく」という感じなのは、「なにか」として認知する、**V** 意味処理される前の認知過程で注意を向けている、ということなのかもしれない。

それは、ふだんの物のとらえ方と少し違う、原初的な感覚のようにも感じる。

旧石器時代の人びとや縄文人、さらにさかのぼってホモ・サピエンス以前の人類も、狩猟採集生活をしていた人たちは、おそらく相当感度の高いセンサーをもって、獲物や採集物をとらえていたはずだ。

数年前、公園でふと「！」のセンサーが働いて、なにげなく上を見た。すると高い木の枝に、なぜかおにぎりがちょこんと置いてあった。手が届かないので写真を撮って拡大してみると、フィルム未開封の直火焼きたらこおにぎりだ。人かカラスか、[k]ナゾのままだったが、いずれにしても[オ]相当うっかりものだ。と思ったが、いや、自分もそういう不要なものに気をとられているから、うっかり電柱にぶつかったりするのだと反省した。

人間の認知のしくみについて知れば知るほど、絶対的なものなどなにもないという気持ちになる。自分の見ている世界が、かなり[1]カタヨったものであることには自覚的でいたい。

でも、見えていないものや、ゆがんでとらえているものがたくさんあるからこそ、[カ]芸術が生まれ、芸術を楽しむことができるのだと思う。

（齋藤(さいとう)亜矢(あや)『ルビンのツボ　芸術する体と心』による／一部改変）

（注）※1　文楽　＝　操(あやつり)浄瑠璃(じょうるり)芝居。三味線を伴奏とし、太夫の義太夫節に合わせて三人の人形遣いが人形を操り上演する。

※2　黒衣　＝　文楽の人形遣いが着る黒い衣装。

※3　クリストファー・チャブリスとダニエル・シモンズの映像　＝　一九九九年にハーバード大学で行われた「選択的注意テスト」という実験映像。

※4　イグノーベル賞　＝　ノーベル賞のパロディで一九九一年に創設。人々を笑わせ、考えさせた独創的な研究業績に毎年授与される。

※5　キャプション　＝　写真や映像に添えられた字幕や説明文。

必要な情報を瞬時に察知して認識するために、その状況やブンミヤクに関連したスキーマを準備しておく。文章にゴジがあっても気づかずに読めてしまうのも、知っている単語のスキーマにあてはめて認識しているからだ。

このとき、準備したスキーマでは認識できないと、別のスキーマを掘りおこすので時間がかかる。たとえば前任校を二年ぶりに訪れたとき。知りあいの学生に会うたびに、見事に二度見された。目が合ってから識別されるまでに必ず一瞬の間がある。

学生はまず、この場所で会うかもしれない人物のスキーマと照合しようとするけれど、そのリストからわたしが外れているからだろう。こちらは知っている学生に会うかもしれないと思っているので、遠くからでも気づいて手を振ったりする。でも、以前よりおとなびて、すっかり雰囲気が変わった学生に会ったときは、お互いに二度見をしてしまった。

その状況やブンミヤクによって、関連するスキーマを呼びおこして備える。知識が増えるとスキーマも充実するので、わずかな手がかりからでも察知し、認識しやすくなる。

この「知る」ことで見えてくるという感覚は、野生生物のフィールドワークのときにも強く実感することだ。

学生のころ、授業をきっかけに、しばらくきのこ採集に通っていたら、きのこの［C］能力が少し身についた気がした。はじめは山のなかをヤミクモにうろうろ、きょろきょろして歩きまわり、ようやく見つけるという感じだった。それがやがて、なにげなく山道を歩いていても、ふと、きのこが目に飛びこんでくるようになった。

きのこの好む場所がわかってきただけでなく、きのこを採集するぞ、となると、目がきのこモードになって［D］力が上がる感じだ。いわば、きのこスキーマが発動した状態なのだろう。地面や木の幹、倒木のすみ、少し離れた草むらの陰。なんとなく「！」と感じて、よく見ると、そこにきのこがある。

ときどきバードウォッチングに通っていた時期もあって、そのときには鳥の［E］力が少し上がった。この場合も、鳥見をするぞ、と思うと目が鳥モードになる。木の上などになんとなく「！」と感じて、注意して見ると、鳥が枝を移る動きで居場所がわかるのだ。もっとも、鳥にくわしい人は、格段にすぐれた鳥［F］能力をもっている。一緒に鳥見に行くと、街なかの公園でも、こんなに多くの種類の鳥がいるのかと驚かされた。

生き物の存在を［G］するときは、形より先に、質感や動きで［H］しているような気がする。文字どおり、なんか匂う、というときもある。

無駄な情報を切り捨て、必要な情報だけに目や耳を向ける。^(イ)瞬間ごとに情報の取捨選択をおこなうのは、脳の限られた容量を効率よくつかうためだ。

では、ふだんの生活のなかで必要な情報ってなんだろう。外を歩きながら考えた。

道路に出て、まず、ぶつかったり、転んだりしないように気をつけるべきは、段差、電柱などの障害物、それから、すれ違う人の動き。道路を横断するときには、横断歩道の位置や信号の色、近づいてくる車の動きも確認が必要だ。**Ⅲ**目的地に向かうために、案内板や地図を確認し、目印となる曲がり角のパン屋さんやお店の看板を探す。もともと情報を伝達するためにつくられた人工物は要チェックだ。

でも、それ以外の多くのものは、わざわざ注意を向ける必要がないものばかりだった。傘をもつべきか判断するのに、晴れか雨か空を見上げる必要はあるが、はるか上空の渡り鳥のV字編隊に気づく必要はない。街路樹は障害物として認識する必要はあるが、ウメノキゴケなどの地衣(ちい)類（藻(そう)類と共生する^(e)キンルイ）がこっそり彩っていることに気づく必要はない。

今度は公園の森のなかに入る。道路を歩くときよりも必要な情報が少なくなり、不要な情報に目を向ける^(f)ヨユウが出てきた。カラスがかっこよく滑空して、すとんと地面に舞い降りる瞬間や、アリの巣穴が暗号のように並んでいるところ、クスの木の枝ぶりが、なんでそんなことになったのだろうというような不思議な曲がり方をしているのも目に入る。

ふいに、上からくるくると優雅に回りながら落ちてくるものがある。なんだろう、カエデの種かなと思って拾い上げる。ブナの木の小枝だ。左右交互に少しねじれてついた葉が、プロペラのような回転の力を生み出していたのだろう。

おもしろいなあと思った。そして、気づけば「おもしろい」と感じるものはすべて、不要な情報だった。

自分の場合は一人でおもしろがっているだけだけれど、人に見えていない「おもしろい」を抽出して表現につなげるのが、アーティストなのだろう。

さて、なにが必要でなにが不要かは、そのときの行動の目的や周囲の状況によって違ってくる。

Ⅳ電車に乗るために急いでいるときには、すれ違う一人ひとりの顔の情報はいちいち必要ない。でも、改札口で待ち合わせの相手を探しているときには、その付近にいる人の背格好や顔、髪型や服装などに注意を向ける。このとき、相手の顔や^(g)ヨウシについての一連の知識（スキーマ）が呼びおこされ、それと照らしあわせることで、すみやかに認識できる。もっともそのせいで、背格好の似た別人に遠くから手を振って、気まずい思いをすることもある。

挙手一トウ[d]ソクに集中しているうちに、物語にすっかり引き込まれていた。

そうか、人形遣いは「見えないゴリラ」と一緒だと思った。アメリカのクリストファー・チャブリス[※3]とダニエル・シモンズの映像で、イグ[※4]ノーベル賞も取っている。まだご覧になっていない方には、先を読む前にぜひ、その映像を見ることをお薦めしたい。

映像は、指令からはじまる。

「白い服のグループがパスを回した回数を数えてください」

白い服と黒い服のグループがそれぞれ、バスケットボールでパスを回しはじめる。相手のグループの間を縫うように流動的に立ち位置をずらし、バウンドパスも入れたりするので、かなりの B だ。

映像が終わると、正解の回数が示される。よし、あたり。

ほっとしたところで「 I 、あなたはゴリラを見ましたか?」というキャプション[※5]があらわれる。んん? と思っている間に映像があろうことか、パスをしている人びとの横から着ぐるみのゴリラが悠々とあらわれて、まんなかで堂々と胸を叩(たた)いてから通り過ぎてゆくではないか。

巻き戻し再生される。

はじめて見たときは衝撃的だった。あんなに真剣に見ていたのに、ゴリラがまったく見えていなかった。

わたしたちはふだん、目に入るたくさんの情報のなかから、そのとき必要なものだけを選んで注意を向けている。その「選択的注意」のおかげで、雑踏のなかで知り合いを見つけたり、がやがやした居酒屋で相手の話す声を聞きとったりすることができる。

それと同じしくみで、白服とボールだけに注意を向けているからゴリラが見えない。文楽の人形だけに注意を向けているから人形遣いが気にならないのだろう。

ちゃんと見ているつもりでも、見えていないものがたくさんある。 II 、しっかり見ようとすればするほど、見えなくなっているのだ。

見えないゴリラに気づく人も一定数いるが、バウンドのパスとそうでないパスを別々に数えるなど、より B な課題にすると、気づかない人が増えるという。

国語

（六〇分）

一

次の文章を読んで、あとの問いに答えよ。

いただいたチケットで文楽[※1]を観（み）にいった。長い演目についていけるか不安だったが、太夫（たゆう）の語りはわかりやすく、三味線が気分を盛り上げる。[a]キフクのある話には笑いどころも多くて楽しかった。

驚いたのは人形の動きがリアルなこと。人形に[b]シンはないはずなのに、体幹がしっかりして腰も据わっていると感じさせる。顔のパーツを動かして表現される表情だけでなく、一つひとつの[c]ショサにも喜びや悲しみなどの感情が表れていて、人格をもった小さな人のように見えてきた。そして人情深くイケメンな性格の主人公が、とにかく魅力的だった。

人形を動かしているのは[※2]黒衣（くろご）の人形遣いだ。それも一体の人形を三人の人形遣いが操る。一人目の人形遣いは主遣い（おもづかい）と呼ばれ、頭（かしら）と右手を担当。二人目の左遣いが左手を操り、三人目の足遣いが足を操る。司令塔は主遣いで、二人はその動きのきっかけをとらえて合わせるそうだが「一人」と感じさせる一体感が見事だった。

人形のそばに、何倍もの大きさの男性が三人控えている。左遣いと足遣いは黒い頭巾をかぶっているが、主遣いは顔もあらわだ。しかも人形ごとに三人の人形遣いがいるから、シーンによっては舞台上に［　A　］という状態。

それなのに、[ア]かれらの存在がまったく気にならないから不思議だ。命を吹き込まれた小さな役者さんたちが熱演を繰り広げている。その一

解答編

英語

I 解答 1－② 2－② 3－④ 4－① 5－③ 6－②
7－① 8－③ 9－④ 10－①

解説

1． conduct an experiment「実験を行う」

2． by mistake「誤って」

3． get lost「道に迷う」

4． 各選択肢は，①「延期する」，②「禁止する」，③「続行する」，④「感知する」という意味。「激しい嵐が近づいていたので我々はロスまでの旅行を（　　）した」の文脈に合うのは①である。

5． 各選択肢は，①「破産させる」，②「腐る」，③「崩れる」，④「衝突する」という意味。「昨日，（車庫へ降った）雪の重さのせいで車庫が（　　）」の文脈に合うのは③である。

6． 第2文「彼女の会社は世界中から入ってくる注文がある」という内容。orders coming in from all over the world「世界中から入ってくる注文」

7．「昨夜そのツアーグループは地域住民に歓迎されて」の副詞節を分詞構文で表現したもので①が正解。受動態の分詞構文は being を省略する。

8． 各選択肢は①「建設」，②「基礎」，③「違い」，④「拡張」という意味。「二人の候補者にはハッキリとした（　　）がある」の文脈に合うのは③である。

9． B「調べてみます。残念ですが，今のところ店には（　　）です」この文脈に合うのは④「在庫がない」である。

10．「その会社はお客様への（　　）サービス第一主義と良い評判で有名です」の文脈に合う①「並外れた」が正解。

Ⅱ 解答 11―② 12―⑤ 13―④ 14―③ 15―⑤ 16―⑥ 17―① 18―⑥

解説

11・12. ④―②―①―⑥―⑤―③

work toward～「～に向かって努力する」

13・14. ②―④―⑤―⑥―③―①

make no difference to～「～にはそんなに違わない」

15・16. ①―⑤―③―②―⑥―④

What causes a headache?「何が頭痛を引き起こすのか？／なぜ頭痛がするのか？」

17・18. ⑤―①―④―②―⑥―③

not so much *A* as *B*「*A* というよりはむしろ *B*」

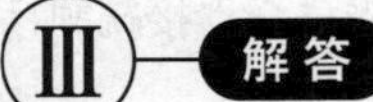

Ⅲ 解答 19―④ 20―① 21―⑥ 22―② 23―③

解説

《厳島神社周辺のおすすめの場所》

19. カンタに週末はどうだったかを聞かれたメアリーが答えている場面である。空所の直後に「そこは本当に美しい場所ですね」とあるので，具体的な場所に言及している④「厳島神社を訪れるために宮島に行った」が正解。

20. カンタが厳島神社に行ったときのことを話している場面である。空所の直前で「僕が撮った写真を見てよ」とあり，空所直後に「それが神社を取り囲んだ」と続けているので it に当たるものを考えればよい。メアリーの２番目の発言（Wow! That is beautiful. …）の中に「私が行ったときは海（の水）はなかった」とあるので it は the sea だと判断できる。よって①「海（の水）は本当に（潮位が）高かった」が正解。

21. メアリーに厳島神社以外のおすすめの神社や寺を聞かれてカンタが答えている場面なので⑥「厳島神社以外には大聖院があるよ」が正解。

22. メアリーに三滝寺はこの近くにあるかを聞かれてカンタが近いと答えた後に続く返答なので，②「ここから車でほんの 10 分だよ」が正解。

23. 空所直後のメアリーの発言「それはいいね。あなたが運転してくれるのなら私が昼食代は出すわ」とあるので，カンタはレストランで昼食をとろうと提案していることがわかる。よって③「何か買ってそこ（レストラン）で食べられるね」が正解。

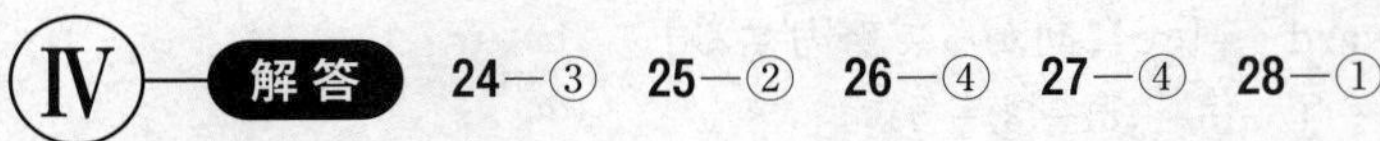

Ⅳ　解答　24―③　25―②　26―④　27―④　28―①

解説

《日本の女性就業率》

24. 空所の前の１文（In Japan, …）で「日本では，女性の居場所は家庭であると以前は言っていた」と述べていて，空所を含む１文は「しかしそういった従来の考えは今はなく，共働き世帯が（　　）」である。よってこの文脈に合うのは③「一般的だ」である。

25. 空所を含む文は「日本は世界最大の経済大国の１つ（　　），男女平等においては他の国に後れている」であるので，この文脈に合う接続詞は②「～だけれども」である。

26. 空所を含む１文は「このような統計は男女平等における格差をうみだしている（　　）社会的，文化的そして経済的な問題を指摘している」であり，第２文以降に女性が働きにくい理由を複数記述している。この文脈に合うのは④「さまざまな」である。

27. 空所を含む１文は「日本が変わらない限り，日本は経済成長や世界競争において（　　）だろう」の意味。第２段第１文（Still, an invisible …）の内容が日本の女性が働きにくい現状を述べていることからも，この文脈に合うのは④「後れを取る」である。

28. 空所を含む１文は「（ドイツ）政府は女性に出産後仕事を（　　）させないことを目的とした福利厚生制度を検討している」とあり，続く第３文（It is also …）に「また政府は行政においてもっと多くの女性を雇用する制度も検討している」とあるので，この文脈に合うのは①「～を去る，辞める」である。

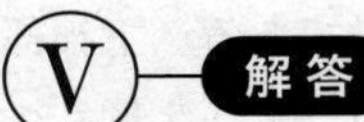
29−③　30−②　31−①　32−④

解説

《英語教材導入に関するメールのやりとり》

29. 最初のメール，第1段第2文後半（we'd like to…）に「それら（2つの教材）について質問したいのです」とあるので，③「彼（ピーターソン）にそれらについてさらに詳細を尋ねるため」が正解。

30. 最初のメール，第2段第3文前半（Also, since our…）に「私どもの学校では Wi-Fi システムを構築中で，オーディオファイルがダウンロードできませんので」とあるので，②「Wi-Fi がまだ準備されていない」が正解。

31. 2番目のメール，第2段第2文（I would like…）に「我々のテキストを選んでいただいた感謝の気持ちを表して，追加料金なしでそれらの教材の2冊の余分をお送りしたいと思います」とあるので①「(それらは）無料である」が正解。for no additional fee「追加料金なしで」

32. 2番目のメール，第2段最終文（Please let me…）に「手配しますので，ご都合の良い日時をお知らせください」とあるので④「フジタ先生が返答し，互いが日時に同意した後」が正解。

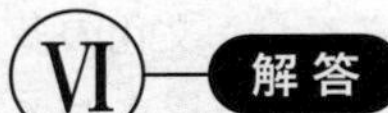
33−④　34−①　35−②　36−②　37−①　38−④

解説

《アメリカの自国統一戦略》

33. 空所の直前の1文（It is also…）に「それ（アメリカ）はまた自由，平等そして好機の場所として知られている」とあり，空所を含む1文((　A　), many are unaware…）に「(　A　)，多くの人はいかにアメリカ合衆国が統一された国づくりのために教育を使い人々の文化を奪ったかに気づいていない」と書かれているので，逆接を表す接続副詞④However「しかしながら」が正解。

34. 第2段第1文（Researchers believe that…）「研究者たちは，1830年代から，アメリカの共通の学校制度運動は，基準となるアメリカ文化を確立することを意図していた，と信じている」とある。この第2段は，基準となるアメリカ文化の確立運動について言及している段である。下線部(B)を含む1文（A surprising example …）に「this（この）ような驚くべき一例がウェブスター辞書を作ったことで知られるノア＝ウェブスターに関して見て取ることができる」とあるので，下線部(B)が指す内容は①「学校教育を通してアメリカの文化基準を作り出すこと」が正解。

35. 空所を含む1文（Furthermore, the schools …）には「さらに学校は子どもたちにアメリカの慣習に従わせたり，アメリカの祭日や英雄を祝福させたりすることによって，『（　C　）』アメリカ市民を作り出そうとした」とある。この段は力によって文化を奪ってきた事例を列挙していることからも②「立派な，礼儀正しい」が適切である。

36. 下線部(D)を含む1文（African, Asian, and …）を直訳すると「アフリカ人，アジア人そしてヒスパニック系アメリカ人は政府によって安価な労働源として見られ，彼らが下級階層からどうしても動けないことを確実にするために肉体労働の地位に押しやった」となる。下級階層とは肉体労働の地位を指すと考えられるので，②「彼らが下位の立場（肉体労働の地位）にいるままにする」が正解。

37. 空所を含む最終段第1文（Looking back on …）「合衆国の圧政的な歴史，教育政策そして国家主義を振り返ってみると，（　E　）は驚くことではない」とあり，直後の第2文（That is to …）に「つまり，ピュー研究所によると，合衆国にはかなり開かれた移民政策があるが，文化の多様性においては隣の両国（メキシコとカナダ）よりも下位にランクされているということである」とある。第2文にある that is to say「つまり」は言い換え表現であるので，空所にはアメリカに対して否定的な内容が入る。よって①「合衆国は今日非常に多くの問題を抱えている」が正解。

38. ①「合衆国はもはや自由，平等そして好機の場所としてみなされていない」は第1段第3文（It is also …）の内容より不適。②「合衆国は移民を受け入れるため自国の文化を奪った」は第1段第4文（（　A　）, many are unaware …）より不適。③「合衆国はキリスト教以外を禁じている」は本文中に記載がないので不適。④「合衆国は強い国になるため，言語の多様性を障害とみなしている」は直接該当する文は存在しないが，さまざまな文化的背景をもつ人々に，英語による“アメリカ人”を作るための教育を強制してきた，という本文の内容には反してはいないので正解。

⑤「合衆国には隣国よりも多くの文化の多様性がある」は最終段第２文（That is to…）より不適。

数　学

◀文・教育・心理・現代ビジネス・家政・看護学部▶

Ⅰ　解答　《小問5問》

(1) 1 —③　2 —②　3 —⑦　4 —③

(2) 5 —①　6 —②　7 —③　8 —②

(3) 9 —①　10—⑤　11—⑥

(4) 12—①　13—④　14—③

(5) 15—④　16—⑨　17—④

Ⅱ　解答　《あるクラスの男女比とバレー部員の確率》

(1) 18—②　19—③

(2) 20—⑤　21—⑨

(3) 22—⑦　23—⑨

Ⅲ　解答　《2次関数のグラフの平行移動，最大・最小》

(1) 24—①　25—②

(2) 26—⑥　27—②

(3) 28—①　29—②　30—④　31—①　32—①　33—②　34—①　35—②　36—④

◀薬　学　部▶

Ⅰ　解答　《小問6問》

(1)～(4)　◀文・教育・心理・現代ビジネス・家政・看護学部▶の〔Ⅰ〕(1)～(4)に同じ。

(5) 15—③　16—⑦　17—①　18—②

(6) 19—④

Ⅱ

◀文・教育・心理・現代ビジネス・家政・看護学部▶の〔Ⅱ〕に同じ。

Ⅲ　解答　《2次関数と3次関数の共通接線と曲線に囲まれた面積》

(1) 26—①　27—⑨

(2) 28—①　29—⓪

(3) 30—④　31—③

化　学

◀化学基礎・化学▶

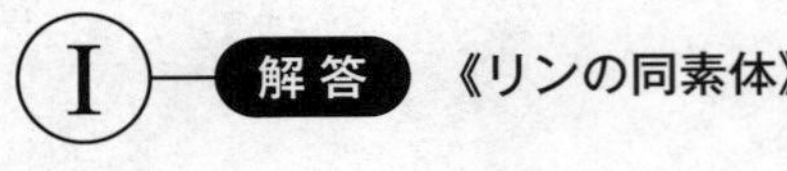

I　解答　《リンの同素体》

1 —③

II　解答　《原子の陽子数と中性子数》

2 —③

III　解答　《分子内の結合，非共有電子対，分子の形》

3 —③　4 —①　5 —⑥　6 —⑤　7 —②

IV　解答　《CH_4 と C_3H_8 の混合気体の燃焼反応と量的関係》

8 —①　9 —⑧　10—②　11—⑧　12—⑧

V　解答　《溶液の濃度と希釈》

13—①　14—①　15—①

VI　解答　《電離と電離度》

16—④

Ⅶ　解答　《塩の性質》

17―⑤

Ⅷ　解答　《酸化と還元》

18―③

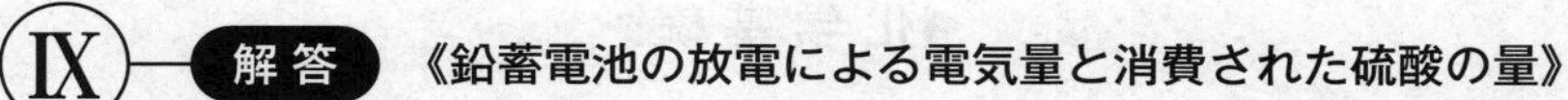

Ⅸ　解答　《鉛蓄電池の放電による電気量と消費された硫酸の量》

19―②　20―⓪　21―⓪　22―①　23―⑨　24―③

Ⅹ　解答　《触媒を加えたときの活性化エネルギーの変化》

25―⑥

Ⅺ　解答　《オストワルト法と化学反応式》

26―②　27―③　28―④　29―⑤　30―④

Ⅻ　解答　《アルミニウム》

31・32―①・⑤

XIII　解答　《陽イオンの系統分離（H_2S 法）》

33―①　34―⑤　35―④　36―⑦　37―⑥　38―③

XIV　解答　《有機化合物の異性体》

39―③　40―③

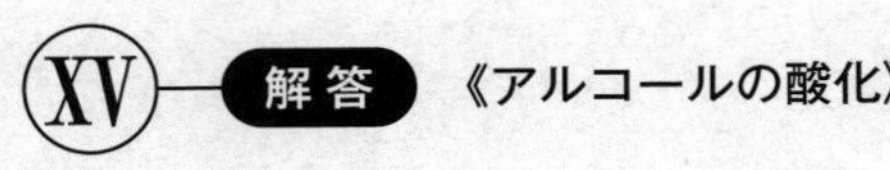

41―④

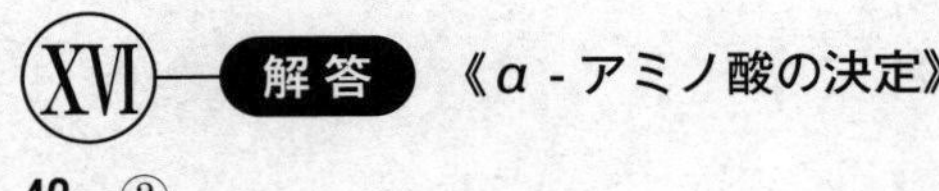

42―②

◀化学基礎▶

◀化学基礎・化学▶の〔Ⅰ〕~〔Ⅷ〕に同じ。

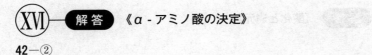

生　物

◀生物基礎・生物▶

Ⅰ　解答　《酵素反応，カタラーゼ，ヒトの酵素》

1—③　2—②　3—①
4—②　5—④　6—①　7—③
8—②
9—①
10—③
11—④

Ⅱ　解答　《DNA と RNA，細胞周期と DNA，ゲノムと遺伝子，細胞の分化》

12—②　13—④　14—①　15—①　16—③
17—④
18—③
19—⑥
20・21—②・⑤

Ⅲ　解答　《ヒトの自律神経，心臓拍動》

22・23・24—①・⑥・⑦
25・26・27—①・②・⑥
28—①
29—⑤
30—③

Ⅳ 解答 《花の色の遺伝》

31・32—④・⑦

33—①

34—④　**35**—④　**36**—⑤

37—③

38—⓪　**39**—⑨

Ⅴ 解答 《神経細胞の静止電位・活動電位・伝導，シナプスでの伝達，脳の機能》

40—③

41—②

42—④

43—③

44—①

45—③

Ⅵ 解答 《植物の運動，植物ホルモン，分裂組織，花粉形成》

46—②

47・48・49—①・④・⑥

50・51—②・④

52—③

53—⑨　**54**—②　**55**—①　**56**—⑧　**57**—⑥　**58**—①

59—④

60・61—⑤・⑥

◀生 物 基 礎▶

◀生物基礎・生物▶の〔Ⅰ〕～〔Ⅲ〕に同じ。

して同内容が繰り返されて強調されている。

問七　ここでの「便り」は、手紙や連絡のことではなく、縁故や便宜のこと。生活面での優遇を言っている。

問八　「合致しないもの」という設問指示に注意。④は「師の僧から文を受け取るとよろこび」が誤り。証文を書いて与えたのは生侍で、師の僧には清水の観音さまにむけて事の次第を報告してもらったのである。

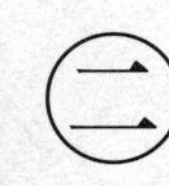

出典 『宇治拾遺物語』〈巻第六 四 清水寺二千度参り、双六に打ち入るる事〉

解答

問一 ①
問二 ④
問三 ①
問四 ③
問五 ⑤
問六 ②
問七 ③
問八 ④

解説

問一 〈「いくばくも」＋打消の語〉で〝いくらも〜ない〟の意味。傍線部アは〝どれほどの時間の間もなく〟と考える。

問二 〝すぐそば・近く〟の意味にあたる体言「傍ら」に接続している。格助詞で、場所を示している。

問三 設問に「最も適切な」とある。二千度参りという目に見えず手にも取れない〈行為〉が賭け物として譲り渡せるとは、普通なら考えられない。選択肢はどれもその点をおさえてはいるが、さらに、この申し出が賭けの負けから逃れるためのずるいだましとして使われていて馬鹿馬鹿しい、と、周囲の者たちが感じた理由にまで言及してあるのは①。

問四 空欄Xを含む返答が負侍の申し出を素直に受けた内容になるのは③。空欄Zは負侍が了承する発言なので③が適切。

問五 〈今は受け取らない。証文を書いて渡すのなら受け取ろう〉という文脈なので、意志の助動詞「む」を、係助詞「こそ」と係結びになるように已然形にしたもの。

問六 負侍の発言である「清水に二千度参りたる事のみなんある。それを渡さん」にあたる。後半にも書き取らせた文と

べられている。これに当てはまるのは②。

問十　筆者は、存在の気配をなんとなく感じられる段階を「察知」、そこから更に進んで見つける段階を「検出」として使い分けている。よってまず全てに「察知」を入れることが可能だが、そのなかでも空欄DとEは「……力が上がる」と、より絞った形になっており、その後の部分でキノコや鳥を発見しているので「検出」を入れることができる。

問十一　「不適切なもの」、という設問指示に注目。①～④の置いた主体が人かカラスかは不明だが、そのどちらであっても、また置いたのがどんな理由によるのかはわからないにしても、置いてそのまま忘れてしまったことが「うっかり」なのである。⑤の主体だけが筆者であり、筆者が木の上におにぎりを置いたわけではない。

問十二　「適切でないもの」「二つ」という設問指示に注意。筆者の芸術観は、「人に見えていない『おもしろい』を抽出して表現につなげるのが、アーティストなのだろう」（空欄Ⅳの二つ前の段落）、「見えていないものや、ゆがんでとらえているものがたくさんあるからこそ、芸術が生まれ、芸術を楽しむことができるのだと思う」（最終段落）に示されていることから、②・④・⑤が当てはまる。③は、「一般人には認知されない『おもしろ』さ」が誤り。⑥は、「芸術家は現実をゆがめてとらえた『おもしろ』さを創作する」が誤り。①は冒頭の文楽鑑賞に関する記述に合致しているので、設問の要求に答えるのは③・⑥。

問十三　人間の認知では、脳の限られた容量を効率よく使うために、その時々の行動の目的や周囲の状況によって情報の要不要を選択的に判断しているのであり、絶対的なものなどない。これについて冒頭から述べた上で、空欄Ⅳの直前に「なにが必要でなにが不要かは、そのときの行動の目的や周囲の状況によって違ってくる」とまとめ、以降でさらにその例が列挙されている。①と②で迷うが、選択的注意の基準が主体の「要、不要」にあり、「不要」とされ見過ごされがちなものが芸術に深く関係している、という本文の主旨をより的確に言い表しているのは②。

解説

問三　シーンによっては、舞台の上に複数の人物（文楽人形）が登場し、そのそれぞれに三人の黒衣がつくため、舞台の上には黒衣の人間が大勢いる状態になってしまう、という内容を示すのは③。

問四　二つ選ぶという設問指示に注意。「かれら」は人形を動かしている黒衣。人形の動作に集中しさえすれば、人形遣いの黒衣を認識することは不要なので、意識しなくなる。

問五　空欄Bは二箇所ある。無駄な情報を切り捨て、必要な情報だけに目や耳を向けなければならない状態を示すのは①。

問六　Ⅰ、パスの回数に集中していたところで、ゴリラに関する話題に転換している。Ⅱ、単に見えていないだけではなく、何かを見ようとするほど他のものが見えなくなるという文脈。Ⅲ、必要な情報を列挙している部分なので順接の接続詞を選ぶ。Ⅳ、前段落の内容について例示している。Ⅴ、直前の内容を要約して言い換えている。

問七　傍線部イ以降で述べられているように、目的をもって街路を歩くときには、目的に沿った情報を意識する必要がある。街路を歩くときに関する選択肢①〜③の中では、①が最も適切。また、公園の森の中では、道路を歩いたときよりも、情報を目的に沿って取捨選択する必要がないことで、不要なものの面白さに気がつく。公園の森の中に入るときに関する④〜⑥の中では、⑤が空欄Ⅳの三つ前の段落にある「気づけば『おもしろい』と感じるものはすべて、不要な情報だった」という筆者の感慨により近い。

問八　傍線部ウ以降に、前任校を訪れた具体例を語る段落が二つ続いた後、「その状況やブンミャクによって、関連するスキーマを呼びおこして備える」と再度まとめてある。自身の中に複数のスキーマがあり、それを状況に合わせてひっぱりだしてあてはめる内容をあらわすのは③。

問九　傍線部エは直前の「知識が増えるとスキーマも充実するので、わずかな手がかりからでも察知し、認識しやすくなる」を指す。この段階で、選択肢が①〜③に絞られる。傍線部後の空欄Ⅴまでの部分で、「なんとなく『!』」と感じるのは、スキーマに含まれる「質感や動き」によって、「『なにか』として認知する」前に存在を認識するからだと述

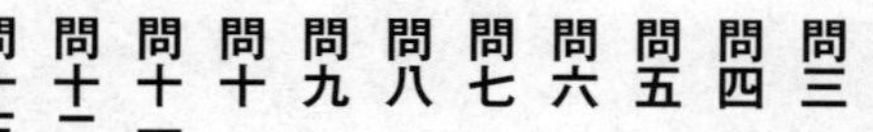

国語

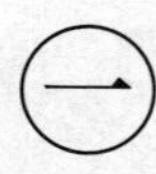

一

出典　齋藤亜矢「ルビンのツボ――芸術する体と心」〈要、不要〉（岩波書店）

解答

問一　a―①　b―③　c―④　d―②　e―③　f―④　g―⑤

問二　h―⑤　i―②　j―④　k―③　l―①

問三　③

問四　③・⑤

問五　①

問六　Ⅰ―②　Ⅱ―⑤　Ⅲ―③　Ⅳ―④　Ⅴ―①

問七　①・⑤

問八　③

問九　②

問十　①

問十一　⑤

問十二　③・⑥

問十三　②

//////////////////// · memo · ////////////////////

/////////////////// · memo · ///////////////////

//////////////////// · memo · ////////////////////

2023年度

問題と解答

■総合型選抜（専願）

問題編

▶試験科目・配点

<table>
<tr><th colspan="2">学部・学科</th><th>科　目</th><th>内　　容</th><th>配点</th></tr>
<tr><td rowspan="7">文</td><td rowspan="2">日本文・英語英米文</td><td rowspan="2">基礎学力調査</td><td>コミュニケーション英語Ⅰ・Ⅱ</td><td>100点</td></tr>
<tr><td>国語総合（現代文）</td><td>100点</td></tr>
<tr><td rowspan="3">書　道</td><td rowspan="2">基礎学力調査</td><td>コミュニケーション英語Ⅰ・Ⅱ</td><td>100点</td></tr>
<tr><td>国語総合（現代文）</td><td>100点</td></tr>
<tr><td>書道実技</td><td>「楷書　臨書」「行書　臨書」「仮名　臨書」の３点を試験当日持参して提出〈省略〉</td><td>＊</td></tr>
<tr><td colspan="2" rowspan="2">教育・心理・現代ビジネス</td><td rowspan="2">基礎学力調査</td><td>コミュニケーション英語Ⅰ・Ⅱ</td><td>100点</td></tr>
<tr><td>国語総合（現代文）</td><td>100点</td></tr>
<tr><td rowspan="4">家政</td><td rowspan="2">生活デザイン・造形デザイン</td><td rowspan="2">基礎学力調査</td><td>コミュニケーション英語Ⅰ・Ⅱ</td><td>100点</td></tr>
<tr><td>国語総合（現代文）</td><td>100点</td></tr>
<tr><td rowspan="2">管理栄養</td><td rowspan="2">基礎学力調査</td><td>コミュニケーション英語Ⅰ・Ⅱ</td><td>100点</td></tr>
<tr><td>化学基礎・生物基礎</td><td>100点</td></tr>
<tr><td colspan="2" rowspan="2">薬</td><td rowspan="2">基礎学力調査</td><td>コミュニケーション英語Ⅰ・Ⅱ</td><td>100点</td></tr>
<tr><td>化学基礎・生物基礎</td><td>100点</td></tr>
<tr><td colspan="2" rowspan="2">看　護</td><td rowspan="2">基礎学力調査</td><td>化学基礎・生物基礎</td><td>100点</td></tr>
<tr><td>国語総合（現代文）</td><td>100点</td></tr>
<tr><td colspan="2" rowspan="2">短期大学</td><td rowspan="2">基礎学力調査</td><td>コミュニケーション英語Ⅰ・Ⅱ</td><td>100点</td></tr>
<tr><td>国語総合（現代文）</td><td>100点</td></tr>
</table>

▶備　考

- 基礎学力調査，書道実技（書道学科のみ），面接（100点），出願書類（自己推薦書：50点，調査書：50点）を用いて総合的に判定する。
- 自己推薦書には，「志望動機」（400字以内）と「活動報告」（400字以内）を記入し，出願時に提出すること。

＊書道実技の評価は自己推薦書に含まれる。

基礎学力調査

英　　語

（2 科目 60 分）

I　次の 1～5 の [1] ～ [5] に入れるのに最も適切なものを，それぞれ ①～④ のうちから一つずつ選び，その番号をマークせよ。

1　Have you ever considered [1] your own business?
　① starting　② having started　③ to start　④ to have started

2　Could you stop [2] the store on the way home for some bread?
　① on　② by　③ with　④ off

3　A: Is Emily here yet?
　B: Not yet.　I'll let you know as soon as [3].
　① she arrives　② she's arriving　③ she'll arrive　④ she'd arrived

4　They escaped to Poland shortly after the war [4] in 2022.
　① blew off　② took away　③ called up　④ broke out

5　My parents paid for half of my flight to Tokyo but wouldn't go any [5] than that.
　① longer　② further　③ heavier　④ faster

Ⅱ 次の 1〜5 の日本文と同じ意味になるように，それぞれ ①〜⑥ の語句を並べかえて空所を補い，最も適切な文を完成させよ。解答は [6] 〜 [15] に当てはまる番号をマークせよ。

1 インターネットによって，学生は世界における時事問題に遅れないでついていくことができる。

The Internet enables ____ [6] ____ ____ [7] ____ issues around the world.

① current　② to　③ with
④ students　⑤ up　⑥ keep

2 さらに例を２つか３つ挙げていただけないでしょうか。

I wonder ____ [8] ____ ____ [9] ____ two or three additional examples.

① provide　② could　③ if
④ us　⑤ you　⑥ with

3 彼が私に秘密を言おうとした時，誰かが彼の肩をたたいた。

When he was about to tell me a secret, ____ [10] ____ ____ [11] ____ .

① the　② him　③ shoulder
④ patted　⑤ someone　⑥ on

4 将来，コロナウイルスの感染拡大を防ぐのにマスクは要求されなくなるでしょう。

In the future, masks will ____ [12] ____ ____ [13] ____ of coronavirus.

① required　② prevent　③ not
④ the spread　⑤ to　⑥ be

5 毎年プラスチック汚染によって，数百万の生き物が死に至っており，このことは多くの絶滅危惧種に影響を与えかねない。

Every year, plastic pollution kills millions of living creatures, ____ [14] ____ ____ [15] ____ .

① species　② affect　③ which
④ can　⑤ endangered　⑥ many

III　次の対話文の 16 〜 20 に入れるのに最も適切なものを，①〜⑥ のうちから一つずつ選び，その番号をマークせよ。

Kenta:　Congratulations, Sam.　You've finished your first year in Hiroshima.

Sam:　Thanks, Kenta.　**16**　Everyone has been so kind to me.

Kenta:　I'm happy to hear that.　Sam, there's a question I've been looking forward to asking you.

Sam:　Sure, what is it?

Kenta:　**17**

Sam:　Hmm.　I'd have to say the end of April and beginning of May.

Kenta:　Is it because the weather's nice?

Sam:　Yes, that's part of it.　More importantly, however, it's because of the swallows.　I love watching them build their nests on houses and buildings.

Kenta:　Swallows?　**18**

Sam:　Yes, that's right.　Their black and white color looks cool!

Kenta:　Did you know that the male birds come to Japan first?　They build the nests and wait for the females to arrive a couple of weeks later.　Surprisingly, it only takes two weeks for the baby birds to hatch from the eggs.　**19**

Sam:　Wow!　That's fast.　By the way, where do they go during the winter?

Kenta:　Somewhere in South East Asia, like Indonesia.

Sam:　Really?　**20**　I'll see if I can find them.

① Oh, you mean *tsubame*.
② I'm planning a trip there next winter.
③ What time of the year do you like most in Japan?
④ Where do you plan to go?
⑤ It's been a great year.
⑥ Then, three weeks later, they leave the nest.

IV 次の英文の [21] ～ [25] に入れるのに最も適切なものを，①～⑥ のうちから一つずつ選び，その番号をマークせよ。

When most of us think about technology, we think of computers, smartphones, or 3D televisions. However, technology can [21] in many different forms, and sometimes we can take past technological advances for granted. Take the pencil for example. This was once thought of as a revolutionary device that allowed us to [22] our ideas in a safe place. How revolutionary was it? Well, it has been almost 460 years since the graphite*1 pencil was first invented, and it can still be found in classrooms around the world.

The earliest pencils were invented by the Romans, who used lead*2 tubes to make markings on papyrus, an early form of paper. Even the name "pencil" comes from the Latin word *penicillus*, which means "little tail." Although pencils do not [23] the chemical element lead nowadays, many people still refer to the graphite in modern pencils as "lead."

The story of the modern pencil began in 1564, when a large amount of pure graphite was discovered in England. People found that it was perfect for marking sheep, and later it began to be used on paper. At first, the graphite was wrapped in string or sheep skin, and it quickly became popular with artists throughout Europe. The Italians worked to modify the graphite by enclosing it in wood. They came to [24] two wooden pieces together around the graphite stick. This exceptional method is still in use today.

Nowadays, there are many different types of pencils. They are all graded according to their hardness on a scale that ranges from 9H (very hard) to 9B (very soft). Some pencils have replaced the black graphite with colored graphite. Pencils are undoubtedly popular. How widespread are they? Over 14 billion pencils are manufactured around the world every year. As for the wood used to [25] all these pencils, a good-sized tree will produce around 300,000 pencils.

What about the answer to that eternal question of how long of a line could one pencil draw? The experts have even figured that out. The answer is 70 miles.

(Maiko Ikeda・Ayaka Shimizu・Zachary Fillingham・Owain Mckimm・Judy Majewski
Success with Reading Book 2—Boost Your Reading Skills—　成美堂　一部改変)

*1 graphite 黒鉛，黒鉛の　　*2 lead 鉛，鉛の

① glue	② include	③ offend
④ come	⑤ record	⑥ make

■化 学 基 礎■

（注）「生物基礎」とあわせて１科目として解答。

（２科目60分）

計算に必要な場合は、次の原子量を用いよ。

H 1.0　C 12　O 16

計算問題では、必要ならば四捨五入して答えよ。

I　単体と同素体に関する記述として正しいものを、次の ①～⑥ のうちから二つ選び、それらの番号を解答番号 [1] と [2] にマークせよ。ただし解答の順序は問わない。

① 塩化ナトリウム水溶液は２種類の単体の混合物である。

② 一酸化炭素と二酸化炭素は、ともに酸素と炭素からなる化合物であり、互いに同素体である。

③ 電解精錬によって得られた純銅は単体である。

④ 塩化ナトリウム水溶液を蒸留すると、単体が得られる。

⑤ ダイヤモンドと黒鉛はともに炭素の単体であるが、異なる結晶構造をもつために、電気の通しやすさや硬さが大きく異なる。

⑥ 黄リンと赤リンは互いに同素体であるが、赤リンは水中に保存する必要がある。

Ⅱ　次の図は、第１周期から第５周期までの周期表の概略図である。（ア）～（ウ）に当てはまる領域を、図中の ①～⑧のうちからそれぞれ一つずつ選び、それらの番号を指定された解答番号 [3] ～ [5] にマークせよ。

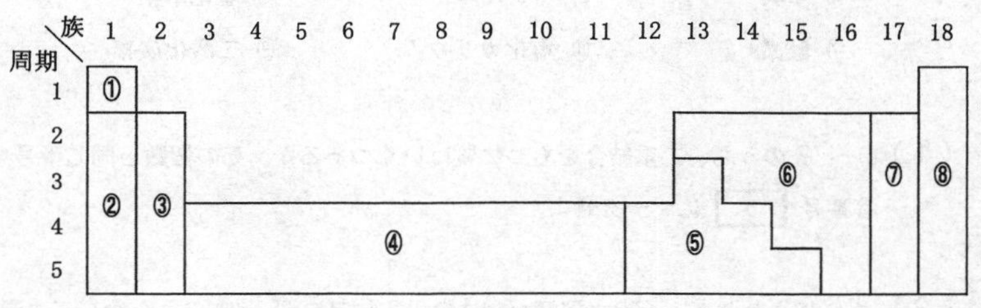

（ア）１個の価電子をもち、常温の水と激しく反応して水素を発生する。　[3]

（イ）単体はいずれも有色で毒性があり、他の物質から電子を奪う力をもつ。　[4]

（ウ）単原子分子として存在し、反応性が低い。　[5]

Ⅲ　次の物質 ①～⑨に関する（**1**）・（**2**）の問いに答えよ。

① 水素	② エタノール	③ メタン
④ 窒素	⑤ アンモニア	⑥ 塩化水素
⑦ 酸素	⑧ 塩化カリウム	⑨ 二酸化炭素

（**1**）①～⑨のうち、二重結合をもつ物質は**いくつ**あるか。その**個数**と同じ番号を、解答番号 [6] にマークせよ。

（**2**）水に加えたとき、その水溶液が酸性を示す物質を ①～⑨のうちから二つ選び、それらの番号を解答番号 [7] と [8] にマークせよ。ただし、解答の順序は問わない。

Ⅳ　水のイオン積 K_w は次の式で表され、水溶液中の水素イオン濃度と水酸化物イオン濃度の積は温度が一定ならば常に一定の値を示す。

$$K_w = [H^+][OH^-]$$

温度25℃のとき $K_w = 1.0 \times 10^{-14}$ $(mol/L)^2$ であるが、温度100℃のときは $K_w = 1.0 \times 10^{-12}$ $(mol/L)^2$ となる。100℃の純水の pH を整数で答えよ。解答は空欄 [9] と [10] に当てはまる数字と同じ番号を、解答番号 [9] と [10] にマークせよ。ただし、1桁の場合には、[9] に ⓪ をマークせよ。

pH ＝ [9] [10]

V

次の ① ～ ⑧ の化合物について、(ア) と (イ) に当てはまるものをそれぞれ一つ選び、それらの番号を指定された解答番号 [11] と [12] にマークせよ。

① 硫酸　② リン酸　③ 硫化水素　④ 水酸化カリウム
⑤ 酢酸　⑥ アンモニア　⑦ 水酸化鉄(Ⅲ)　⑧ 水酸化マグネシウム

(ア) 2価の弱酸　[11]

(イ) 3価の弱塩基　[12]

VI

次の ① ～ ⑤ のうちから、還元剤の記述として適切なものを一つ選び、その番号を解答番号 [13] にマークせよ。

① 相手を酸化する。

② 自身は還元される。

③ 酸化数が減少する原子を含む。

④ 電子を与える。

⑤ 水素原子を受け取る。

■生 物 基 礎■

(注)「化学基礎」とあわせて１科目として解答。

（２科目60分）

I 生物と遺伝子に関する次の（１）～（３）の問いに答えよ。

（１） 細胞の構造に関する次の①～⑦の記述のうち、適切なものを三つ選び、それらの番号を解答番号 41 ～ 43 にマークせよ。ただし、解答の順序は問わない。

① 細胞質基質には、多くの種類のタンパク質が含まれる。
② 細胞を構成する成分としては、水が２番目に多い。
③ ヒトの組織の細胞は、組織液に取り巻かれている。
④ ミトコンドリアは、DNAをもつ。
⑤ ミトコンドリアは、増殖しない。
⑥ 葉緑体の起源は、好気性細菌と考えられている。
⑦ 葉緑体は、DNAをもたない。

（２） 光合成に関する次の①～⑦の記述のうち、適切なものを三つ選び、それらの番号を解答番号 44 ～ 46 にマークせよ。ただし、解答の順序は問わない。

① 葉緑体では、太陽の光エネルギーからADPが合成される。
② 葉緑体は、酵素を有さない。
③ 葉緑体は、リン酸を有さない。
④ 葉緑体で合成された有機物は、植物体のいろいろな場所に運ばれる。
⑤ 光合成で生じた酸素は、植物のみが利用する。
⑥ 光合成では、光エネルギーが化学エネルギーに変換される。
⑦ 表裏の区別のある葉では、葉緑体は表側に多い。

（３） DNAおよびRNAに関する次の①～⑦の記述のうち、適切なものを三つ選び、それらの番号を解答番号 47 ～ 49 にマークせよ。ただし、解答の順序は問わない。

① DNAでは、隣りあうヌクレオチドの塩基どうしが結合している。
② DNAでは、含まれるアデニンとグアニンの数の割合が等しい。
③ DNAの塩基配列は、タンパク質のアミノ酸配列を指定している。
④ 転写では、DNAの２本鎖のうち一方のヌクレオチド鎖の塩基にRNAの塩基が結合する。
⑤ 転写では、DNAのアデニンにRNAのチミンが結合する。
⑥ DNAの中には、転写されない領域も多く含まれている。
⑦ 翻訳では、mRNA（伝令RNA）の連続した４個の塩基配列が１個のアミノ酸を指定している。

Ⅱ　ヒトの血液凝固に関する次の（1）と（2）の問いに答えよ。

（1）　血管が傷ついた際に、まず集まる細胞は何か。最も適切なものを次の①～⑤のうちから一つ選び、その番号を解答番号 50 にマークせよ。

① 赤血球　② 血小板　③ 好中球　④ リンパ球
⑤ マクロファージ

（2）　血ぺいに関する次の①～⑦の記述のうち、適切なものを三つ選び、それらの番号を解答番号 51 ～ 53 にマークせよ。ただし、解答の順序は問わない。

① フィブリンは、タンパク質である。
② フィブリンは、球状となって止血にはたらく。
③ 血ぺいに、赤血球は含まれない。
④ 血ぺいは、一度できると溶けることはない。
⑤ 血ぺいは、血管外では形成されない。
⑥ 血ぺいは、出血が無くても血管内で形成される場合がある。
⑦ 血ぺいは、梗塞の原因となる。

Ⅲ　肝臓や胆汁に関する次の（1）と（2）の問いに答えよ。

（1）　肝臓に関する次の①～⑦の記述のうち、適切なものを三つ選び、それらの番号を解答番号 54 ～ 56 にマークせよ。ただし、解答の順序は問わない。

① 肝動脈から肝臓に入る血液量の方が、肝門脈から肝臓に入る血液量より多い。
② 肝門脈の中の血液の二酸化炭素濃度は、肝動脈の中の血液の二酸化炭素濃度より低い。
③ 肝門脈からの血液と肝動脈からの血液は、肝臓の中の血管で合流する。
④ 肝小葉を流れる毛細血管の中の血液には、グリコーゲンが含まれる。
⑤ 肝小葉を流れる毛細血管の中の血液には、アルブミンが含まれる。
⑥ 肝小葉を流れる毛細血管の中の血液には、アンモニアが含まれる。
⑦ 肝小葉を流れる毛細血管の中の血液には、アミノ酸は含まれない。

（2）　胆汁及びビリルビンに関する次の①～⑦の記述のうち、適切なものを三つ選び、それらの番号を解答番号 57 ～ 59 にマークせよ。ただし、解答の順序は問わない。

① 胆汁は、胆のうで作られる。
② 胆汁には、コレステロールが含まれる。
③ 胆汁は、タンパク質の消化を助ける。
④ ビリルビンは、ヘモグロビンが分解されてできたものである。
⑤ ビリルビンは、胆細管内に排出される。
⑥ ビリルビンは、その多くが尿として体外に排出される。
⑦ ビリルビンが体内に過剰に蓄積すると、皮膚が赤くなる。

Ⅳ　腎臓の構造や機能に関する次の（１）と（２）の問いに答えよ。

（１）　腎臓の構造及び血液の流れに関する次の①～⑦の記述のうち、適切なものを三つ選び、それらの番号を解答番号 60 ～ 62 にマークせよ。ただし、解答の順序は問わない。

① ネフロンに、細尿管は含まれない。
② 腎小体に、ボーマンのうは含まれない。
③ 複数の細尿管が、集合管につながる。
④ 集合管は、腎うにつながる。
⑤ 糸球体を流れる血液の酸素濃度は、腎静脈を流れる血液の酸素濃度より低い。
⑥ 腎静脈を流れる血液量は、腎動脈を流れる血液量より尿量の分だけ少ない。
⑦ 腎動脈中の尿素濃度は、腎静脈中より低い。

（２）　腎臓の機能に関する次の①～⑦の記述のうち、適切なものを三つ選び、それらの番号を解答番号 63 ～ 65 にマークせよ。ただし、解答の順序は問わない。

① 糸球体では、タンパク質を含めた血しょう成分がろ過される。
② 原尿中のグルコース濃度は、血しょう中より高い。
③ 原尿は、ぼうこうに入る。
④ 糸球体でろ過されたグルコースは、再吸収されて毛細血管に入る。
⑤ イヌリンは、糸球体でろ過された後、再吸収されない。
⑥ 排出される尿量は、原尿生成量の約 100 分の 1 である。
⑦ 尿中のナトリウムイオン濃度は、血しょう中より約 10 倍高い。

④　インターネットは、流動性の増した社会で、刻一刻と変化する世界の流れについていくために不可欠なツールである。

⑤　生まれ持った素質や才能という生得的属性は、環境からの影響を受けず、自分で選ぶこともできない。

⑥　現在でも前近代でも格差社会が存在するという認識は、宿命論的人生観という錯覚から生まれる認識論的誤謬である。

⑦　格差社会をなくすことが認識論的誤謬である以上、大人がそれを克服するための環境整備をしなければならない。

問九　本文中には「高原期の時代」「社会の高原化」「高原期の社会」「高原地帯を歩む」「高原期の日本」のように「高原」という語が、キーワードとして使われている。筆者がいう「高原」の意味として最も適切なものを、次の①～⑤のうちから一つ選べ。解答は解答番号 **18** に、その番号をマークせよ。

① 爽やかな高原をゆっくりと歩いているような精神状態。
② 頂点に達して、社会全体のことがよく見渡される状態。
③ 成長が一定の高さで停滞し大きな成長が望めない状態。
④ 皆が差別なく平等に生きられる豊かな社会の成熟状態。
⑤ 経済が右肩上がりで成長し発展し続けていく社会状態。

問十　傍線部オに「格差の少ない社会環境を整える」とある。筆者はなぜその必要性があると考えているのか。最も適切なものを、次の①～⑤のうちから一つ選べ。解答は、解答番号 **19** に、その番号をマークせよ。

① 宿命論的な人生観のもとでは、排除されていることを当事者に意識させないような排除が、人知れず進行しているから。
② 疎外された状況に置かれているという認識それ自体からも疎外されている、二重化された社会的排除を幸福だと考えるから。
③ 自分の置かれた劣悪な社会環境を宿命とあきらめて変革を叫ばない若者の心性を憂い、人生は宿命ではないと訴えたいから。
④ 人間関係の新たな構築によって努力を前向きにとらえる人生観を進展させる心性は、格差のない環境でこそ伸ばせるから。
⑤ 格差のない社会環境を整えるには、私たちは認識論的誤謬を捨て、新しい人間関係の構築によってそれを補うべきだから。

問十一　本文の内容と合致するものを、次の①～⑦のうちから二つ選べ。解答は、解答番号 **20** と **21** に、それらの番号をマークせよ。ただし、解答の順序は問わない。

① 高原期の時代において、自身の欠けている資質や才能を一人で伸ばそうとする努力は、好ましい努力とは言えない。
② 社会の高原化により超越的な目標を抱けなくなった現在、若者は人間関係の構築そのものを目標とするようになっている。
③ 現在の若者が分断壁を軽々と乗り越えていけるのは、ギブ&テイクの精神ゆえに、相互依存を構築しているからである。

問六　傍線部イに「既成の概念」とある。この「既成の概念」の説明として最も適切なものを、次の①～⑤のうちから一つ選べ。解答は、解答番号 15 に、その番号をマークせよ。

① 努力とは、何か特定のことに没頭するべきものだとする概念。
② 努力とは、臨機応変に構築されるべき人間関係だとする概念。
③ 努力には、社会制度を背景とした人間関係が前提となっているとみなす概念。
④ すでに若者は、個々の素質や才能を生得的属性から考えてはいないという概念。
⑤ すでに若者は、新しい情報の兆しを見逃すリスクをよく心得ているという概念。

問七　傍線部ウに「作られた素質」とある。この「作られた素質」を巡って、筆者はどのような見解を持っているか。最も適切なものを、次の①～⑤のうちから一つ選べ。解答は、解答番号 16 に、その番号をマークせよ。

① 音楽などの「素質」を持つ者でも、理不尽な身分制度によって抑圧され、やむなく希望を諦めた前近代への批判。
② 音楽などの「素質」の開花には、定期的なレッスンが不可欠であり、そのうえ生得的な才能も必要だとの確信。
③ 音楽などの「素質」の開花には、生得的属性よりも、社会制度を背景とした成育環境がより重要だとする考え。
④ この時代に生まれた宿命は選択できないが、何らかの「素質」を自ら選択して伸ばせる自由があることへの感謝。
⑤ この時代に生まれ育つ際、自ら環境は選べないが、生得的な「素質」は社会化による産物になりうるという考え。

問八　傍線部エに「社会的に排除されていることの認識からも排除された」とある。これはどのような状態を意味しているか。最も適切なものを、次の①～⑤のうちから一つ選べ。解答は、解答番号 17 に、その番号をマークせよ。

① 若者たちが宿命論的人生観を抱いても、社会的観点からはまず宿命とはいえない状態。
② 若者たちが人間関係のマネジメント力を高めた分、社会への反発や絶望を覚える状態。
③ 若者たちがシンコクな社会的格差すら宿命だと受容して納得し、生活に満足している状態。
④ 社会から疎外され、人権を奪われているような局面にあってなお差別されている状態。
⑤ 社会から排除され、身分制度への疑念も抱こうとしないでいる救われない若者の状態。

e　シンコク
①　申告　②　親告　③　新国　④　深刻　⑤　深黒

問二　空欄 A ・ B の中に入る語として最も適切なものを、次の①～⑥のうちからそれぞれ一つずつ選べ。解答は、解答番号 6 ・ 7 に、それぞれの番号をマークせよ。

①　肯定　②　否定　③　完結　④　充足　⑤　収束　⑥　信頼

問三　傍線部アに「努力への信頼感が失われているわけではない」とある。なぜ筆者はそのように考えているのか。最も適切なものを、次の①～⑤のうちから一つ選べ。解答は、解答番号 8 に、その番号をマークせよ。

①　現在の若者はわざわざ時間と手間をかけて、自分に足りないピースをさっと手早く埋め合わせてしまおうと「努力」しているから。
②　現在の若者は生まれついた資質や才能に差があることを、生得的な属性の一部と考えて否定せず生きようと「努力」をしているから。
③　現在の若者は個人の能力不足を解決するために、その能力を補ってくれる他者とのつながりを構築しようと「努力」しているから。
④　現在の若者は胸に抱きにくくなった内実のよく分からない超越的な目標に対し、その過程自体を楽しもうと「努力」しているから。
⑤　現在の若者は自分の能力不足を、その力を持っている人と共有し合うことで、分断壁を乗り越えようと「努力」しているから。

問四　空欄 C の中に入る語として最も適切なものを、次の①～⑥のうちから一つ選べ。解答は、解答番号 9 に、その番号をマークせよ。

①　レンタル　②　ボーダーレス　③　クレジット　④　リサイクル　⑤　シェア　⑥　バリアフリー

問五　空欄 D ～ H の中に入る語句として最も適切なものを、次の①～⑤のうちからそれぞれ一つずつ選べ。解答は、解答番号 10 ～ 14 に、それぞれの番号をマークせよ。

①　しかし　②　たとえば　③　したがって　④　そもそも　⑤　むしろ

社会的な境遇の違いを、あたかも生来的なものと思い込んでいるだけなのです。このように、本来は社会構造的な背景から生まれた格差でありながら、それをあたかも個人的な理由にもとづいたものであるかのように錯覚している状態を、イギリスの社会学者、アンディ・ファーロングとフレッド・カートメルは認識論的誤謬(ごびゅう)と呼んでいます。

私たちの生活満足度は、自分の置かれている環境をどのように判断するかによって異なってきます。ここで視野が狭いと、その環境を客観的に見つめることが難しくなります。その結果、たとえ劣悪な環境にあったとしても、その状況に対して不満を抱かなくなります。それは、疎外された状況に置かれているという認識それ自体からも疎外されていることを意味します。今日の若者たちの幸福感の強さは、エ社会的に排除されていることの認識からも排除された結果といえるのです。いわば二重化された社会的排除の産物なのです。

宿命論的人生観の下では、排除されていることを当事者に意識させないような排除が、したがって剝奪感さえ抱かせないような排除が、人知れず進行していきます。反発や絶望を覚えることもなく、「それが自分の宿命なのだ」と、納得をもって淡々と迎え入れていってしまいます。だから今日の若年層では、eシンコクな社会的格差があるにもかかわらず、生活満足度も上昇しつづけているのです。だとしたら、それはけっして望ましい現象とはいえません。それもまた認識論的誤謬の一側面にほかならないからです。

しかし、今日の宿命論的人生観が認識論的誤謬の一つであるなら、努力の意味を組み換えられるのと同様に、その意味を組み換えることもまた可能なはずです。自分の置かれた社会環境の劣悪さや、自身の能力不足などを、個人の自助努力によって補おうとするのではなく、新しい人間関係の構築によって補おうとするのは、まさに高原期の日本に生まれ育った世代の心性です。だとすれば、彼らがその心性をさらに伸ばしていきやすいように、できるだけオ格差の少ない社会環境を整えることこそ、私たち大人にタクされた使命といえるのではないでしょうか。

(土井隆義(どいたかよし)『「宿命」を生きる若者たち　格差と幸福をつなぐもの』による／一部改変)

問一　傍線部a〜eに相当する漢字を、次の①〜⑤のうちからそれぞれ一つずつ選べ。解答は、解答番号 1 〜 5 に、aから順にそれらの番号をマークせよ。

a　ジタイ　①　事態　②　地体　③　辞退　④　自隊　⑤　字体

b　ツムいで　①　紡　②　巻　③　績　④　織　⑤　結

c　セッシュ　①　接種　②　摂取　③　接手　④　接取　⑤　窃取

d　タクされて　①　拓　②　択　③　卓　④　宅　⑤　託

ます。そうやって世界を広げ、分断壁を軽々と乗り越えていける力を持っているのも現在の若者たちです。彼らは、自分の能力不足に自身の内部を改良することで対応するのではなく、人間関係を新たに構築することで対応することのできる世代なのです。

今日のように流動性の増した社会で、一つのものごとに対してあまりにも強くこだわりすぎると、せっかく新しいチャンスが到来しているかもしれないときに、その兆しを見逃してしまうこともありえます。インターネットを活用し、全世界から絶えず新しい情報をセッシュ[c]している若者たちは、そのリスクをよく心得ています。そのため、なにか特定のことに没頭することは、[D]積極的に回避しようとします。だとすれば、ひたすら一つのことに集中することではなく、もっと臨機応変に人間関係を構築していけるように工夫を重ねることこそ、今日の努力のあり方なのだと考えを改めねばならないのかもしれません。それが、高原期の社会に見合った努力のかたちなのかもしれません。

このように既成の概念[イ]を疑ってみることの意義は、宿命論的人生観についても同様に当てはまるものです。今日のそれが前近代的なそれと根本的に異なっているのは、理不尽な身分制度によって抑圧され、やむなく希望を諦めているわけではないという点にあります。しかし、前近代的な身分制度を理不尽だと考えるのは、[E]私たちが近代人だからです。その時代を生きた人びとにはそれこそが自明の現実であって、[F]農民も努力次第で武士になれるなどとは夢にも思わなかったはずです。そして、現在の時代精神の落とし穴もじつはここにあります。

今日、生まれ持っていると考えられている素質や才能の多くも、じつは与えられた社会環境のなかで、かつての身分制度と同じくらい格差をともないながら、再生産されてきたものです。たとえば、いくら天才的なピアニストであろうと、そもそも日常的にピアノに触れさせてくれ、定期的にレッスンに通わせてくれるような恵まれた成育環境になければ、その才能に目覚めることは難しかったはずです。その点から見れば、それらの素質や才能もけっして生得的属性とはいいきれません。もちろん、生まれ落ちる環境を自分では選べませんから、その点については個人にとっての宿命であり、生得的属性であるかのように感じられます。[G]その環境も、社会制度の設計いかんでいかようにも変えていけるものです。そう考えれば、社会的に見るとそれも宿命などではありません。

このことは、現在の若者たちに見られる人間関係のマネジメント力の高さにも当てはまります。それは、彼らに生まれ備わった能力というよりも、むしろこの高原地帯を歩むなかで育まれてきたものです。生得的な素質などではなく、社会化による産物なのです。もちろん、彼らがこの時代に生まれ落ちたのは、自己選択の結果ではありません。[H]、その部分については宿命論が成り立つようにも見えます。しかし、ここでもピアニストの例と同じことがいえます。この高原期の社会をどのようなかたちにしていくかは、まさに私たちの自由選択にタク[d]されているからです。社会的に見れば、それもまた環境の産物なのです。

このように見てくると、今日の宿命論的人生観も、じつは前近代的なそれと本質的には違っていないといえます。作られた素質[ウ]にもとづく

■国　語■

（二科目六〇分）

問題　次の文章を読んで、あとの問いに答えよ。

ある問題に直面したとき、自分自身の能力でその解決が不可能なら、その能力に長けた人をインターネットで探してきてジタイ[a]に対処する。自分に足りないピースがあったとき、わざわざ時間と手間をかけてそのピースを自分で作り出すよりは、そのピースを外部から探してきてさっと手早く埋め合わせてしまう。現在の若者たちは、そんな能力に長けています。そして、社会が平坦化している現在だからこそ、このような人的交流も可能になっているのだとすれば、それはまさに高原期の時代にふさわしい努力のかたちともいえます。

そもそも努力とは何でしょうか。昨今の若者たちが考えるように、努力できるか否かも生得的な属性の一部なのでしょうか。生まれついた資質や才能に差があることを否定はしませんが、しかし本来は、その能力の足りない部分を補う営みこそ、努力という言葉の意味するところだったはずです。だとすれば、個人の能力不足を自己 **A** 的に補うのではなく、他者とのつながりによって補おうとする営みも、また努力の一つのかたちといえるのかもしれません。このように考え方を改めてみると、そして現在の若者たちのふるまい方を見てみれば、けっして努力への信頼感が失われているわけではないのかもしれません。[ア]

しかし、それでもなお、いま努力への信頼感に削[そ]がれている面があるとすれば、それは今日の社会の高原化によって、かつてのように超越的な目標を胸に抱きにくくなったからだと考えられます。だとしたら、内実のよく分からない異次元の目標のためになどではなく、その営みの過程それ自体を楽しむことで、努力を続けられるようにしてみるのも一つの手ではないでしょうか。それは、なにか別の目標を実現するための人間関係ではなく、関係そのものを楽しむ自己 **B** 的な人間関係をツム[b]いでいくことでもあるはずです。そう考えれば、それはもうすでに多くの若者たちが営んでいるものだともいえます。

現在の若者たちは、**C** の世代ともいわれます。たとえば、クルマが必要になったらお金を稼いで買うのではなく、いま使っていない人から借りればよいと考えます。もちろん、ギブ&テイクですから、いま自分に使う必要のないものは、逆に誰かに貸してあげればよいと考え

解答編

■基礎学力調査■

■英　語■

Ⅰ **解答**　1－①　2－②　3－①　4－④　5－②

Ⅱ **解答**　6－②　7－③　8－⑤　9－④　10－④　11－①
12－⑥　13－②　14－④　15－⑤

Ⅲ **解答**　≪ツバメについての会話≫

16－⑤　17－③　18－①　19－⑥　20－②

Ⅳ **解答**　≪画期的道具「鉛筆」の歴史≫

21－④　22－⑤　23－②　24－①　25－⑥

■化学基礎■

Ⅰ 解答 ≪単体と同素体≫

1・2－③・⑤

Ⅱ 解答 ≪典型元素≫

3－②　4－⑦　5－⑧

Ⅲ 解答 ≪二重結合をもつ物質と酸性を示す物質≫

6－②　7・8－⑥・⑨

Ⅳ 解答 ≪水のイオン積と pH≫

9－⓪　10－⑥

Ⅴ 解答 ≪酸・塩基≫

11－③　12－⑦

Ⅵ 解答 ≪還元剤の性質≫

13－④

■生物基礎■

Ⅰ　解答　≪細胞の構造，光合成，DNA と RNA≫

41・42・43―①・③・④　44・45・46―④・⑥・⑦
47・48・49―③・④・⑥

Ⅱ　解答　≪血液凝固≫

50―②　51・52・53―①・⑥・⑦

Ⅲ　解答　≪肝臓・胆汁≫

54・55・56―③・⑤・⑥　57・58・59―②・④・⑤

Ⅳ　解答　≪腎臓の構造と機能≫

60・61・62―③・④・⑥　63・64・65―④・⑤・⑥

■国　語■

出典　土井隆義『「宿命」を生きる若者たち――格差と幸福をつなぐもの』〈補論――「宿命」を問いなおす〉（岩波ブックレット）

問一　a―①　b―①　c―②　d―⑤　e―④

問二　A―③　B―④

問三　③

問四　⑤

問五　D―⑤　E―④　F―②　G―①　H―③

問六　①

問七　③

問八　③

問九　③

問十　④

問十一　③・⑥

■総合型選抜（併願）

問題編

▶試験科目・配点

学部・学科		科　目	内　容	配点
文	日本文・英語英米文	基礎学力調査	コミュニケーション英語Ⅰ・Ⅱ	150点
			国語総合（現代文）	150点
	書　道	基礎学力調査	コミュニケーション英語Ⅰ・Ⅱ	150点
			国語総合（現代文）	150点
		書道実技	「楷書　臨書」「行書　臨書」「仮名　臨書」の３点を試験当日持参して提出〈省略〉	*
教　育		基礎学力調査	コミュニケーション英語Ⅰ・Ⅱ	100点
			「数学Ⅰ・Ａ」,「化学基礎・生物基礎」より１科目選択	100点
			国語総合（現代文）	100点
心理・現代ビジネス		基礎学力調査	コミュニケーション英語Ⅰ・Ⅱ	150点
			国語総合（現代文）	150点
家政	生活デザイン・造形デザイン	基礎学力調査	コミュニケーション英語Ⅰ・Ⅱ	150点
			国語総合（現代文）	150点
	管理栄養	基礎学力調査	コミュニケーション英語Ⅰ・Ⅱ	100点
			化学基礎・生物基礎	100点
			国語総合（現代文）	100点
薬・看護		基礎学力調査	コミュニケーション英語Ⅰ・Ⅱ	100点
			化学基礎・生物基礎	100点
			国語総合（現代文）	100点
短期大学		基礎学力調査	コミュニケーション英語Ⅰ・Ⅱ	150点
			国語総合（現代文）	150点

▶備　考

- 基礎学力調査，書道実技（書道学科のみ）の他に出願書類（自己推薦書・調査書：50点）を用いて総合的に判定する。
- 自己推薦書には，志望動機や活動報告等について400字以内で記入し，出願時に提出すること。
- 「数学A」の出題範囲は，「場合の数と確率，図形の性質」とする。
- 文学部・心理学部・現代ビジネス学部・家政学部（生活デザイン学科・造形デザイン学科）・短期大学では，「国語」「英語」各100点満点を150点満点に換算し，基礎学力調査を300点満点とする。

＊書道実技の評価は自己推薦書に含まれる。

基礎学力調査

英　　語

(国語とあわせて90分)

I　次の1〜5の 1 〜 5 に入れるのに最も適切なものを，それぞれ①〜④のうちから一つずつ選び，その番号をマークせよ。

1　Many local residents [1] suspicious of the proposed development plan.
① has　② had　③ are　④ was

2　I can't [2] out how to connect my smartphone to my computer.
① take　② figure　③ break　④ drop

3　I'll [3] go to see the movie you recommended.
① largely　② fully　③ definitely　④ significantly

4　It seems I've spent my [4] life traveling.
① every　② all　③ each　④ entire

5　Your manager [5] to me that there would be a job opening for a salesperson.
① influenced　② mentioned　③ supported　④ guided

Ⅱ 次の 1～5 の日本文と同じ意味になるように，それぞれ ①～⑥ の語句を並べかえて空所を補い，最も適切な文を完成させよ。解答は **6** ～ **15** に当てはまる番号をマークせよ。ただし，文頭に置かれるものも小文字にしてある。

1 学校は，生徒に学校の方針に従い，手指を消毒するよう強く求めている。

The school strongly ____ **6** ____ ____ **7** ____ sanitizing their hands.

① students　② follow　③ by
④ to　⑤ school policy　⑥ urges

2 ひどい雪のせいで，私たちは時間通りに出発できなかった。

____ **8** ____ ____ **9** ____ to leave on time.

① it　② for　③ heavy snow
④ us　⑤ impossible　⑥ made

3 私は海で泳ぐくらいなら，むしろマラソンをする方が良い。

I ____ **10** ____ ____ **11** ____ in the sea.

① swim　② a marathon　③ than
④ run　⑤ rather　⑥ would

4 選挙年齢が 18 歳に引き下げられ，若い有権者は政治に参加するように促された。

The minimum voting age was lowered to 18, and young voters ____ **12** ____ ____ **13** ____ .

① encouraged　② participate　③ politics
④ in　⑤ were　⑥ to

5 行方不明の子どもが無事であるという知らせを聞いて，母親はわっと泣き出した。

____ **14** ____ ____ **15** ____, the mother burst into tears.

① the missing child　② the news　③ was
④ that　⑤ safe and sound　⑥ hearing

III 次の対話文の **16** ～ **20** に入れるのに最も適切なものを，①～⑥のうちから一つずつ選び，その番号をマークせよ。

Laura: Wow! I love your dress. The color and style are so unique.

Saki: Thanks. **16** This pattern and these colors were very popular at the time she got it.

Laura: You made it? **17**

Saki: It's not just the memories. Reusing old items seems like a way I can help the environment, too. It's called "upcycling."

Laura: "Upcycling?" I've never heard of that! **18**

Saki: Yes, it is. It's been used for about thirty years. It means taking something old and using it to make something new.

Laura: That sounds great. I wish I could upcycle something. **19**

Saki: That's okay. You don't have to. You can start with simple things. You could add some decoration to a T-shirt, or mend a hole in your jeans. **20**

Laura: Well, I do have an old jacket that I love, but it has a dark stain. Maybe I can start with that. Thanks for the idea, Saki.

Saki: My pleasure. Let me know if you want some help.

① Is that a real word?
② Why don't you try it?
③ I've sold my sewing machine.
④ It's made from my grandmother's kimono.
⑤ Unfortunately, I can't use a sewing machine.
⑥ What a great way to reuse something that has meaning to you.

IV 次の英文の 21 ～ 25 に入れるのに最も適切なものを，①～⑥ のうちから一つずつ選び，その番号をマークせよ。

In 2012, Kodak went out of business. It was a sad end to one of the greatest companies in the United States. The Kodak trademark dates back to 1888. The company was founded by George Eastman to produce the world's first flexible roll film. In 1900, its easy-to-use one-dollar Brownie camera became a big 21 . Eastman was also very good to his employees. He pioneered profit-sharing and gave generous wage benefits.

Among Kodak's innovations was Kodachrome, the best slide and motion picture film in the world. Kodak also created the first digital camera in 1975; however, it did not want to give up its reliance on film. This allowed a 22 like Canon to take over the market. Digital cameras then dominated the industry. In effect, Kodak had created the technology that killed photo film.

Steve Jobs, the founder of Apple, on the other hand, never stopped innovating and pioneering. In 1976, when he was just 21, he started out with his friend Steve Wozniak to create a mass-market computer. They called it Apple. Jobs' greatest gift was his ability to see the 23 and to turn innovation into success, like the computer mouse. Xerox had made one but did not realize its potential. Jobs did. His new computer, the Mac, was the first to use a mouse. His 24 in a simplified user interface had made Apple computers, the iPod, the iPad, and finally the iPhone take the lead in each field.

Even when Jobs lost his position at Apple, he turned that failure into a huge success by founding Pixar, the animated film company that produced *Toy Story*, *Monsters, Inc.*, and *Finding Nemo*. When Jobs died of cancer in October 2011, the world was sad, not because he was a billionaire, but because he was a great 25 of inspiration to all.

（原田祐貨・橋本健広・Patricia Massy　*A New Look at the World*　金星堂　一部改変）

① future
② hit
③ belief
④ rival
⑤ source
⑥ hardship

V 次の英文を読んで，1～4 の問いに答えよ。

The average life expectancy* is extremely high in Japan. The country holds the third place in the world, with men over 80 and women close to 90 years old. One of the reasons for the long lifespan is the advancement in medical technologies. If the quality of treatment for illness were closely related to living longer, then well-developed large cities with a wide range of medical resources, such as Tokyo, Osaka, or Fukuoka, would be expected to emerge as the areas of Japan with the longest living populations. However, (A) <u>this belief</u> is not proved to be true by the statistics. What is hidden behind this phenomenon?

Okinawa was formerly famous as a place with long life expectancies. The warm climate and its residents' simple lifestyles, combined with the traditional diet of low fat and highly nutritious food, were the ideal environment for creating such a characteristic. Nevertheless, (B) <u>this recognition</u> became a myth after Okinawa was exposed to large quantities of fast food imported from foreign countries. This change of circumstances shows that a good diet is key to avoiding lifestyle-related diseases and subsequently extending life expectancies.

Nagano Prefecture, once ranked low, is now placed high on the national list for this matter. It succeeded in changing the eating habits of its citizens. People in Nagano were likely to have heart disease because they consumed a lot of salt, which is typical in cold and mountainous areas in Japan. (**C**), inhabitants could not easily engage in mentally stimulating active pastimes due to reduced mobility in the aging-population and heavy winter snowfall. Nagano Prefecture residents needed to be satisfied not only with their diets but psychologically as well. To change this situation, the locals of the area first reduced the amount of salt they consumed. Then, for their mental satisfaction, local governments arranged for volunteer work for the older population so that they remain mentally stimulated.

The combination of both physical and mental health is the secret to long life. Nonetheless, urban areas that tend to focus more on the young than the old fail to accept this notion. It is for this reason that the major cities in Japan cannot be ranked high in terms of life expectancy, despite having high standards of medical treatment. Should more people be concerned with their diets? Should you abandon oily or salty foods, even if they are satisfying? What do you think about the relationship between long life and quality of life?

(日本英語表現学会テキスト研究部会　*Writing Skills for Readers*　南雲堂　一部改変)

* average life expectancy　平均寿命

1 下線部 **(A)** の内容として最も適切なものを，次の ①～④ のうちから一つ選び，その番号を解答番号 **26** にマークせよ。

① People with access to quality treatment live longer.
② Medical resources are available to everyone.
③ A large percentage of the population lives to an old age.
④ Pollution in urban areas is shortening the lives of people.

2 下線部 **(B)** の内容として最も適切なものを，次の ①～④ のうちから一つ選び，その番号を解答番号 **27** にマークせよ。

① People in Okinawa have a quiet and simple lifestyle.
② People in Okinawa have a growing fast-food diet.
③ Okinawa has a large number of people moving to big cities.
④ Okinawa has a perfect environment for long life.

3 (C) に入れるのに最も適切なものを，次の ①～④ のうちから一つ選び，その番号を解答番号 **28** にマークせよ。

① For example
② In conclusion
③ In addition
④ Nonetheless

4 本文の内容として正しいものを，次の ①～⑤ のうちから一つ選び，その番号を解答番号 **29** にマークせよ。

① The average life expectancy in Japan has suddenly risen to the third place in the world.
② Nagano used to be a place with people with long life expectancy.
③ Nagano Prefecture took measures to help the old people become more active in society.
④ High-quality medical services in large cities is the main factor contributing to long life expectancy in Japan.
⑤ The length of life expectancy isn't influenced by how happy you feel.

■数　　学■

(45 分)

I 次の (1) ～ (7) の空欄 [1] ～ [13] にあてはまる数字をマーク解答用紙にマークせよ。なお，分数はそれ以上約分できない形にせよ。

(1) $a : b = 3 : 4, b : c = 6 : 1$ のとき, $a : c =$ [1] : [2] である。ただし [1] と [2] は互いに素な正の整数である。

(2) $x \neq y, x + y = 2$ であるとき,

$$\frac{(x-1)(1-y)}{(x-1)^2+(1-y)^2} = \frac{\boxed{3}}{\boxed{4}}$$ である。

(3) $y = x^2 - 4|x| + 1$ の区間 $-3 \leqq x \leqq 3$ における最大値は, [5] である。

(4) 1 から 9 の数字が書かれた札がそれぞれ 1 枚ずつある。これら 9 枚の札を任意に円形に並べたとき，時計回りに見て, 8, 9 の順で連続して札が並ぶ確率は, $\frac{\boxed{6}}{\boxed{7}}$ である。

(5) △ABC の BC 上に点 D があり，∠ABC = ∠CAD かつ $\frac{\mathrm{DC}}{\mathrm{BD}} = \frac{4}{5}$ ならば, $\frac{\mathrm{DC}}{\mathrm{AC}} = \frac{\boxed{8}}{\boxed{9}}$ である。

(6) 2 次関数 $y = x^2 - 2x + a^2 - 10a + 1$ のグラフが，区間 $-2 \leqq x \leqq 3$ において x 軸よりも下にあるとき，定数 a のとりうる値の範囲は [10] $< a <$ [11] である。

(7) 放物線 $y = \sqrt{3}x^2$ の $0 \leqq x \leqq 1$ の部分を原点の周りに 60° 回転させたとき，それが通る領域の面積は, $\frac{\boxed{12}}{\boxed{13}}\pi$ である。

■化学基礎■

（生物基礎とあわせて45分）

> 計算に必要な場合は、次の原子量を用いよ。
>
> H 1.0　C 12　O 16　Na 23
>
> 計算問題では、必要ならば四捨五入して答えよ。

I　次の原子 ①～⑦ に関する問い（1）・（2）に答えよ。

① ^{1}H　② ^{4}He　③ ^{16}O　④ ^{19}F　⑤ ^{20}Ne　⑥ ^{35}Cl　⑦ ^{40}Ca

（1）中性子数が同じ原子の組み合わせはどれか。①～⑦ のうちから二つ選び、それらの番号を解答番号 [1] と [2] にマークせよ。ただし、解答の順序は問わない。

（2）中性子数が陽子数よりも1個多いものを、①～⑦ のうちから二つ選び、それらの番号を解答番号 [3] と [4] にマークせよ。ただし、解答の順序は問わない。

II　次の分離操作に関する文章を読んで、問い（1）～（3）に答えよ。

水に対する物質の溶解度とは、水 100 g に対して溶ける物質の最大量(g)のことである。溶解度が温度などによって異なることを利用して、固体に含まれる少量の不純物を取り除き、より純粋な物質を得る操作を（ア）という。たとえば、1 g のショ糖と 70 g の硝酸カリウムの混合物から、温度による溶解度の変化（表）を利用して純粋な硝酸カリウムを取り出すには、次のような実験を行えばよい。

温度［℃］		10	80
溶解度	ショ糖	190	363
	硝酸カリウム	22	169

表：温度による溶解度の変化

［実験］この混合物を（イ）した水 100 g に完全に溶解させ、均一な水溶液にする。次に、ゆっくりと（ウ）すると、溶けきれなくなった物質が析出する。そして、ろ過によって固体と液体を分離すると、（エ）に純粋な硝酸カリウムが得られる。

（1） 文章中の（ア）に当てはまる操作の名称として最も適切なものを、次の①～⑤のうちから一つ選び、その番号を解答番号 **5** にマークせよ。

① クロマトグラフィー　② 再結晶　③ 蒸留　④ 抽出　⑤ 分留

(2) 次の ①～⑧ のうちから、文章中の（イ）～（エ）に当てはまる語句の組み合わせとして最も適切なものを一つ選び、その番号を解答番号 **6** にマークせよ。

	イ	ウ	エ
①	10℃に冷却	10℃に冷却	ろ液中
②	10℃に冷却	10℃に冷却	ろ紙上
③	10℃に冷却	80℃に加熱	ろ液中
④	10℃に冷却	80℃に加熱	ろ紙上
⑤	80℃に加熱	10℃に冷却	ろ液中
⑥	80℃に加熱	10℃に冷却	ろ紙上
⑦	80℃に加熱	80℃に加熱	ろ液中
⑧	80℃に加熱	80℃に加熱	ろ紙上

(3) この実験で得られる硝酸カリウムの質量は理論的には何gになるか。その値 M[g] を2桁の整数で答えよ。解答は、空欄 **7** と **8** に当てはまる数字と同じ番号を、解答番号 **7** と **8** にマークせよ。ただし、水に溶かしたショ糖と硝酸カリウムは、互いの溶解度に影響を与えないものとする。

$M =$ **7** **8** g

Ⅲ

結合に極性がなく、分子全体としても極性をもたない分子をＡ、結合に極性があるが、分子全体としては極性をもたない分子をＢ、結合に極性があり、分子全体としても極性がある分子をＣとする。Ａ－Ｂ－Ｃの組み合わせのうち、最も適切なものを次の ① ～ ⑤ のうちから一つ選び、その番号を解答番号 **9** にマークせよ。

	Ａ	Ｂ	Ｃ
①	窒素	塩化水素	メタノール
②	水素	ベンゼン	四塩化炭素
③	ヨウ素	硫化水素	クロロメタン
④	メタン	アンモニア	フッ化水素
⑤	塩素	二酸化炭素	水

Ⅳ

濃度 c [mol/L]の水酸化ナトリウム水溶液 400 mL に水酸化ナトリウム 8.0 g を添加し、蒸留水を加えて 1000 mL にしたところ、この水酸化ナトリウム水溶液の濃度は 0.50 mol/L となった。濃度 c [mol/L]を小数点以下 2 桁まで求めよ。解答は、空欄 **10** ～ **12** に当てはまる数字と同じ番号を、解答番号 **10** ～ **12** にマークせよ。

c ＝ **10** . **11** **12** mol/L

V　次の①～⑥のうちから、塩化水素や酢酸のような酸の水溶液の性質として最も適切な組み合わせを一つ選び、その番号を解答番号 **13** にマークせよ。

(a) 手に付くとぬるぬるする。

(b) 青色リトマス紙を赤色に変える。

(c) 赤色リトマス紙を青色に変える。

(d) マグネシウムと反応し、水素を発生させる。

① (a)と(b)

② (a)と(c)

③ (a)と(d)

④ (b)と(c)

⑤ (b)と(d)

⑥ (c)と(d)

VI　次の①～⑤の酸化剤のはたらきを示す反応式の前後で、下線を引いた原子の酸化数の変化が最も大きいものを一つ選び、その番号を解答番号 **14** にマークせよ。

① $H\underline{N}O_3 + H^+ + e^- \rightarrow \underline{N}O_2 + H_2O$

② $H_2\underline{O}_2 + 2\,H^+ + 2\,e^- \rightarrow 2\,H_2\underline{O}$

③ $H\underline{N}O_3 + 3\,H^+ + 3\,e^- \rightarrow \underline{N}O + 2\,H_2O$

④ $\underline{Mn}O_4^- + 8\,H^+ + 5\,e^- \rightarrow \underline{Mn}^{2+} + 4\,H_2O$

⑤ $\underline{Cr}_2O_7^{2-} + 14\,H^+ + 6\,e^- \rightarrow 2\,\underline{Cr}^{3+} + 7\,H_2O$

■生物基礎■

（化学基礎とあわせて45分）

I 生物の多様性と共通性に関する次の（1）〜（6）の問いに答えよ。

（1） 次の表は、原核細胞と真核細胞の構造体の有無を比較したものである。表中のア〜ウに当てはまる組み合わせについて、最も適切なものを次の①〜⑥のうちから一つ選び、その番号を解答番号 41 にマークせよ。

表　原核細胞と真核細胞の構造体の有無

構造体＼細胞	ア	イ	ウ
DNA	○	○	○
細胞膜	エ	オ	カ
細胞壁	×	○	○
ミトコンドリア	○	○	×

存在する○，存在しない×

	ア	イ	ウ
①	原核細胞	真核細胞（動物）	真核細胞（植物）
②	原核細胞	真核細胞（植物）	真核細胞（動物）
③	真核細胞（動物）	原核細胞	真核細胞（植物）
④	真核細胞（動物）	真核細胞（植物）	原核細胞
⑤	真核細胞（植物）	原核細胞	真核細胞（動物）
⑥	真核細胞（植物）	真核細胞（動物）	原核細胞

（2） 問い（1）の表中エ〜カの細胞膜について、存在する場合は①、存在しない場合には②を、それぞれ解答番号 42 〜 44 にマークせよ。

エ 42　　オ 43　　カ 44

（3） 次のキ〜ソのうち、無機物から有機物を合成できるものの数と同じ番号を解答番号 45 にマークせよ。

キ　ヒトの筋細胞　　ク　黄色ブドウ球菌　　ケ　パン酵母
コ　オオカナダモ　　サ　ミカヅキモ　　シ　ゾウリムシ
ス　アメーバ　　セ　タマネギの表皮細胞　　ソ　シイタケ

(4)　単細胞の真核生物を次の①～⑥のうちから一つ選び、その番号を解答番号 46 にマークせよ。

①　ミジンコ　　②　カサノリ　　③　乳酸菌
④　大腸菌　　⑤　イシクラゲ　　⑥　オオカナダモ

(5)　単細胞の原核生物を次の①～⑥のうちから一つ選び、その番号を解答番号 47 にマークせよ。

①　ミカヅキモ　　②　ゾウリムシ　　③　酵母菌
④　コレラ菌　　⑤　アメーバ　　⑥　コンブ

(6)　植物細胞の構造体で、細胞内の物質の濃度調整や老廃物の貯蔵に関わるものはどれか。最も適切なものを次の①～⑦のうちから一つ選び、その番号を解答番号 48 にマークせよ。

①　核　　②　葉緑体　　③　ミトコンドリア
④　細胞壁　　⑤　細胞膜　　⑥　液胞
⑦　細胞質基質

Ⅱ

ホルモンによる体内環境の調節に関する次の（1）～（8）の問いに答えよ。

(1)　すい臓ランゲルハンス島の毛細血管の中を流れる血液の血糖濃度が高いときに、ホルモンを分泌する細胞は、すい臓ランゲルハンス島の何細胞か。次の①～④のうちから、最も適切なものを一つ選び、その番号を解答番号 49 にマークせよ。

①　A細胞　　②　B細胞　　③　C細胞　　④　D細胞

(2)　問い（1）で分泌されるホルモンは、どの血管にまず入るか。次の①～③のうちから、最も適切なものを一つ選び、その番号を解答番号 50 にマークせよ。

①　毛細血管　　②　静脈　　③　動脈

(3)　問い（1）で分泌されるホルモンは、主としてどこで作用するか。次の①～⑤のうちから、最も適切なものを一つ選び、その番号を解答番号 51 にマークせよ。

①　すい臓　　②　ひ臓　　③　肝臓　　④　腎臓　　⑤　心臓

(4)　視床下部の毛細血管の中を流れる血液の血糖濃度が低いときに、副腎皮質からの分泌が促進されるホルモンは、何からグルコースを合成させるか。次の①～④のうちから、最も適切なものを一つ選び、その番号を解答番号 52 にマークせよ。

① 脂肪　② タンパク質　③ グリコーゲン　④ デンプン

（5）　視床下部の毛細血管の中を流れる血液の血糖濃度が低いときに、副腎髄質からの分泌が促進されるホルモンは、どこに作用して血糖濃度を上昇させるか。次の①～⑤のうちから、最も適切なものを一つ選び、その番号を解答番号 53 にマークせよ。

① すい臓　② ひ臓　③ 肝臓　④ 腎臓　⑤ 心臓

（6）　体液の塩分濃度が上昇したときに、脳下垂体から分泌されるホルモンは、次に示す順路で標的細胞に到達する。次の順路に示す解答番号 54 ～ 57 に入る血管として最も適切なものを次の①～④から一つずつ選び、それぞれマークせよ。ただし、同じ語を繰り返し選んでもよい。

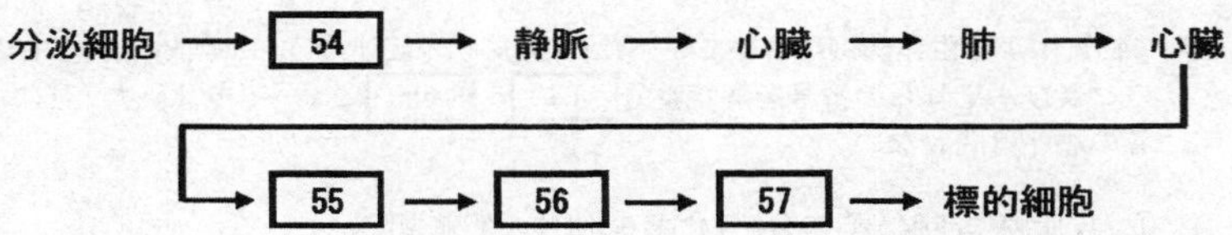

① 毛細血管　② 静脈　③ 大動脈　④ 腎動脈

（7）　問い（6）で分泌されたホルモンの標的細胞は、腎臓のどこにあるか。最も適切なものを次の①～⑤のうちから一つ選び、その番号を解答番号 58 にマークせよ。

① 糸球体　② 細尿管　③ 腎う　④ 集合管　⑤ 腎小体

（8）　問い（6）で分泌されたホルモンの作用の結果、尿の量はどうなるか。最も適切なものを次の①～③のうちから一つ選び、その番号を解答番号 59 にマークせよ。

① 増加する　② 減少する　③ 変わらない

Ⅲ　ヒトの生体防御に関する次の（１）と（２）の問いに答えよ。

（１）　生体防御にも関与する皮膚の機能や構造について述べた次の①～⑦の記述のうち、**誤っているもの**を三つ選び、それらの番号を解答番号［60］～［62］にマークせよ。ただし、解答の順序は問わない。

① 皮膚の表面は、絶えず入れ替わっている。
② 皮膚の表面は、弱アルカリ性となっている。
③ 皮膚の表面に、細菌は存在しない。
④ 角質層により、外傷ができにくくなっている。
⑤ 角質層は、生きた細胞で構成される。
⑥ 皮膚には、盛んに分裂している細胞の層がある。
⑦ 皮膚は、物理的な生体防御としてはたらいている。

（２）　物質による生体防御について述べた次の①～⑦の記述のうち、**誤っているもの**を三つ選び、それらの番号を解答番号［63］～［65］にマークせよ。ただし、解答の順序は問わない。

① 皮脂腺や汗腺からの分泌物は、病原体の繁殖を防いでいる。
② リゾチームは、微生物の細胞壁を分解する。
③ ディフェンシンは、微生物の細胞膜を破壊する。
④ 鼻水には、殺菌作用がある。
⑤ 涙は、病原体の繁殖を助ける作用のほうが、抑える作用より強い。
⑥ 唾液は、病原体の繁殖を助ける作用のほうが、抑える作用より強い。
⑦ 胃からは、殺菌作用のある物質は分泌されない。

①　近代新聞の特徴は、その情報密度の高さだけでなく、紙面構成が美しく機能的な点にある。
②　資料の散逸や劣化の防止を理由に図書館や博物館では合冊製本という方法が採られている。
③　新聞を写真版や縮刷版で次世代に継承しようとする保存の考え方が利用者に蔓延している。
④　新聞は雑誌と異なり速報性に重きを置く情報で成り立っているため、消費サイクルが長い。
⑤　廉価な紙に刷られ、判型が大きい新聞紙は日々の暮らしに近すぎるため、処分されやすい。
⑥　図書館ではマイクロ化やデジタル化の済んだ古い貴重な新聞の多くが廃棄処分されている。
⑦　一般家庭内には、変哲もない雑報で埋めつくされた昭和三〇年代以降の新聞が蓄積される。

問六 傍線部ウに「大手の新聞社でさえ、現物保存については、盤石の責任を持ち得ないのが実状である」とある。その理由として本文で述べられていないものを、次の①~⑤のうちから一つ選べ。解答は、解答番号 **15** に、その番号をマークせよ。

① 新聞を保存するのは後日参考資料として役立てるためと考えているから。
② 日々の新聞を発行し続けることが第一の社会的使命であると考えているから。
③ 古い新聞を「史料」としてオリジナルの状態で保管していないから。
④ 昭和三〇年代以前は古い新聞の価値が認識されていなかったから。
⑤ 新聞資料の保存は博物館などの公的機関に任せた方がよいと考えているから。

問七 空欄 **X**・**Y** に充当すべき熟語の組み合わせとして最も適切なものを、次の①~⑤のうちから一つ選べ。解答は、解答番号 **16** に、その番号をマークせよ。

① X 事実 Y 記述 ② X 事実 Y 思想 ③ X 事実 Y 新聞 ④ X 言説 Y 思想 ⑤ X 言説 Y 情報

問八 傍線部エに「物性論的な関心」とある。そのような関心の対象からは外れる事柄を、次の①~⑤のうちから一つ選べ。解答は、解答番号 **17** に、その番号をマークせよ。

① 新聞の手触り
② 新聞が「モノ」である点
③ 新聞の情報容量と情報密度
④ 新聞の持つ緩衝性と吸湿性
⑤ 新聞の匂い立つようなアウラ

問九 本文の内容と合致しないものを、次の①~⑦のうちから二つ選べ。解答は、解答番号 **18** と **19** に、それらの番号をマークせよ。ただし、解答の順序は問わない。

クルされているということを、まず言っておきたいため。

② 近代新聞は、他のものに代えがたい歴史的・社会的・シンビ的な価値を備えているので、リサイクル資源と考えるのは、新聞の価値を不当に低くおとしめることになってしまうということを強調しておきたいため。

③ 人文科学と社会科学の学問分野において、古い新聞は歴史情報を担架する一次史料として保存すべきものとされ、リサイクルという考えはまったくそぐわないので、本文の第一段落で、まず疑問を呈しておきたいため。

④ 新聞学の発展のために、公的機関や新聞社において、新聞を史料としてオリジナルの状態で完全保存・恒久保存してもらいたいのであるが、現実はそれとは程遠い状況であるので、このように問題提起しておきたいため。

⑤ 新聞のマイクロ化やデジタル化が進めば、紙としての新聞はなくなってしまう日が来るので、新聞をリサイクル資源と考えることは、もはや時代遅れとなるのは時間の問題であり、まずこの点に注意を向けてほしいため。

問四 本文中には、「わたしの見るところ、古い新聞資料を取り巻く環境は、まさに危機的な状況にある。」という一文が脱落している。本来どこにあった文章であるか。最も適切なものを、次の①～⑤のうちから一つ選べ。解答は、解答番号 13 に、その番号をマークせよ。

① 空欄 Ⅰ　② 空欄 Ⅱ　③ 空欄 Ⅲ　④ 空欄 Ⅳ　⑤ 空欄 Ⅴ

問五 傍線部イに「過去の新聞資料の記号情報化」とある。この部分と同様の内容として最も適切なものを、次の①～⑤のうちから一つ選べ。解答は、解答番号 14 に、その番号をマークせよ。

① 古い新聞の現物を保存すること
② 古い新聞をマイクロ化すること
③ 古い新聞紙を廃棄処分すること
④ 古い新聞紙を合冊製本すること
⑤ 古い新聞の貼り込み帖を作ること

a ベンギ　①七画　②八画　③十三画　④十四画　⑤二十画

b シンビ　①九画　②十画　③十一画　④十五画　⑤十六画

c ヒットウ　①六画　②十画　③十二画　④十六画　⑤十八画

d ケッカン　①九画　②十画　③十一画　④十二画　⑤十四画

e ケイイ　①九画　②十一画　③十三画　④十五画　⑤十六画

問二 空欄 A ～ F に入る最も適切なものを、次の①～⑤のうちからそれぞれ一つずつ選べ。解答は、解答番号 6 ～ 11 に、A から順にそれらの番号をマークせよ。

A ①抽象的　②外形的　③合理的　④組織的　⑤主観的

B ①躍動的　②超越的　③飛躍的　④感動的　⑤扇情的

C ①絶対的　②決定的　③圧倒的　④致命的　⑤奇跡的

D ①具体的　②一元的　③通時的　④一時的　⑤共時的

E ①客観的　②並列的　③統一的　④画一的　⑤計画的

F ①重層的　②周期的　③合理的　④継続的　⑤義務的

問三 傍線部アに「読み終えた新聞は、循環型社会を実現するための「リサイクル資源」に過ぎないのだろうか」とある。筆者がここでこのように問うている理由として適切なものを、次の①～⑤のうちから一つ選べ。解答は、解答番号 12 に、その番号をマークせよ。

① 近代新聞は文字や画像の印刷された紙であるが、読み終えたあとは、包んだり、被せたりできる日常の生活財として各家庭でリサイ

分類され、しかもそのタイトルごとに合冊製本された資料では、複数の同時期資料を **E** に揃えることが難しい。ましてや各紙を同時に眺めつつ、個々の異同を総覧することなど、望むべくもないのが実情である。

要するに、昭和三〇年以前の「新聞紙」については、それを組織立って、**F** に、しかも信頼するに足るかたちで保存してくれている公的機関や新聞社があまりに少なすぎるということ。主要全国紙の中央版ですら、「紙」として完全保存がなされていないという現実。それぱかりか、それらの各県版やブロック版、廃刊されて久しい新聞、短命に終わった小新聞、各地の地方紙、業界別の特殊新聞、旧植民地で発行された現地語版新聞や現地語併用版新聞など、文字通りの稀(き)少新聞になると、さまざまなケイイ(e)が災いして現物の存在すら確認し難いことが多い。幸いにして保存されている場合にも、マイクロフィルムや断片史料による調査しか行い得ない、とはすなわち、記号情報（テキストとイメージ）しか取得できない、これが新聞保存の偽らざる現在なのである。

「新聞紙」の保存におけるこうした貧しい現状は、新聞を情報学的な側面からしか眺めようとしない人文諸学の、偏った姿勢からもたらされたものである。新聞は、紙であり、とどのつまりが「モノ」なのだ、という自明の事実に眼をつむることで、新聞という「モノ」の有する、もっとも美味(おい)しい部分をつかみ損ねている。わたしの眼には新聞研究の現状が、そのように映るのである。

現代の新聞研究は、書誌学研究、マスコミ・メディア論研究、新聞社史研究、人物研究など、いくつかの方向に分かたれているが、それらのどれもが記述や記載の域に安住して憚らず、歴史の **X** を紡ぎ出し、**Y** の枠組を築き上げる努力を怠っている。この遠因を探ると、「新聞紙」の総体を記号情報に還元縮体する資料保存のあり方に帰着する。「新聞紙」への(エ)物性論的な関心を覚醒させぬ限り、新聞学は「新聞誌」の域にとどまり、「新聞史」となり得ないのではないか。

（西野嘉章(にしのよしあき)『プロパガンダ1904-45――新聞紙・新聞誌・新聞史』／一部改変）

（注）

※1　アウラ＝ある人や物の辺りに漂う、一種独特な雰囲気。

※2　遺滅　＝すっかりなくなること。

問一　傍線部a～eに相当する漢字の総画数を、次の①～⑤のうちからそれぞれ一つずつ選べ。解答は、解答番号 **1** ～ **5** に、aから順にそれらの番号をマークせよ。

もちろん、一般家庭の生活圏内に保存される可能性は、上記以外にも、いくらでもあり得る。とはいえ、運良く、昔の新聞が発見されることがあったとしても、いまの時代では、昭和三〇年代以降の新聞がせいぜいで、それ以前に遡るものになると、よほど特殊な条件が整わない限り見出し難い。新聞は日々の暮らしに近すぎるため、簡単に処分される。廉価な紙に刷られ、しかも判型が大きい。住宅事情が悪ければ、嵩張る新聞は邪魔になる。というわけで、どうしても「保存」は他人任せになりがちである。

発行元の新聞社、あるいは図書館などの公的機関ではどうか。まず前者の場合、すなわち、発行元の新聞社には、当然、然るべきかたちで保存されていているものと誰しも考えたくなるが、この期待は見事に裏切られる。古い新聞の価値があらためて認識されるようになったのは、早くても昭和三〇年代のこと。それ以前については、必ずしもその限りでない。新聞社の社会的使命の第一は、日々の新聞を発行し続けることにある。したがって、自社の発行物について、恒久保存の必要性は自覚されても、それは後日参考資料として役立てるためか、さもなくば読者への情報提供サーヴィスのためにそうするのであって、それ以上ではない。すなわち、「史料」として、オリジナルの状態で保管してはいないということ。[ウ]大手の新聞社でさえ、現物保存については、盤石の責任を持ち得ないのが実状である。

ならば、新聞の保存収集を専業とする博物館、資料館、研究所等の公的機関の場合はどうか。社会財としての印刷物をシステマティックに蓄積する役割を担い得るとすれば、こうした機関をおいて他にはないのであるが、これらもまた、あまり当てにできない。合冊製本という最悪の保存法を採っているところが多いからである。これは定期刊行物などの資料保存の方法として定着して久しく、とくに「近代新聞」については、判型が大きいこともあって、そうした保存法の採られていることが多い。資料の散逸や劣化を防止するためというのが表立った説明であるが、しかし、現実には、「保存」というより、「破壊」に近い資料管理法である。

新聞資料を合冊製本することの最大のケッカン[d]は、二つ折り紙面の中央にある「柱」の部分のデータを遺滅させてしまうことにある。これは明治中期から大正初期にかけて発行された新聞の場合には、**C** である。当時の新聞では、「柱」の部分に、気象情報、時刻表、占いなどの雑報が印刷されており、時には大見出し、広告、記事まで、そこに組み込まれていたからである。また、製本のさい、小口を揃えるために三方が裁断されていることも多い。そうした場合には、元々の紙面サイズという基本的なデータさえ、満足に把握できないことになる。

合冊製本による「保存」の弊害は、こうした物象的な側面のみに限らない。新聞研究の方法そのものにまで、悪弊を及ぼしているからである。現に、新聞各紙がタイトルに従って年代ごとに製本されていると、同時代の新聞各紙、あるいは同日に発行された新聞各紙について、**D** な比較研究を行うことが、いちじるしく困難である。たとえば、ある時代の新聞広告について研究を行おうと考えたとしよう。新聞各紙に掲載された広告には、当然のことながら、その時代に通有な気運すなわち、「時代精神」というものが見出されるはずである。タイトルに従って

かし、はたしてそれで本当によいのだろうか。

たしかに、古い時代の新聞を、写真版、縮刷版、マイクロフィルム版で次世代に継承しようとする事業は、かなり以前から有力な図書館、専門研究機関などで始められており、それが利用者のあいだで定着をみていることは紛れもない事実である。また、新聞の発行プロセスが完全にコンピュータ管理されるようになってからは、新聞のコンテンツそれ自体が、そのままデジタル・アーカイヴのなかに蓄積され、一般利用者の便に供されるというシステムも確立している。しかし、こうした新聞保存のあり方が、本当に望ましいものなのかどうか、今一度考え直してみる必要があるのではないか。

マイクロ化にせよ、デジタル化にせよ、 Ⅱ 記号情報化の流れが進めば、いずれは紙（モノ）としての新聞の潰え去る日が来るだろう。そればかりか、こうした流れは過去の新聞資料の恒久保存の行く末さえ、危ういものにしつつある。 Ⅲ 現行の新聞のデジタル化とともに、イ過去の新聞資料の記号情報化もまた、なるほど、抗い難い時代の流れなのかもしれない。しかし、だからといって、すでに紙（モノ）として存在している昔の新聞をみすみす遺滅[※2]させてよいわけはない、というよりむしろ、それを促進するような風潮をこのまま黙過しておいてよいのだろうか。 Ⅳ というのも、マイクロ化やデジタル化の済んだ古い貴重な新聞が、保存スペースの狭隘化、資料管理者の不足など、通り一遍の口実の下で廃棄処分されるといった、およそ信じ難いことが実際に起こっているからである。

モノとしての新聞すなわち「新聞紙」は、案外、残り難いものなのかもしれない。 Ⅴ 試みに、普段の暮らしのなかでの新聞のありようを思い起こしてみるがよい。古い新聞が家庭内に蓄積される可能性として、どのようなケースが考えられるか。たとえば、家人の誰かがある特定の関心や趣味に導かれ記事を切り抜き、貼り込み帖を作っているケース。これなどは、わかりやすい。日々の紙面に連載される小説や記事のスクラップ、あるいはスポーツ、芸能、舞台、映画、人物など、それこそ読者の多様な関心に沿ったスクラップ・ブックが、ときとして古書市場などに現れるのは、新聞のそうした受容形態がいつの時代にも変わらずに存在していることの証である。

また、社会的大事件や自然災害を報じた新聞、あるいは親類縁者に関する記事の掲載された新聞を、どこかにしまっておくという場合もある。時代を画する出来事を報じた新聞、とくにセンセーショナルな見出しを伴う号外の類は、変哲ない雑報で埋め尽くされた新聞より、保存される確率がはるかに高い。人の記憶に深く刻み込まれるような出来事を報じた新聞は、なんとなく捨てがたいという思いを抱かせるからである。こうした、多少なりと意識的な保存行動と別に、たまたま後世に残されるケースもある。大掃除のときなど、畳の下やタンスの底などからカビ臭い昔の新聞が出てきたり、普段使わない食器等の箱に詰め物として古新聞が使われているのを発見したりする、といった経験を引き合いに出せば、すぐにも合点がいくだろう。

も、それらの比類ない価値を認めねばならないからである。事実、文字や罫線や画像で埋め尽くされた紙面には膨大な情報が盛り込まれており、その情報容量の多さと情報密度の高さにおいて、新聞は他の印刷メディアを圧倒している。

ことに古い新聞はそうである。貴重な紙幅を最大限に生かすため、各所に工夫が凝らされており、そのことが情報密度の高さと、紙面構成の美しさの実現につながった。印刷プロセスの機械化によって発行部数を［B］に拡大した「近代新聞」は、発行当時の社会の状況や、大衆の気運を、機能的な紙面構成のなかに横溢させているという意味で、他のものに代え難い歴史的・社会的・シンビ(b)的な価値を備えている。

古い新聞を眼にすると、発行された当時の社会の様相がまざまざと甦ってくる――より正確に言えば、甦ってくるように感じられる。新聞タイトルや発行年、巻号の重要性は言うまでもない。大見出し、小見出し、記事、写真、雑報、連載、広告、案内、告知、彙報、さらには用紙の質感や色合、紙面の起伏や触感、活字の種類やインキ、われわれ読者の五官を刺激するすべての知覚的要素が協奏しあい、時代の全体状況を彷彿とさせる、それが「近代新聞」なのである。たしかに、古い書籍についても似たようなことが言えなくはない。しかし、「近代新聞」は、一般の書籍と違って、大判の紙に刷られていることもあって、匂い立つようなアウラ※1、独特の時代喚起力がある。すくなくとも、わたしにはそのように感じられるのである。

あらためて言うまでもないが、新聞は、政治、経済、社会、文化、教育、科学など、日々の暮らしのさまざまな局面と密接なつながりをもっている。そのことを考えるなら、なんら驚くにあたらないが、新聞に関する学術研究、あるいは新聞を拠り所とするそれは、新聞学を標榜する学問をヒットウ(c)に、マスコミ論、コミュニケーション論、メディア論から、文学、美術、映画、写真、演芸、漫画、広告、風俗等の研究まで、人文科学と社会科学の両分野に跨るかたちで、実に多様な展開をみせている。

いずれの系統に属するものであれ、これらの学問分野では、ほとんど例外なしに、古い新聞は貴重な歴史情報を担架する一次史料とみなされており、したがって、それらの「保存」に努めなくてはならないという点で衆目は一致している。一般書籍類と違って、多分に社会財的な性格の強い近代新聞資料を然るべきかたちで「保存」していこうとする姿勢に対して、それらについての研究を専門とする者ならずとも、首肯する人は少なくないはずである。

しかし、こうした文脈で言われるところの「保存」の必要性というのが、実のところ、曲者なのである。なぜなら、既存の上掲諸学が必要とするのは、もっぱら文字情報（テキスト）や画像情報（イメージ）であり、とどのつまりが記号情報でしかない、「モノ」としての新聞すなわち「新聞紙」ではないからである。マイクロフィルムや縮刷版で用は足りる、といった類の言い回しが日常化していることからも解る通り、新聞から記号情報（テキストとイメージ）が取り出せれば、それで充分であるという安易な考え方が蔓延しているのである。［I］し

■国　語■

（英語とあわせて九〇分）

問題　次の文章を読んで、あとの問いに答えよ。

日々発行される新聞は、読まれると、たちまち用無しになる。雑誌と違い、記事の大半が速報性に重きを置く情報で成り立っているからである。この消費サイクルの短さは、新聞の誕生以来、すこしも変わっていない。とはいえ、われわれの時代すなわち、資源リサイクルの必要性が叫ばれ、循環型社会に向かって世間が足並みを揃（そろ）える時代となり、それが一挙に加速されたように感じられるが、どうであろうか。いまや新聞は、社会における消費財の代名詞と言えなくもない。しかし、というよりむしろ、だからこそ敢（あ）えてこのように問いたい。新聞はただ単なる消費財なのだろうかと。ア読み終えた新聞は、循環型社会を実現するための「リサイクル資源」に過ぎないのだろうか。

社会情報基盤のデジタル化が進むにつれ、高速通信ネットワークを介したニュース配信が新聞に代わるものとして、われわれの生活のなかへ徐々に浸透してきている。そのため、新聞とはそもそもなにか、と正面切って質することが憚（はばか）られるような時勢である。現に、新聞とはなにかを［A］に定義しようとしても、もはや一元化的な答えは導き出しにくい、それほどまでに新聞の様態は多様化し、機能が多元化している。

そこでわれわれは、活版輪転機の導入からデジタル印刷プロセスの登場までのあいだの新聞を、ベンギ（a）的に「近代新聞」と呼ぶことにするが、これについては、次のように言えるのではないだろうか。「近代新聞」とは文字や画像の印刷された紙、すなわち「モノ」である――そればかりか、目方があり、嵩（かさ）があり、手触りがあり、しかもそれが古いものである場合には、臭いさえあり、紙として大判であり、癖がなく、扱いやすく、廉価であり、その気になればどこにでも見出され、包み、被（かぶ）せ、覆い、詰めるといった用途に適（かな）い、さらにほどほどの緩衝性と吸湿性がある、ために日常の生活財として、この上なく重宝な「モノ」である、と。

もちろん、こうした物性的な側面だけをもって「近代新聞」を論（あげつら）うわけにはいかない。情報論的な観点からも、また社会史的な観点から

解答編

基礎学力調査

英　語

I 解答　1－③　2－②　3－③　4－④　5－②

II 解答　6－①　7－⑤　8－⑥　9－②　10－⑤　11－③
12－①　13－④　14－②　15－③

III 解答　≪アップサイクリングをしている友人との会話≫

16－④　17－⑥　18－①　19－⑤　20－②

IV 解答　≪コダック社とスティーブ＝ジョブズの技術開発≫

21－②　22－④　23－①　24－③　25－⑤

V 解答　≪日本の長寿社会を支える２つの真の要因≫

26－①　27－④　28－③　29－③

■数　学■

解答　≪小問 7 問≫

(1) 1 ─⑨　2 ─②

(2) 3 ─①　4 ─②

(3) 5 ─①

(4) 6 ─①　7 ─⑧

(5) 8 ─②　9 ─③

(6) 10─①　11─⑨

(7) 12─②　13─③

■化 学 基 礎■

Ⅰ　解答　≪原子の構造≫

1・2−④・⑤　3・4−④・⑥

Ⅱ　解答　≪再結晶≫

5−②　6−⑥　7−④　8−⑧

Ⅲ　解答　≪分子の極性≫

9−⑤

Ⅳ　解答　≪水溶液の濃度≫

10−⓪　11−⑦　12−⑤

Ⅴ　解答　≪酸の性質≫

13−⑤

Ⅵ　解答　≪酸化剤における原子の酸化数の変化≫

14−④

■生物基礎■

Ⅰ 解答 ≪原核細胞・真核細胞，細胞小器官，細胞の代謝，単細胞≫

41－④　42－①　43－①　44－①　45－②　46－②　47－④　48－⑥

Ⅱ 解答 ≪ホルモン≫

49－②　50－①　51－③　52－②　53－③
54－①　55－③　56－④　57－①
58－④　59－②

Ⅲ 解答 ≪皮膚による生体防御，物質による生体防御≫

60・61・62－②・③・⑤　63・64・65－⑤・⑥・⑦

■国　語■

出典　西野嘉章編『プロパガンダ1904-45――新聞紙・新聞誌・新聞史』〈西野嘉章「新聞紙・新聞誌・新聞史」〉（東京大学総合研究博物館）

解答

問一　a―②　b―④　c―④　d―②　e―⑤

問二　A―②　B―③　C―④　D―⑤　E―②　F―④

問三　④

問四　④

問五　②

問六　⑤

問七　④

問八　③

問九　④・⑦

■一般選抜前期Ａ日程

問題編

▶試験科目・配点

学部・学科		教科	科目	選択	配点
文	日本文・書道	外国語	コミュニケーション英語Ⅰ・Ⅱ，英語表現Ⅰ	１教科選択	100点
		数学	数学Ⅰ・Ａ		
		国語	国語総合（現代文・古文）・現代文Ｂ・古典Ｂ（漢文は含まない）		100点
	英語英米文	外国語	コミュニケーション英語Ⅰ・Ⅱ，英語表現Ⅰ		100点
		数学	数学Ⅰ・Ａ	１教科選択	100点
		国語	国語総合（現代文・古文）・現代文Ｂ・古典Ｂ（漢文は含まない）		
教育		外国語	コミュニケーション英語Ⅰ・Ⅱ，英語表現Ⅰ	２教科選択	各100点
		数学	数学Ⅰ・Ａ		
		理科	「化学基礎・化学」，「生物基礎・生物」，「化学基礎・生物基礎」より１科目選択		
		国語	国語総合（現代文・古文）・現代文Ｂ・古典Ｂ（漢文は含まない）		
心理		外国語	コミュニケーション英語Ⅰ・Ⅱ，英語表現Ⅰ	２教科選択	各100点
		数学	数学Ⅰ・Ａ		
		国語	国語総合（現代文・古文）・現代文Ｂ・古典Ｂ（漢文は含まない）		

<table>
<tr><td rowspan="6">現代ビジネス</td><td rowspan="3">現代ビジネス・公共経営</td><td>外国語</td><td>コミュニケーション英語Ⅰ・Ⅱ，英語表現Ⅰ</td><td rowspan="3">２教科選択</td><td rowspan="3">各100点</td></tr>
<tr><td>数　学</td><td>数学Ⅰ・Ａ</td></tr>
<tr><td>国　語</td><td>国語総合（現代文・古文）・現代文Ｂ・古典Ｂ（漢文は含まない）</td></tr>
<tr><td rowspan="3">国際観光ビジネス</td><td>外国語</td><td colspan="2">コミュニケーション英語Ⅰ・Ⅱ，英語表現Ⅰ</td><td>100点</td></tr>
<tr><td>数　学</td><td>数学Ⅰ・Ａ</td><td rowspan="2">１教科選択</td><td rowspan="2">100点</td></tr>
<tr><td>国　語</td><td>国語総合（現代文・古文）・現代文Ｂ・古典Ｂ（漢文は含まない）</td></tr>
<tr><td rowspan="8">家政</td><td rowspan="4">生活デザイン・造形デザイン</td><td>外国語</td><td>コミュニケーション英語Ⅰ・Ⅱ，英語表現Ⅰ</td><td rowspan="4">２教科選択</td><td rowspan="4">各100点</td></tr>
<tr><td>数　学</td><td>数学Ⅰ・Ａ</td></tr>
<tr><td>理　科</td><td>化学基礎・生物基礎</td></tr>
<tr><td>国　語</td><td>国語総合（現代文・古文）・現代文Ｂ・古典Ｂ（漢文は含まない）</td></tr>
<tr><td rowspan="4">管理栄養</td><td>外国語</td><td>コミュニケーション英語Ⅰ・Ⅱ，英語表現Ⅰ</td><td rowspan="3">２教科選択</td><td rowspan="3">各100点</td></tr>
<tr><td>数　学</td><td>数学Ⅰ・Ａ</td></tr>
<tr><td>国　語</td><td>国語総合（現代文・古文）・現代文Ｂ・古典Ｂ（漢文は含まない）</td></tr>
<tr><td>理　科</td><td colspan="2">「化学基礎・化学」，「生物基礎・生物」，「化学基礎・生物基礎」より１科目選択</td><td>100点</td></tr>
<tr><td colspan="2" rowspan="3">薬</td><td>外国語</td><td colspan="2">コミュニケーション英語Ⅰ・Ⅱ，英語表現Ⅰ</td><td>100点</td></tr>
<tr><td>数　学</td><td colspan="2">数学Ⅰ・Ⅱ・Ａ</td><td>100点</td></tr>
<tr><td>理　科</td><td colspan="2">化学基礎・化学</td><td>100点</td></tr>
<tr><td colspan="2" rowspan="4">看　護</td><td>外国語</td><td>コミュニケーション英語Ⅰ・Ⅱ，英語表現Ⅰ</td><td rowspan="4">３教科選択</td><td rowspan="4">各100点</td></tr>
<tr><td>数　学</td><td>数学Ⅰ・Ａ</td></tr>
<tr><td>理　科</td><td>「化学基礎・化学」，「生物基礎・生物」，「化学基礎・生物基礎」より１科目選択</td></tr>
<tr><td>国　語</td><td>国語総合（現代文・古文）・現代文Ｂ・古典Ｂ（漢文は含まない）</td></tr>
<tr><td colspan="2" rowspan="2">短期大学</td><td>外国語</td><td colspan="2">コミュニケーション英語Ⅰ・Ⅱ，英語表現Ⅰ</td><td>100点</td></tr>
<tr><td>国　語</td><td colspan="2">国語総合（現代文）</td><td>100点</td></tr>
</table>

▶備　考

- 上記試験の他，調査書を資料として総合的に判定する。
- 「数学A」の出題範囲は，「場合の数と確率，図形の性質」とする。
- 「基礎を付していない」化学の出題範囲は，「物質の変化と平衡，無機物質の性質と利用，有機化合物の性質と利用」とする。
- 「基礎を付していない」生物の出題範囲は，「生殖と発生，生物の環境応答」とする。

英語

（60分）

I　次の 1～10 の [1] ～ [10] に入れるのに最も適切なものを，それぞれ①～④ のうちから一つずつ選び，その番号をマークせよ。

1 Where [1] ?　Which hairdresser did you go to?
① had you cut your hair　② have you cut your hair
③ did you have cut your hair　④ did you have your hair cut

2 [2] along the main street, you can find fortune-tellers counseling customers.
① To walk　② Walking　③ Having walked　④ Walked

3 The police are very unwilling to [3] in family problems.
① interpret　② interrupt　③ interfere　④ interview

4 The company has succeeded in a highly [4] industry.
① competitive　② comprehensive　③ completed　④ compared

5 Time flies!　It's been two years [5] Jill.
① that I don't see　② that I have seen　③ since I didn't see　④ since I last saw

6 Nowadays, scientists can [6] where major earthquakes are likely to occur.
① avoid　② recall　③ predict　④ train

7 A weak Japanese yen [7] sharp rises in prices affecting household finances.
① values　② refuses　③ objects　④ causes

8　Your proposal for a new computer system is very much in **8** with current trends in digital technology.

① line　　② cope　　③ road　　④ same

9　Those **9** work from home sometimes report high levels of stress.

① which　　② who　　③ whose　　④ whom

10　I suggested that she **10** an electric car with the money she won.

① buy　　② bought　　③ would buy　　④ had bought

II　次の 1～4 の日本文と同じ意味になるように，それぞれ ①～⑥ の語句を並べかえて空所を補い，最も適切な文を完成させよ。解答は **11** ～ **18** に当てはまる番号をマークせよ。

1　地元の人々による心温まるおもてなしが大きな意味をもつことは言うまでもない。

It ____ **11** ____ ____ **12** ____ by local people means so much.

① warm　　② saying　　③ hospitality
④ without　　⑤ goes　　⑥ that

2　携帯電話の保険によって，持ち主は高額な修理がしやすくなった。

Mobile phone insurance has ____ **13** ____ ____ **14** ____ repair expensive damage.

① it　　② made　　③ for
④ owners　　⑤ to　　⑥ easier

3　次のG7会合は5月に広島で開催される予定だ。

The next G7 meeting is ____ **15** ____ ____ **16** ____ in Hiroshima.

① held　　② to　　③ be
④ scheduled　　⑤ May　　⑥ in

4　我々は高い海水温から生じる問題を解決しなければならない。

We ____ [17] ____ ____ [18] ____ sea temperatures.

① coming　② problems　③ high

④ solve　⑤ must　⑥ from

III　次の対話文の [19] ～ [23] に入れるのに最も適切なものを，①～⑥のうちから一つずつ選び，その番号をマークせよ。

Alex: Hi, Masato. Why are you carrying a bicycle helmet? I rarely see people wearing them in Japan.

Masato: Yes, that's true, but I had a frightening experience recently.

Alex: What happened?

Masato: A car hit my back tire and broke the frame. I fell onto the road. [19]

Alex: I'm glad to hear you weren't hurt. A helmet sounds like a great idea. In Australia, we have to wear a helmet. It's the law. [20]

Masato: No, they aren't. [21] 85% of people own a bicycle, but helmets are only required for children under 13.

Alex: I'm surprised. Japan is such a safety-conscious country. By the way, how about your bicycle? [22]

Masato: Not really. Luckily, we have bicycle insurance for all the family. Both my wife and I use bicycles to go to work, and my daughter rides to school.

Alex: You must all be very fit. Cycling is good exercise.

Masato: Yes, and it's eco-friendly, too.

Alex: [23] That's great, and I'm glad to know you're being careful.

① Did it cost a lot to fix?
② I was okay, but it was quite a shock.
③ So, you're helping the planet.
④ This bicycle light was very bright.
⑤ There are no penalties if you don't wear one.
⑥ They aren't required in Japan, are they?

IV 次の英文の 24 ～ 28 に入れるのに最も適切なものを，①～⑥ のうちから一つずつ選び，その番号をマークせよ。

London's *Telegraph* recently reported that knowing a second language does more than just make an impressive CV*. It builds up your brainpower, too. Being bilingual makes you smarter, improves your memory, and helps prevent Alzheimer's disease. It makes you more 24 of the world around you and improves your decision-making skills.

Learning a second language makes good sense, and today, thanks to the Internet, it's easier than ever. We can take advantage of Skype or Google hangouts to talk to anyone in the world in any language. We can tune in to any radio station anywhere or read foreign newspapers on our cell phones, tablets, and PCs. We can watch videos and listen to songs and talks on YouTube, and there are 25 online dictionaries that we can access to help us learn and retain words and concepts.

All of these are great learning options and opportunities. However, technology alone is not enough. It is our attitude that counts most. Desire, in other words, is the real key to success. Here is some excellent advice from some language-learning experts to help you get 26 on your journey.

First of all, and this is obvious but often overlooked, know why you're learning the language. Just to impress your friends is *not* a good reason to want to learn a language. However, wanting to get to know and talk to a Chinese or Polish person in his or her language is a very good reason.

Second, use the "all-out" approach. Don't go halfway, but make a 27 commitment. No matter what learning tools you use, it is essential that you practice every day. One good way to do this is to find an online language pen pal with whom you can chat, exchange emails, and share links to information.

Third, keep your learning to the point. Make conversation your ultimate goal from the beginning so that you don't spend too much time struggling with grammar. Speaking a second language exercises your imagination and brings out the artist in you by letting you express yourself in new and creative ways.

Fourth, try learning the way kids do. Let go of your fears. Don't be afraid to take on childlike attitudes. Leave your comfort zone, and overcome your shyness and fear of putting yourself in 28 situations. Kids learn by making mistakes, so you should be willing to make them, too. Just like a kid, play with and in the language. If you aren't having fun, you're probably on the wrong track.

(Jim Knudsen *Readers' Forum 1—How-To English* 南雲堂 一部改変)

* CV 履歴書 (curriculum vitae)

① full	② greedy	③ numerous
④ started	⑤ embarrassing	⑥ aware

V　次のメールを読んで，1～4 の問いに対する最も適切な答えを，それぞれ ①～④ のうちから一つずつ選び，その番号を解答番号 **29** ～ **32** にマークせよ。

Dear Noriko,

Thank you for letting us know that your student visa was approved. I know that you have finished all the online applications for your courses in the Department of Sociology. You will need to finalize your timetable for extra English classes by this Friday, Boston local time, which means you have three days including today.

Last time we were in touch, you asked me to recommend a place to stay in downtown Boston. I am excited to tell you that I have found two places that might be suitable. First, one room is available in a house with two other international students. Each person has a private room, while the kitchen, bathroom and living area are shared. It is a ten-minute ride on the main bus route to the university. If you like, I can arrange a Zoom meeting with the women living there now. As you know, there is a thirteen-hour time difference. If you could suggest a date and morning time that would suit you, I can set it up for the evening, local time, here in Boston.

The second option is an apartment for two students about ten minutes on foot from campus. One student is living there now. However, she will be graduating and moving out in June. We will find someone else to move into the apartment before classes start in September. It's an old building in the historical part of town, not far from some great shops and restaurants. It's a popular area for both students and faculty. You can watch a virtual tour of the apartment whenever you want by using the attached QR code or clicking the link attached.

Please let me know which place you're interested in. I look forward to hearing from you soon. Don't hesitate to contact me if you have any further questions.

Sincerely yours,

Amanda Blackwood
Senior Coordinator
International Student Services

1　What day is Amanda writing the email? **29**

① Monday
② Tuesday
③ Wednesday
④ Thursday

2　How many private rooms are there in the house for students? **30**

① There are none.
② There is one.
③ There are two.
④ There are three.

3　What will happen in June? **31**

① Noriko will graduate.
② The rent will be increased.
③ Noriko will find a new apartment.
④ A student will move out.

4　What time is the virtual tour? **32**

① It is available in the evening local time.
② It is available any time.
③ It is available in the morning local time.
④ It is available in thirteen hours.

VI　次の英文を読んで，1〜6 の問いに答えよ。

It's rare for most people in developed countries to miss a meal. However, for much of the world (about one in nine people), not having enough to eat is a daily reality. Hunger is more than just an uncomfortable feeling—it is a matter of life and death. Sadly, about six million children die every year from hunger and poor nutrition. This is not the result of a lack of food. (**A**), about 2.6 million tons of grain products are produced annually, enough to feed approximately double the world's population. So why are so many people suffering from hunger?

The biggest reason is that food is unevenly distributed. Much of the grain produced around the world isn't directly being consumed by humans. Instead, it is being used to feed livestock, such as cattle and pigs. Producing one kilogram of beef, for example, requires about eleven kilograms of grain. Much of the world's grain supply is being purchased by developed countries to meet local demand for meat. **(B)** <u>This</u> brings up the international price of grain, making it too expensive for people in poorer countries.

Hunger is also a result of the poor living and working conditions found in many developing countries. Poverty, economic slowdown, war, and extreme weather are among the factors contributing to hunger. About 70 percent of people suffering from hunger live in rural areas where these factors cause difficulties that affect not only food production but also the ability to earn a stable income. Often, these people cannot even afford the food they helped to produce (**C**), as it is more profitable for the food producers to sell it to richer countries.

Japan also plays an important role in this problem, as about 60 percent of Japan's total food-calorie consumption comes from imported food. However, much of **(D)** <u>this food</u> is wasted or used inefficiently, with an estimated six million-plus tons of food being thrown away every year. This includes everything from unsold rice balls at the convenience store to produce at the supermarket thrown out for having defects. In addition, you may be surprised to learn that while Japan is the world's biggest importer of corn, about three-quarters of it is used only for feeding livestock. Just imagine how many hungry people this food could feed!

Hunger is a complex problem, but there are things we can do to help solve it. For one, if we buy locally produced and seasonal foods, Japan's food self-sufficiency will (**E**). In short, people in developing countries will be able to buy their locally produced food at affordable prices. Another idea is to (**F**) the amount of food we waste. One way to do this is to use all of our food while it is fresh. We can also donate to the foodbanks that distribute food to people in need. By taking these actions, we will help to create a world in which nobody has to go to sleep hungry.

（Kazuya Oseki・Kevin M. McManus　*Living as Global Citizens*　南雲堂　一部改変）

1 (　A　) に入れるのに最も適切なものを，次の ①～④ のうちから一つ選び，その番号を解答番号 **33** にマークせよ。

① On the contrary
② In summary
③ In particular
④ As a result

2 下線部 **(B)** の指す内容として最も適切なものを，次の ①～④ のうちから一つ選び，その番号を解答番号 **34** にマークせよ。

① A large percentage of the grain is consumed by humans.
② A greater proportion of the grain is bought by developed countries.
③ To produce beef requires the same amount of grain.
④ The high quality grain is only distributed to developed countries.

3 (　C　) に入れるのに最も適切なものを，次の ①～④ のうちから一つ選び，その番号を解答番号 **35** にマークせよ。

① in rich countries
② in their own countries
③ in developed countries
④ in neighboring countries

4 下線部 **(D)** の例として最も適切なものを，次の ①～④ のうちから一つ選び，その番号を解答番号 **36** にマークせよ。

① beef consumed abroad
② fish exported overseas
③ rice harvested locally
④ corn imported from foreign countries

5 (　**E**　) と (　**F**　) に入れるのに最も適切な組み合わせを，次の ①〜④ のうちから一つ選び，その番号を解答番号 **37** にマークせよ。

① **E**: produce　　**F**: reduce
② **E**: produce　　**F**: improve
③ **E**: increase　　**F**: reduce
④ **E**: increase　　**F**: improve

6 本文の内容と一致するものを，次の ①〜⑤ のうちから一つ選び，その番号を解答番号 **38** にマークせよ。

① Every year about six million adults die due to a worldwide lack of food.
② It is difficult for people in richer countries to buy grain, so they tend to eat more meat.
③ People in developed nations are unable to produce fresh food to feed themselves.
④ Food imports exceed locally grown products in Japan and are often not consumed efficiently.
⑤ Japan is the biggest importer of corn, and most of it is used to produce corn oil.

■数学■

◀文・教育・心理・現代ビジネス・家政・看護学部▶

（60 分）

I 次の（1）～（5）の空欄 [1] ～ [15] にあてはまる数字（と同じ番号）をマーク解答用紙にマークせよ。なお，分数はそれ以上約分できない形にせよ。

（1）xy 平面上で，次の 2 次関数のグラフが x 軸から切り取る部分（線分）の長さは $\dfrac{\boxed{1}}{\boxed{2}}$ である。
$y=18x^2+9x-2$

（2）x, y は実数で，$x^2+y^2=x+y-\dfrac{1}{2}$ のとき，$x^2+y^2=\dfrac{\boxed{3}}{\boxed{4}}$ である。

（3）$\sin\theta=\dfrac{2}{5}$ のとき，$\tan\theta=-\dfrac{\boxed{5}\sqrt{\boxed{6}\boxed{7}}}{\boxed{8}\boxed{9}}$ である。ただし，$90^\circ \leqq \theta \leqq 180^\circ$ とする。

（4）10 本のくじの中にあたりくじが 4 本ある。このくじを，A, B, C, D の 4 人がこの順に，1 本ずつ 1 回だけ引くとき，A, B, C, D のうち，少なくとも 1 人が当たる確率は $\dfrac{\boxed{10}\boxed{11}}{\boxed{12}\boxed{13}}$ である。ただし，引いたくじはもとに戻さないものとする。

（5）不等式 $-\dfrac{1}{3}x+4 \geqq |x-4|$ を解くと $\boxed{14} \leqq x \leqq \boxed{15}$ である。

II 5桁の正の偶数が全部書いてある数表がある。次の問いに答えよ。

(1) この数表に書いてある偶数は全部で何個あるか。結果に至る過程および答えは記述解答用紙 16 に記せ。

(2) 0を含む偶数は全部で何個あるか。結果に至る過程および答えは記述解答用紙 17 に記せ。

(3) 0を1つだけ含む偶数は全部で何個あるか。結果に至る過程および答えは記述解答用紙 18 に記せ。

III 図のように，長方形から直角三角形 HAB と DEF を切り取った六角形 BCDFGH がある。なお，直角三角形 DEF の 3 辺の和は 30m，面積は 30m^2 である。BC = CD = 9m, FG = 3m, GH = 6m とするとき，次の問いに答えよ。

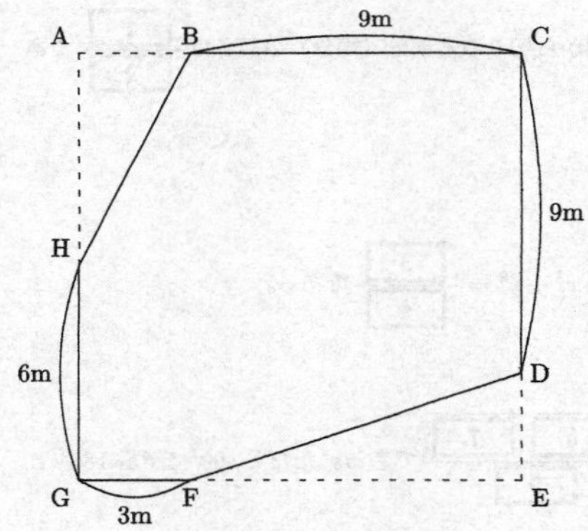

(1) 直角三角形 DEF の斜辺 DF の長さを求めよ。結果に至る過程および答えは記述解答用紙 19 に記せ。

(2) cos∠DFG の値を求めよ。結果に至る過程および答えは記述解答用紙 20 に記せ。

(3) 六角形 BCDFGH の面積を求めよ。結果に至る過程および答えは記述解答用紙 21 に記せ。

◀薬学部▶

（60分）

I 次の（1）～（6）の空欄 1 ～ 18 にあてはまる数字（と同じ番号）をマーク解答用紙にマークせよ。なお，分数はそれ以上約分できない形にせよ。

（1）xy 平面上で，次の2次関数のグラフが x 軸から切り取る部分（線分）の長さは $\dfrac{\boxed{1}}{\boxed{2}}$ である。
$y = 18x^2 + 9x - 2$

（2）x, y は実数で，$x^2 + y^2 = x + y - \dfrac{1}{2}$ のとき，$x^2 + y^2 = \dfrac{\boxed{3}}{\boxed{4}}$ である。

（3）$\sin\theta = \dfrac{2}{5}$ のとき，$\tan\theta = -\dfrac{\boxed{5}\sqrt{\boxed{6}\,\boxed{7}}}{\boxed{8}\,\boxed{9}}$ である。ただし，$90^\circ \leqq \theta \leqq 180^\circ$ とする。

（4）方程式 $2\cos^2\theta - 4\sin\theta + a = 0$ が $0 \leqq \theta \leqq \pi$ において解をもつとき，定数 a のとりうる値の範囲は $-\boxed{10} \leqq a \leqq \boxed{11}$ である。

（5）$2^{2x} = 5$ のとき，$\dfrac{2^{3x} + 2^{-3x}}{2^x + 2^{-x}}$ の値を求めると，$\dfrac{\boxed{12}\,\boxed{13}}{\boxed{14}}$ である。

（6）$(\log_4 x)^2 + (\log_2 y)^2 = 5$ のとき，xy の最大値は $\boxed{15}\,\boxed{16}$，最小値は $\dfrac{1}{\boxed{17}\,\boxed{18}}$ である。

II 5桁の正の偶数が全部書いてある数表がある。次の問いに答えよ。

(1) この数表に書いてある偶数は全部で何個あるか。結果に至る過程および答えは記述解答用紙 19 に記せ。

(2) 0を含む偶数は全部で何個あるか。結果に至る過程および答えは記述解答用紙 20 に記せ。

(3) 0を1つだけ含む偶数は全部で何個あるか。結果に至る過程および答えは記述解答用紙 21 に記せ。

III 関数 $f(x)=x^3+3x^2+px+1$ について，次の問いに答えよ。ただし，p は定数である。

(1) $f(x)$ が極大値と極小値をもつような p のとりうる値の範囲を求めよ。結果に至る過程および答えは記述解答用紙 22 に記せ。

(2) $f(x)$ が極大値と極小値をとるときの x の値をそれぞれ $\alpha, \beta (\alpha<\beta)$ とする。このとき，$\alpha+\beta$ の値を求めよ。また，$\alpha\beta$ を p を用いて表せ。結果に至る過程および答えは記述解答用紙 23 に記せ。

(3) $f(x)$ の極大値と極小値の和が 2 となるとき，p の値を求めよ。結果に至る過程および答えは記述解答用紙 24 に記せ。

化学

◀化学基礎・化学▶

（60分）

計算に必要な場合は、次の原子量を用いよ。

H 1.0　C 12　O 16　Na 23　S 32　Cl 35.5　K 39

Mn 55　Pb 207

計算問題では、必要ならば四捨五入して答えよ。

I 物質A～Fは、次の①～⑥のいずれかであり、（ア）～（オ）の特徴を示す。B、E、Fに当てはまる物質を、①～⑥のうちからそれぞれ一つずつ選び、それらの番号を指定された解答番号 [1] ～ [3] にマークせよ。

① 黄リン　② オゾン　③ 酸素　④ 水素　⑤ 赤リン　⑥ 水

（ア）Fを除いて、A、B、C、D、Eはいずれも単体である。

（イ）BとC、DとEはそれぞれ互いに同素体である。

（ウ）Cは淡青色で特異臭を示す気体であり、分解によってBを生じる。

（エ）AとBを混ぜて点火すると、爆発的に燃焼してFを生じる。

（オ）Dは空気中で自然発火する性質があるため、Fの中で保存する。

B： [1]　E： [2]　F： [3]

II　放射性同位体の利用に関する次の文章を読んで、**(1)**・**(2)** の問いに答えよ。

地球上では、宇宙から飛来する放射線によって生じる中性子が、大気中の [4] に吸収され、陽子が放出されることで放射性同位元素 ^{14}C が絶えず生成している。生じた ^{14}C は二酸化炭素 CO_2 として大気中に広がるとともに、一定の割合で壊変し再び [4] にもどる。そのため、大気中の ^{14}C と ^{12}C の割合はどの年代においてもほぼ一定に保たれている。

植物は光合成によって CO_2 を取り込む。そのため、植物は大気と同じ割合の ^{14}C をもつ。しかし、植物が枯れると ^{14}C が新たに取りこまれることはなくなり、枯れた植物中の ^{14}C は放射線を放出しながら徐々に減少していく。したがって、^{14}C と ^{12}C の存在比を測定すれば、^{14}C の半減期から植物が生きていたのが何年前のことかを推定することができる。例えば、ある遺跡の木片に含まれる ^{14}C の割合が、大気中の割合の25%になっていた場合、^{14}C の半減期を5730年とすると、この木片は [5] 年前のものと推定される。

(1) 文章中の空欄 [4] に当てはまる原子の種類を、次の ①～⑤ のうちから一つ選び、その番号を解答番号 [4] にマークせよ。

① ^{16}O　② ^{14}N　③ ^{12}C　④ ^{10}B　⑤ ^{9}Be

(2) 文章中の空欄 [5] に当てはまる適切な数値を、次の ①～⑥ のうちから一つ選び、その番号を解答番号 [5] にマークせよ。

① 1.4×10^3　② 2.9×10^3　③ 5.7×10^3
④ 1.1×10^4　⑤ 1.7×10^4　⑥ 2.3×10^4

Ⅲ 次の①～⑤は、横軸を原子番号として、原子番号20までの元素に関する様々な数値を縦軸に示したグラフである。①～⑤のうちから、イオン化エネルギーを示すグラフを解答番号 **6** に、価電子の数を示すグラフを解答番号 **7** にマークせよ。ただし、グラフの縦軸の数値はいずれも、水素原子がもつ値を1として表している。

①

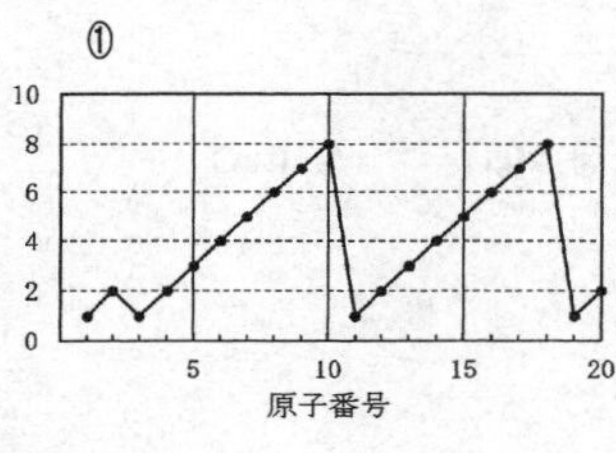

②

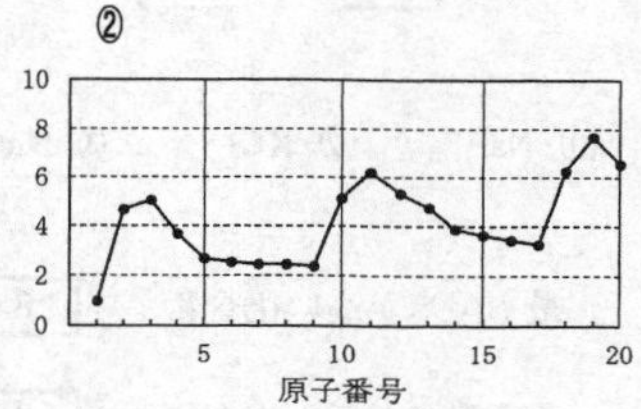

③

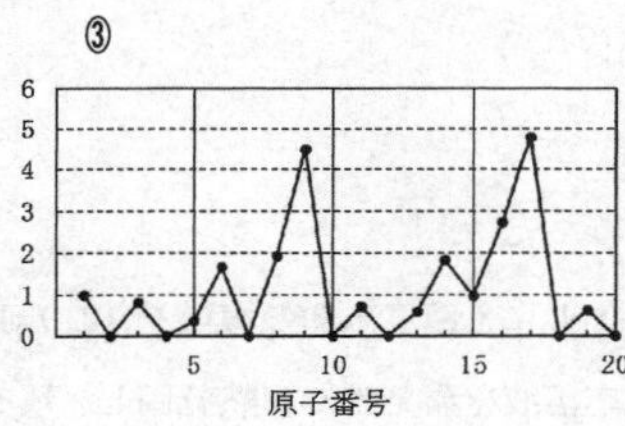

④

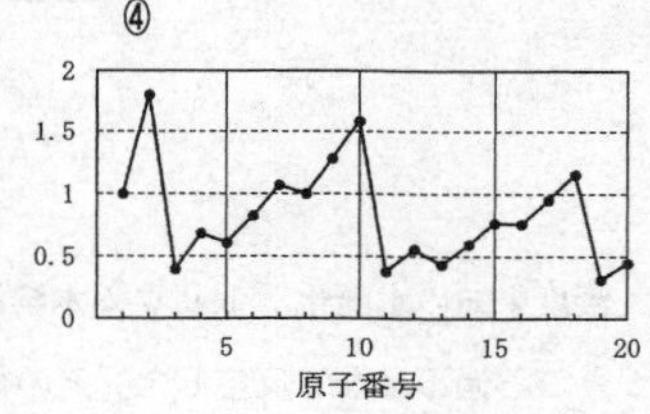

⑤

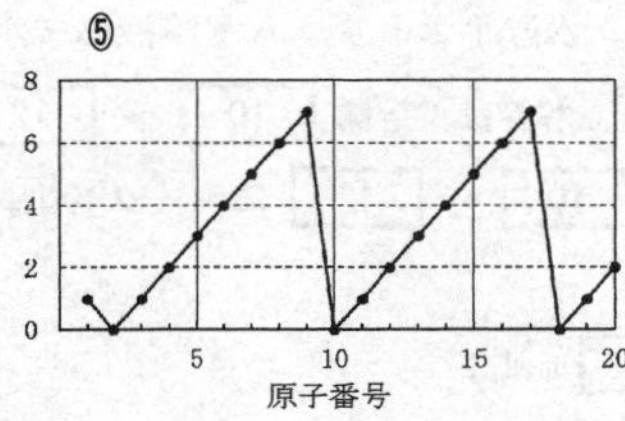

イオン化エネルギー： **6**

価電子の数： **7**

IV　一般に、イオン結合は陽イオンと陰イオンの電荷の積の絶対値が大きいほど強く、両イオン間の中心距離が小さいほど強い。また、イオン結晶の融点は、陽イオンと陰イオンの結合が切断されて、イオンが動きはじめる温度であり、イオン結合が強いほど融点が高いと考えられる。これらのことをもとに、次の①～⑤のうちから、最も融点が高い化合物と低い化合物を選び、それらの番号を指定された解答番号 [8] と [9] にマークせよ。

① NaF　② KCl　③ NaCl　④ MgO　⑤ CaO

最も融点が高い化合物　[8]

最も融点が低い化合物　[9]

V　濃度未知の水酸化ナトリウム水溶液 20.0 mL に、濃度未知の塩酸を 12.0 mL 加えたところ過不足なく反応した。その後、反応溶液を蒸発皿で加熱乾固し、残った固体の質量を測定すると 117 mg であった。水酸化ナトリウム水溶液のモル濃度 c [mol/L]を、小数点以下 2 桁まで求めよ。解答は、空欄 [10] ～ [12] に当てはまる数字と同じ番号を、解答番号 [10] ～ [12] にマークせよ。

c = [10] . [11] [12] mol/L

VI 中和滴定には、濃度が正確な標準溶液が必要である。標準溶液に関する **(1)**・**(2)** の問いに答えよ。

(1) シュウ酸二水和物$(COOH)_2 \cdot 2H_2O$は高純度の結晶が得やすく、安定で、その質量を正確に量ることができるなどの特徴をもつ。そのため、酸の標準溶液としてシュウ酸水溶液が用いられることが多い。0.050 mol/L のシュウ酸標準溶液を 1.0 L 調製するとき、必要なシュウ酸二水和物の質量 m [g]を小数点以下 1 桁まで求めよ。解答は、空欄 [13] と [14] に当てはまる数字と同じ番号を、解答番号 [13] と [14] にマークせよ。

m = [13] . [14] g

(2) 水酸化ナトリウム水溶液を塩基の標準溶液として使用するときには、シュウ酸標準溶液で中和滴定して正確な濃度を決定し、時間をおかずに使用する。水酸化ナトリウムの固体を純水に溶解し、そのまま標準溶液として使用することができない理由として、(a)～(d)の最も適切な組み合わせを ① ～ ⑥ のうちから一つ選び、その番号を解答番号 [15] にマークせよ。

(a) 水酸化ナトリウムは光で分解しやすいため。
(b) 水酸化ナトリウムは空気中の酸素と反応するため。
(c) 水酸化ナトリウムは水分を吸収しやすいため。
(d) 水酸化ナトリウムは空気中の二酸化炭素と反応するため。

① (a)と(b)
② (a)と(c)
③ (a)と(d)
④ (b)と(c)
⑤ (b)と(d)
⑥ (c)と(d)

Ⅶ 金属単体と金属イオンとの反応 ①～⑤ のうち、**反応が進まないもの**を一つ選び、その番号を解答番号 [16] にマークせよ。

① $Cu + 2AgNO_3 \rightarrow Cu(NO_3)_2 + 2Ag$

② $Zn + Pb(CH_3COO)_2 \rightarrow Zn(CH_3COO)_2 + Pb$

③ $Zn + CuSO_4 \rightarrow ZnSO_4 + Cu$

④ $Fe + ZnSO_4 \rightarrow FeSO_4 + Zn$

⑤ $Fe + CuSO_4 \rightarrow FeSO_4 + Cu$

Ⅷ 湖沼などにおける水質汚濁の指標に化学的酸素要求量(COD)がある。CODは水中の有機物を分解するのに必要な酸素量(mg/L)で、それが大きいほど水質汚濁が進んでいることになる。実際には、有機物の酸化を過マンガン酸カリウム $KMnO_4$ で行い、過マンガン酸カリウムの消費量を、次の式(1)および(2)を用いて酸素の量に換算する。

$$MnO_4^- + 8H^+ + 5e^- \rightarrow Mn^{2+} + 4H_2O \quad (1)$$
$$O_2 + 4H^+ + 4e^- \rightarrow 2H_2O \quad (2)$$

ある湖の水 100 mL 中の有機物を酸化するのに必要な過マンガン酸カリウムが 1.6×10^{-5} mol だったとき、この水のCODを小数点以下1桁まで求めよ。解答は、空欄 [17] と [18] に当てはまる数字と同じ番号を、解答番号 [17] と [18] にマークせよ。

COD ＝ [17] . [18] mg/L

IX

鉛蓄電池では、負極に鉛Pbが、正極に酸化鉛(Ⅳ)PbO_2が用いられ、どちらの電極も希硫酸に浸されている。鉛蓄電池を放電し、1.0 molの電子が流れたとき、正極の質量変化Δm[g] を整数として求めよ。解答は、次の空欄 [20] と [21] に当てはまる数字と同じ番号を、解答番号 [20] と [21] にマークせよ。ただし、Δmが正の場合は解答番号 [19] に ① を、Δmが負の場合は解答番号 [19] に ② をマークせよ。なお、難溶性物質が生成する場合はすべて電極に付着すると仮定する。

Δm = [19] [20] [21] g

X

エタンC_2H_6は、高温にするとエチレンC_2H_4と水素H_2に分解する。容積10 Lの反応容器にエタンを 2.0 mol 入れ、ある温度に保ったところ、分解反応が起きて平衡状態に達した。容器中の水素の物質量は 1.2 mol であった。この温度における分解反応の平衡定数K [mol/L]を、小数点以下2桁まで求めよ。解答は、空欄 [22] ～ [24] に当てはまる数字と同じ番号を、解答番号 [22] ～ [24] にマークせよ。

K = [22] . [23] [24] mol/L

XⅠ 硫黄とその化合物に関する記述として**誤りを含むもの**を、次の ① 〜 ⑤ のうちから一つ選び、その番号を解答番号 25 にマークせよ。

① 斜方硫黄と単斜硫黄は、ともに硫黄原子 8 個の環状分子 S_8 からなる。

② 二酸化硫黄と硫化水素の反応では、硫黄の単体が遊離する。

③ 接触法では、三酸化硫黄を濃硫酸に吸収させ発煙硫酸とし、これを希硫酸と混合して濃硫酸を得る。

④ 濃硫酸は揮発性が高く、空気中に放置すると徐々に濃度が低下する。

⑤ 濃硫酸を水に溶かすと、多量の熱を発生する。

XⅡ 金属イオン ① 〜 ⑥ の混合水溶液から、各金属イオンを分離する操作を行った。文章中の空欄 26 〜 30 に当てはまる適切な金属イオンを、次の ① 〜 ⑥ のうちからそれぞれ一つずつ選び、それらの番号を解答番号 26 〜 30 にマークせよ。

① Ag^{+}　② Cu^{2+}　③ K^{+}　④ Pb^{2+}　⑤ Zn^{2+}　⑥ Al^{3+}

金属イオンを含む水溶液に希塩酸を加えて生じた沈殿をろ過し、沈殿とろ液を得た。この沈殿に熱水を加えて撹拌(かくはん)したのちにろ過すると、ろ液には 26 が含まれ、沈殿には 27 が含まれる。一方、最初のろ液に硫化水素を通じ、生じた沈殿をろ過によって分離した。この沈殿には 28 が含まれる。ろ液は加熱して硫化水素を除いた後、アンモニア水を過剰に加え、生じた沈殿をろ過によって分離した。この沈殿には 29 が含まれる。このろ液に硫化水素を通じ、生じた沈殿をろ過によって分離した。この沈殿には 30 が含まれる。

XIII　（ア）～（オ）の構造をもつ化合物を ① ～ ⑨ のうちからそれぞれ一つずつ選び、それらの番号を指定された解答番号 **31** ～ **35** にマークせよ。ただし、同じものを繰り返し選んでもよい。

（ア）ケトン基　**31**　　（イ）アミノ基　**32**

（ウ）アミド結合　**33**　　（エ）エステル結合　**34**

（オ）ヘミアセタール構造　**35**

① $CH_3OCH_2CH_3$

② $CH_3COCH_2CH_3$

③ $CH_2=CH-CN$

④ $HO-C_6H_4-CH_2-CH(NH_2)-COOH$

⑤ $C_6H_4(OCOCH_3)(COOH)$

⑥ （H_2C, H_2C, H_2C, CH_2, CH_2 からなる環状構造; C=O, N–H）

⑦ $C_6H_5-N_2Cl$

⑧ （2つのグルコース単位が C–O–C で結合した二糖の構造式；CH_2OH, H, OH, HO）

⑨ （グルコース単位とフルクトース単位が C–O–C で結合した二糖の構造式；CH_2OH, H, OH, HO）

XIV　有機化合物の構造に関する次の記述 ①～⑥のうち、正しいものを二つ選び、それらの番号を解答番号 [36] と [37] にマークせよ。ただし、解答の順序は問わない。

① 炭素数が3以上のアルカンには、構造異性体が存在する。

② 次のアルケンで $w \neq y$ かつ $x \neq z$ のときには、必ず幾何異性体が存在する。

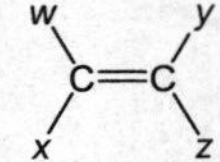

③ アルキンの三重結合でつながれた炭素原子とこれらに直接結合する 2 個の原子は、すべて直線状に並ぶ。

④ 酒石酸には不斉炭素原子が存在しない。

CH(OH)COOH
|
CH(OH)COOH

酒石酸

⑤ ベンゼンの炭素原子と水素原子は、同一平面上にない。

⑥ ベンゼンの構造式は炭素と炭素の結合を単結合と二重結合を交互に書いて表すが、実際には、炭素原子間の結合の長さや性質はすべて同じである。

XV　ベンゼンから p-ヒドロキシアゾベンゼンの合成について、次の（1）・（2）の問いに答えよ。

$C_6H_5{-}N{=}N{-}C_6H_4{-}OH$

p-ヒドロキシアゾベンゼン

（1）次に示す実験操作 ①～⑦ のうち、いくつかを組み合わせることにより、p-ヒドロキシアゾベンゼンが合成できると考えた。第 1 工程～第 3 工程に最も適切な実験操作を ①～⑦ のうちからそれぞれ一つずつ選び、それらの番号を指定された解答番号 [38] ～ [40] にマークせよ。

ベンゼン → 第 1 工程: [38] → 第 2 工程: [39] → 第 3 工程: [40]
→ 第 4 工程: 塩酸を加えて溶かした後、室温で亜硝酸ナトリウム水溶液を加える。
→ 第 5 工程: ナトリウムフェノキシド水溶液を加える。
→ p-ヒドロキシアゾベンゼン

【反応操作】

① 水酸化ナトリウム水溶液を加える。

② 希硫酸を加える。

③ 濃塩酸を加えて 60℃に加熱する。

④ 濃硝酸と濃硫酸の混合物を加えて 60℃に加熱する。

⑤ 濃硫酸を加えて 60℃に加熱する。

⑥ 高温・高圧で二酸化炭素を作用させる。

⑦ スズと塩酸を作用させる。

(2) 実際に実験したところ、第3工程までは順調に合成できた。しかし、その後の第4工程と第5工程を実施したところ、目的物 p-ヒドロキシアゾベンゼンは得られなかった。原因は第4工程の操作法に誤りがあったためである。このとき第4工程で生成したと考えられる化合物をA群 ①～⑤のうちから一つ選び、その番号を解答番号 **41** にマークせよ。また、第4工程の誤った箇所を訂正した実験操作として適切なものを、B群 ①～⑤のうちから一つ選び、その番号を解答番号 **42** にマークせよ。

【A群】

① アニリン　② トルエン　③ フェノール

④ 安息香酸　⑤ 塩化ベンゼンジアゾニウム

【B群】

① 室温ではなく、加熱して反応させる。

② 室温ではなく、氷水で冷却して反応させる。

③ 塩酸ではなく、硫酸を用いる。

④ 塩酸ではなく、水酸化ナトリウム水溶液を用いる。

⑤ 適切な触媒を加える。

◀化学基礎▶

（注）「生物基礎」とあわせて１科目として解答。

（60分）

◀化学基礎・化学▶のⅠ～Ⅷに同じ。

生物

◀生物基礎・生物▶

（60 分）

Ｉ　生物の特徴に関する次の（1）～（7）の問いに答えよ。

（1）　細胞に関する次の①～⑤の記述のうち、最も適切なものを一つ選び、その番号を解答番号［1］にマークせよ。

①　細胞は、1665 年にレーウェンフックによって発見された。
②　シュライデンは、動物細胞を観察して、すべての生物が細胞を基本単位としてできていることを主張した。
③　1930 年代にドイツのルスカが電子顕微鏡を開発し、細胞内部の微細な構造も観察ができるようになった。
④　アメリカのハーシーは、ランの葉の表皮などを観察し、細胞に見られる球状の構造物を核と名付けた。
⑤　ドイツのシュワンは、「すべての細胞は細胞から生じる」と提唱した。

（2）　光合成に関する次の①～⑤の記述のうち、最も適切なものを一つ選び、その番号を解答番号［2］にマークせよ。

①　光合成を葉緑体で行わない生物も存在する。
②　光エネルギーを用いた異化を光合成という。
③　化学エネルギーを利用しない。
④　光合成で作られた物質は、一時的にスクロースとして、葉緑体内に蓄えられる。
⑤　液胞でも行われる反応である。

（3）　植物の細胞や組織に関する次の①～⑤の記述のうち、最も適切なものを一つ選び、その番号を解答番号［3］にマークせよ。

①　植物のからだは、根と茎の２つの器官からなる。
②　各器官は、表皮系と維管束系の２つの組織系で構成されている。
③　維管束系は、物質の貯蔵の場である。
④　植物は、器官ごとに異なる DNA をもつ。
⑤　孔辺細胞は、表皮系に含まれる。

(4)　ヒトの皮膚の表皮細胞と大腸菌の構造に関する次の①～⑤の記述のうち、最も適切なものを一つ選び、その番号を解答番号 4 にマークせよ。

① 表皮細胞の細胞質の最外層は細胞膜だが、大腸菌の細胞質の最外層は細胞壁である。
② 表皮細胞も大腸菌もミトコンドリアをもち、ATPのエネルギーを生命活動に利用している。
③ 表皮細胞も大腸菌も非常に小さな液胞をもつ細胞があるが、植物細胞ほど発達せず、観察されないことも多い。
④ 表皮細胞も大腸菌も細胞分裂によって増殖する。
⑤ 表皮細胞も大腸菌も細胞質基質という液状の成分があり、無機塩類の濃度調整などのはたらきをしている。

(5)　酵母とインフルエンザウイルスの特徴に関する次の①～⑤の記述のうち、最も適切なものを一つ選び、その番号を解答番号 5 にマークせよ。

① 酵母もインフルエンザウイルスも、細胞壁をもつ。
② 酵母もインフルエンザウイルスも、遺伝子情報を伝える分子として、核内にDNAやRNAなどの核酸をもつ。
③ 酵母もインフルエンザウイルスも、単細胞生物である。
④ 酵母は、加熱調理した後の食品の中でも増殖できるが、インフルエンザウイルスは増殖できない。
⑤ 酵母もインフルエンザウイルスも、呼吸によりATPを生成することができる。

(6)　カサノリは、単細胞の真核生物である（図1）。カサノリを用いて次の**実験**1～3を行った。**実験**1～3の結果から、かさを切除後に残った柄の部分から再生したかさの形に影響を及ぼしたのは、カサノリのどの部分であったと考えられるか。次の①～③のうちから最も適切なものを一つ選び、その番号を解答番号 6 にマークせよ。

① 柄　　② 仮根　　③ 柄と仮根の両方

実験1（図1）：カサノリを**点線部分（かさの下）**で切断したところ、切断した柄の部分から、かさが再生した。

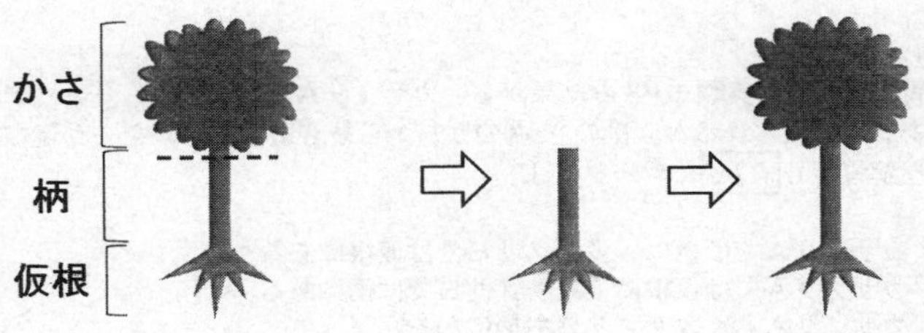

図1

実験２（図２）：かさの形が互いに異なるカサノリＡとＢを用いた。ＡとＢを点線部分（２ヵ所）で切断し、Ａの柄にＢの仮根を接いだところ、ＡとＢの特徴をもつ中間型のかさが再生した（Ⅰ）。また、Ｂの柄にＡの仮根を接いだ場合も、同様に中間型のかさが再生した（Ⅱ）。

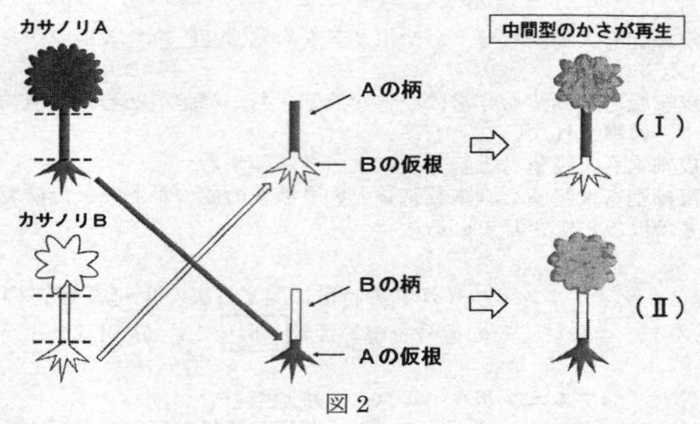

図２

実験３（図３）：**実験**２の（Ⅰ）と（Ⅱ）のカサノリを再び点線部分（かさの下）で切断すると、（Ⅰ）では、**実験**２のカサノリＢと同じかさが、（Ⅱ）では、**実験**２のカサノリＡと同じかさが再生した。

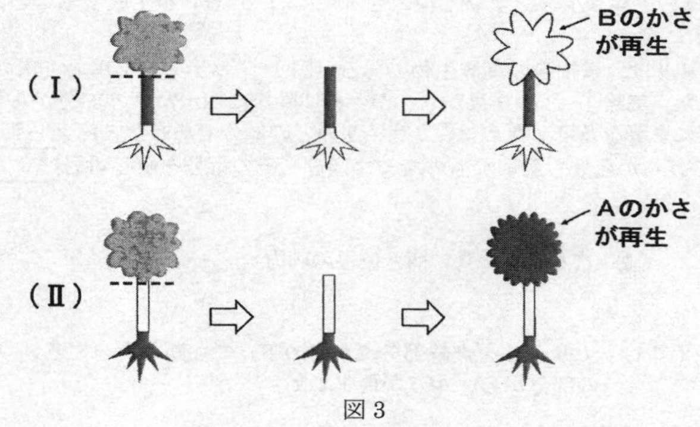

図３

（７）　問い（６）の**実験**１～３の結果から、カサノリＡとＢの核は、それぞれどの部分にあると考えられるか。次の①～④のうちから最も適切なものを一つ選び、その番号を解答番号［７］にマークせよ。

① カサノリＡでは柄に、カサノリＢでは仮根にある。
② カサノリＡでは仮根に、カサノリＢでは柄にある。
③ カサノリＡも、カサノリＢも柄にある。
④ カサノリＡも、カサノリＢも仮根にある。

Ⅱ　遺伝子とそのはたらきに関する次の文章を読み、(１)～(７)の問いに答えよ。

(a)遺伝子の本体がDNA（デオキシリボ核酸）であることは様々な研究によって明らかとなった。すべての生物は、遺伝情報を担う物質としてDNAをもっており、(b)DNAの基本的な構造は共通している。さらに(c)DNAの塩基配列にもとづいて、生物ごとに多種多様な(d)タンパク質が合成される過程は、(e)転写と(f)翻訳の2段階からなる。

(１)　文章中の下線部（a）に関する次の文章中の（　ア　）～（　ウ　）にあてはまる適切なものを次の①～⑨のうちから一つずつ選び、それらの番号を解答番号 8 ～ 10 にマークせよ。ただし、（　イ　）と（　ウ　）の解答の順序は問わない。

グリフィスとエイブリーらは、（　ア　）を用いた実験を行い、形質転換がDNAによっておきることを示した。また、ハーシーとチェイスは、（　イ　）と（　ウ　）を用いた実験を行い、遺伝子の本体がDNAであることを明らかにした。

① エンドウの種子　② 酵母　③ 大腸菌
④ タマネギの根端　⑤ 乳酸菌　⑥ 肺炎球菌（肺炎双球菌）
⑦ バクテリオファージ　⑧ ヒトの白血球　⑨ ブロッコリーの花芽

ア 8　　イ 9　　ウ 10

(２)　文章中の下線部（b）に関する次の①～⑤の記述のうち、最も適切なものを一つ選び、その番号を解答番号 11 にマークせよ。

① DNAは、塩基配列が全く同じ2本のヌクレオチド鎖で構成される。
② DNAを構成するヌクレオチドは、デオキシリボースと塩基からなる。
③ DNAを構成するヌクレオチドのなかに、アデノシンを含むものがある。
④ DNAを構成する塩基であるグアニンとチミンの数の割合を足し合わせると、50%となる。
⑤ mRNAが合成される際、DNAの2本鎖の一部がほどけて、デオキシリボースと塩基の結合が切れる。

(３)　文章中の下線部（c）に関する次の①～⑤の記述のうち、最も適切なものを一つ選び、その番号を解答番号 12 にマークせよ。

① 原核生物と真核生物とでは、ゲノムを構成する塩基対数は、ほぼ同じである。
② 真核生物では、遺伝子としてはたらく塩基配列はゲノムのごく一部である。
③ 多細胞生物のからだを構成する体細胞がもつDNAの塩基配列は、受精卵のものとは異なっている。
④ 10塩基対で構成されるDNAには、最大で10^4通りの塩基配列が考えられる。
⑤ ヒトの皮膚の繊維芽細胞や眼の水晶体細胞がもつDNAでは、インスリンの遺伝子に相当する塩基配列は失われている。

(4) 文章中の下線部（d）に関して、ヒトの場合、タンパク質は何種類程度あると考えられているか。次の①～⑦のうち、最も適切なものを一つ選び、その番号を解答番号[13]にマークせよ。

① 1万種類　② 2万種類　③ 5万種類　④ 10万種類
⑤ 20万種類　⑥ 50万種類　⑦ 100万種類

(5) 文章中の下線部（e）に関連して、ある原核生物がもつ遺伝子の一つが転写され、720個の塩基からなるmRNAが合成されたとする。このmRNAには、アデニンが72個、ウラシルが216個含まれていた。この遺伝子のDNA（2本鎖）に含まれるチミンの割合（%）として最も適切なものを次の①～⑧のうちから一つ選び、その番号を解答番号[14]にマークせよ。

① 5%　② 10%　③ 15%　④ 20%　⑤ 25%
⑥ 30%　⑦ 35%　⑧ 40%

(6) 文章中の下線部（f）に関して、タンパク質を構成するアミノ酸は、全部で何種類あるか。解答と同じ数字の番号を解答番号[15]と[16]にマークせよ。ただし、10の位にあてはまる適切な数字がない場合は0（ゼロ）をマークせよ。（例　5種類の場合、[0][5]種類とマークすること。）

[15][16]種類

(7) 多細胞生物のからだを構成する体細胞では、体細胞分裂のS期にDNAが複製される。次の図は、ある生物の体細胞分裂中期の細胞で観察された1対の相同染色体の模式図である。この1対の相同染色体を構成しているヌクレオチド鎖の本数と同じ数の番号を解答番号[17]と[18]にマークせよ。ただし、10の位にあてはまる適切な数字がない場合は0（ゼロ）をマークせよ。（例　5本の場合、[0][5]本とマークすること。）

図

ヌクレオチド鎖の本数：[17][18]本

Ⅲ ヒトにおいて食物が消化・吸収された後に起こることについての次の文章を読み、（1）～（7）の問いに答えよ。

食物中に含まれるデンプンは、消化されてグルコースとなり、小腸から吸収されて体内に取り込まれる。その後、グルコースは次のような順で運ばれる。

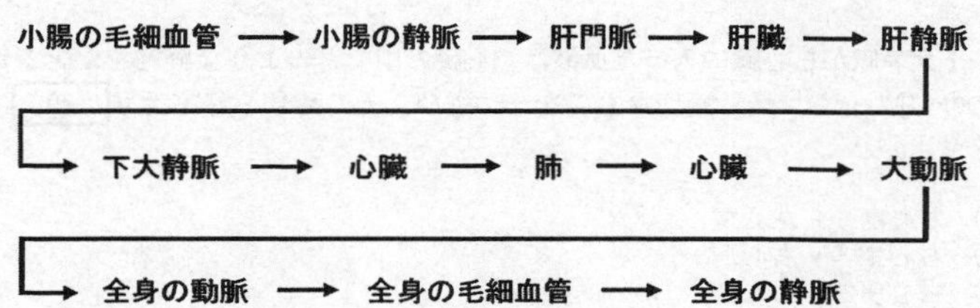

（1）　デンプンを摂取した後、次の各血管に含まれる血液中のグルコース濃度の高い順に解答番号［19］～［22］にマークせよ（最も高いものを①、最も低いものを④とせよ）。

肝門脈　［19］
肝静脈　［20］
下大静脈　［21］
腕の静脈　［22］

（2）　問い（1）の状態で、自律神経の活動について述べた次の①～③の記述のうちから正しいものを一つ選び、その番号を解答番号［23］にマークせよ。

① 交感神経の活動が高まっている。
② 副交感神経の活動が高まっている。
③ 自律神経の活動に変化はない。

（3）　デンプンの摂取から時間が経過し、空腹となった時点で、次の各血管に含まれる血液中のグルコース濃度の高い順に、解答番号［24］～［27］にマークせよ（最も高いものを①、最も低いものを④とせよ）。

肝静脈　［24］
下大静脈　［25］
大動脈　［26］
腕の静脈　［27］

（4）　問い（3）の状態で、自律神経の活動について述べた次の①～③の記述のうちから正しいものを一つ選び、その番号を解答番号［28］にマークせよ。

①　交感神経の活動が高まっている。
②　副交感神経の活動が高まっている。
③　自律神経の活動に変化はない。

（5）　下大静脈から心臓に入った血液は、心臓の中でどのような経路をたどるか。次の①～⑥のうちで最も適切なものを一つ選び、その番号を解答番号［29］にマークせよ。

①　右心房 → 左心房
②　右心室 → 右心房
③　右心房 → 右心室
④　左心房 → 右心房
⑤　左心室 → 左心房
⑥　左心房 → 左心室

（6）　食物中に含まれる脂肪は、消化吸収の後、小腸の毛細血管には入らず、リンパ管に入る。リンパ管に入った脂肪が、小腸から吸収されたグルコースと初めて合流するのは以下の①～⑦のうちどこか。最も適切なものを一つ選び、その番号を解答番号［30］にマークせよ。

①　肝静脈　　②　下大静脈　　③　左心房　　④　右心房　　⑤　左心室
⑥　右心室　　⑦　大動脈

（7）　腎臓には大動脈から分かれた腎動脈から血液が流れ込み、血液中に含まれるグルコースは、糸球体でろ過される。ろ過されたグルコースは、細尿管で再吸収され、毛細血管に入る。糸球体を流れる血液と、腎臓から出ていく静脈（腎静脈）の血液とでは、どちらのグルコース濃度が高いと考えられるか。次の①～③のうちから最も適切なものを一つ選び、その番号を解答番号［31］にマークせよ。

①　糸球体　　②　腎静脈　　③　どちらも同じ

IV 有性生殖と遺伝情報の分配に関する次の文章を読み、（1）～（7）の問いに答えよ。

生物がもつある形質に関する遺伝子は、染色体の特定の場所に存在しており、その位置は、生物の種によって決まっている。それぞれの遺伝子が染色体に占める位置のことを遺伝子座といい、ある遺伝子座に1つの形質に関する複数の異なる遺伝子が存在する場合、それらの遺伝子のことを（a）対立遺伝子という。

有性生殖を行うある生物の体細胞について、異なる4つの形質の発現が4組の対立遺伝子 A と a、B と b、C と c、D と d によって支配されており、遺伝子 A、B、C、D はそれぞれ a、b、c、d に対して優性であるとする。

これらの対立遺伝子によって占められる遺伝子座が互いに異なる染色体にある場合、この生物のある個体において（b）減数分裂によって生じる配偶子の遺伝子型は、最大で（　ア　）種類あり、配偶子である（c）卵と精子との受精によって生じる受精卵の遺伝子型は、最大で（　イ　）種類ある。

（1） 文章中の下線部（a）について、1対の相同染色体のある遺伝子座において、対立遺伝子の塩基配列が全く同じである状態を何というか。次の①～⑤のうち、最も適切なものを一つ選び、その番号を解答番号 32 にマークせよ。

① 雑種　② 独立　③ ヘテロ接合　④ ホモ接合　⑤ 野生型

（2） 文章中の（　ア　）にあてはまる適切な数と同じ数字の番号を解答番号 33 と 34 にそれぞれマークせよ。ただし、10の位にあてはまる適切な数字が無い場合は0（ゼロ）をマークせよ。（例　5種類の場合、 0 5 種類とマークすること。）

ア 33 34 種類

（3） 文章中の（　イ　）にあてはまる適切な数と同じ数字の番号を解答番号 35 ～ 37 にそれぞれマークせよ。ただし、100 の位にあてはまる適切な数字が無い場合は0（ゼロ）をマークせよ。（例　50種類の場合、 0 5 0 種類とマークすること。）

イ 35 36 37 種類

（4） 文章中の下線部（b）について、次の図に示すような1対の相同染色体をもつ母細胞から減数分裂が進行し、その間に相同染色体間で組換えがおきた結果、図に示すような染色体をもつ4個の娘細胞が生じたとする。この場合に、減数分裂の第一分裂の後期の染色体の状態として適切なものを次の①～④のうちから二つ選び、それらの番号を解答番号 38 と 39 にマークせよ。ただし、解答の順序は問わない。

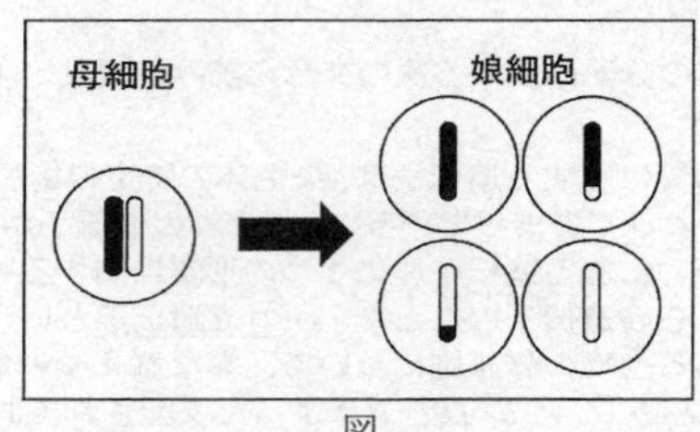

図

①	②	③	④

(5)　文章中の下線部（c）に関連して、性決定の型が ZO 型（性染色体として雌は Z 染色体を 1 本だけもち、雄は Z 染色体を 2 本もつ）である生物があり、この生物がつくる精子が染色体を 13 本もっている場合、この生物の体細胞がもつ染色体の本数は、雌と雄でそれぞれ何本になるか。解答と同じ数字の番号を解答番号 [40] ～ [43] にそれぞれマークせよ。ただし、10 の位にあてはまる適切な数字が無い場合は 0（ゼロ）をマークせよ。（例　5 本の場合、[0] [5] 本とマークすること。）

雌：[40] [41] 本　　　雄：[42] [43] 本

(6)　1 本の染色体上に複数の遺伝子が存在する場合、それらの遺伝子は連鎖しているという。有性生殖を行うある生物の体細胞に 3 組の対立遺伝子 X と x、Y と y、Z と z があり、遺伝子 X、Y、Z は、それぞれ遺伝子 x、y、z に対して優性であるとする。この生物の純系の個体どうしを交配して得られた雑種第一代（F_1）の個体について検定交雑を行い、雑種第二代（F_2）を得た。その結果、遺伝子 X、Y、Z、ならびに遺伝子 x、y、z は連鎖しており、遺伝子 $X-Y$（$x-y$）間、$X-Z$（$x-z$）間、$Y-Z$（$y-z$）間の組換え価は、それぞれ 5%、9%、4% であることが分かった。

この場合、F_2 の表現型の分離比を求め、次の解答番号の [44] ～ [47] にあてはまる適切な数字と同じ番号をそれぞれマークせよ。ただし、解答は最も簡単な整数比で答えるものとし、10 の位にあてはまる適切な数字が無い場合は 0（ゼロ）をマークせよ。（例　5 の場合、[0] [5] とマークすること。）

F_2 の表現型の分離比（遺伝子型を〔　　〕でくくり示してある）

〔XYZ〕		〔XYz〕		〔Xyz〕		〔xYZ〕		〔xyZ〕		〔xyz〕
[44] [45]	：	[46]	：	[47]	：	[47]	：	[46]	：	[44] [45]

(7)　問い（6）の F_2 について、全個体数が2,000であったとすると、組換えがおきた染色体を体細胞にもつのは何個体か。次の①～⑥のうち、最も適切なものを一つ選び、その番号を解答番号 48 にマークせよ。

①　45個体　②　90個体　③　135個体　④　180個体
⑤　225個体　⑥　250個体

V　ヒトの刺激の受容と反応に関する次の（1）～（6）の問いに答えよ。

(1)　聴覚器とその他の受容器に関する記述として次の①～⑤のうち、最も適切なものを一つ選び、その番号を解答番号 49 にマークせよ。

① 音波の刺激を受容する聴細胞は、中耳にある。
② 耳管（ユースタキー管）は、中耳に開いている。
③ 中耳にある耳小骨の周囲は血液で満たされ、血液は耳小骨に栄養を与えている。
④ 耳小骨は、正円窓を直接揺さぶり、うずまき細管内の空気を振動させる。
⑤ 耳小骨は、一個の骨で出来ているので、効率よく鼓膜の振動を伝えられる。

(2)　平衡覚を受容するために必要な構造として、次の①～⑤のうち、最も適切なものを一つ選び、その番号を解答番号 50 にマークせよ。

①　うずまき細管　②　コルチ器　③　前庭　④　前庭階　⑤　鼓室階

(3)　平衡覚の受容器に関する記述として次の①～⑤のうち、最も適切なものを一つ選び、その番号を解答番号 51 にマークせよ。

① 半規管は中耳にある。
② 体が傾くと膨大部にある平衡石（砂）が動く。
③ 平衡石（砂）は、炭酸カルシウムでできている。
④ 半規管の３つの管のうち２つは、直交していない。
⑤ 半規管内はリンパ液ではなく、ゼリー状の物質で満たされている。

(4)　網膜のかん体細胞に存在するものとして、次の①～④のうち、**誤っているもの**を一つ選び、その番号を解答番号 52 にマークせよ。

①　フォトプシン　②　イオンチャネル　③　オプシン　④　ロドプシン

(5)　眼の水平断面を上から見た時に、眼の後方を覆う構造で、一番外側にあるものとして、次の①～⑤のうち、最も適切なものを一つ選び、その番号を解答番号 53 にマークせよ。

①　強膜　②　網膜　③　脈絡膜　④　ガラス体　⑤　毛様体

(6) (設問省略)

VI　安田女子大学構内の畑で様々な植物を栽培し、観察した。次の（1）～（7）の問いに答えよ。

(1)　マカラスムギ（燕麦、オーツ麦）を種から育てることにした。畑に種まきした後、発芽の様子を観察すると、常に、根は地下に伸び、茎や子葉は地上に芽を出す。そのとき起きている現象として適切なものを次の①～⑤の記述のうちから二つ選び、それらの番号を解答番号 55 と 56 にマークせよ。ただし、解答の順序は問わない。

① 根は、正の重力屈性を示す。
② 根に赤色光が当たり、陰側の成長が促進される。
③ 茎では、オーキシンにより成長が促進される。
④ 茎や子葉は、湿度の高い方向に伸長する。
⑤ 頂芽優勢によって、茎や葉が先に伸びる。

(2)　夏が近づくと、畑の横に植えてある桜（ソメイヨシノ）の葉の緑が濃くなった。葉をとって顕微鏡観察したところ、葉の表皮に気孔が観察された。気孔に関する次の①～④の記述のうちから**誤っているもの**を一つ選び、その番号を解答番号 57 にマークせよ。

① 気孔による蒸散作用は、根からの吸水の原動力のひとつである。
② 気孔は、葉の裏側に多い。
③ 孔辺細胞の気孔側の細胞壁は、反対側よりも薄くなっている。
④ 孔辺細胞には葉緑体がある。

(3)　気孔の開閉の現象を説明した次の文章を読み、空欄 X にあてはまる物質として最も適切なものを①～⑥のうちから一つ選び、その番号を解答番号 58 にマークせよ。

フォトトロピンにより光が感知されると孔辺細胞の細胞膜に存在するチャネルが開いて孔辺細胞の中にイオンが流入する。その結果、孔辺細胞の浸透圧が変化し、膨圧が生じて気孔が開く。一方、植物が水不足になると、（　X　）が合成されて孔辺細胞の中のイオンが排出され、浸透圧が変化し、膨圧が生じなくなり、気孔は閉じる。

① アブシシン酸　　② エチレン　　③ ブラシノステロイド
④ オーキシン　　⑤ ジャスモン酸　　⑥ カロテノイド

(4)　問い（3）の文章中の下線部 フォトトロピンにより光が感知されると に関して、フォトトロピンが感知する光として適切なものを次の①～③のうちから一つ選び、その番号を解答番号 59 にマークせよ。

① 青色光　　② 赤色光　　③ 遠赤色光

(5)　トマトを栽培し、たくさんの果実を収穫することができた。トマトの形態や生態に関する次の記述①～⑤のうちから**誤っているもの**を一つ選び、その番号を解答番号 60 にマークせよ。

① トマトは、一定程度成長すれば年間を通して花芽形成することができる。
② トマトでは、重複受精が起きない。
③ トマトの側芽（わき芽）の茎を切り取り、水に挿しておくと、やがて切り口のまわりから根がはえるのは、茎の細胞が脱分化した後、再分化して根となるからである。
④ トマトでは、一つの花の中に、複数の卵細胞がある。
⑤ トマトの柱頭にマカラスムギの花粉がついても受精は起こらない。

(6)　カボチャの種をまき、育てたところ、花が咲き、結実した。カボチャの形態や生態に関する次の記述①～⑥のうちから**誤っているもの**を二つ選び、それらの番号を解答番号 61 と 62 にマークせよ。ただし、解答の順序は問わない。

① カボチャの茎は傾性により、光の方向へ伸びる。
② カボチャの巻きひげは、接触した方向に対して一定の角度をもって屈曲する。
③ カボチャの花には、雌花と雄花がある。
④ カボチャの種子は、光が当たる場所（光の届く深さ）では発芽しにくい。
⑤ カボチャでは、一つの花の中に、一つの卵細胞がある。
⑥ カボチャの根は、正（＋）の水分屈性を示す。

(7)　カボチャの果実から種子を取り出して観察した。カボチャの胚発生や種子に関する次の記述①～⑧のうちから**誤っているもの**を二つ選び、それらの番号を解答番号 63 と 64 にマークせよ。ただし、解答の順序は問わない。

① 受精の後、胚のう母細胞は細胞分裂を繰り返して胚球（球状胚）と胚柄になる。
② 珠皮は、種皮になる。
③ 種皮の核相は、$2n$ である。
④ 種皮は、親植物の細胞からなる。
⑤ 胚球から、胚が形成される。
⑥ 個体発生の途中で休眠に入ったものが、種子である。
⑦ 種子の中の子葉の根元に位置する幼芽は、頂端分裂組織である。
⑧ 親植物と種子は、維管束でつながっている。

◀生物基礎▶

（注）「化学基礎」とあわせて１科目として解答。

（60 分）

◀生物基礎・生物▶の Ⅰ ～ Ⅲ に同じ。

▲短期大学▼

（六〇分）

⑤　いただいた手紙を読むことと比較すれば、人と向き合うときの情感など、その場限りのものでしかない。
⑥　文字によって書かれた「文」は、時空間を越えたコミュニケーションツールとして最高のものである。
⑦　今になって亡くなった方からの手紙をあらためて読むと、悲しさがこみあげてくるのでお勧めしない。

問五　傍線部オに「その折」とある。いつのことと考えられるか。次の①～⑤のうちから一つ選べ。解答は、マーク解答用紙の解答番号 12 に、その番号をマークせよ。

① その手紙を受け取って読んでいたときのこと。
② 手紙をくれた人と直(じか)に対面し話したときのこと。
③ 昔のことを思い出し懐かしんでいるときのこと。
④ 面と向かってはものが言えなかったときのこと。
⑤ 暇を持て余し昔の手紙を読んでいるときのこと。

問六　傍線部カに「これ」とある。この指示代名詞が指す意味として最も適切なものを、次の①～⑤のうちから一つ選べ。解答は、マーク解答用紙の解答番号 13 に、その番号をマークせよ。

① その手紙を受け取って読んだときに感じた思い。
② 昔も今も手紙でも対面でも変わることのない思い。
③ 昔届いた手紙を今ふたたび読むときに感じる思い。
④ 相手と直接会って話したときに感じ取った思い。
⑤ 今あらためて相手と直接会って話すときの思い。

問七　本文の内容と合致しないものを、次の①～⑦のうちから三つ選べ。解答は、マーク解答用紙の解答番号 14 ～ 16 に、それらの番号をマークせよ。ただし、解答の順序は問わない。

① もし文字というものがなかったら、昔の理想的な時代のことを今に書き伝えるなどできはしなかった。
② ここで私があらためて述べるまでもなく、手紙のもつすばらしさについては、すでに認められている。
③ 唐土や天竺のように異国で未知の世界のことは、文字で書き伝えられていてもすばらしさはわからない。
④ 私たちの時代のことを文字によって書き伝えようとすることは、遠慮もあるのでよいこととは思えない。

③ 「昔の人の文見出でたる」こと。
④ 「さし向かひたるほどの情」のこと。
⑤ 「昔ながら、つゆ変はることなき」こと。

問二 傍線部イに『枕草子』とある。この『枕草子』について説明したものとして、最も適切なものを、次の①～⑤のうちから一つ選べ。解答は、マーク解答用紙の解答番号 **10** に、その番号をマークせよ。

① 中宮彰子にお仕えした女房が、自分の仕事を通じて感じた倦怠感(けんたいかん)と無常を書き記したもの。
② 中宮定子にお仕えした女房が、自分の才能を存分に発揮した経験を明るく書き記したもの。
③ 中宮彰子にお仕えした女房が、国司に任命された家族と地方に赴いた紀行を書き記したもの。
④ 中宮定子にお仕えした女房が、妻の視線で不誠実な夫との家庭生活の不和を書き記したもの。
⑤ 中宮彰子にお仕えした女房が、自分の情熱的な恋愛について贈答歌とともに書き記したもの。

問三 傍線部ウに「返す返す申してはべるめれば」とある。敬語が用いられていることに注意して、現代語訳せよ。解答は、記述解答用紙の解答番号 **13** に記入せよ。

問四 傍線部エに「あひ向かひたるに劣りてやはある」とある。なぜそのように主張しているのか。最も適切なものを、次の①～⑤のうちから一つ選べ。解答は、マーク解答用紙の解答番号 **11** に、その番号をマークせよ。

① 手紙のように書いたものを読むだけでは、対面しているときと異なり相手の表情まで読み取ることはできないから。
② 遠く離れた所にいて何年も会うことができない人とは、手紙のやりとりでしかコミュニケーションが取れないから。
③ 直接対面して話すときは遠慮して口に出せないことまでも、手紙では詳細に書き尽くしてあって、うれしいから。
④ すでに『枕草子』に書かれていることなので、いまさら向かい合って話したところでたいしたものではないから。
⑤ かつて手紙を受け取ったときと昔の手紙を読み返している今とを比べると、相手と向き合う姿勢が異なるから。

二

次の文章を読んで、あとの問いに答えよ。なお、この文章は、女房として宮中で働いた経験豊富な老女房が、若い女房たちの要請で自分の経験や知識を語ったものである。

この世に、アいかでかかることありけむと、めでたくおぼゆることは、文（ふみ）こそはべれな。『イ枕草子』に ウ返す返す申してはべるめれば、こと新しく申すに及ばねど、なほいとめでたきものなり。遙（はる）かなる世界にかき離れて、幾年（いくとせ）あひ見ぬ人なれど、文といふものだに見つれば、ただ今さし向かひたる心地して、なかなか、うち向かひては思ふほども続けやらぬ心の色もあらはし、言はまほしきことをもこまごまと書き尽くしたるを見る心地は、めづらしく、うれしく、エあひ向かひたるに劣りてやはある。つれづれなる折、昔の人の文見出でたるは、ただオその折の心地して、いみじくうれしくこそおぼゆれ。まして亡き人などの書きたるものなど見るは、いみじくあはれに、年月の多く積もりたるも、ただ今筆うち濡らして書きたるやうなるこそ、返す返すめでたけれ。

何事も、たださし向かひたるほどの情（なさけ）は、仮にてこそはべるに、カこれは、ただ昔ながら、つゆ変はることなきも、いとめでたきことなり。いみじかりける延喜（※1えんぎ）、天暦（てんりやく）の御時の古事（ふるごと）も、※2唐土（たうど）、天竺（てんぢく）の知らぬ世のことも、この文字といふものなからましかば、今の世の我らが片端も、いかでか書き伝へましなど思ふにも、なほ、かばかりめでたきことはよもはべらじ。

（『無名草子』による）

（注）

※1　延喜、天暦の御時 ＝ 醍醐（だいご）天皇、村上天皇の治世で、理想的な時代とされていた。

※2　唐土、天竺 ＝ 中国とインド。

問一　傍線部アに「いかでかかることありけむと、めでたくおぼゆること」とある。この「かかること」に相当する内容として、最も適切なものを、次の①～⑤のうちから一つ選べ。解答は、マーク解答用紙の解答番号 **9** に、その番号をマークせよ。

① 「こと新しく申す」こと。

② 「言はまほしき」こと。

②　万葉集では詩歌管弦の達者な少壮貴族を「風流才子」「風流秀才」などと呼んだように、古くから茶道が重視されたということ。

③　藤原公任が漢詩・和歌・管弦を三つとも巧みにこなして「三船の才」と呼ばれたように、多才であることが尊敬されたこと。

④　中世には「数奇」と呼ばれて連歌や茶の湯などの愛好者が武士や商人まで広がり、日本の文化の代表となったということ。

⑤　江戸時代には「遊芸」、大正期以降は「趣味」と呼ばれ、風流な芸事をするのが生活の中の当たり前の光景となったということ。

問十一　本文では、岡倉天心が『茶の本』を出版した意図は何であったと述べているか。その説明として、最も適切なものを、次の①〜⑤のうちから一つ選べ。解答は、マーク解答用紙の解答番号 **8** に、その番号をマークせよ。

①　東洋にも西洋と共通した優れた伝統的な文化が存在しているということを知らしめるには、日露戦争において勝利を収めた今が絶好のチャンスであり、庶民にまで幅広く愛好されている茶道のよさをその代表として取り上げるのがよいと考えた。

②　日本にも美そのものを追求する芸術は存在したし、茶道はその代表的なものであるということを西洋人に理解させるには、茶道の背後には禅や老荘の哲学があり、それを踏まえた自然観や人生観を持つものだということを強調するのがよいと考えた。

③　文明は西洋にのみあって東洋にないと信じている人々に対しては、戦場で大規模な虐殺をするよりも大切な「生活の術」というべきものがあり、茶道をその代表として取り上げることによって、彼らの鈍感さに気づかせることができると考えた。

④　インドの精神世界への志向も、中国人のきまじめさも、日本人の愛国心が強いことも馬鹿にする西洋人に対しては、茶が薬として見出され、やがて飲み物となり、詩と並ぶ風雅な遊びとなり、ついには唯美主義の宗教となったことを証明すればよいと考えた。

⑤　東洋の文化を理解しようとしない西洋人に対しては、茶の文化という共通する一面を持ちながらも、西洋人のこれまでの捉え方では理解できない茶道を芸術論の入り口として取り上げることが、異なる文化を理解させる近道であると考えた。

②　虎の尾を踏んだような気持ち
③　飼い犬に手をかまれたような気持ち
④　鬼の首を取ったような気持ち
⑤　蛇ににらまれた蛙（かえる）のような気持ち

問八　傍線部ウに「従来の浅薄な解釈方式」とある。これは、西洋人のどういう解釈方式を指した表現か。本文中の語句を用いて、五十字以内で説明せよ（句読点等も字数に含む）。解答は、記述解答用紙の解答番号 12 に記入せよ。

問九　傍線部エに「爆弾を投下する」とある。どういう点が「爆弾」なのか。その説明として最も適切なものを、次の①～⑤のうちから一つ選べ。解答は、マーク解答用紙の解答番号 6 に、その番号をマークせよ。

①　西洋の文化は、東洋の文化よりも劣っていると明言した点。
②　「いったい鈍感なのはどちらか！」と問いかけた点。
③　西洋の唯美主義との共通点をことさらに強調した点。
④　「不完全」の崇拝という奇妙で不可解な文化の概念を示した点。
⑤　茶道が一種の宗教であり、絶対的価値を持つものであるとした点。

問十　Ⅰ の破線部に「日本の「生の術」の代表である茶道（Teaism）」とある。「茶道（Teaism）」が「生の術」の代表であるとはどういうことか。その説明として、最も適切なものを、次の①～⑤のうちから一つ選べ。解答は、マーク解答用紙の解答番号 7 に、その番号をマークせよ。

①　日本には生活の美学ともいうべきものがあり、茶道における美の追求が国民文化全体を貫く基軸をなしているということ。

②　あるいは
③　もちろん
④　なぜなら
⑤　しかし
⑥　さらに

問五　傍線部イに「こういうこと」とある。「こういうこと」の具体的内容を述べている部分を抜き出し、その始めと終わりのそれぞれ七文字（句読点等も字数に含む）を、記述解答用紙の解答番号 11 に記入せよ。

問六　空欄 C に入る言葉として、最も適切なものを、次の①～⑤のうちから一つ選べ。解答は、マーク解答用紙の解答番号 4 に、その番号をマークせよ。

①　付和雷同
②　深謀遠慮
③　大言壮語
④　我田引水
⑤　一刀両断

問七　空欄 D に入る言葉として、最も適切なものを、次の①～⑤のうちから一つ選べ。解答は、マーク解答用紙の解答番号 5 にその番号をマークせよ。

①　狐（きつね）につままれたような気持ち

※5　ラファエル前派　＝一九世紀の中頃、イギリスで活動した美術家や批評家のグループ。象徴主義美術の先駆。
※6　『東洋の理想』　＝　岡倉天心の著書。英文で執筆され、一九〇三年にロンドンの出版社から刊行された。
※7　先に引用した文中　＝　文章Ⅰに引用した文章を指す。

問一　傍線部A～Eの漢字の読みを、ひらがなで記せ。解答は、記述解答用紙の解答番号 1 ～ 5 に、Aから順に正しく記入せよ。

問二　傍線部a～eのカタカナを漢字に改め、丁寧に記せ。解答は、記述解答用紙の解答番号 6 ～ 10 に、aから順に正しく記入せよ。

問三　傍線部アに「しかるべき敬意が払われる時」とある。この言葉の意味として、最も適切なものを、次の①～⑤のうちから一つ選べ。解答は、マーク解答用紙の解答番号 1 に、その番号をマークせよ。

① 西洋人とまったく同じ人間が作り上げたものだと再認識してもらえる時。
② 西洋とは異質の優れた文化や芸術であると理解し評価してもらえる時。
③ 「生の術」を大事にして戦争を放棄しようとする姿勢が理想とされる時。
④ 「武士道」が復活しないようにと強く叱り続ける意味が認められる時。
⑤ 野蛮国に甘んじた苦難の日々が「武士道」として改めて認められる時。

問四　空欄 A と B に入る語として、最も適切なものを、次の①～⑥のうちから一つずつ選べ。解答は、 A はマーク解答用紙の解答番号 2 に、 B はマーク解答用紙の解答番号 3 に、それらの番号をそれぞれマークせよ。

① たとえば

する者が現れると、これを「すきもの」と呼んだ。中世にはこれに連歌や茶の湯などが加わり、「数寄」と呼ばれて武士や商人まで愛好者が広がり、江戸時代には「遊芸」と呼ばれて長屋の庶民さえ俳句をひねり三味線をE爪弾くようになり、大正期以降は「趣味」と呼ばれて生活の中の当たり前の光景となった。※7先に引用した文中で「風雅な諸芸」と訳した言葉の原文は"gentle arts"であるが、天心の念頭にあったのはこれら数寄や遊芸の習俗であったろう。

さてこうなると、もはや天心は自分の得意分野である「美術」にこだわっていられない。そこで注目したのが自分の専門外の茶道であった。しかしなぜ宗教でも哲学でも芸術でもなく茶道なのか。たぶんそれが一番奇妙で、不可解な文化だったからである。つまり西洋人にとって、自分たちの解釈方式がまったく通用しないということを実感してもらえる文化だったからである。もちろん西洋には既に別の形での茶の文化があった。しかし茶道はそれとまったく異なるものだった。

中国に発祥した茶（tea）という飲料は、一七世紀に西洋へ伝わり、普及した。それは単なる飲料としてだけでなく、文化的現象となることもあった。たとえばイギリス上流階級の優雅なアフタヌーンティーである。主催者は茶会のために美しい茶器を揃（そろ）え、部屋を優美に飾り、参加者たちは上品な作法を守る。そして共同でそこに美しく楽しい共感の場を作り出す。ここには日本の茶会と共通するものがあるだろう。つまり日本の芸術を説くために「日本美術」を入口としたように、日本の美的生活を語るために茶会を入口とすることは戦術として有効であるだろう。そして日本の茶道が西洋の茶会と似て非なるものであることを説明し、その違いが西洋の文化や芸術を分析する言葉では説明できないことを納得してもらえるなら、ようやく東洋には西洋と異なる哲学や理想の歴史があり、それは西洋とは異なる文明の成果であることが理解されるだろう。その具体例として、茶道の背後に禅や老荘の哲学があり、それを踏まえた自然観とか人生観があるというふうにもっていけば、そこに西洋人が考えもしなかった一つの文化的理想があることを実感してもらえるのではないか。『茶の本』はそのような戦略から書かれたと思われる。

（尼ヶ崎彬（あまがさきあきら）『利休の黒——美の思想史』による／一部改変）

（注）

※1 先の引用 ＝ 文章Iに引用した文章を指す。

※2 プロパガンダ ＝ 宣伝。

※3 オスカー・ワイルド ＝ ヨーロッパで日本趣味が流行した一九世紀後半に活躍したアイルランドの詩人。

※4 ビアズレー ＝ 一九世紀に活躍したイギリスの画家。

で高められた。それが茶道（Teaism）である。

ここまでなら当時の西洋の読者は、同じく一種の宗教となった最新の芸術思想、即(すなわ)ち「芸術のための芸術」を唱える唯美主義（aestheticism）を思い出し、なんならオスカー・ワイルド[※3]やフランスの象徴詩、ビアズレー[※4]やラファエル前派[※5]の美術を連想したかもしれない。つまり西洋の芸術史と似たような経過で発達し、現在に至った芸術が日本にもあるらしい、と。ところがそのあとに天心は<u>爆弾を投下する</u>[エ]。

茶道は一種の宗教であり、醜悪な日常の中にある美を敬うことから始まった。それは純粋と調和を、互いを思いやることの神秘を、秩序ある社会というロマン主義を教え込む。要するに茶道は「不完全」の崇拝なのだ。人生というこの不可能なものの中で、何か可能なものをなし遂げたいという優しい試みなのだから。

わけがわからない、と読者は思っただろう。唯美主義と言いながら、西洋の唯美主義や芸術とはかなり違うものであるらしい。だいたい「不完全」の崇拝とはどういうことか（訳語をカギ括弧でくくったのは、原語が「Imperfect」と大文字で強調されているから）。果たして天心はこのあと「茶道の哲学は単なる通常の意味での唯美主義ではない」と続ける。そして、倫理や宗教と結びついているとか、衛生学や経済学でもあるとか、道徳の幾何学であるとか、東洋的民主主義の精神を代表するとか言い出して読者を煙(けむ)に巻くのである。

続けて天心は茶道が選ばれた者たち（芸術家や貴族）だけのものではなく、国民すべてに影響を与えたことを説く。「われわれの住居や習慣、衣服と料理、磁器、漆器、絵画、そしてまさに文学まで、全てが茶道の影響下にあった。日本文化を学ぶものはその存在を無視するわけにいかない。それは貴婦人の優雅な寝室にも下賤(げせん)の民の住まいにも浸透した。日本の農夫は花の活(い)け方を学び、貧しい労働者も山水の美をめでた。」

つまり日本には生活の美学ともいうべきものがあり、身分の上下を問わず浸透していたが、それは茶道の影響だというのだ。その一部は西洋の「芸術」に近いかもしれないが、重要なのは日常の生活全般にかかわることである。つまり美の追求が国民文化全体を貫く基軸をなしているということだ。これは明らかに『東洋の理想』[※6]の続編でありながら、さらにそれを越えて一歩を踏み出したものである。

天心が日本の「生活の術」に注目したとき、まず想起したのは芸術専門家ではなく一般人による風流な芸事の伝統であろう。万葉集では詩歌管弦の達者な少壮貴族を「風流才子」「風流秀才」などと呼んでいる。平安時代にも藤原公任(きんとう)のように漢詩・和歌・管弦を三つとも巧みにこなす者は「三船(さんせん)の才」と呼ばれて尊敬された。当初は貴族や僧侶の教養にすぎなかったこれらの芸事への愛好が度を越して、ひたすら<u>執心</u>[D]

なんだか必要以上に［C］しているように聞こえるかもしれない。しかし、文明は西洋にのみあって東洋にないと信じている人々に対しては、このくらいのパンチをまずかましておかないと、まじめにこのあとを読んでもらえないと天心は思っていただろう。

天心が苛立(いらだ)っていたのは、当時の西洋人が東洋人を自分たちよりも文明的に劣った人種であるというゼンテイ[e]にたって、東洋の現象を解釈することであった。彼は書く。「インド人の精神世界への志向を無知とみなし、中国人がきまじめであることを愚鈍とみなし、日本人の愛国心が強いことを宿命論のせいだと馬鹿にしていた。それどころか、われわれの神経組織は無感覚なので痛みや傷に鈍感だとまで言われていたのだ！」西洋人は、インド人が精神世界を重んずるのを見て、その深い哲学の伝統を知らないまま無知なための迷信だと解釈する。中国の儒教思想や「礼」の歴史を知らないまま中国人の堅苦しい振る舞いをくだらない形式主義と解釈する。日本人が国のために死ぬのを、なんでも宿命と諦めて受け入れるだけだと解釈する。それどころか、痛みや苦痛を表に出さないよう堪えているのを見て、こいつらの神経組織は鈍感にできていると解釈するのだ。この文には、「いったい鈍感なのはどちらか！」という天心の叫びが聞こえる。

東洋には西洋とは異なる思想と文化の歴史がある。西洋人はその深さを探ることなく、現象の表面だけを見て自分の尺度[B]で解釈する。そしてやっぱり東洋人は野蛮人だと判断する。この習慣をやめさせるにはどうしたらよいか。彼は嘆く。「いつになったら西洋は東洋を理解するのか？　いや、理解しようという努力を始めるのか？」問題は西洋が東洋を理解していないことではなく、そもそも理解しようという努力をしないことである。その理由は、東洋への蔑視[C]から自分たちと違うことはみな愚鈍とか無知とかのせいにしてすませるからだ。これに対して「愚鈍なのはお前の方だ」と叫んでも、まず取り合ってくれないだろう。だが自分の尺度が通用しない現実を突きつけられたらどうか。ちょっと考え直してみよう、と思うのではないか。とすれば今しかない、と天心は思っただろう。極東の小国がロシアに対し戦争を始めたと聞いたとき、西洋人は呆(あき)れた。ロシアは西洋が認める軍事大国である。「勝てるわけがない、日本人は馬鹿じゃないのか」というのが一般的な反応だった。ところが日本が勝ってしまった。いま西洋人は［D］になっている。「常識ではありえない。何かの間違いではないのか？」「もし本当ならなぜそんなことになったのか？」「自分たちの東洋観には何か不備があったのか？」。そのように考え始めた西洋人なら、従来の浅薄な[ウ]解釈方式ではなく、新しい視点を受け入れる用意があるだろう。こうして天心は『茶の本』を書く。それは冷静な紹介というよりは熱いプロパガンダ[※2]のような文章である。

さて『茶の本』の冒頭を引こう。

茶は薬として見出(いだ)され、やがて飲み物となった。中国では八世紀に詩と並ぶ風雅な遊びとなり、一五世紀の日本では唯美主義の宗教にま

のKunst）はただ「技術」というほどの意味だった。 **A** 「芸術家」という観念もなかった。当然「芸術家」と「職人」という区別もなかった。そこへ「天才」とか「創造」といった観念が登場する。芸術家は天才であり、作品はその創造物だというのだ。ではその創造は何のために行われるのか？　言い換えれば芸術作品は何のために作られるのか？　人間の製作物はふつう何かの役に立つための道具として作られる。椅子は座るために、ナイフは切るために。同様に、それまで芸術は人々に信仰をすすめたり、道徳を教えたりといった目的をもっとされてきた。

B 一九世紀はじめに、新世代の芸術家はこれを否定する。芸術の価値はその効用にあるのではなく、ただ美しいことにあると宣言した。その思想は「芸術のための芸術」（“l'art pour l'art”“art for art's sake”）をスローガンとし、唯美主義（aestheticism）とも呼ばれた。人間のエイイ[b]は常に何かの目的をもつが、芸術だけはそれ自身が最終目的なのだというこの考えは、芸術を絶対的な価値とみなすという意味で一種の宗教でもあった。こうして西洋での芸術は文化の中で神聖なものとなり、芸術家は聖人に近い（あるいは狂人に近い）地位をカクトク[c]した（この背景にはフランス革命があり、王権からの解放と同時に教会支配からの解放を求めた人々が、神の代替物として芸術を祭り上げたのだという説もある）。こうして芸術作品はただ芸術家のみが創作できるものとされ、一般人は礼拝するように作品を鑑賞することを求められるようになる。ただ耳となって音楽を聴き、ただ眼（め）となって絵画を見、文学を読む。演奏会で音楽が気に入ったからといって、唄（うた）い出したり踊ったりしてはいけないのである。それどころか咳（せき）一つたてないように気をつけねばならない。教会でのギシキ[d]のように。

けれどもそのような「芸術」に似たものを日本の中に発見し、「ほら西洋の芸術と同じものがありますよ」と紹介することが、果たして日本文化の本質を伝えることになるだろうか。むしろ日本にあったのは「芸術」とは別の制度ではないだろうか。それは「美」を求めるという点で「芸術」に似てはいるけれども、むしろ一般人の生活の中で実践される何かではなかったろうか。つまり「芸術」というより「生活の術」とでもいうべきものである。

先の引用で天心[※1]が言おうとしたのは、たぶんこういうこと[イ]である。西洋では「芸術」は天才の所業であり、一般人にできるものではないが、日本の「遊芸」や「風流」は人々の日常生活の中にあり、選ばれた芸術家だけでなく貴族から庶民まで、各自の生活の中で実践するものであった。西洋の「芸術」はまさに「芸術のための芸術」（l'art pour l'art）だが、日本人は古来「生活のための芸術」（l'art pour la vie）を愛した。それは日本人が自然や芸術の美を愛したからだけではない。それを通して人生の真実に到達しようとする哲学（インド仏教に由来する禅や中国の老荘思想）があったからだ。これらはいずれも西洋にはないものだから、西洋人が理解できないのも無理はない。しかし茶道を学ぶことによって諸君は日本の「生の術」のなんたるかを知り、ひるがえって自らの文明に足りないものを知るだろう。つまり、日本には諸君にとって未知の文明があり、しかも西洋のものよりも高度なものかもしれない、それをこれから教えてあげよう、と言っているのだ。

国語

▲大 学▼

（六〇分）

一 次の文章を読んで、あとの問いに答えよ。なお、文章Ⅰは、岡倉天心が一九〇六年にニューヨークの出版社から刊行した『茶の本』（原題「The Book of Tea」）の冒頭近くの一節である。また、文章Ⅱは、岡倉天心の『茶の本』の出版意図について論じたものである。

Ⅰ

ふつうの西洋人が茶会（tea ceremony）を見ると、東洋によくある古くて幼稚な珍習俗の一例と思うだろう。西洋人は、日本が平和で風雅な諸芸にふけっていた間は、野蛮国とみなしていた。ところが満州の戦場で大規模な虐殺（A）を始めると文明国と呼んでいる。近頃「武士道」（Code of Samurai）――わが兵士に進んで自己ギセイ（a）をさせる「死の術」――についてはずいぶん語られてきた。しかし日本の「生の術」の代表である茶道（Teaism）に注意を払う者はほとんどいない。もし文明国たる資格が戦争での血なまぐさい栄誉だというなら、われわれはむしろいつまでも野蛮国に甘んじよう。われわれはわが芸術および理想に対して、しかるべき敬意が払われる時（ア）が来るのを待とう。

Ⅱ

西洋に今のような「芸術」という観念が生まれたのは一八世紀とされている。それまで「芸術」にあたる言葉（英語・仏語の art、ドイツ語

解答編

英語

I **解答**　1－④　2－②　3－③　4－①　5－④　6－③
7－④　8－①　9－②　10－①

解説　1．your hair が目的語，cut が補語になっており「髪は切られる」の受動関係がある。have *A done*「*A* を～してもらう」という表現④が正解。

2．When you were walking along the main street「あなたが大通りを歩いていたとき」の副詞節を分詞構文で表現したもので②が正解。

3．interfere in ～「～に干渉する，口出しする」

4．各選択肢の意味は，①「競争の激しい」，②「包括的な」，③「完了した」，④「比較された」である。問題文は「その会社は非常に［ 4 ］な業界で成功した」という内容。この文脈に合うのは①である。

5．It has been（is）*A* since S V「S が V して *A*（時間）です」の表現。V は過去時制なので④が正解。

6．各選択肢の意味は，①「避ける」，②「思い出す」，③「予測する」，④「訓練する」である。問題文は「最近，科学者は大きな地震がどこで起きそうか［ 6 ］できる」という内容。この文脈に合うのは③である。

7．各選択肢の意味は，①「評価する」，②「拒否する」，③「反対する」，④「引き起こす」である。問題文は「円安が家計に影響する価格の急激な高騰を［ 7 ］した」という内容。この文脈に合うのは④である。

8．in line with ～「～に一致している」

9．空所の直後に動詞 work「働く」があるので，主格の関係代名詞がくる。先行詞が those「人々」なので②が正解。
「在宅勤務の人たちは時にストレスレベルが高いと報告している」

10．suggest that S *do*「S に～するのを提案する」の表現となる①が正解。
「私は彼女に自分が得たお金で電気自動車を買うのを提案した」

Ⅱ 解答

11—④　12—①　13—①　14—④　15—②　16—⑥
17—④　18—⑥

解説　11・12. ⑤—④—②—⑥—①—③　It goes without saying that ～「～は言うまでもない」という動名詞を使った慣用表現。warm hospitality「心温まるおもてなし」

13・14. ②—①—⑥—③—④—⑤　make it easier for *A* to *do*「*A* が～することをより簡単にする」

15・16. ④—②—③—①—⑥—⑤　be scheduled to *do*「～する予定である」

17・18. ⑤—④—②—①—⑥—③　problems coming from ～「～から生じる問題」

Ⅲ 解答

19—②　20—⑥　21—⑤　22—①　23—③

解説　≪ヘルメット着用の日豪の違い≫

19. 空所の直前に「車が後ろタイヤにあたってフレームが壊れ道路に倒れたんだ」とあり，直後アレックスの発言に「君が怪我してなくてよかった」とあるので，空所には転倒したにもかかわらず負傷はしなかったという内容の文が入るとわかる。よって②「僕は大丈夫だったが，とてもショックだった」が正解。

20. 空所直前のアレックスの発言に「オーストラリアではヘルメットを着用しなくてはいけない。それは法律での決まりなんだ」とあり，空所の直後のマサトの発言で「いいえ」と否定しているので，⑥「それら（ヘルメット）は日本では要求されていないの？」が正解。

21. 空所の直前の発言に「（日本では）ヘルメットは要求されていない」とあり，直後の発言には「85％の人が自転車を所有しているがヘルメットは13歳以下の子供にしか要求されていないよ」と続いているので，空所には日本でのヘルメット着用に関する一般的なルールの内容の文が入るとわかるので⑤「ヘルメットを着用しなくても罰則はないよ」が正解。

22. 空所の直前のアレックスの発言に，「ところで君の自転車はどうなったの？」とあり，空所直後のマサトの発言に，「そうでもなかったよ。幸運にも家族全員の自転車保険に入っていたんだ」とある。以上の文脈から

①「修理するのにたくさんお金がかかったの？」が正解。

23. 空所の1つ前のアレックスの発言に，「君の家族はみんな健康にちがいないね。サイクリングは良い運動だよ」とあり，その直後にマサトが「そうだね。それに環境にも優しいね」と返答し，空所直後でアレックスは「それはすごいね」とマサトの家族の，自転車主体の環境に優しい生活を称賛していると判断できるので，③「じゃあ，（君たちの家族は）地球を助けているね」が正解。

Ⅳ　解答　24—⑥　25—③　26—④　27—①　28—⑤

解説　≪第2言語を学ぶ必要性とアドバイス≫

24. 第1段第3文（Being bilingual makes…）に「バイリンガルになると賢くなり記憶力が改善しアルツハイマー病の予防にも役立つ」とあり，空所を含む文（It makes you…）に「そのおかげでもっと周りの世界に［24］ようになり決定を行う能力を改善する」と続いているので，この文脈に合うのは⑥「気づく，わかる」である。aware of ～「～に気づく，～を認識する」

25. 空所を含む文（We can watch…）「我々はYouTubeでビデオを見たり歌を聞いたり話したりできる，そして我々が単語や概念を学んだり保持するのを手伝ってくれるのにアクセスできる［25］オンラインの辞書がある」という内容。文意に合うには③「数多くの」である。

26. 空所を含む文（Here is some…）は「ここにあなたが旅を［26］のに役立つ言語学習の専門家からのアドバイスがあります」とあり，ここで述べている旅とは文脈上，第2言語を学ぶ旅のことなので，④「始める」が正解。get started on ～「～を始める」

27. 第5段第1文（Second, use the…）「2番目に，徹底的な手法を使いなさい」とあり，続いて空所を含む第2文（Don't go halfway, …）「中途半端ではなく，［27］関わりをしなさい」とある。この文脈に合うのは①「完全な」である。

28. 空所を含む文（Leave your comfort…）「自分の心地よいゾーンを離れ自分を［28］状況に置くという恥ずかしさや恐怖を克服しなさい」という内容。この文意に合うのは⑤「当惑させる」である。

V　解答　29－③　30－④　31－④　32－②

解説　≪大学から留学予定者への連絡メール≫

29. 第1段第3文（You will need …）の後半に「ボストン時間で金曜日までに，つまり今日を含めて3日」とあるのでアマンダがこのメールを書いているのは③が正解。

30. アマンダが紹介している物件は2つあり，そのうちの1つである一戸建て（the house for students）を紹介している第2段第3・4文（First, one room … area are shared.）に，「1部屋は他の2人の留学生と利用でき，1人ひとりにはプライベートルームがありますがキッチン，バス，リビングは共有です」とあるので，3人にそれぞれプライベートルームがあることがわかる。よって④が正解。

31. 第3段第3文（However, she will …）に「彼女は6月に引っ越す予定です」とある。この部分から④が正解。

32. 第3段最終文（You can watch …）「添付のQRコードを使うか添付のリンクをクリックすると好きな時にいつでもそのアパートのバーチャルツアーができます」とあるので時間制限はないことがわかる。よって②が正解。

VI　解答　33－①　34－②　35－②　36－④　37－③　38－④

解説　≪世界の不均等な食料事情と日本の役割≫

33. 第1段第2～4文（However, for much … and poor nutrition.）は「世界の多くの人々が飢えや栄養不足に苦しんでいる」という内容で，続く第5文（This is not …）で「これは食料不足の結果ではない」とあり，空所を含む第6文で「（　A　），穀物製品が毎年約260万トン生産されており，これは世界人口の約2倍を賄えるほどである」と展開している。（　A　）の前後で対比的な内容になっていることがわかるので①「それどころか」が正解。

34. 下線部を含む第2段最終文（This brings up …）「このことが穀物の国際価格を吊り上げ，貧しい国々の人たちには高価過ぎるものにしてしまっている」とあり，その直前の第5文（Much of the …）に「世界の穀物供給の多くは現地の人たちの肉の要求を満たすために先進国によって購入されている」とあるので，第5文の内容がそのまま this（このこと）であると判断できる。よってその内容に最も近い②「穀物の高い割合が先進国によって購入されている」が正解である。

35. 第3段最終文（Often, these people …）に「しばしばこういった人たちは（　C　）生産を援助している食物を購入する余裕さえないのだ，それは食物生産者が豊かな国々に売る方がもっと利益があるからである」とあり，自国で生産された食物が外国に売られてしまうと判断できるので②が正解である。

36. 第4段第1文（Japan also plays …）の後半に「日本の食物カロリー消費全体の約60％が輸入食品である」とあり，下線部を含む第4段第2文（However, much of …）「しかしこういった食物の多くは浪費されたり非効率的に使われたりしていて，推定600万トン余りの食物が毎年廃棄されている状態である」，つまり imported food「輸入食品」＝this food「こういった食物」と判断できる。よって④「外国から輸入されたとうもろこし」が正解である。他の選択肢は輸入食品とは言えない。

37. 空所（　E　）を含む最終段第2文（For one, if …）は「ひとつ（の解決策）には，もし我々が地元の生産物や旬の食物を買えば，日本の食料自給率は（　E　）だろう」という内容になっているので，increase「上がる」が入るとわかる。空所（　F　）を含む1文（Another idea is …）は「もうひとつの解決策は我々が浪費している食物の量を（　F　）ことである」という内容である。その具体例として同段第5文（One way to …）「ひとつの方法は新鮮な内に食物すべてを使うことである」，さらに第6文（We can also …）「我々はまた必要としている人たちに食物を分配するフードバンクに寄付できる」とあることから（　F　）には reduce「減らす」が入ると判断できる。

38. ①「毎年約600万人の大人が世界的な食料不足で亡くなっている」とあるが第1段第4文（Sadly, about six …）の内容と一致しないので不適。②「豊かな国々の人々は穀物を買うのが困難なので，もっと肉を食べる傾向にある」は本文に記述がないため不適。③「先進国の人々は自分たちを賄える新鮮な食物を生産できない」も本文にその記述はないので不適。④「日本は輸入食品が地元産のものより多いのでしばしば効率的に消費されていない」は第 4 段第 1 ・ 2 文（Japan also plays… away every year.）の内容と一致するので正解。⑤「日本はとうもろこしの最大の輸入国でありそのほとんどがコーン油を生産するのに使われている」は本文中に記載はないので不適。

数学

◀文・教育・心理・現代ビジネス・家政・看護学部▶

Ⅰ　解答　≪小問5問≫

(1) 1 －⑤　2 －⑥

(2) 3 －①　4 －②

(3) 5 －②　6 －②　7 －①　8 －②　9 －①

(4) 10－①　11－③　12－①　13－④

(5) 14－⓪　15－⑥

Ⅱ　解答　≪5桁の正の偶数を作るときの場合の数≫

(1)　一の位は 0，2，4，6，8 の 5 通り，十の位，百の位，千の位は 0 ～ 9 の 10 通り，万の位は 1 ～ 9 の 9 通りある。

よって，数表に書いてある偶数は

$5\times10\times10\times10\times9=45000$ 個　……(答)

(2)　0 を含む偶数の個数を求めるためには，すべての偶数の個数から 0 を含まない偶数の個数を引けばよい。

0 を含まない偶数は，一の位が 2，4，6，8 の 4 通り，十の位，百の位，千の位，万の位がそれぞれ 1 ～ 9 の 9 通りある。

よって，0 を含まない偶数の個数は

$4\times9\times9\times9\times9=26244$ 個

(1)より，求める個数は

$45000-26244=18756$ 個　……(答)

(3)　一の位に 0 がある場合の個数は

$1\times9\times9\times9\times9=6561$ 個

十の位，百の位，千の位のいずれか 1 つに 0 がある場合の個数は

$4\times1\times9\times9\times9\times3=8748$ 個

よって，求める個数は

$6561+8748=15309$ 個 ……(答)

Ⅲ 解答 ≪長方形から２つの三角形を切りとった六角形≫

(1) △DEF において

$$\begin{cases} DE+EF+DF=30 \\ \frac{1}{2}DE\times EF=30 \end{cases}$$

よって

$$\begin{cases} DE+EF=30-DF \\ DE\times EF=60 \end{cases}$$

$DE^2+EF^2=DF^2$ より

$$(DE+EF)^2-2DE\times EF=DF^2$$

$$(30-DF)^2-2\times60=DF^2$$

$$780-60DF=0$$

$\therefore$ $DF=13$〔m〕 ……(答)

(2) (1)より

$$DE\times EF=60$$

$$DE+EF=17$$

DE，EF を解にもつ x の２次方程式を考えると

$$x^2-17x+60=0$$

$$(x-5)(x-12)=0$$

$\therefore$ $x=5,\ 12$

ここで

$GF+EF>BC$ より

$$3+EF>9$$

$\therefore$ $EF>6$

であるので

$$EF=12,\ DE=5$$

よって

$$\cos\angle\mathrm{DFE}=\frac{12}{13}$$

であり

$$\cos\angle\mathrm{DFG}=\cos(180°-\angle\mathrm{DFE})$$
$$=-\cos\angle\mathrm{DFE}$$
$$=-\frac{12}{13}\quad\cdots\cdots(\text{答})$$

(3)　(2)より，長方形 AGEC は

$$\mathrm{AG}=14,\ \mathrm{AC}=15$$

であるので

$$\mathrm{AH}=8,\ \mathrm{AB}=6$$

よって，求める面積 S は

$$S=14\times15-\triangle\mathrm{HAB}-\triangle\mathrm{DEF}$$
$$=210-\frac{1}{2}\times8\times6-\frac{1}{2}\times12\times5$$
$$=210-24-30$$
$$=156\,[\mathrm{m}^2]\quad\cdots\cdots(\text{答})$$

◀薬　学　部▶

Ⅰ　解答　≪小問 6 問≫

(1)〜(3)　◀文・教育・心理・現代ビジネス・家政・看護学部▶のⅠ(1)〜(3)に同じ。

(4) 10−②　11−④

(5) 12−②　13−①　14−⑤

(6) 15−③　16−②　17−③　18−②

Ⅱ　◀文・教育・心理・現代ビジネス・家政・看護学部▶のⅡに同じ。

Ⅲ　解答　≪3 次関数の極大・極小≫

(1)　　$f'(x)=3x^2+6x+p$

$f'(x)=0$ が異なる 2 つの実数解をもてばよく，判別式 D を考えて

$$\frac{D}{4}=9-3p>0$$

$\therefore\ \ p<3$　……(答)

(2)　$f'(x)=0$ の解が α，β のため，解と係数の関係より

$$\begin{cases}\alpha+\beta=-2\\ \alpha\beta=\dfrac{p}{3}\end{cases}\quad\cdots\cdots(答)$$

(3)　$f(x)=f'(x)\cdot\dfrac{1}{3}(x+1)+\left(\dfrac{2}{3}p-2\right)x+1-\dfrac{p}{3}$ より

極大値は　　$f(\alpha)=\left(\dfrac{2}{3}p-2\right)\alpha+1-\dfrac{p}{3}$

極小値は　　$f(\beta)=\left(\dfrac{2}{3}p-2\right)\beta+1-\dfrac{p}{3}$

$f(\alpha)+f(\beta)=2$ より

$$\left(\frac{2}{3}p-2\right)(\alpha+\beta)+2-\frac{2}{3}p=2$$

(2)より

$$-\frac{4}{3}p+4+2-\frac{2}{3}p=2$$

$$-2p=-4$$

$\therefore\quad p=2$　……(答)

■化学■

◀化学基礎・化学▶

Ⅰ　解答　≪物質の特徴と同素体≫

1 —③　2 —⑤　3 —⑥

Ⅱ　解答　≪放射性同位体 ^{14}C とその利用≫

4 —②　5 —④

Ⅲ　解答　≪イオン化エネルギーと価電子数≫

6 —④　7 —⑤

Ⅳ　解答　≪イオン結晶の融点の高低≫

8 —④　9 —②

Ⅴ　解答　≪水酸化ナトリウム水溶液と塩酸の中和滴定≫

10—⓪　11—①　12—⓪

Ⅵ　解答　≪中和滴定の標準溶液≫

13—⑥　14—③　15—⑥

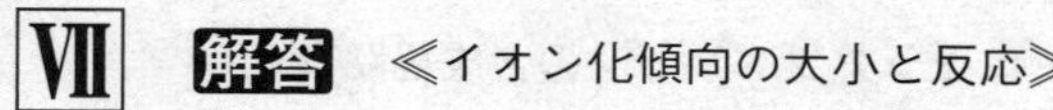

Ⅶ　解答　≪イオン化傾向の大小と反応≫

16―④

Ⅷ　解答　≪COD≫

17―⑥　18―④

Ⅸ　解答　≪鉛蓄電池の放電と電極の質量変化≫

19―①　20―③　21―②

Ⅹ　解答　≪C_2H_6 の分解反応の平衡定数≫

22―⓪　23―①　24―⑧

Ⅺ　解答　≪硫黄とその化合物≫

25―④

Ⅻ　解答　≪金属イオンの系統分離≫

26―④　27―①　28―②　29―⑥　30―⑤

XIII　解答　≪有機化合物の官能基と構造≫

31―②　32―④　33―⑥　34―⑤　35―⑧

XIV　解答　≪有機化合物の構造≫

36・37―③・⑥

XV　解答　≪*p*-ヒドロキシアゾベンゼンの合成経路≫

38－④　39－⑦　40－①　41－③　42－②

◀化 学 基 礎▶

◀化学基礎・化学▶のⅠ～Ⅷに同じ。

生物

◀生物基礎・生物▶

I 解答 ≪細胞研究，細胞小器官，組織・器官，細胞の特徴，核のはたらき≫

1―③　2―①　3―⑤
4―④　5―④　6―③　7―④

II 解答 ≪DNA，ゲノム，タンパク質合成，染色体中のヌクレオチド鎖≫

8―⑥　9・10―③・⑦　11―④　12―②　13―④　14―④
15―②　16―⓪　17―⓪　18―⑧

III 解答 ≪血液循環，自律神経，血糖濃度，リンパ系，腎臓≫

19―①　20―②　21―③　22―④　23―②
24―①　25―②　26―③　27―④
28―①　29―③　30―④　31―①

IV 解答 ≪有性生殖，遺伝情報の分配，連鎖・組換え，性染色体≫

32―④　33―①　34―⑥　35―⓪　36―⑧　37―①
38・39―①・④　40―②　41―⑤　42―②　43―⑥
44―⑨　45―①　46―④　47―⑤　48―④

V 解答 ≪聴覚，平衡覚，視覚≫

49―②　50―③　51―③　52―①　53―①　54―（設問省略）

Ⅵ　**解答**　≪オーキシン，気孔，フォトトロピン，受精，開花結実，胚発生≫

55・56―①・③　57―③　58―①　59―①　60―②

61・62―①・⑤　63・64―①・⑧

◀生物基礎▶

◀生物基礎・生物▶のⅠ～Ⅲに同じ。

問六　直前二行をさす。①と③で迷うかもしれないが、対面と比較して手紙のことで強調したいのは、昔からの「変わらなさ」である。つまり、昔、手紙を受け取ったときと、年月が流れたあとに手紙を読み返すときで、感じる思いが変わらないのが素晴らしいのである。

問七　本文の内容と合致しないものを三つ、という指示に注意。③・④本文末尾一行に、古い時代や異国のこと、今の世の断片でも、文字があれば伝えられる、と称える内容があることに反する。⑦後半が誤り。たいへんしみじみとする、その感情を肯定的に捉えている。

◀短期大学▶

◀大学▶の□に同じ。

入っておいて、西洋の茶会と日本の茶道が似て非なるものであることを説明し、その違いを納得してもらえるなら、東洋文明の成果を理解してもらえるだろうと考えた。これらを最も適切に押さえているのは、⑤。

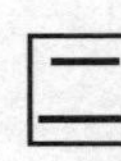

出典　『無名草子』

解答

問一　③

問二　②

問三　繰り返し申し述べておりますようなので

問四　③

問五　①

問六　③

問七　③・④・⑦

解説

問一　「かかること」は「文」のことである。第二段落で筆者は、「昔の人の文」、とくに「亡き人などの書きたるもの」が見つかってそれを読んだときのことを「返す返すめでたけれ」と強調しており、答えは③。第三段落の内容からすると⑤もありえるが、「つゆ変はることなきも」と添加されているものなので、中心的な内容は③になる。

問三　謙譲語「申す」、丁寧語「はべる」と、推量（婉曲）「めり」の已然形が「ば」に接続して順接確定条件の「〜ので」と理由をあらわす点を訳出する。

問四　同文に「なかなか……書き尽くしたる」と述べられているように、直接対面では言えないことも手紙なら伝えられるから。

問五　まず現在の内容の③と⑤は除外。②や④は前段落の内容を誤読している。よって、①が正解。

問十一　⑤

解説

問三　岡倉天心が西洋に求めた敬意とはどのようなものか。Ⅱの第三段落と最終段落で述べられるように、西洋の尺度で解釈するのではなく、東洋には西洋とは異なる尺度で成り立っている文化芸術があることを理解してもらうことである。

問五　傍線部「こういうこと」に続く部分、「西洋では……教えてあげよう」までが、天心の言おうとしたこと。問三とも関連して、西洋諸国に日本を代表とする東洋の文化芸術を認めさせようとする趣旨の内容である。

問六　聞き手に対して、大上段に構えてパンチをかましている様子にふさわしい語句を選ぶ。

問七　直後に「『常識では……不備があったのか？』」。そのように考え始めた西洋人」とある。信じられない、どうなっているのだろう、という気持ちを表すのは①「狐につままれたような気持ち」である。

問八　東洋には西洋とは異なる文化がある。しかし、西洋人はその深さを見ようともせず、自分たちの尺度で表面的に解釈する。この点をまとめる。

問九　ここで言う「爆弾」とは、攻撃的という意味よりは刺激的な議論を始める起爆剤となるもの、というような意味。西洋人に日本の茶道に目を開かせる作戦である。第八段落にあるように天心によって「不完全」さが強調されていることに注目。

問十　「日本には生活の美学ともいうべきものがあり、身分の上下を問わず浸透していたが、それは茶道の影響」である、と言い、「重要なのは日常の生活全般にかかわることである。つまり美の追求が国民文化全体を貫く基軸をなしている」と言う、天心の主張を端的にまとめているのが、①。②〜⑤は、第十一段落で触れられる内容だが、②のように少し趣旨がずれているものや、天心が前提とした日本の「風流な芸事の伝統」を述べたもの。

問十一　天心は、『茶の本』を、戦略的に出している。目的は、西洋人の尺度では解釈できない東洋の文化を理解させること。茶という素材を選んだのは、最終段落にあるように、「茶会」という共通する入口があったから。共通点から

国語

▲大 学▼

一

出典 尼ヶ﨑彬『利休の黒――美の思想史』〈序 「生の術」としての茶道――岡倉天心の戦略的日本論〉(花鳥社)

解答

問一 A、ぎゃくさつ B、しゃくど C、べっし D、しゅうしん E、つまび(く)

問二 a、犠牲 b、営為 c、獲得 d、儀式 e、前提

問三 ②

問四 A―③ B―⑤

問五 (始め)西洋では「芸術 (終わり)教えてあげよう〔えてあげよう、〕

問六 ③

問七 ①

問八 西洋とは異なる東洋の思想と文化の歴史の深さを探ることなく、表面だけを見て自分の価値観で解釈する方式。(五十字以内)

問九 ④

問十 ①

■一般選抜前期B日程

問題編

▶試験科目・配点

学部・学科		教　科	科　　目		配　点
文	日本文・書道	外国語	コミュニケーション英語Ⅰ・Ⅱ，英語表現Ⅰ	1教科選択	100点
		数　学	数学Ⅰ・A		
		国　語	国語総合（現代文・古文）・現代文B・古典B（漢文は含まない）		100点
	英語英米文	外国語	コミュニケーション英語Ⅰ・Ⅱ，英語表現Ⅰ		100点
		数　学	数学Ⅰ・A	1教科選択	100点
		国　語	国語総合（現代文・古文）・現代文B・古典B（漢文は含まない）		
教　育		外国語	コミュニケーション英語Ⅰ・Ⅱ，英語表現Ⅰ	2教科選択	各100点
		数　学	数学Ⅰ・A		
		理　科	「化学基礎・化学」，「生物基礎・生物」，「化学基礎・生物基礎」より1科目選択		
		国　語	国語総合（現代文・古文）・現代文B・古典B（漢文は含まない）		
心　理		外国語	コミュニケーション英語Ⅰ・Ⅱ，英語表現Ⅰ	2教科選択	各100点
		数　学	数学Ⅰ・A		
		国　語	国語総合（現代文・古文）・現代文B・古典B（漢文は含まない）		

<table>
<tr><td rowspan="7">現代ビジネス</td><td rowspan="3">現　代
ビジネス・
公共経営</td><td>外国語</td><td>コミュニケーション英語Ⅰ・Ⅱ，英語表現Ⅰ</td><td rowspan="3">２教科選択</td><td rowspan="3">各100点</td></tr>
<tr><td>数　学</td><td>数学Ⅰ・A</td></tr>
<tr><td>国　語</td><td>国語総合（現代文・古文）・現代文B・古典B（漢文は含まない）</td></tr>
<tr><td rowspan="3">国際観光
ビジネス</td><td>外国語</td><td colspan="2">コミュニケーション英語Ⅰ・Ⅱ，英語表現Ⅰ</td><td>100点</td></tr>
<tr><td>数　学</td><td>数学Ⅰ・A</td><td rowspan="2">１教科選択</td><td rowspan="2">100点</td></tr>
<tr><td>国　語</td><td>国語総合（現代文・古文）・現代文B・古典B（漢文は含まない）</td></tr>
<tr><td rowspan="8">家　政</td><td rowspan="4">生活デザイン・造形デザイン</td><td>外国語</td><td>コミュニケーション英語Ⅰ・Ⅱ，英語表現Ⅰ</td><td rowspan="4">２教科選択</td><td rowspan="4">各100点</td></tr>
<tr><td>数　学</td><td>数学Ⅰ・A</td></tr>
<tr><td>理　科</td><td>化学基礎・生物基礎</td></tr>
<tr><td>国　語</td><td>国語総合（現代文・古文）・現代文B・古典B（漢文は含まない）</td></tr>
<tr><td rowspan="4">管理栄養</td><td>外国語</td><td>コミュニケーション英語Ⅰ・Ⅱ，英語表現Ⅰ</td><td rowspan="3">２教科選択</td><td rowspan="3">各100点</td></tr>
<tr><td>数　学</td><td>数学Ⅰ・A</td></tr>
<tr><td>国　語</td><td>国語総合（現代文・古文）・現代文B・古典B（漢文は含まない）</td></tr>
<tr><td>理　科</td><td colspan="2">「化学基礎・化学」，「生物基礎・生物」，「化学基礎・生物基礎」より１科目選択</td><td>100点</td></tr>
<tr><td colspan="2" rowspan="3">薬</td><td>外国語</td><td colspan="2">コミュニケーション英語Ⅰ・Ⅱ，英語表現Ⅰ</td><td>100点</td></tr>
<tr><td>数　学</td><td colspan="2">数学Ⅰ・Ⅱ・A</td><td>100点</td></tr>
<tr><td>理　科</td><td colspan="2">化学基礎・化学</td><td>100点</td></tr>
<tr><td colspan="2" rowspan="4">看　護</td><td>外国語</td><td>コミュニケーション英語Ⅰ・Ⅱ，英語表現Ⅰ</td><td rowspan="4">３教科選択</td><td rowspan="4">各100点</td></tr>
<tr><td>数　学</td><td>数学Ⅰ・A</td></tr>
<tr><td>理　科</td><td>「化学基礎・化学」，「生物基礎・生物」，「化学基礎・生物基礎」より１科目選択</td></tr>
<tr><td>国　語</td><td>国語総合（現代文・古文）・現代文B・古典B（漢文は含まない）</td></tr>
<tr><td colspan="2" rowspan="2">短期大学</td><td>外国語</td><td colspan="2">コミュニケーション英語Ⅰ・Ⅱ，英語表現Ⅰ</td><td>100点</td></tr>
<tr><td>国　語</td><td colspan="2">国語総合（現代文）</td><td>100点</td></tr>
</table>

▶備　考

- 上記試験の他，調査書を資料として総合的に判定する。
- 「数学Ａ」の出題範囲は，「場合の数と確率，図形の性質」とする。
- 「基礎を付していない」化学の出題範囲は，「物質の変化と平衡，無機物質の性質と利用，有機化合物の性質と利用」とする。
- 「基礎を付していない」生物の出題範囲は，「生殖と発生，生物の環境応答」とする。

英語

（60分）

I　次の 1〜10 の [1] 〜 [10] に入れるのに最も適切なものを，それぞれ ①〜④ のうちから一つずつ選び，その番号をマークせよ。

1 We [1] by a loud noise coming from next door last night.

① wake up　② are woken up　③ were woken up　④ were waking up

2 [2] the effective presentation by our department director, everybody in the meeting agreed with our proposal.

① In case of　② Far from　③ Apart from　④ Thanks to

3 The damaged bridge [3] repairing before the rainy season starts.

① cares　② desires　③ hopes　④ needs

4 There was widespread [4] of the government's handling of the disaster.

① critic　② criticism　③ critical　④ criticize

5 My co-worker argued [5] my proposal for a new computer system. She said it would be too expensive.

① to　② from　③ against　④ at

6 They produced two reports, [6] contained any useful suggestions.

① neither of which　② none of that

③ not those of which　④ either of that

7　SpaceX is **7** to playing an important role in the future of space travel.

① commented　② committed　③ communicated　④ complained

8　I was too busy to **8** up with an effective solution to the problem.

① break　② build　③ come　④ put

9　House prices in big cities went up by **9** 10%.

① approximately　② vaguely　③ reluctantly　④ relatively

10　Everyone was surprised by the attitude of the politician.　No explanation was offered, **10** an apology.

① much less　② much more　③ much better　④ much worse

Ⅱ　次の 1〜4 の日本文と同じ意味になるように，それぞれ ①〜⑥ の語句を並べかえて空所を補い，最も適切な文を完成させよ。解答は **11** 〜 **18** に当てはまる番号をマークせよ。

1　とても疲れているように見えるので，できるだけ早く寝た方がいいだろう。

You look so ＿＿ **11** ＿＿ ＿＿ **12** ＿＿ to bed as soon as possible.

① better　② tired　③ you
④ go　⑤ that　⑥ had

2　彼は雨の日にそのようなスピードで運転するべきではなかった。

He ＿＿ **13** ＿＿ ＿＿ **14** ＿＿ so fast on a rainy day.

① to　② been　③ not
④ driving　⑤ ought　⑥ have

3　この寄付金は貧しい暮らしをしている子どもと家族を救うためのものである。

This donation is ____ [15] ____ ____ [16] ____ poverty.

① living　② intended　③ children and families
④ to　⑤ in　⑥ help

4　より健全な社会作りのために，そろそろ環境にやさしい生き方を取り入れないといけない時期にきている。

It ____ [17] ____ ____ [18] ____ adopt eco-friendly lifestyles for a healthier society.

① us　② time　③ is
④ to　⑤ about　⑥ for

III

次の対話文の [19] ～ [23] に入れるのに最も適切なものを，①～⑥のうちから一つずつ選び，その番号をマークせよ。

Jack:　Morning, Yuko!　You're so early.　Is something special happening today?

Yuko:　Oh, hi, Jack! [19] We need to finish it by lunch.

Jack:　What are you translating?

Yuko:　[20] On her site, she explains her style of animation.　It's called "direct animation."

Jack:　That sounds cool.　How does she do that?

Yuko:　First, she records a short video.　Then, she draws an animation directly onto the video.　It's kind of like the special effects in movies.

Jack:　Wow! [21]

Yuko:　Sure, I'll give you her website address.　She's in Japan now.　You can even meet her if you want.　She'll be here for six months.

Jack:　Really?　She sounds like an interesting person.　What exactly is she doing here?

Yuko:　She's making an animation that combines two traditional stories—one from Japan and one from Iran. [22]

Jack:　Yes!　Definitely!

Yuko:　Great!　We're taking her on a tour of Miyajima next weekend. [23]

Jack:　What's that?

Yuko:　Find something interesting about Miyajima to share with her.

Jack:　Excellent!　I'll start researching right away.

① An Iranian animator's website.
② You're welcome to join on one condition.
③ Hanna and I are working on a translation project.
④ I'd love to see some of her work.
⑤ Have you seen it?
⑥ So, do you want to meet her?

IV 次の英文の 24 ～ 28 に入れるのに最も適切なものを，①～⑥ のうちから一つずつ選び，その番号をマークせよ。

Agriculture faces enormous challenges over the coming decades. For one thing, farmers will have to keep pace with rapid population growth. To make matters worse, they will need to deliver food at ever more competitive prices. Besides that, they will need to achieve this in a sustainable way. One 24 has been proposed for farmers that produce and supply dairy products. It's an innovative high-tech robot for milking cows. If successful, it promises to create a better life for animals, farm employees and consumers.

The robot-milking system has several advanced design features that will help animals feel relaxed. For example, it takes into account the fact that cows hate obstacles blocking their way. The cow box therefore has a walkthrough design that allows the cow to walk straight in and out of the unit without making any 25 . Once inside, the cow has a feeding container to keep it occupied. The container automatically distributes food, minerals, supplements, and liquids to suit each cow based on its last milking.

Milking itself is carried out using modern measuring technology. There is a robot arm that remains underneath the cow and controls the entire process. This arm has several 26 . In addition, a 3D camera monitors the movement of the cow, which results in the perfect arm position for attachment.

The system also takes measures to ensure that the milking process is bacteria-free. The milk is moved from the arm through the rest of the system by air pumps. This avoids the 27 of bacteria pollution that the old systems presented.

This system has several advantages. First, this robot "employee" is there to milk for 24 hours every day for years to come. Second, extensive data is gathered at each milking of every single cow, which will help the farmers to prevent diseases and improve the 28 of all the cows on the farm. Lastly, the cows decide when they eat, get milked, or lie down, thereby improving their health and well-being. By taking care of their cows and putting extra effort into cow comfort, farmers are able to extend lifetime milk production.

(Eiichi Yubune・Ayako Nakai・Machi Arai・Kenji Hitomi・Bill Benfield *Strategic Reading for Global Information* 成美堂　一部改変)

① danger	② turns	③ authority
④ health	⑤ solution	⑥ sensors

V 次のメールを読んで，1～4 の問いに対する最も適切な答えを，それぞれ ①～④ のうちから一つずつ選び，その番号を解答番号 **29** ～ **32** にマークせよ。

Dear Ms. Bailey,

Thank you for your inquiry about the time and cost for putting in one of our Graphic Kitchen systems in your house renovation. Once you submit the online order form, we guarantee ten days to complete the work and have the kitchen ready to use. Please remember that we cannot do any work until the floors are completed and any paint work is dry.

Price estimates are given according to the design, size, and number of the units you choose. This includes installing the kitchen and connecting all water, gas and electricity. It does not include removal and disposal of the previous kitchen.

We are sure that using our 3D "Kitchen Graphico" program will help you choose the perfect layout. All our designs can be mixed and matched with just one click. Using this program allows you to change colors, countertops, handles and so on before making a final choice. You can do this at our showroom, or our representative can go to your home. Just let us know which you prefer, and we can set a time and date.

We would also like you to know that we are offering a special discount on electrical appliances for customers who order a Graphic Kitchen system this month. You can choose from many well-known brands, which will be matched in size and color to your kitchen design.

With our wide range of products and computer-based design system, we know that you will find exactly what you are looking for. We try to meet requests for times and dates, so please do not hesitate to contact us if you have any questions.

We look forward to hearing from you.

Yours sincerely,

John Parker
Design Manager
Graphic Kitchen

1 Why is Mr. Parker sending this email? **29**

① To ask Ms. Bailey about the renovations she has made
② To remind Ms. Bailey about their new kitchen design
③ To answer Ms. Bailey's questions about installing a new kitchen
④ To instruct Ms. Bailey to come to their showroom

2 When will Ms. Bailey be able to use her new kitchen? **30**

① When the paint is dry
② Ten days after ordering
③ Before the representative visits the house
④ Immediately after selecting the units

3 What can Ms. Bailey do on the "Kitchen Graphico" program? **31**

① Design her kitchen to her liking
② Find all the prices for a new kitchen
③ Watch a program about the showroom
④ Choose a time and date to meet

4 What is Mr. Parker able to do? **32**

① Offer a discount on bathrooms
② Add graphics to kitchen units
③ Adjust times and dates
④ Answer her email on the same day

VI 次の英文を読んで，1～6 の問いに答えよ。

Animal hospitals specializing in pets such as dogs and cats are increasing nationwide, apparently (**A**) pets' longer lifespans mean more cases of cancer and other diseases related to aging. A trend toward owning pets during the pandemic has also contributed to the growing demand for veterinarians*.

On April 7, Tokyo University of Agriculture and Technology (TUAT) president, Kazuhiro Chiba, announced that the university would open (B) an emergency hospital specializing in dogs and cats in Koganei, around autumn. "There are many owners waiting for their pets to get medical treatment," Chiba said. "We'll make it one of Japan's largest veterinary medical centers, while developing new treatments." The hospital will provide around-the-clock medical services even on weekends, national holidays, and at year-end and New Year. TUAT will be the first among 17 university veterinary hospitals nationwide to provide 24-hour medical care, the university said.

Animal hospitals are run by universities, corporations, local governments and individual veterinarians. The number is increasing every year, with 12,435 facilities in Japan in 2021, up 18% from a decade ago, according to the Agriculture, Forestry and Fisheries Ministry. A drastic increase was seen in Tokyo, with a 26% increase to 1,816. Behind the increase is the fact that many dogs and cats are living longer due to safer medicine, better food and indoor breeding. But this also results in them suffering from (**C**) diseases. A Japan Pet Food Association survey last year showed that the average lifespan was 14.65 years for dogs and 15.66 years for cats, both the longest since records started in 2010.

(D) Another survey conducted last year by Tokyo-based pet insurance giant Anicom Holdings, Inc. showed that cancer was the most common cause of death for 10-year-old dogs, at about 23%, and serious conditions such as heart disease in dogs are also increasing. The spread of pet insurance has made it easier for more owners to visit veterinary clinics. Surgery costs for cancer and other diseases can run into the hundreds of thousands of yen, but the typical pet insurance policy covers 70% of the costs. According to a 2020 survey by the Yano Research Institute Ltd., about 30% of dog and cat owners buy pet insurance, and the percentage is expected to increase.

The COVID-19 pandemic has made many people spend more time at home and become (**E**) to have pets. The pet food association's survey showed about 880,000 new dogs and cats were acquired in 2020 and about 890,000 in 2021, up two years in a row from pre-pandemic levels in 2019. "Many people consider pets members of the family," said TUAT Prof. Ryuji Fukushima, who is an expert in heart disease. "There will be increasing demand for decent medical care among breeders."

("High demand for animal clinics as pets live longer," *Japan News*, *The Yomiuri Shimbun*, April 18, 2022 一部改変)

* veterinarians 獣医

1 (　A　) に入れるのに最も適切なものを，次の ①〜④ のうちから一つ選び，その番号を解答番号 **33** にマークせよ。

① otherwise
② if
③ but
④ because

2 下線部 **(B)** で提供されているサービスにあてはまるものを，次の ①〜④ のうちから一つ選び，その番号を解答番号 **34** にマークせよ。

① treating many kinds of animals as well as dogs and cats
② providing ambulance services 24 hours a day
③ providing services even throughout the night
④ providing services even if dogs and cats are not insured

3 (　C　) に入れるのに最も適切なものを，次の ①〜④ のうちから一つ選び，その番号を解答番号 **35** にマークせよ。

① age-related
② food-related
③ medicine-related
④ weather-related

4 下線部 **(D)** の調査で判明したことを，次の ①〜④ のうちから一つ選び，その番号を解答番号 **36** にマークせよ。

① Cancer is the most common cause of death for 10-year-old dogs and accounts for 30%.
② The number of dogs with heart disease has increased.
③ The number of people buying pet insurance has decreased.
④ Pet insurance only covers half of the cost of surgery.

5 (　E　) に入れるのに最も適切なものを，次の ①～④ のうちから一つ選び，その番号を解答番号 **37** にマークせよ。

① exciting
② eager
③ unsure
④ stressed

6 本文の内容と一致するものを，次の ①～⑤ のうちから一つ選び，その番号を解答番号 **38** にマークせよ。

① Hospitals specializing in pets are increasing around the world as well as in Japan.
② Most animal hospitals specializing in dogs and cats are run by universities.
③ The number of animal hospitals in Tokyo has increased up to 12,435.
④ The average lifespan of dogs was longer than cats in 2010.
⑤ The number of newly acquired dogs and cats has been increasing for the last two years.

数学

◀文・教育・心理・現代ビジネス・家政・看護学部▶

(60分)

I 次の (1) ～ (5) の空欄 [1] ～ [8] にあてはまる数字（と同じ番号）をマーク解答用紙にマークせよ。なお，分数はそれ以上約分できない形にせよ。

(1) 相関係数について正しいのは，次の選択肢のうち [1] である。

①: 正の相関が強いと，相関係数は, -2 に近づく。

②: 正の相関が強いと，相関係数は, -1 に近づく。

③: 正の相関が強いと，相関係数は, 0 に近づく。

④: 正の相関が強いと，相関係数は, 1 に近づく。

⑤: 正の相関が強いと，相関係数は, 2 に近づく。

(2) 2次方程式 $x^2 - ax + 2a = 0$ が異なる2つの実数解をもち，それらの絶対値がともに2よりも小さいとき，実数 a の値の範囲は $-$ [2] $< a <$ [3] である。

(3) $\triangle$ ABC において $\mathrm{AB} = 5, \mathrm{BC} = 9, \mathrm{CA} = 6$ のとき，$\cos \angle \mathrm{B} = \dfrac{[4]}{[5]}$ である。

(4) 男子2人，女子5人から，男子1人，女子2人を選ぶ選び方は [6][7] 通りである。

(5) a は定数で, $2 \leqq a \leqq 5$ をみたすとき，関数 $f(x) = |x-2| + |x-5| - |x-a|$ は $2 \leqq x \leqq 5$ の範囲で最大値 [8] をとる。

II 投げると等確率で表か裏になるコインがある。このとき次の問いに答えよ。

(1) 6 枚のコインを同時に投げて，表のコインの枚数が偶数になる確率を求めよ。結果に至る過程および答えは記述解答用紙 9 に記せ。

(2) 6 枚のコインを同時に投げたあと，そこから無作為に 3 枚選んでグループ A とし，残りの 3 枚をグループ B としたとき，それぞれのグループにある表のコインの枚数が同じになる確率を求めよ。結果に至る過程および答えは記述解答用紙 10 に記せ。

(3) 6 枚のコインを同時に投げたあと，そこから無作為に 3 枚選んでグループ A とし，残りの 3 枚をグループ B としたうえで，グループ A の 3 枚のコインを全て裏返したとき，それぞれのグループにある表のコインの枚数が同じになる確率を求めよ。結果に至る過程および答えは記述解答用紙 11 に記せ。

III 2 次関数 $y = x^2 - 4$ 上の動点 $\mathrm{M}(m, m^2 - 4)$ と 2 定点 $\mathrm{A}(-2, 0)$, $\mathrm{B}(2, 0)$ を考える。ただし，$0 \leqq m \leqq 2$ とする。

(1) 線分 AM と BM の長さの平方の和 $(\mathrm{AM}^2 + \mathrm{BM}^2)$ を, m を用いて表せ。結果に至る過程および答えは記述解答用紙 12 に記せ。

(2) 線分 AM と BM の長さの平方の和 $(\mathrm{AM}^2 + \mathrm{BM}^2)$ が最小となる点 M を求めよ。結果に至る過程および答えは記述解答用紙 13 に記せ。

(3) 線分 AM と BM の長さの平方の和 $(\mathrm{AM}^2 + \mathrm{BM}^2)$ が最大となる点 M を求めよ。結果に至る過程および答えは記述解答用紙 14 に記せ。

◀薬学部▶

(60分)

I 次の（1）～（6）の空欄 [1] ～ [17] にあてはまる数字（と同じ番号）をマーク解答用紙にマークせよ。なお，分数はそれ以上約分できない形にせよ。

(1) 相関係数について正しいのは，次の選択肢のうち [1] である。

①: 正の相関が強いと，相関係数は，-2 に近づく。

②: 正の相関が強いと，相関係数は，-1 に近づく。

③: 正の相関が強いと，相関係数は，0 に近づく。

④: 正の相関が強いと，相関係数は，1 に近づく。

⑤: 正の相関が強いと，相関係数は，2 に近づく。

(2) 2次方程式 $x^2-ax+2a=0$ が異なる2つの実数解をもち，それらの絶対値がともに2よりも小さいとき，実数 a の値の範囲は $-$ [2] $<a<$ [3] である。

(3) △ABC において $\mathrm{AB}=5, \mathrm{BC}=9, \mathrm{CA}=6$ のとき，$\cos\angle\mathrm{B}=\dfrac{[4]}{[5]}$ である。

(4) θ の方程式 $\sin\theta \geqq \cos\theta$（ただし $0 \leqq \theta < 2\pi$）の解は $\dfrac{[6]}{[7]}\pi \leqq \theta \leqq \dfrac{[8]}{[9]}\pi$ である。

(5) xy 平面上で $x^2-4y^2+8y-4=0$ を満たす点 (x, y) の集合は2本の直線である。その2本の直線の方程式は $y=-\dfrac{[10]}{[11]}x+$ [12] , $y=\dfrac{[13]}{[14]}x+$ [15] である。

(6) $2 \leqq x \leqq 4$ のとき，関数 $y=(\log_2\sqrt{x})^2+\log_{\frac{1}{2}}2x$ の最大値は $-\dfrac{[16]}{[17]}$ である。

II 投げると等確率で表か裏になるコインがある。このとき次の問いに答えよ。

(1) 6 枚のコインを同時に投げて，表のコインの枚数が偶数になる確率を求めよ。結果に至る過程および答えは記述解答用紙 18 に記せ。

(2) 6 枚のコインを同時に投げたあと，そこから無作為に 3 枚選んでグループ A とし，残りの 3 枚をグループ B としたとき，それぞれのグループにある表のコインの枚数が同じになる確率を求めよ。結果に至る過程および答えは記述解答用紙 19 に記せ。

(3) 6 枚のコインを同時に投げたあと，そこから無作為に 3 枚選んでグループ A とし，残りの 3 枚をグループ B としたうえで，グループ A の 3 枚のコインを全て裏返したとき，それぞれのグループにある表のコインの枚数が同じになる確率を求めよ。結果に至る過程および答えは記述解答用紙 20 に記せ。

III 放物線 $y=\frac{x^2}{2}$ の $x \geqq 0$ の部分を C とする。図のように x 軸上の $x \geqq 0$ の部分に中心 Q を持つ半径 $\frac{1}{\sqrt{2}}$ の円 K が，点 P で C と接している。ただし，K が点 P で C に接するとは，C と K が点 P を共有し，点 P における C と K の接線が一致することである。

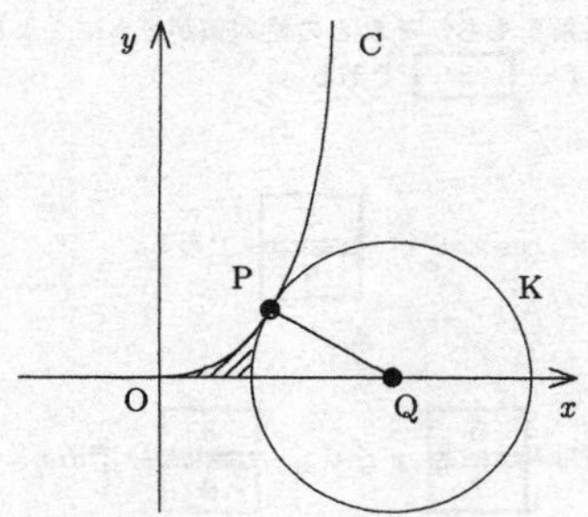

(1) 点 P, Q の座標を求めよ。結果に至る過程および答えは記述解答用紙 21 に記せ。

(2) ∠OQP の角度を求めよ。結果に至る過程および答えは記述解答用紙 22 に記せ。

(3) C, K および x 軸で囲まれた部分（図の影を付けた部分）の面積を求めよ。結果に至る過程および答えは記述解答用紙 23 に記せ。

化学

◀化学基礎・化学▶

(60分)

計算に必要な場合は、次の原子量を用いよ。

H 1.0　C 12　N 14　O 16　Ag 108

標準状態における気体1 molの体積　22.4 L

気体は理想気体として扱うものとする。

計算問題では、必要ならば四捨五入して答えよ。

I 物質の分離操作に関する次の記述①～⑤のうちから、(ア)～(ウ)の方法の説明として最も適切なものをそれぞれ一つずつ選び、それらの番号を指定された解答番号 [1] ～ [3] にマークせよ。

(ア) 再結晶：[1]　(イ) 蒸留：[2]　(ウ) 抽出：[3]

① 液体に固体などが溶け込んだ混合物を加熱して、目的の液体を気体に変え、これを冷却して再び液体として分離する。

② 物質の溶媒への溶けやすさの違いを利用して、混合物に適切な溶媒を加え、目的の物質を溶かし出して分離する。

③ 物質による吸着力の違いを利用して、混合物を各成分に分離する。

④ 液体と、それに溶けない固体の物質の混合物を、ろ紙などを用いて分離する。

⑤ 物質の溶解度が温度によって異なることを利用して、混合物に含まれる少量の不純物を取り除き、より純粋な物質を得る。

Ⅱ　次の表は、7 種の元素について原子の電子配置を示したものである。なお、K、L、M、N は電子殻を表す。**（1）～（3）**の問いに答えよ。

	電子殻の電子の数			
元素	K	L	M	N
①	2			
②	2	1		
③	2	7		
④	2	8	6	
⑤	2	8	8	
⑥	2	8	8	2
⑦	2	8	18	6

（1） 元素 ①～⑦ のうちから、Ne の同族元素を二つ選び、それらの番号を解答番号 [4] と [5] にマークせよ。ただし、解答の順序は問わない。

（2） 元素 ①～⑦ のうちから、原子が 1 価の陽イオンに最もなりやすいものを一つ選び、その番号を解答番号 [6] にマークせよ。

（3） 元素 ①～⑦ のうちから、原子の価電子数が最も多いものを一つ選び、その番号を解答番号 [7] にマークせよ。

Ⅲ 原子とイオンの構造に関する記述として正しいものを、次の ①～⑥ のうちから二つ選び、それらの番号を解答番号 [8] と [9] にマークせよ。ただし解答の順序は問わない。

① すべての原子において、最外殻電子数と価電子の数は等しい。

② Mg は 10 個の電子をもち、2 価の陽イオンになりやすい。

③ 互いに同位体である 2 種類の原子では、陽子の数は同じで中性子の数が異なる。

④ K^+ は Cl^- よりもイオン半径が大きい。

⑤ Na は Cl よりも原子半径が大きい。

⑥ Li^+ と Be^{2+} は同じ電子配置をとることから、イオン半径は等しい。

Ⅳ アンモニアに関する次の文章について、**(1)～(4)** の問いに答えよ。

アンモニア分子の形は [10] であるが、水素イオンが [11] 結合して生成するアンモニウムイオンの形は [12] になる。アンモニウムイオンに含まれる共有電子対の数は [13] 組である。

(1) 空欄 [10] に当てはまる最も適切な語句を、次の ①～④ のうちから一つ選び、その番号を解答番号 [10] にマークせよ。

① 三角錐(すい)形　② 直線形　③ 正四面体形　④ 折れ線形（V 字形）

(2) 空欄 [11] に当てはまる最も適切な語句を、次の ①～④ のうちから一つ選び、その番号を解答番号 [11] にマークせよ。

① 水素　② イオン　③ 金属　④ 配位

(3) 空欄 [12] に当てはまる最も適切な語句を、次の ①～④ のうちから一つ選び、その番号を解答番号 [12] にマークせよ。

① 平面形　② 直線形　③ 正四面体形　④ 折れ線形（V 字形）

(4) 空欄 [13] に当てはまる数字と同じ番号を、解答番号 [13] にマークせよ。

V

50.0 mL の水(密度 1.00 g/cm^3)と、50.0 mL のエタノール(密度 0.78 g/cm^3)を混合した溶液の密度は 0.93 g/cm^3 となった。**(1)**・**(2)** の問いに答えよ。

(1) この溶液におけるエタノールの質量パーセント濃度 c [%]を、整数で答えよ。解答は、空欄 [14] と [15] に当てはまる数字と同じ番号を、解答番号 [14] と [15] にマークせよ。

c = [14] [15] %

(2) この溶液の体積 V [mL]を、整数で答えよ。解答は、空欄 [16] と [17] に当てはまる数字と同じ番号を、解答番号 [16] と [17] にマークせよ。

V = [16] [17] mL

VI 次の ① ～ ⑤ の水溶液に、ブロモチモールブルーを加えたとき、青色に呈色するものはどれか。① ～ ⑤ のうちから一つ選び、その番号を解答番号 **18** にマークせよ。

① 硫酸カリウム　② 硫酸アンモニウム　③ 硫酸水素ナトリウム

④ 炭酸水素ナトリウム　⑤ 塩化ナトリウム

VII 濃度不明のシュウ酸$(COOH)_2$水溶液 20.0 mL を量り取り、これに蒸留水を加え、100.0 mL にして試料溶液とした。この試料溶液から 10.0 mL を量り取り、0.10 mol/L の水酸化ナトリウム水溶液で滴定したところ、過不足なく中和するのに 20.0 mL を要した。濃度不明のシュウ酸水溶液のモル濃度 c [mol/L]を小数点以下 2 桁まで求めよ。解答は、空欄 **19** ～ **21** に当てはまる数字と同じ番号を、解答番号 **19** ～ **21** にマークせよ。

c = **19** . **20** **21** mol/L

VIII 電解質溶液に 2 種類の金属板を浸して導線でつないだ電池に関する記述として**誤りを含むもの**を、次の ① ～ ⑤ のうちから一つ選び、その番号を解答番号 **22** にマークせよ。

① 金属板にはイオン化傾向の異なる 2 種類の金属を用いる。

② 正極にはイオン化傾向の小さい金属を用いる。

③ 負極の金属は還元される。

④ 電子は負極から正極へ向かう。

⑤ 起電力は正極と負極の金属のイオン化傾向の差に依存する。

IX　塩化鉛 $PbCl_2$ の水に対する溶解度積を K_{sp} とする。次の ①～⑥ のうち、塩化鉛水溶液の飽和濃度(mol/L)を表す式を一つ選び、その番号を解答番号 **23** にマークせよ。

① $\sqrt{K_{sp}}$　② $\sqrt{\dfrac{K_{sp}}{2}}$　③ $\dfrac{\sqrt{K_{sp}}}{2}$

④ $\sqrt[3]{K_{sp}}$　⑤ $\sqrt[3]{\dfrac{K_{sp}}{2}}$　⑥ $\sqrt[3]{\dfrac{K_{sp}}{4}}$

X　炭素を電極として硝酸銀を電気分解した。陽極から標準状態で 89.6 mL の気体が発生したとき、陰極の増加した質量 Δm [g] を、小数点以下 2 桁まで求めよ。解答は、空欄 **24** ～ **26** に当てはまる数字と同じ番号を、解答番号 **24** ～ **26** にマークせよ。

$\Delta m =$ **24** . **25** **26** g

X I　化合物Aと化合物Bが反応して化合物Cが生成する。表は、AとBの濃度を変えて、Cの生成速度を求めた結果を示す。

Aの濃度［mol/L］	Bの濃度［mol/L］	Cの生成速度［mol/(L･s)］
0.10	0.10	12
0.10	0.20	24
0.10	0.30	36
0.20	0.10	48
0.30	0.10	108

Aが 0.40 mol/L でBが 0.50 mol/L のときのCの生成速度 v［mol/(L･s)］を3桁の整数で答えよ。解答は、次の空欄 27 ～ 29 に当てはまる数字と同じ番号を、解答番号 27 ～ 29 にマークせよ。

v = 27 28 29 mol/(L･s)

X II　気体を発生させる試薬と発生する気体の捕集方法の組み合わせについて、**誤りを含むもの**を、次の ① ～ ⑤ のうちから一つ選び、その番号を解答番号 30 にマークせよ。

	試薬	捕集方法
①	酸化マンガン(IV)と濃塩酸	下方置換
②	塩化アンモニウムと水酸化カルシウム	上方置換
③	塩化ナトリウムと濃硫酸	下方置換
④	ギ酸と濃硫酸	水上置換
⑤	銅と希硝酸	上方置換

XIII　リンとその化合物に関する記述として**誤りを含むもの**を、次の ① ～ ⑤ のうちから一つ選び、その番号を解答番号 31 にマークせよ。

① 黄リンは分子式 P_4 で示される。

② 赤リンは多数のリン原子が共有結合している。

③ 黄リンは空気中で自然発火するので、水中で保存する。

④ リンを空気中で燃焼させると速やかにリン酸 H_3PO_4 となる。

⑤ 赤リンは毒性が少ないが、黄リンは猛毒である。

XIV　ナトリウムとその化合物に関する記述として**誤りを含むもの**を、次の ① ～ ⑦ のうちから二つ選び、それらの番号を解答番号 32 と 33 にマークせよ。ただし、解答の順序は問わない。

① Na の単体は、NaCl 水溶液を電気分解することで得られる。

② Na の単体は、還元力が強く、常温の水と激しく反応して水酸化物を生じる。

③ 固体の NaOH は空気中の水分を吸収して溶ける。このような現象を潮解という。

④ $Na_2CO_3 \cdot 10H_2O$ の結晶を空気中に放置すると、水和水の一部を失って白色粉末の $Na_2CO_3 \cdot H_2O$ となる。このような現象を風解という。

⑤ アンモニアソーダ法では、NaOH の沈殿を熱分解して Na_2CO_3 を製造する。

⑥ $NaHCO_3$ は重曹とも呼ばれ、胃薬の制酸剤やベーキングパウダーなどに使用される。

⑦ Na_2CO_3 の水溶液は塩基性を示し、$NaHCO_3$ の水溶液は弱い塩基性を示す。

XV 感染症を防ぐために広く利用されている消毒薬に、エタノール、2-プロパノール、クレゾールがある。これらの化合物に関する次の（1）・（2）の問いに答えよ。

（1）クレゾールには、置換基の位置のみが異なる異性体が存在する。その数と同じ番号を解答番号 [34] にマークせよ。

（2）エタノールまたは 2-プロパノールが入っている試薬瓶のラベルがはがれたため、内容物を判定するために実験を行った。次の ①～⑥のうちから、判定結果が正しいものを二つ選び、それらの番号を解答番号 [35] と [36] にマークせよ。ただし、解答の順序は問わない。

① 46.0 mg を取り出し完全燃焼させたところ、二酸化炭素 88.0 mg、水 54.0 mg が得られたことから、エタノールと判定した。

② 塩基性条件下でヨウ素と反応させると黄色沈殿が生じたことから、エタノールと判定した。

③ ニンヒドリン水溶液を加えて加熱したところ変化がなかったことから、2-プロパノールと判定した。

④ 酸化して得られた化合物が同量の水と均一に混和したことから、2-プロパノールと判定した。

⑤ 酸化して得られた化合物を水に溶かしたところ弱酸性を示したことから、エタノールと判定した。

⑥ 塩化鉄(Ⅲ)水溶液を加えたところ変化がなかったことから、2-プロパノールと判定した。

XVI　ペプチドXの構造は、次の図にあるように4つのアミノ酸が縮合した直鎖状分子である。実験結果（1）および実験結果（2）をもとに、A～Dのもとになるアミノ酸として適切なものを、次の ①～⑧ のうちからそれぞれ一つずつ選び、それらの番号を指定された解答番号 [37] ～ [40] にマークせよ。ただし、同じものを繰り返し選んでもよい。また、R^1～R^4 はアミノ酸の側鎖を示す。

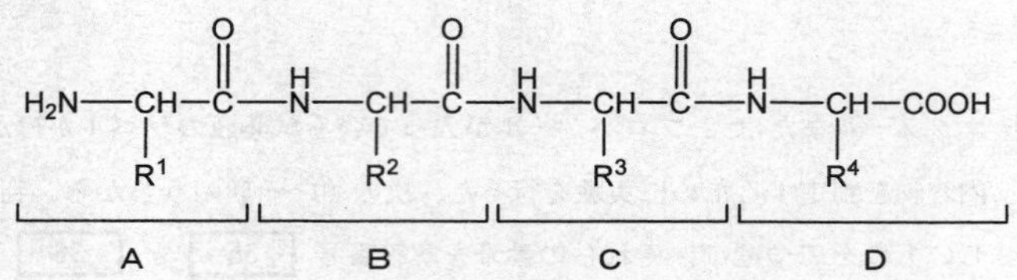

実験結果（1）

ペプチドXに対して、AとBの間のペプチド結合のみを加水分解したところ、得られたアミノ酸の等電点は9.7であった。この時に得られたトリペプチドに対して、さらにBとCの間のペプチド結合のみを加水分解したところ、得られたアミノ酸はキサントプロテイン反応を示し、ヒドロキシ基を有していた。

実験結果（2）

ペプチドXに対して、BとCの間のペプチド結合のみを加水分解して得られた2種類のジペプチドは、同じ化合物であった。

① グリシン　② アラニン　③ セリン　④ フェニルアラニン

⑤ チロシン　⑥ システイン　⑦ リシン　⑧ グルタミン酸

A：[37]　B：[38]　C：[39]　D：[40]

◀化学基礎▶

（注）「生物基礎」とあわせて１科目として解答。

（60分）

◀化学基礎・化学▶の I ～ VIII に同じ。

生物

◀生物基礎・生物▶

（60分）

I エネルギーと代謝に関する次の（1）～（5）の問いに答えよ。

（1） 光合成によって生成される有機物を観察するために、以下の手順でアジサイの葉を観察した。文中の（　ア　）と（　イ　）にあてはまるものとして、最も適切なものを次の①～⑥のうちから一つずつ選び、それらの番号を解答番号［1］と［2］にそれぞれマークせよ。

手順1：アジサイの葉の一部をアルミニウムはくで覆い、クリップでとめ、直射日光下に半日間放置した。

手順2：手順1の葉のアルミニウムはくをとり、葉を湯せんで温めた（　ア　）の中に入れた。

手順3：葉を水洗いした後、（　イ　）に浸した。

手順4：アルミニウムはくで覆って遮光した部位と、光が当たっていた部位の色の違いを調べた。

ア［1］　　イ［2］

①　酢酸カーミン溶液　　②　TTC溶液　　③　氷水
④　エタノール　　⑤　ギムザ液　　⑥　ヨウ素液

（2） 問い（1）の手順2で（　ア　）を使用する理由として、最も適切なものを次の①～⑥のうちから一つ選び、その番号を解答番号［3］にマークせよ。

①　異化や同化の反応を遅らせるため。
②　異化や同化の反応を早くするため。
③　同化で起きた変化を見やすくするため。
④　異化で起きた変化を見やすくするため。
⑤　同化によって生成された物質を取り除くため。
⑥　異化によって生成された物質を取り除くため。

（３）　次のウ〜キのうち、異化のみにあてはまるものには①、同化のみにあてはまるものには②、異化にも同化にもあてはまるものには③、異化にも同化にもあてはまらないものには④を、解答番号 4 〜 8 にそれぞれマークせよ。

ウ　エネルギーを吸収して進む。
エ　酵素によって促進される。
オ　例として、植物が NO_3^- や NH_4^+ を根から吸収し、核酸などをつくる反応がある。
カ　ATP を介して、エネルギーの移動が行われる。
キ　原核生物は、行わない。

ウ 4 　エ 5 　オ 6 　カ 7 　キ 8

（４）　植物の葉において、葉緑体が最も多く含まれている部分を次の①〜⑥のうちから一つ選び、その番号を解答番号 9 にマークせよ。

① クチクラ層　② 表皮組織　③ 柵状組織
④ 海綿状組織　⑤ 師管　⑥ 道管

（５）　ATP に関する次の①〜⑥の記述のうちから、**誤っているもの**を一つ選び、その番号を解答番号 10 にマークせよ。

① 核酸と共通する構成成分が含まれている。
② 塩基と糖とリン酸が結合した化合物である。
③ アデノシンとリン酸に分解されるときに、大きなエネルギーが放出される。
④ 分解されても再合成され、細胞内で繰り返し利用される。
⑤ 糖としてリボースを含む。
⑥ 高エネルギーリン酸結合を二つもつ。

Ⅱ ヒトの皮膚に傷ができ、細菌が入り込んできたときの、からだの反応に関する次の（１）～（６）の問いに答えよ。

（１）　細菌が侵入した組織の毛細血管はどうなるか。次の①～③のうち最も適切なものを一つ選び、その番号を解答番号 11 にマークせよ。

① 収縮する。
② 拡張する。
③ 収縮も拡張もしない。

（２）　細菌が侵入した組織において、主に食作用を発揮するために毛細血管の壁を通り抜けて組織に出る細胞は何か。次の①～⑥のうちから適切なものを二つ選び、その番号を解答番号 12 と 13 にマークせよ。ただし、解答の順序は問わない。

① 好中球　② 血小板　③ 赤血球　④ 単球　⑤ B 細胞
⑥ NK 細胞

（３）　細菌が侵入した組織において、食作用を発揮する細胞について述べた次の①～⑤の記述のうち、適切なものを二つ選び、それらの番号を解答番号 14 と 15 にマークせよ。ただし、解答の順序は問わない。

① 特定の細菌のみを取り込む。
② ウイルスは取り込まない。
③ 取り込んだ異物と共に死滅するものがある。
④ 取り込んだ異物を細胞内で消化・分解する。
⑤ 細菌が侵入する前から組織中に存在しているものはない。

（４）　細菌が侵入した組織にはどのような変化がみられるか。次の①～⑥の記述のうち、適切なものを二つ選び、それらの番号を解答番号 16 と 17 にマークせよ。ただし、解答の順序は問わない。

① 赤くなる。
② 白くなる。
③ 色に変化はない。
④ 温度が上がる。
⑤ 温度が下がる。
⑥ 温度は変わらない。

（５）　細菌が侵入した組織の細胞は組織液に取り巻かれている。組織液について述べた次の①～⑥の記述のうち、**誤っているもの**を二つ選び、それらの番号を解答番号 18 と 19 にマークせよ。ただし、解答の順序は問わない。

① 一部はリンパ管に入る。
② 大部分は毛細血管に入る。
③ 一部は静脈に入る。

④　血しょうがしみ出したものである。
⑤　グルコースが含まれる。
⑥　二酸化炭素は含まれない。

（6）　細菌が侵入した組織の樹状細胞は、細菌を取り込んだあとリンパ節に移動するがそこで何を行うか。次の①～⑤の記述のうち、適切なものを一つ選び、その番号を解答番号［20］にマークせよ。

①　取り込んだ細菌を無毒化して放出する。
②　取り込んだ細菌をそのまま細胞表面に提示する。
③　取り込んだ細菌の一部を細胞表面に提示する。
④　取り込んだ細菌と共にほとんどは死滅する。
⑤　取り込んだ細菌と共に多くは血液中に移動する。

Ⅲ　生態系に関する次の文を読み、次の（1）～（5）の問いに答えよ。

生態系を構成する生物の間にある一連の鎖のような「食う食われるの関係」を食物連鎖というが、実際の生態系では、「食う食われるの関係」は複雑な網状となっており、その関係の全体を食物網という。

（1）　食物連鎖と食物網に関する次の記述①～④のうちから適切なものを一つ選び、その番号を解答番号［21］にマークせよ。

①　ミミズやダンゴムシなどのように腐植質（落ち葉など）を食べる動物は、「食う食われるの関係」から除外される。
②　捕食者が、何種類もの動物から食われることがある。
③　植物食性動物は、小型である。
④　生態系に外来生物が入り込むと、多くの場合で、「食う食われるの関係」の最上位（頂点）となる。

（2）　生態ピラミッドに関する次の文章中の、（　A　）にあてはまる語を下の①～⑧のうちから一つ選び、その番号を解答番号［22］にマークせよ。

生態系における（　A　）ごとに生物の個体数や生物量を調べた棒グラフを横にして、（　A　）が（　X　）ものから順に上に積み重ねると、ふつう（　A　）が（　Y　）ものほど個体数が少なく、ピラミッド状になることが多い。これを生態ピラミッドという。

①　食物連鎖	②　食物網	③　植生	④　キーストーン
⑤　生活形	⑥　遷移	⑦　相観	⑧　栄養段階

（3）　問い（2）の文章中の（　X　）、（　Y　）にあてはまる語を次の①～⑧のうちから一つずつ選び、それらの番号を解答番号［23］と［24］にそれぞれマークせよ。ただし、同じ語を繰り返し選んでもよい。

① 上位の　② 下位の　③ 大きい　④ 小さい
⑤ 早い　⑥ 遅い　⑦ 複雑な　⑧ 単純な

X [23]　　Y [24]

(4) ある海域における生態系の食物連鎖を調べ、動植物の体内に蓄積した物質（M）の生体内での濃度を測定したところ、動植物プランクトンでは0.04ppm、小型魚類（イワシ）では0.23ppm、大型魚類（ダツ類）では2.07ppm、鳥類（コアジサシ）では5.58ppmであった。（ppm：質量の割合。1ppm ＝ 100万分の1）

このような現象が起こる理由について書かれた次の記述①〜⑦のうちから、適切なものを二つ選び、それらの番号を解答番号 [25] と [26] にマークせよ。ただし、解答の順序は問わない。

① 鳥類であるコアジサシは、広範囲から餌を集めるから。
② 体の大きさ（一個体あたりの重量）に比例して、物質（M）が濃縮するから。
③ イワシは弱い魚であり、群れで生活するから。
④ 物質（M）は代謝によって、生体内で全て分解されるから。
⑤ 物質（M）は、排出されにくく、体内に蓄積されやすいから。
⑥ 全ての物質は、食物連鎖の頂点で濃度が高くなるから。
⑦ 捕食者は、物質（M）が蓄積した被食者を、食物として繰り返し取り込むから。

(5) 問い（4）の現象を何と呼ぶか。最も適切なものを次の①〜⑥のうちから一つ選び、その番号を解答番号 [27] にマークせよ。

① 自然浄化　② かく乱　③ 富栄養化
④ 生物濃縮　⑤ 物質循環　⑥ エネルギーの流れ

IV 被子植物の配偶子形成に関する次の文章を読み、（1）～（7）の問いに答えよ。

(a)被子植物の花では、おしべの先端の葯(やく)と(b)めしべの胚珠(はいしゅ)の中で減数分裂が行われ、その後に成熟した花粉と胚のうが形成される。(c)減数分裂の過程では、相同染色体間で乗換えがおこり、一部の遺伝子が2本の染色体の間で入れ換わることがある。花粉がめしべの柱頭に付着して受粉が成立すると、花粉が発芽して花粉管が胚珠へ向かって伸長する。花粉管が胚珠に到達すると、やがて(d)受精がおこる。

（1） 文章中の下線部（a）について、被子植物で形成される配偶子として適切なものを次の①～⑦のうちから二つ選び、それらの番号を解答番号 [28] と [29] にマークせよ。ただし、解答の順序は問わない。

① 雄原細胞　② 花粉管細胞　③ 精細胞　④ 中央細胞
⑤ 助細胞　⑥ 反足細胞　⑦ 卵細胞

（2） 文章中の下線部（b）に関して、次の図は、1個の胚のう母細胞から配偶子が形成される過程における核1個あたりのDNA量の変化について示した模式図である。図中の矢印で示された（ア）～（オ）の時期にある細胞の核相（染色体の構成）の組み合わせとして最も適切なものを次の①～⑥のうちから一つ選び、その番号を解答番号 [30] にマークせよ。

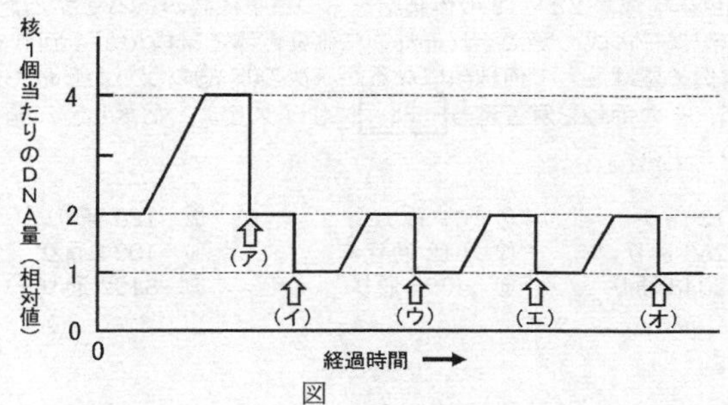

図

	（ア）	（イ）	（ウ）	（エ）	（オ）
①	$2n$	$2n$	$2n$	$2n$	$2n$
②	$2n$	$2n$	$2n$	$2n$	n
③	$2n$	$2n$	$2n$	n	n
④	$2n$	$2n$	n	n	n
⑤	$2n$	n	n	n	n
⑥	n	n	n	n	n

（3） 問い（2）の図中の（ア）～（オ）のうち、胚のう細胞となる細胞が生じる時期を示すものとして最も適切なものを次の①～⑤のうちから一つ選び、その番号を解答番号 [31] にマークせよ。

①（ア）　②（イ）　③（ウ）　④（エ）　⑤（オ）

(4) 問い（**2**）の図を1個の花粉母細胞から配偶子が形成される過程にあてはめて考える場合、図中の（ア）～（オ）のうち、配偶子が生じる（それ以上は分裂が起こらなくなる）時期を示すものとして最も適切なものを次の①～⑤のうちから一つ選び、その番号を解答番号 **32** にマークせよ。

①（ア） ②（イ） ③（ウ） ④（エ） ⑤（オ）

(5) 文章中の下線部（c）に関して、問い（**2**）の図中の（ア）～（オ）のうち、組換えを起こした染色体をもつ細胞が生じる時期を示すものとして最も適切なものを次の①～⑤のうちから一つ選び、その番号を解答番号 **33** にマークせよ。

①（ア） ②（イ） ③（ウ） ④（エ） ⑤（オ）

(6) 文章中の下線部（d）について、被子植物の受精では重複受精によって、胚乳が形成される。ある被子植物の体細胞がもつ相同染色体に対立遺伝子 A と a があり、A は a に対して優性であるとする。この被子植物の胚乳の遺伝子型が Aaa であるとき、受精卵の遺伝子型として最も適切なものを次の①～③のうちから一つ選び、その番号を解答番号 **34** にマークせよ。

① aa ② Aa ③ AA

(7) 染色体構成が $2n=12$ の体細胞をもつ被子植物があるとする。この被子植物に関して配偶子形成の際にそれぞれの二価染色体で乗換えが1回起きる場合、配偶子の遺伝子型は最大で何種類になるか。次の①～⑨のうちから最も適切なものを一つ選び、その番号を解答番号 **35** にマークせよ。ただし、二重乗換えは起きないものとする。

① 12通り ② 64通り ③ 128通り
④ 256通り ⑤ 512通り ⑥ 1024通り
⑦ 2048通り ⑧ 4096通り ⑨ 8192通り

V ヒトの筋肉に関する次の（1）～（6）の問いに答えよ。

（1） 筋肉に関する次の①～⑤の記述のうち、最も適切なものを一つ選び、その番号を解答番号 36 にマークせよ。

① 脊椎動物の筋肉は、横紋筋と平滑筋に分けられる。
② 平滑筋は胃、腸や心臓に存在する筋肉である。
③ 血管には横紋筋が存在するから、血管は収縮できる。
④ 横紋筋の横じまは、肉眼で観察できるので、その名称がついた。
⑤ 平滑筋は、両端は腱になり、骨に付着していることが多い。

（2） 骨格筋に関する次の①～⑤の記述のうち、最も適切なものを一つ選び、その番号を解答番号 37 にマークせよ。

① 骨格筋の１個の筋繊維には、１個の核がある。
② 骨格筋の筋繊維は、多数の細胞が融合してできたものである。
③ １個の骨格筋の筋細胞は、多数の筋繊維をもっている。
④ 筋細胞の短軸方向に筋繊維は規則正しく並んでいるので、それが横紋に見える。
⑤ 筋繊維は、格子状のアクチンフィラメントによって取り巻かれている。

（3） 筋収縮の制御に関する次の①～⑤の記述のうち、最も適切なものを一つ選び、その番号を解答番号 38 にマークせよ。

① 骨格筋は、自律神経に支配されており、意思により収縮させることができる。
② ATP の分解によって収縮できる筋肉を、随意筋という。
③ 神経終末から分泌されたアドレナリンが、筋細胞側の受容体に結合すると、筋細胞は興奮する。
④ 神経終末と筋肉の間のシナプスの、筋肉側の細胞膜を終板という。
⑤ 筋原繊維で、活動電位が発生する。

（4） 神経と骨格筋の接合部で、ナトリウムイオンチャネルが開いて筋細胞が興奮すると、カルシウムイオンが筋細胞内へ放出される。この放出されるカルシウムイオンを内部に蓄えている場所として、次の①～⑤のうち、最も適切なものを一つ選び、その番号を解答番号 39 にマークせよ。

① 筋細胞膜　② T管　③ 神経終末　④ 終板　⑤ 筋小胞体

（5） 筋肉が収縮を始める際に、問い（4）で選択した場所から放出されたカルシウムイオンが結合するのは、次の①～⑤のうちのどれか。最も適切なものを一つ選び、その番号を解答番号 40 にマークせよ。

① ミトコンドリア　② ミオシンの頭部　③ ATP
④ トロポミオシン　⑤ トロポニン

（6） 筋細胞内において、呼吸や解糖によらずにATPを合成するためのエネルギーを供給するものとして、最も適切なものを次の①～⑤のうちから一つ選び、その番号を解答番号 41 にマークせよ。

① クレアチンリン酸　② 乳酸　③ トロポミオシン
④ アドレナリン　⑤ グリコーゲン

VI 瀬戸内海沿岸で採集したバフンウニを用いて、受精や発生の過程を観察した。次の（1）～（7）の問いに答えよ。

（1） バフンウニの受精や発生の観察に適した時期は次の①～③のうちどれか。最も適切なものを一つ選び、その番号を解答番号 42 にマークせよ。

① 12～3月　② 4～7月　③ 8～11月

（2） 塩化カリウム溶液を用いて、バフンウニの卵や精子を海水中に放出させた。その際に観察されることとして適切なものを次の①～⑤のうちから二つ選び、それらの番号を解答番号 43 と 44 にマークせよ。ただし、解答の順序は問わない。

① 卵は黄色である。
② 一つの個体から、卵と精子を得ることができる。
③ 一つの個体から、最初に精子が、続いて卵が放出される。
④ 顕微鏡で拡大すると、精子の鞭(べん)毛を観察できる。
⑤ 卵や精子の中に、染色体を観察できる。

（3） バフンウニの卵と精子は、海水中で受精する。受精に関わる現象について述べた次の記述①～⑦のうちから**誤っているもの**を三つ選び、それらの番号を解答番号 45 ～ 47 にマークせよ。ただし、解答の順序は問わない。

① 一つの卵は、一つの精子とのみ受精する。
② 受精膜だけでは、他の精子の進入を防ぐことができない。
③ 精子は、ミトコンドリアで合成されるATPのエネルギーを使って泳ぐ。
④ 先体突起は、ミオシンフィラメントの束により形成される。
⑤ 先体反応が起こることを受精という。
⑥ 受精後に、表層粒は受精膜へと変わる。
⑦ 受精後に、卵は透明層でおおわれる。

（4） バフンウニの受精後の発生の過程に関する次の①～⑦の記述のうちから適切なものを二つ選び、それらの番号を解答番号 48 と 49 にマークせよ。ただし、解答の順序は問わない。

① 卵黄が偏っているため、胚の動物極側でのみ卵割が進行する。
② 第一卵割は、必ず赤道面上でおこる。
③ 桑実胚期になると、細胞には繊毛が生える。
④ 二次間充織細胞は、原腸の先端から胞胚腔の内部に遊離する。
⑤ 原口は、幼生の口となる。
⑥ プルテウス幼生になると、餌を食べ始める。
⑦ 胚は、やがて幼生となり、運動を止める。

(5)　バフンウニの１つの胞胚を構成する細胞の数（概数）として最も適切なものを次の①～④のうちから一つ選び、その番号を解答番号 50 にマークせよ。

①　10～100　　②　100～200　　③　1000～2000　　④　50000～100000

(6)　バフンウニの胚を構成する細胞が３種類に分かれるのは、どの時期以降か。次の①～⑨のうちから最も適切なものを一つ選び、その番号を解答番号 51 にマークせよ。

①　未受精卵　　②　受精卵　　③　２細胞期　　④　16 細胞期
⑤　桑実胚期　　⑥　胞胚期　　⑦　原腸胚期　　⑧　プリズム幼生期
⑨　プルテウス幼生期

(7)　バフンウニのゲノムには、ショウジョウバエのホメオティック遺伝子と同じようなはたらきをもつ遺伝子群（ホックス遺伝子群）があることが知られている。ショウジョウバエのホメオティック遺伝子に関する次の①～⑤の記述のうちから、適切なものを二つ選び、それらの番号を解答番号 52 と 53 にマークせよ。ただし、解答の順序は問わない。

①　卵の前方に局在する mRNA である。
②　母親の体内で卵形成中に合成され、卵に蓄積する mRNA をコードする遺伝子である。
③　変異が起こると、あるからだの領域の性質が別の領域のものにおきかわることがある。
④　ビコイド遺伝子は、ホメオティック遺伝子の一つである。
⑤　ショウジョウバエでは、染色体上で、体の前方で発現する遺伝子から、後方で発現する遺伝子へと順にならんでいる。

◀生物基礎▶

（注）「化学基礎」とあわせて１科目として解答。

（60 分）

◀生物基礎・生物▶の Ⅰ ～ Ⅲ に同じ。

▲大学▼の[一]に同じ。

▲短期大学▼

（六〇分）

問七　空欄 X に入る最も適切なものを、次の①～⑤のうちから一つ選べ。解答は、マーク解答用紙の解答番号 20 に、その番号をマークせよ。

①　か　②　なむ　③　こそ　④　ぞ　⑤　や

問八　本文に記された内容と合致しないものを、次の①～⑤のうちから一つ選べ。解答は、マーク解答用紙の解答番号 21 に、その番号をマークせよ。

①　頼光の郎等季武は、弓の名手で、糸でつり下げた針を外すことなく射ることが出来るほどの腕前であった。

②　季武が弓をよく引いて放った一回目の矢は、従者の左脇のした五寸くらいのところにそれて、外れてしまった。

③　弓の勝負に負けた季武は、約束通り従者が望むいろいろなものを与え、従者は望んだものを受け取った。

④　季武は、弓の名手であったが、弓を射る時の心づかいが不足していたために、従者との勝負に負けてしまった。

⑤　季武は、弓の勝負に勝ったときの、従者の横柄な態度に気持ちが弱くなり、言い返すことすら出来なかった。

問三　傍線部ウに「これ」とある。二重傍線部a～eの中で、「これ」と同じ内容を表しているものを、次の①～⑤のうちから一つ選べ。解答は、マーク解答用紙の解答番号 **17** に、その番号をマークせよ。

① a 頼光　② b 季武　③ c さげ針　④ d この男　⑤ e ほしく思はんもの

問四　傍線部オに「やすからぬままにまたあらがふ」とある。現代語訳として、最も適切なものを、次の①～⑤のうちから一つ選べ。解答は、マーク解答用紙の解答番号 **18** に、その番号をマークせよ。

① 簡単なことだと思い、また言い張る。
② 心穏やかでないのにまかせて、また言い争う。
③ 軽々しくないと感じて、また言い訳をする。
④ 心安らかにするために、また否定する。
⑤ 容易ではないことにまかせて、また張り合う。

問五　傍線部カに「はじめこそ不思議にてはづしたれ、この度はさりとも」とある。「さりとも」の次に省略されている内容を補って、四十五字以内で現代語訳をせよ（句読点等も字数に含む）。解答は、記述解答用紙の解答番号 **13** に記入せよ。

問六　傍線部キに「五寸ばかり退きてはづれぬ」とある。矢が「はづれ」た理由として、最も適切なものを、次の①～⑤のうちから一つ選べ。解答は、マーク解答用紙の解答番号 **19** に、その番号をマークせよ。

① 季武が、大切な従者を失うかもしれないと恐れつつ、身体に向けて矢を放ったから。
② 季武が、従者の挑発的な発言に怒りを覚え、冷静に矢を放つことが出来なかったから。
③ 季武が、いつもより長く狙いを定めたことから、腕に余計な力が入ってしまったから。
④ 季武は、矢を的に当てることは上手であったが、人を矢で殺す度胸がなかったから。
⑤ 季武は、矢を従者の身体の真ん中に放ったが、従者が動くことは考えていなかったから。

（注）※1 頼光 ＝ 源頼光。摂津源氏の祖。酒呑童子（しゅてんどうじ）を退治した説話で有名。
※2 季武 ＝ 卜部（うらべ）季武。源頼光の四天王の一人。
※3 さげ針 ＝ 糸でつり下げた縫い針。
※4 三段 ＝ 約三二メートル。一段は六間（けん）。一間は約一・八メートル。
※5 五寸 ＝ 約一五センチメートル。
※6 一尺 ＝ 約三十センチメートル。

問一 傍線部アに「え射給はじ」とある。この意味として、最も適切なものを、次の①〜⑤のうちから一つ選べ。解答は、マーク解答用紙の解答番号 **14** に、その番号をマークせよ。

① 射当てることは決してできない。
② 射申し上げることは難しくないでしょう。
③ 射当てることはおできにならないでしょう。
④ うまく射ることは出来ないだろう。
⑤ 射当て申し上げることはできるだろう。

問二 傍線部イに「べし」、傍線部エに「れ」とある。文法的意味として、最も適切なものを、それぞれ次の①〜⑤のうちから一つ選べ。解答は、イはマーク解答用紙の解答番号 **15** に、エはマーク解答用紙の解答番号 **16** に、それらの番号をそれぞれマークせよ。

イ べし
① 当然 ② 意志 ③ 推量 ④ 可能 ⑤ 適当

エ れ
① 受身 ② 自発 ③ 尊敬 ④ 詠嘆 ⑤ 可能

① 筆者は、理知的な態度で、詩というものを人間個々の自我の領域から発せられる言葉によって解そうとしている。
② 筆者は、詩人の書簡の解釈から人間界の現象と実在のありようを洞察し、詩が発生する経緯を知ろうとしている。
③ 筆者は、精霊との問答、その掛け合いから詩の言葉から生まれ出て来るものと信じる態度をいつも堅持している。
④ 筆者は、様々な発想が交差する詩の発生をめぐる言説のなかから、新たな態度を選び出し提示しようとしている。
⑤ 筆者は、個人の思念をこえた実在と呼ぶべき存在、その働きから詩がもたらされることを感じとろうとしている。
⑥ 筆者は、個人的に愛好する詩人の生死の本質を直覚する態度を保ち、その魂のありようを教示しようとしている。

二

次の文章を読んで、あとの問いに答えよ。

※1 a頼光朝臣（あそん）の※2 b郎等季武（すゑたけ）が従者、究竟（くつきやう）の者ありけり。季武は第一の手利きにて、※3 cさげ針をもはづさず射けるものなりけり。件（くだん）の従者、季武にいひけるは、さげ針をば射給ふとも、dこの男が※4三段（たん）ばかり退きて立ちたらんをば、ア え射給はじといひけるを、季武、やすからぬ事いふやつかなと思ひて、あらがひてけり。もし射はづしぬるものならば、e汝（なんぢ）がほしく思はんものを所望にしたがひてあたふイべしとさだめて、おのれはいかにといへば、ウこれは命をまゐらするうへはといへば、さいはれたりエとて、さらばとて、たてといへば、この男、いひつるがごとく三段退きて立ちたり。季武、はづすまじきものを。従者一人失ひてんずる事は損なれども、意趣なればと思ひて、よく引きてはなちたりければ、左の脇のしも※5五寸ばかり退きてはづれにければ、季武負けて、約束のままに、やうやうの物どもとらす。いふにしたがひてとりつ。その後、今一度射給ふべしといふ。オやすからぬままにまたあらがふ。季武、カはじめこそ不思議にてはづしたれ、この度はさりともと思ひて、しばし引きたもちて、ま中にあてて放ちけるに、右の脇のしたをまたキ五寸ばかり退きてはづれぬ。その時この男、さればこそ申し候へ、え射給ふまじきとは。手利きにてはおはすれども、心ばせのおくれ給ひたるなり。人の身ふときといふ定（ちやう）、※6一尺には過ぎぬなり。それをま中をさして射給へり。弦音聞きて、そとそばへをどるに、五寸は退くなり。しかればかく侍るなり。かやうのものをば、その用意をして X 射給はめといひければ、季武、理に折れて、いふ事なかりけり。

（『古今著聞集』による）

10 に、その番号をマークせよ。

① ここでの「観衆」はこの世の観客ではなく、技芸にいそしむ芸人たちの悲しみをわが身に映しとろうとし、「幸福の貨幣」を与えようと集う「内なる世界」からの観客である。

② ここでの「観衆」は人間の観客と死者の世界からの観客であり、混在する現象世界の象徴でもある。そこに内在する不可思議な世界観をも暗喩的に提示しているのである。

③ ここでの「観衆」はこの世の観客に見まもられながら精一杯技芸をつくす芸人たちの内なる世界であり、そこに存在する悲しみを映しとろうと集まってくる死者の存在を暗示する。

④ ここでの「観衆」は人間の観客であり、精一杯演技をする大道芸人たちを大声で声援しては歓喜しているが、しばしば金を出すことを渋っており、批判の対象となっている。

⑤ ここでの「観衆」は永遠の世界にいる、死後の人間の観客である。彼らは大道芸人たちに惜しむことなく「幸福の貨幣」を与え、芸人たちの悲しみを映しとろうと集まってくる。

問九 筆者は「詩」が生まれることをどのように考えているのか。その説明として、不適切なものを、次の①〜⑤のうちから一つ選べ。解答は、マーク解答用紙の解答番号 11 に、その番号をマークせよ。

① 詩がやってくるのは「内なる世界」からであり、その訪れを詩人はひたすら待つ。

② 詩を作る者が詩人なのではなく、詩が通り過ぎる人間を詩人と呼ぶのがふさわしい。

③ 詩を書こうと思うなら、実在の奥にある現象の何かを感じとるまで待たねばならない。

④ 詩人は、自らが詩を書くわけではなく、「内なる世界」からの呼びかけを受けとめる存在だ。

⑤ 詩人が何かを語って詩ができるのではなく、何ものかが語る通り道になることで詩はできる。

問十 本文の内容からうかがえる筆者の執筆態度として合致しているものを、次の①〜⑥のうちから二つ選べ。解答は、マーク解答用紙の解答番号 12 と 13 に、それらの番号をマークせよ。ただし、解答の順序は問わない。

②　たとえば肉体にふれながら、その人の魂を感じることがあるように、この現象界を包み込んでいる「実在」と呼ぶべき境域が存在する。

③　私たちが暮らす世界空間には、その空間を支える働きをもった、生者のそれとは異なる「内なる世界」の境域が存在し、時に現出することがある。

④　死者と天使の言葉は、「実在」そのものである現象界において、時に私たちの魂を訪れるものであるから、手紙を書きながら詩人はそれを待つ。

⑤　私たちの内面に存在する詩的空間は、死者と天使の言葉によってもたらされるものだが、現代人はその空間を探索することを忘れている。

⑥　死者と天使が住んでいる境域は、現象界の内奥に存在しており、何ものかの実在を人間に感知させる「内なる世界」に潜むものである。

問七　空欄 **A** と **B** に入る語として、最も適切なものを、次の①〜⑤のうちから一つ選べ。解答は、**A** はマーク解答用紙の解答番号 **8** に、**B** はマーク解答用紙の解答番号 **9** に、それらの番号をそれぞれマークせよ。

①　通路
②　詩人
③　世界
④　内部
⑤　言葉

問八　傍線部エ「固唾（かたず）をのんで見まもる数限りない観衆、あの死者たちを前に」はリルケ『ドゥイノの悲歌』からの引用である。そのなかの「数限りない観衆」の説明として、最も適切なものを、次の①〜⑤のうちから一つ選べ。解答は、マーク解答用紙の解答番号

（注）※1　リルケ＝オーストリア出身の詩人（一八七五～一九二六）。おもにドイツ語で詩を書いた。
※2　遠藤周作＝小説家（一九二三～一九九六）。キリスト教信仰をテーマとする「沈黙」等が代表作。

問一　傍線部A～Eの漢字の読みを、ひらがなで記せ。解答は、記述解答用紙の解答番号 1 ～ 5 に、Aから順に正しく記入せよ。

問二　傍線部a～eのカタカナを漢字に改め、丁寧に記せ。解答は、記述解答用紙の解答番号 6 ～ 10 に、aから順に正しく記入せよ。

問三　本文中の空欄 Ⅰ ～ Ⅴ に入る、最も適切なものを、次の①～⑤のうちから一つずつ選べ。解答は、マーク解答用紙の解答番号 1 ～ 5 に、 Ⅰ から順にそれらの番号をマークせよ。

①　もはや　②　また　③　だが　④　むしろ　⑤　しかも

問四　傍線部アに「それ」とある。この言葉が指す内容はどのようなことか。本文中の語句を用いて、三十五字以内で答えよ（句読点等も字数に含む）。解答は、記述解答用紙の解答番号 11 に記入せよ。

問五　傍線部イに「この構造」とある。それを具体的に指示している箇所を、本文中から五十字以内で抜き出せ（句読点等も字数に含む）。解答は、記述解答用紙の解答番号 12 に記入せよ。

問六　傍線部ウに「死者と天使の境域」とある。その説明として、本文の内容と合致するものを、次の①～⑥のうちから二つ選べ。解答は、マーク解答用紙の解答番号 6 と 7 に、それらの番号をマークせよ。ただし、解答の順序は問わない。

①　この現象界で感じとれるもの、またさまざまな実在のなかに潜在している「内部世界」は、死者と天使にしか理解できない境域である。

この内面への転向から、この自己の世界への沈潜から詩の幾行かが立ち現われてくる時、その時あなたは **Ⅳ** それがよい詩であるかどうかを、誰かに尋ねようなどとはお考えにならないでしょう。(中略) なぜなら、あなたはその詩の中に、あなたの心ゆく自然な所有を、あなたの生命の一片、あなたの生命の声を見られるだろうからです。

(『若き詩人への手紙』高安国世訳)

詩を作る者が詩人なのではなく、詩が通り過ぎる人間を詩人と呼ぶのがふさわしい。詩人が詩を書くのではない。「内なる世界」からの呼びかけを詩人が受け止める。詩人が何かを語るのではなく、何ものかが語る **A** になる。

花を見る。その人物が詩人であれば、 **B** をツムごうとするだろう。音楽家であれば、彼が書くのは音符かもしれないし、突然センリツを口ずさむかもしれない。彫刻家は、精緻に花の姿を木に刻み込む。

永遠に通用する幸福の貨幣を、そのわざを頌めたたえて惜しみなく投げあたえるだろうか、いまや安らぎをえた毛氈の上についにほんとうの微笑みをみせている
二人の前に？

(『ドゥイノの悲歌』手塚富雄訳)

この一節で謳われているのは大道芸人たちの姿である。芸人はこの世で、精一杯演技をする。その姿はジョウジンの身体の動きをはるかに超え、観客は驚嘆し、大きく声を上げる。だが、真の観客は別にいる。「固唾をのんで見まもる数限りない観衆、あの死者たちを前に」とあるように死者は、芸人たちの悲しみをわが身に映しとろうと集まってくる。

芸人たちは身を賭して芸を行う。生者は芸を見ながらしばしば金を出すことを渋るが、死者たちは彼らが祈りのように捧げるイトナみに、どうして「永遠に通用する幸福の貨幣」を出さずにいられようかと、リルケは謳う。

一枚の絵の彼方に、 **Ⅴ** 、かつて街中で見た光景の向こうに、リルケはもう一つの世界を見る。芸人たちの技芸が死者への捧げものになるように、詩もまた、死者からもたらされ、死者へと捧げられ、天使からもたらされ、天使に捧げられる。

パリで大道芸人を見たときから、この詩がリルケにもたらされるまで、すでに二十年の歳月が経過していたのである。待つことはときにもっとも勇気を要するイトナみとなる。

(若松英輔『生きる哲学』による／一部改変)

ここに書かれている状況は、リルケの手紙を受けとる一人一人には知られない。この少女を別にすれば、リルケの秘密だった。同じ手紙で彼は、「これは書くというよりは、ペンで呼吸をしているようなものです」とも書いているが、ひとりひとりの悲痛な叫びを感じながら、長文の手紙を書くリルケの姿は、詩人であるより、異教の修道者のようにすら映[B]る。また、彼にとって手紙を書くとは、詩神の訪れを待つことと同じだった。

ある日、面識のない、詩を書く青年が、突然、手紙と共にリルケに作品を送り付けた。リルケは詩を読むだけでなく、丁寧な手紙を付して返送した。そこでリルケは青年にこう語った。

あなたは外へ眼を向けていらっしゃる、だが何よりも今、あなたのなさってはいけないことがそれなのです。誰もあなたに助言したり手助けしたりすることはできません、誰も。ただ一つの手段があるきりです。自らの内へおはいりなさい。あなたが書かずにいられない根拠を深くさぐって下さい。〔中略〕もしもあなたが書くことを止（と）められたら、死ななければならないかどうか、自分自身に告白して下さい。

（『若き詩人への手紙』高安国世訳）

外に眼をむけるとき、人は行動する。積極的に何かを探す。［Ⅱ］、詩を書こうと思うなら、それをまっさきに止（や）めなくてはならない、そして、内へ入れとリルケはいう。ここでの「内」とは、現代人が考える内面ではない。深層心理学が説く無意識でもない。リルケはそれをドイツ語では**Weltinnenraum**と書く。彼の造語で、直訳すると「世界**Welt**内面**innen**空間**raum**」となる。今日では「内部世界」と訳されるが、ここでの内部は内と外における内ではない。［Ⅲ］その関係は、現象と実在、あるいは肉体と魂の関係に近い。

さまざまな現象の奥に、私たちは実在と呼ぶべき何ものかの存在を感じる。存在するものの奥に、それを存在させている働きを感じることがある。肉体にふれながら、その人の魂を感じることがある。

肉体という現象を支えているのは、魂という実在である。魂は内なるものだが、肉体を包んでもいる。だからこそ、私たちは、肉体的な衝撃[イ]以外でも暴力的な言動にふれるとき、身を傷つけられるように心にも衝撃を感じる。

この構造は、私たちが暮らす世界空間にも当てはまる。世界の奥に「内なる世界」があるのではなく、「内なる世界」がこの現象界を包む。そこはもう一つの世界、遠藤周作[※2]がいう「別世界」である。そこは生者の世界ではない。死者と天使の境域[ウ]である。

詩は、いつも「内なる世界」からやってきた。先に見たのと同じ手紙でリルケは、詩が「内なる世界」から現出する瞬間を描き出す。

国語

▲大学▼

（六〇分）

一　次の文章を読んで、あとの問いに答えよ。

『若き詩人への手紙』として知られるリルケ[※1]の書簡がある。リルケの書簡は多く残っている。作品が生まれない間、彼はひたすら手紙を書いた。死者と天使の言葉が自分に降りてくるまで彼はずっと待つ。彼はそれ[ア]を自らに課せられたことだと考えていた。ある少女に送った手紙に彼はこう書いている。

けさ数えてみたのですが――百十五通の手紙を書いたわけです。［Ⅰ］どれ一つとして四頁（ページ）を下るものはありません。〔中略〕こんなにも沢山の人々が、私から――私にもよくわからないのですが――何かを、助けを、助言を期待しているのです、仮借[A]なく圧（お）し迫ってくる人生の問題に自ら途方に暮れている此（こ）の私から。でも私はその人々が勘違いをしている思（おもい）違いをしている、とはよく承知していながら、それでも私は――そしてこれは単なるキョエイ[a]だとは思えないのですが――何か私の経験から、私の長い孤独の幾つかの果実をこの人々に与えようとせずにはいられません。

（『リルケ書簡集　ミュゾットの手紙』高安国世（たかやすくによ）訳）

解答編

英語

Ⅰ　解答

1－③　2－④　3－④　4－②　5－③　6－①
7－②　8－③　9－①　10－①

解説　1.「私は昨夜隣からの大きな音に起こされた」という内容なので，過去で受動表現の③が正解。wake up～「～を起こす」

2. thanks to～「～のおかげで」

3. need *doing*「～される必要がある」

4. 各選択肢は，①「批評家」，②「批判」，③「批判的な」，④「批判する」という意味。「政府の災害処理に広く［ 4 ］があった」 文脈に合うのは②である。

5. 第2文に「彼女はそれは高価過ぎると言った」とあるので③が正解。argue against～「～に反対する」

6.「彼らは2つのレポートを提出したが，そのいずれにも有益な提案はなかった」の内容，よって文脈に合う①が正解。neither of～「～の両方（2つ）とも…ない」

7. be committed to *doing*「～することに全力を注いでいる」

8. come up with～「～を思いつく」

9.「大都市の住宅価格が［ 9 ］10%ほど上がった」という内容。各選択肢は①「約」，②「漠然と」，③「嫌々」，④「比較的」。よって文脈に合うのは①である。

10. much less～は，否定文の直後に続けて「なおさら～ない」という意味を表す。本文の内容は「誰もがその政治家の態度に驚いた。説明はされなかった，なおさら謝罪はされなかった」。なお，選択肢② much more～は肯定文の直後に続けて，「なおさら～である」。

Ⅱ 解答

11―⑤　12―①　13―③　14―②　15―④　16―①
17―⑤　18―①

解説　11・12. ②―⑤―③―⑥―①―④　so ～ that … 構文「とても～なので…」

13・14. ⑤―③―①―⑥―②―④　ought not to have *done*「～するべきではなかったのに」

15・16. ②―④―⑥―③―①―⑤　be intended to *do*「～することを目的としている」 living in poverty「貧しい暮らしをしている」

17・18. ③―⑤―②―⑥―①―④　It is about time for *A* to *do*「*A* は～する時だ」

Ⅲ 解答

19―③　20―①　21―④　22―⑥　23―②

解説　≪イランのアニメーター≫

19. ジャックが2番目の発言で「何を翻訳しているの？」と聞いて，ユウコが空所直後に「昼食までにそれを終える必要があるの」と返答していることから，it が指すものが translation project「翻訳の課題」のことだと判断できる。したがって③「ハンナと私は翻訳の課題に取り組んでいるところなの」が正解。

20. 空所の直前で，「何を翻訳しているの」と聞かれた後，ユウコは空所の直後で「彼女のサイトで彼女のアニメーションのスタイルを説明している」と返答しているので，①「イランのアニメーターのウェブサイトよ」が最も適切である。

21. 空所直後のユウコの返答に「わかった，彼女のウェブのアドレスを送るよ」とあり，ジャックが彼女のウェブ内容に関心があることがわかるので，④「彼女の作品をぜひ見てみたい」が正解。

22. 空所のユウコの発言の直後にジャックが「うん，絶対に」と返答して，その直後にユウコが「よかった，私たちは来週末，彼女を宮島のツアーに連れて行く予定なの」と続けているので，ジャックが彼女に会いたいことがわかる。よって正解は⑥「それで，あなたは彼女に会ってみたい？」である。

23. ユウコの空所の発言の直後にジャックが「それは何？」と問い返し，

続いてユウコは「宮島について彼女と共有できる何か面白いことを見つけて」とそれの内容を説明している。以上の文脈から②「1つの条件であなたの参加は大歓迎よ」が正解。

Ⅳ　解答　24―⑤　25―②　26―⑥　27―①　28―④

解 説　≪搾乳ロボットの農業への恩恵≫

24. 第1段で，農業が直面する問題点を列挙している。空所を含む第5文（One 24 has …）は「1つの 24 が毎日の生産物を製造し供給している農業経営者に提案された」という内容になっており，同段最終文（If successful, it …）に「もしそれが成功すれば動物，農業従事者や消費者によりよい生活を作ることを約束することになる」とある。この文脈に合うのは⑤「解決方法」である。

25. 第2段では牛が立ちはだかる障害物を嫌がることに言及し，搾乳ロボットがその点を考慮していることを説明している。空所を含む第3文（The cow box …）は「それゆえに牛小屋に牛が全く 25 しないでまっすぐに出入りできる作りになっている」という内容なので，以上の文脈から②「回転」が正解。make turns「向きを変える」

26. 空所を含む文の次の文（In addition, …）で「3D カメラが牛の動きを観察して装着に最適なアームの位置がわかるようになっている」とあるので，その働きをするツールとして⑥「センサー」が最も的確である。

27. 第4段はこのシステムのばい菌を排除する方法について書いており，空所を含む第3文（This avoids the …）は「これ（このシステム）は旧システムから生じていた細菌汚染の 27 を遠ざけるのである」という内容なので，以上の文脈から①「危険性」が正解。

28. 空所を含む最終段第3文（Second, extensive data …）は「次に，広範なデータが1頭1頭の牛のそれぞれの搾乳に対して集められる，それで農業経営者が病気を予防し農場のすべての牛の 28 を改善するのに役立つのである」という内容なので，この文脈に合うのは④「健康」である。

 **解答** 29−③ 30−② 31−① 32−③

解説 ≪リフォーム業者からの返答メール≫

29. 第 1 段第 1 文（Thank you for…）「家のリフォームでわが社のグラフィックキッチンシステムの 1 つを設置する際の時間と料金に関してご質問ありがとうございます」とあるので，③「新しいキッチン取り付けに関するベイリーさんの質問に答えるため」が正解。

30. 第 1 段第 2 文（Once you submit…）「オンラインで注文用紙を提出されますと 10 日で作業が完了し，キッチンが使用できる状態になることをお約束します」とあるので，②「注文後 10 日」が正解。

31. 第 3 段で Kitchen Graphico プログラムを使用する際の便利さについて書いており，第 3 文（Using this program…）に「このプログラムを使うと最終決定する前に色や調理台や取っ手などが変更できます」とあるので，①「キッチンを自分の好みにデザインできる」が正解。

32. 最終段第 2 文（We try to…）「日時の要求には応えていきます」とあるので③「日時の調整」が正解。

VI **解答** 33−④ 34−③ 35−① 36−② 37−② 38−⑤

解説 ≪ペットの長寿化による動物病院の増加≫

33. 空所の前には，「ペットに特化している動物病院が全国的に増加している」ことが書かれている。一方，空所直後には，「ペットが長寿になると癌や加齢に関係した病気になるケースが増えることになる」と空所前文の理由を述べているので，④「〜なので」が正解。

34. 第 2 段第 4 文（The hospital will…）「その病院は週末や祭日そして年末年始でさえも 24 時間の医療サービスを提供している」と書かれているので，③「夜間でさえもサービスを提供する」が正解。②「1 日 24 時間救急車サービスを提供する」には「救急車サービス」とあるが，救急車についての言及は本文にはない。

35. 空所の前には，「動物病院が増えた背景には多くの犬猫が安全医療や良質な餌や屋内飼育によって長生きするようになっているという事実がある」と書かれており，空所を含む 1 文（But this also…）には「しかしこれはまた彼らが（　C　）病気に苦しむ結果となっている」とあり，直後に「犬や猫の平均寿命が2010年の記録以来最長となった」とあるので，この文脈に合うのは①「加齢に関係した」が正解。

36. ②「心臓病の犬の数は増えている」は，第4段第1文（Another survey conducted…）後半に「犬の心臓病のような深刻な疾患は増えている」とあるので正解。

①「癌は10歳の犬の最もよくある死因で約30%を占める」とあるが，第4段第1文（Another survey conducted…）に「約23%」とあるので不適。

③「ペット保険を購入する人の数は減っている」とあるが，第4段第4文（According to a…）後半に「犬や猫の飼い主の約30%がペット保険を購入しその割合は増えると思われる」とあるので不適。

④「ペット保険は手術費用の半分しかカバーしない」とあるが，第4段第3文（Surgery costs for…）「癌や他の病気の手術費用はその費用の70%をカバーする」とあるので不適。

37. 空所を含む文（The COVID-19…）に「新型コロナウイルス感染症で多くの人が多くの時間を家ですごし（　E　）ペットを飼うようになった」とあり，直後に「新しく犬や猫を所有する人が，2019年の感染症以前のレベルから2020年，2021年と連続して増えている」とあるので，②「熱心に」が正解。be eager to *do*「熱心に～したがる」

38. ①「ペットに特化した病院は日本だけではなく世界中で増えている」とあるが「世界中」とは記述されていないので不適。

②「多くの犬や猫に特化した動物病院は大学によって運営されている」とあるが第3段第1文（Animal hospitals are run by…）の内容から不適。

③「東京の動物病院の数は12,435施設にまで増えた」とあるが第3段第3文（A drastic increase…）の内容より不適。

④「2010年には犬の平均寿命のほうが猫より長かった」とあるが，そのような記述はないので不適。

⑤「新規に飼うようになった犬や猫の数は過去2年間増え続けている」は最終段第2文（The pet food association's…）の内容と一致するので正解。

数学

◀文・教育・心理・現代ビジネス・家政・看護学部▶

I　解答　≪小問5問≫

(1) 1 ―④

(2) 2 ―①　3 ―⓪

(3) 4 ―⑦　5 ―⑨

(4) 6 ―②　7 ―⓪

(5) 8 ―③

II　解答　≪コインを投げて表が出る確率≫

(1)　コインの表裏による場合の数は

表が0枚なら　　1通り

表が2枚なら　　${}_6C_2=15$ 通り

表が4枚なら　　${}_6C_4=15$ 通り

表が6枚なら　　${}_6C_6=1$ 通り

よって求める確率は

$$\frac{1+15+15+1}{2^6}=\frac{32}{64}=\frac{1}{2}\quad\cdots\cdots(\text{答})$$

(2)　グループA，Bで表が3枚ずつになる確率は

$$\frac{1}{2^6}=\frac{1}{64}$$

同様に表が0枚ずつの確率は　$\frac{1}{64}$

(1)より6枚投げて表が4枚出る確率は

$$\frac{15}{2^6}=\frac{15}{64}$$

よってグループ A，B で表が 2 枚ずつになる確率は

$$\frac{15}{64}\times\frac{{}_4C_2\times{}_2C_1}{{}_6C_3}=\frac{9}{64}$$

表が 1 枚ずつになるとき，裏は 2 枚ずつになるので，同様に確率は

$$\frac{9}{64}$$

よって求める確率は

$$\frac{1}{64}+\frac{1}{64}+\frac{9}{64}+\frac{9}{64}=\frac{5}{16}\quad\cdots\cdots(答)$$

(3) グループ A で表が 3 枚，B で裏が 3 枚になる確率は

$$\frac{{}_6C_3}{2^6}\times\frac{{}_3C_3}{{}_6C_3}=\frac{1}{64}$$

同様に，A で表が 0 枚，B で裏が 0 枚になる確率は $\frac{1}{64}$

A で表が 2 枚，B で裏が 2 枚になる確率は

$$\frac{{}_6C_3}{2^6}\times\frac{{}_3C_2\times{}_3C_1}{{}_6C_3}=\frac{9}{64}$$

同様に，A で表が 1 枚，B で裏が 1 枚になる確率は $\frac{9}{64}$

よって求める確率は

$$\frac{1}{64}+\frac{1}{64}+\frac{9}{64}+\frac{9}{64}=\frac{5}{16}\quad\cdots\cdots(答)$$

III 解答 ≪2 点をつなぐ線分の長さの平方の和の最大・最小≫

(1)
$$\begin{aligned}&AM^2+BM^2\\&=(m+2)^2+(m^2-4)^2+(m-2)^2+(m^2-4)^2\\&=2m^4-14m^2+40\quad\cdots\cdots(答)\end{aligned}$$

(2) $m^2=X$ とおくと

$$\begin{aligned}AM^2+BM^2&=2X^2-14X+40\\&=2\left(X-\frac{7}{2}\right)^2+\frac{31}{2}\end{aligned}$$

$0\leqq X\leqq 4$ より

$X=\dfrac{7}{2}$ のとき，$\mathrm{AM}^2+\mathrm{BM}^2$ は最小となるので

$$m=\sqrt{\frac{7}{2}}$$
$$=\frac{\sqrt{14}}{2}$$

$\therefore$　$\mathrm{M}\left(\dfrac{\sqrt{14}}{2},\ -\dfrac{1}{2}\right)$　……(答)

(3)　(2)より $X=0$ のとき $\mathrm{AM}^2+\mathrm{BM}^2$ は最大となるので

$$m=0$$

$\therefore$　$\mathrm{M}(0,\ -4)$　……(答)

◀薬　学　部▶

I　解答　≪小問6問≫

(1)〜(3)　◀文・教育・心理・現代ビジネス・家政・看護学部▶のI(1)〜(3)に同じ。

(4) 6－①　7－④　8－⑤　9－④

(5) 10－①　11－②　12－①　13－①　14－②　15－①

(6) 16－⑦　17－④

II　◀文・教育・心理・現代ビジネス・家政・看護学部▶のIIに同じ。

III　解答　≪放物線に接する円≫

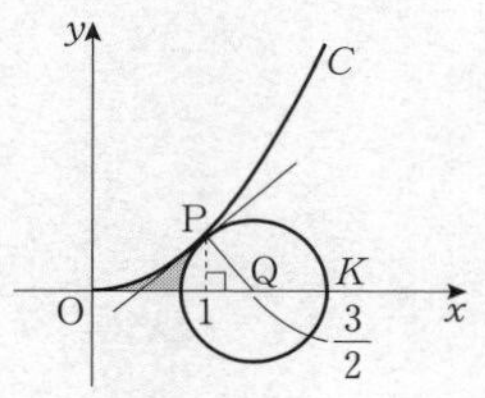

(1)　$\mathrm{P}\left(t,\ \dfrac{t^2}{2}\right)$ とおく $(t>0)$。

C において，$y'=x$ より，P における接線の傾きは　t

P を通り，C の接線に垂直な直線は

$$y-\frac{t^2}{2}=-\frac{1}{t}(x-t)$$

$$\therefore\quad y=-\frac{1}{t}x+1+\frac{t^2}{2}$$

$y=0$ のとき

$$x=\frac{t^3}{2}+t$$

$$\therefore\quad \mathrm{Q}\left(\frac{t^3}{2}+t,\ 0\right)$$

よって　$\mathrm{PQ}=\sqrt{\dfrac{t^6}{4}+\dfrac{t^4}{4}}=\dfrac{1}{\sqrt{2}}$

$$\frac{t^6}{4}+\frac{t^4}{4}=\frac{1}{2}$$

$$t^6+t^4-2=0$$

$$(t^2-1)(t^4+2t^2+2)=0$$

$$\therefore \quad t^2=1,\ -1\pm i$$

$t>0$ より　　$t=1$

$$\therefore \quad \mathrm{P}\left(1,\ \frac{1}{2}\right),\ \mathrm{Q}\left(\frac{3}{2},\ 0\right) \quad \cdots\cdots(答)$$

(2)　(1)より直線 PQ の傾きは　　-1

よって　　$\angle \mathrm{OQP}=45°$　……(答)

(3)　求める面積 S は

$$S=\int_0^1 \frac{x^2}{2}dx-\left\{\pi\cdot\left(\frac{1}{\sqrt{2}}\right)^2\cdot\frac{1}{8}-\frac{1}{2}\cdot\frac{1}{2}\cdot\frac{1}{2}\right\}$$

$$=\left[\frac{1}{6}x^3\right]_0^1-\left(\frac{\pi}{16}-\frac{1}{8}\right)$$

$$=\frac{1}{6}-\frac{\pi}{16}+\frac{1}{8}$$

$$=\frac{7}{24}-\frac{\pi}{16} \quad \cdots\cdots(答)$$

化学

◀化学基礎・化学▶

I 解答 ≪物質の分離操作≫

1 —⑤　2 —①　3 —②

II 解答 ≪原子の電子配置≫

4・5 —①・⑤　6 —②　7 —③

III 解答 ≪原子とイオンの構造≫

8・9 —③・⑤

IV 解答 ≪アンモニア分子とアンモニウムイオンの形と構造≫

10—①　11—④　12—③　13—④

V 解答 ≪水とエタノールの混合溶液の濃度と体積≫

14—④　15—④　16—⑨　17—⑥

VI 解答 ≪水溶液の液性と BTB 溶液の色の変化≫

18—④

Ⅶ **解答** ≪シュウ酸水溶液と水酸化ナトリウム水溶液の中和滴定≫

19―⓪　20―⑤　21―⓪

Ⅷ **解答** ≪電解質溶液の電気分解≫

22―③

Ⅸ **解答** ≪塩化鉛の溶解度積≫

23―⑥

Ⅹ **解答** ≪硝酸銀水溶液の電気分解≫

24―①　25―⑦　26―③

Ⅺ **解答** ≪生成速度≫

27―⑨　28―⑥　29―⓪

Ⅻ **解答** ≪気体の製法と捕集方法≫

30―⑤

XIII **解答** ≪リンとその化合物≫

31―④

XIV **解答** ≪ナトリウムとその化合物≫

32・33―①・⑤

XV　解答　≪エタノール・2-プロパノール・クレゾールの特徴と性質≫

34―③　35・36―①・⑤

XVI　解答　≪テトラペプチドの構造決定≫

37―⑦　38―⑤　39―⑦　40―⑤

◀化 学 基 礎▶

◀化学基礎・化学▶のI〜VIIIに同じ。

生物

◀生物基礎・生物▶

I　解答　≪光合成での有機物合成，同化・異化，ATP≫

1－④　2－⑥　3－③　4－②　5－③　6－②　7－③　8－④
9－③　10－③

II　解答　≪生体防御，組織液，免疫≫

11－②　12・13－①・④　14・15－③・④　16・17－①・④
18・19－③・⑥　20－③

III　解答　≪食物連鎖，生態ピラミッド，生物濃縮≫

21－②　22－⑧　23－②　24－①　25・26－⑤・⑦　27－④

IV　解答　≪被子植物の配偶子形成，胚乳形成，配偶子の遺伝子型≫

28・29－③・⑦　30－⑥　31－②　32－④　33－①　34－②　35－⑧

V　解答　≪筋肉の構造，筋収縮≫

36－①　37－②　38－④　39－⑤　40－⑤　41－①

VI　解答　≪ウニの受精・発生，ショウジョウバエのホメオティック遺伝子≫

42－①　43・44－①・④　45・46・47－④・⑤・⑥

48・49―④・⑥　50―③　51―⑦　52・53―③・⑤

◀生 物 基 礎▶

◀生物基礎・生物▶のⅠ～Ⅲに同じ。

問七　直後「射給はめ」の「め」は助動詞「む」の已然形。係り結びが已然形になるのは「こそ」。

問八　物語の最後、季武が「いふ事なかりけり」となったのは、「理に折れて」、つまり自分が射外してしまうことの理由を勝った従者から聞かされ、納得したからである。

▲短期大学▼

▲大学▼の□に同じ。

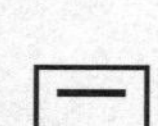

出典 橘成季『古今著聞集』〈巻第九弓箭 三四七 弓の手利き季武が従者、季武の矢先を外す事〉

解答

問一 ③

問二 イ―② エ―①

問三 ④

問四 ②

問五 一回目はどうしたわけか外してしまったが、今度は決してそのように射外すことはするまい。（四十五字以内）

問六 ⑤

問七 ③

問八 ⑤

解説

問一 「給ふ」は季武に対する尊敬語。「え〜じ」が呼応して〝〜できないだろう〟。

問二 イ、意志。〝与えよう〟の意。エ、受身。〝言われた〟の意。

問三 従者の発言部分である。「これ」=「こちら側」つまり、男が、的となる自分は命を差し出すので、と言っている。

問四 季武は、従者に負けたことで弓の名手としての自負が崩されて「やすからぬまま」（気持ちが穏やかではないまま）、「あらが」い（言い争い）、また次の勝負に挑む場面。

問五 「こそ〜已然形」の前半部分を逆接で訳し、「さりとも」の後に「決して外すことはないだろう」という内容を補う。

問六 従者の発言「さればこそ申し候へ……射給はめ」の部分を読み取る。「手利きにては……おくれ給ひたるなり」ばかりに注目すると、選択肢④と迷うかもしれないが、季武に度胸がなかったためではない。物を射るときとは異なり、人を射る場合は、人なら弦音を聞いてから動くことができるので、狙われた場所から逃げられることを見落としていた点が一番の原因。

る「内なる世界」の言葉）が降りてくるのを待ち続けたのである。

問五　傍線部イは直前の段落の内容を受けている。〔解答〕は冒頭二文にあたる。

問六　現代人の考える内面でも、深層心理学の説く無意識でもない、リルケ独特の造語「内部世界」によってとらえられる「内」の感覚をつかむのが難しい。「現象」は「肉体」と対応し、「実在」は「魂」と対応すると考えられるが、「内部世界」は現象の内でありながら、現象を外から包んでもいるような世界である。①「死者と天使にしか理解できない」が誤り。④「『実在』そのものである現象界において」が誤り。⑤「内面に存在する詩的空間」「現代人はその空間を探索することを忘れている」が本文にない。⑥「現象界の内奥に存在しており」「『内なる世界』に潜む」が誤り。

問七　A、「通り過ぎる」と同内容になるもの。

B、音楽家が音符や旋律を使って音楽を、彫刻家が彫刻を作るとすれば、詩人が紡ぐのは詩の「言葉」。

問八　「数限りない観衆」＝「あの死者たち」であることをおさえる。すなわち人間の観客や芸人ではないので、②・③・④は明らかに省かれる。①と⑤はよく似ているが、違いは「観衆」を①が「『内なる世界』から」、⑤が「永遠の世界にいる」としている点である。傍線部ウ「死者と天使の境域」は「内なる世界」のことなので①が正解。

問九　不適切なものを選ぶという問題指示に注意。詩は「内なる世界」からやってくる。詩人はそれを待ち、その呼びかけを聞き、その通り道となる存在である。③が、「現象の奥にある実在の何か」であれば適切であったのだが、逆になっているため誤り。「内なる世界」に属するのは現象ではなく実在のほう。

問十　①「人間個々の自我の領域から発せられる言葉によって解そうと」が誤り。詩は「別世界」ともいえる「内なる世界」からやってくる。③「精霊との問答、その掛け合いから」が本文にない。④本文は専らリルケの詩論を扱うので「様々な発想が交差する詩の発生をめぐる言説」「新たな態度を選び出し」が誤り。⑥「生死の本質を直覚する態度を保ち」「その魂のありようを教示しよう」が誤り。

◀大学▶ 国語

一

出典 若松英輔『生きる哲学』（文春新書）

解答

問一 A、かしゃく B、うつ C、ちんせん D、せいち E、と

問二 a、虚栄 b、紡〔紬も可〕 c、旋律 d、常人 e、営

問三 Ⅰ—⑤ Ⅱ—③ Ⅲ—④ Ⅳ—① Ⅴ—②

問四 手紙を書きつつ死者と天使の言葉が自分に降りてくるまでずっと待つこと。（三十五字以内）

問五 肉体という現象を支えているのは、魂という実在である。魂は内なるものだが、肉体を包んでもいる。

問六 ②・③

問七 A—① B—⑤

問八 ①

問九 ③

問十 ②・⑤

解説 問四 直前の二文を指すことはすぐわかるだろう。リルケは手紙を書きながら、死者と天使の言葉（＝詩が属す

■一般選抜前期C日程

問題編

▶試験科目・配点

学部・学科		教科	科目		配点
文	日本文・書道	外国語	コミュニケーション英語Ⅰ・Ⅱ，英語表現Ⅰ	1教科選択	100点
		数学	数学Ⅰ・A		
		国語	国語総合（現代文・古文）・現代文B・古典B（漢文は含まない）		100点
	英語英米文	外国語	コミュニケーション英語Ⅰ・Ⅱ，英語表現Ⅰ		100点
		数学	数学Ⅰ・A	1教科選択	100点
		国語	国語総合（現代文・古文）・現代文B・古典B（漢文は含まない）		
教育		外国語	コミュニケーション英語Ⅰ・Ⅱ，英語表現Ⅰ	2教科選択	各100点
		数学	数学Ⅰ・A		
		理科	「化学基礎・化学」，「生物基礎・生物」，「化学基礎・生物基礎」より1科目選択		
		国語	国語総合（現代文・古文）・現代文B・古典B（漢文は含まない）		
心理		外国語	コミュニケーション英語Ⅰ・Ⅱ，英語表現Ⅰ	2教科選択	各100点
		数学	数学Ⅰ・A		
		国語	国語総合（現代文・古文）・現代文B・古典B（漢文は含まない）		

<table>
<tr><td rowspan="6">現代ビジネス</td><td rowspan="3">現代ビジネス・公共経営</td><td>外国語</td><td>コミュニケーション英語Ⅰ・Ⅱ，英語表現Ⅰ</td><td rowspan="3">2教科選択</td><td rowspan="3">各100点</td></tr>
<tr><td>数学</td><td>数学Ⅰ・A</td></tr>
<tr><td>国語</td><td>国語総合（現代文・古文）・現代文B・古典B（漢文は含まない）</td></tr>
<tr><td rowspan="3">国際観光ビジネス</td><td>外国語</td><td colspan="2">コミュニケーション英語Ⅰ・Ⅱ，英語表現Ⅰ</td><td>100点</td></tr>
<tr><td>数学</td><td>数学Ⅰ・A</td><td rowspan="2">1教科選択</td><td rowspan="2">100点</td></tr>
<tr><td>国語</td><td>国語総合（現代文・古文）・現代文B・古典B（漢文は含まない）</td></tr>
<tr><td rowspan="8">家政</td><td rowspan="4">生活デザイン・造形デザイン</td><td>外国語</td><td>コミュニケーション英語Ⅰ・Ⅱ，英語表現Ⅰ</td><td rowspan="4">2教科選択</td><td rowspan="4">各100点</td></tr>
<tr><td>数学</td><td>数学Ⅰ・A</td></tr>
<tr><td>理科</td><td>化学基礎・生物基礎</td></tr>
<tr><td>国語</td><td>国語総合（現代文・古文）・現代文B・古典B（漢文は含まない）</td></tr>
<tr><td rowspan="4">管理栄養</td><td>外国語</td><td>コミュニケーション英語Ⅰ・Ⅱ，英語表現Ⅰ</td><td rowspan="3">2教科選択</td><td rowspan="3">各100点</td></tr>
<tr><td>数学</td><td>数学Ⅰ・A</td></tr>
<tr><td>国語</td><td>国語総合（現代文・古文）・現代文B・古典B（漢文は含まない）</td></tr>
<tr><td>理科</td><td colspan="2">「化学基礎・化学」，「生物基礎・生物」，「化学基礎・生物基礎」より1科目選択</td><td>100点</td></tr>
<tr><td colspan="2" rowspan="3">薬</td><td>外国語</td><td colspan="2">コミュニケーション英語Ⅰ・Ⅱ，英語表現Ⅰ</td><td>100点</td></tr>
<tr><td>数学</td><td colspan="2">数学Ⅰ・Ⅱ・A</td><td>100点</td></tr>
<tr><td>理科</td><td colspan="2">化学基礎・化学</td><td>100点</td></tr>
<tr><td colspan="2" rowspan="4">看護</td><td>外国語</td><td>コミュニケーション英語Ⅰ・Ⅱ，英語表現Ⅰ</td><td rowspan="4">3教科選択</td><td rowspan="4">各100点</td></tr>
<tr><td>数学</td><td>数学Ⅰ・A</td></tr>
<tr><td>理科</td><td>「化学基礎・化学」，「生物基礎・生物」，「化学基礎・生物基礎」より1科目選択</td></tr>
<tr><td>国語</td><td>国語総合（現代文・古文）・現代文B・古典B（漢文は含まない）</td></tr>
<tr><td colspan="2" rowspan="2">短期大学</td><td>外国語</td><td colspan="2">コミュニケーション英語Ⅰ・Ⅱ，英語表現Ⅰ</td><td>100点</td></tr>
<tr><td>国語</td><td colspan="2">国語総合（現代文）</td><td>100点</td></tr>
</table>

▶備　考

- 上記試験の他，調査書を資料として総合的に判定する。
- 「数学A」の出題範囲は，「場合の数と確率，図形の性質」とする。
- 「基礎を付していない」化学の出題範囲は，「物質の変化と平衡，無機物質の性質と利用，有機化合物の性質と利用」とする。
- 「基礎を付していない」生物の出題範囲は，「生殖と発生，生物の環境応答」とする。

英語

（60 分）

I　次の 1〜10 の **1** 〜 **10** に入れるのに最も適切なものを，それぞれ①〜④ のうちから一つずつ選び，その番号をマークせよ。

1　I promise that I'll keep everything safe for Tina until she **1** back.
　① gets　② got　③ will get　④ would get

2　My colleague was seen **2** out of the meeting early.　He wanted to catch the last train.
　① come　② coming　③ came　④ comes

3　Her experience of teaching Japanese as a volunteer helped her **3** a decision about her future career.
　① serve　② give　③ have　④ make

4　I can't print my report because the copy machine is **4** order.
　① out of　② away from　③ up to　④ off with

5　My new apartment doesn't have **5** furniture, so it looks larger than I expected.
　① many　② a few　③ much　④ lots

6　The world's most generous people try to **6** poverty with their huge donations.
　① concern　② eliminate　③ determine　④ train

7 [7] the bad weather, they decided to go camping.
① Though　② Even if　③ Despite　④ As for

8 Many people go [8] difficult times when they look for the perfect job.
① to　② of　③ through　④ at

9 All aquariums have to be [9] to the varying needs of their sea creatures.
① sensing　② sensitive　③ watching　④ watchable

10 The latest cars [10] less gasoline than previous ones.
① assume　② resume　③ presume　④ consume

Ⅱ 次の 1～4 の日本文と同じ意味になるように，それぞれ ①～⑥ の語句を並べかえて空所を補い，最も適切な文を完成させよ。解答は [11] ～ [18] に当てはまる番号をマークせよ。ただし，文頭に置かれるものも小文字にしてある。

1 その記念館を訪れることで，作家の違った側面を人々に見つけてほしい。
I want people to discover a ____ [11] ____ ____ [12] ____ to the museum.
① a visit　② through　③ different
④ the writer　⑤ of　⑥ side

2 あの時あなたがいなかったら，私たちは空港で途方に暮れていただろう。
____ [13] ____ ____ [14] ____ , we would have been at a loss at the airport.
① it　② had　③ been
④ not　⑤ you　⑥ for

3 彼は，昨日顧客が出した注文を確認するために，電話をすることになっていた。
He was supposed to make a phone call ____ [15] ____ ____ [16] ____ yesterday.
① the order　② to　③ placed
④ the customer　⑤ that　⑥ confirm

4　テクノロジーは，瞬時に会話ができるようにしてくれる道具にすぎない。

Technology is ____ **17** ____ ____ **18** ____ instant communication.

① a　② to　③ but
④ enable　⑤ nothing　⑥ tool

III　次の対話文の **19** ～ **23** に入れるのに最も適切なものを，①～⑥のうちから一つずつ選び，その番号をマークせよ。

Jack:　Hi, Kenji!　How was your summer break?

Kenji:　Oh, hi, Jack!　It was okay.　I spent most of it working part time.　How about you?

Jack:　**19**　I went to the beach every day.

Kenji:　The beach?　What could possibly be bad about that?

Jack:　It was good until the middle of August.　**20**　Look, one stung me on the arm.

Kenji:　Ouch!　I bet that hurt.

Jack:　It did.　It felt like an electric wire touching on my arm.　I thought the jellyfish in Japan were harmless.

Kenji:　Most of them are.　You were probably stung by a box jellyfish.　They appear around the *O-Bon* holiday.　They're small, but they have 20 centimeter-long poisonous parts called tentacles.

Jack:　**21**　I hate them!

Kenji:　Don't say that.　They're amazing!　They don't have eyes, brains, hearts, blood, or even lungs, but they're alive.　They've been around since before the dinosaurs.

Jack:　Cool!　So, what exactly are they?

Kenji:　That's a good question.　For hundreds of years, scientists couldn't decide if they were plants or animals.

Jack:　Really!　**22**

Kenji:　Animals.　They're a very simple type of animal, and they play an important role in the sea.　More than that, eating them is really good for you.　**23**

Jack:　Wow!　I'm impressed.　Now, I feel like going back to the beach to look for jellyfish.

① So, which are they?
② It was good and bad, I guess.
③ Which one is bigger?
④ I wish we could get rid of them all.
⑤ Then, there were jellyfish everywhere.
⑥ It's good for your skin and lowers blood pressure.

IV 次の英文の **24** ～ **28** に入れるのに最も適切なものを，①～⑥ のうちから一つずつ選び，その番号をマークせよ。

Today, the biggest threat to marine life is overfishing. Scientists predict that unsustainable fishing practices will cause the world's seafood **24** to run out by 2048. Only through deliberate measures can this disaster be avoided.

Over three quarters of the Earth's surface is covered by water, yet many underwater species are becoming increasingly rare. The Food and Agriculture Organization of the United Nations estimates that more than 70 percent of the world's fish stocks have reached dangerously low numbers. This is due to a **25** called biological overfishing, which comes in three forms: growth, recruit, and ecosystem. Growth overfishing occurs when fish are harvested before becoming mature. Because of the smaller size of the young fish, fishermen have to catch more to achieve their goal weight. Moreover, when too many adult fish are caught, the reproduction of the species is likewise threatened; this is referred to as recruit overfishing. The third kind is perhaps the worst: ecosystem overfishing. In extreme cases, fishing changes a region's entire wildlife distribution. For example, poisonous sea animals have experienced a recent population explosion in some oceans because they no longer face **26** from other creatures.

Overfishing has severe consequences for humans, too. In Africa, the decline of fish known for eating disease-causing insects has been linked to an increased number of illnesses. There are also economical disadvantages, like those seen in Newfoundland, Canada. Cod fishing was the main trade in this province, but in 1992, groups of ships went to sea and returned empty-handed. The cod had vanished. Decades of overfishing resulted in their **27** , and 40,000 people lost their source of income. Today, many communities are still struggling to recover.

If the industry acts now, the world's sea life can be saved. First, every fishing company must limit the total number of fish caught, giving adults time to breed. Second, certain areas need to be protected, such as delicate sea floor habitats and coral reefs. Governments should work together to make dangerous fishing practices illegal. Consumers can make a **28** , too, with just a little extra effort. Buy fish only from providers who practice sustainable fishing methods and never eat endangered species.

Oceans and lakes are filled with fascinating life forms that have existed for millions of years. Let's not allow our desire for seafood to destroy them!

（Teruhiko Kadoyama・Melanie Scooter・Courtney Hall　*New Connection Book 3*　成美堂　一部改変）

① disappearance	② difference	③ phenomenon
④ supply	⑤ benefit	⑥ competition

V 次のメールを読んで，1〜4 の問いに対する最も適切な答えを，それぞれ ①〜④ のうちから一つずつ選び，その番号を解答番号 **29** 〜 **32** にマークせよ。

Dear Teachers and Staff,

As you all know, we're facing an energy crisis in this region of Japan. From the beginning of next month, our university will be impacted in two ways. Firstly, we will have to pay 50 yen for each kilowatt of electricity—up 20 yen from the current price. Secondly, the amount of electricity supplied to us each month will be cut to 70 percent of the amount we currently use.

To maintain our current electricity expenses and remove the risk of losing power before the end of each month, we need to cut our consumption by 40 percent. It will not be easy. However, if we all do our part, it is certainly possible. As a first step toward our goal, solar panels will be installed to generate electricity in the warmer months, humidifiers to increase moisture and improve the efficiency of the air conditioning during the colder months, and energy-efficient, motion-activated LED lights to reduce consumption all year round.

We will also be running a competition for energy-saving ideas. It is open to teachers, staff and students, and the top three ideas will be put into action on campus. Winners can select from a year's supply of coffee, four tickets to a theme park of their choice, or a steak dinner for four at Star Hotel.

The following are energy-saving ideas we would like you to consider:

1) Set your desktop computer to sleep mode after thirty seconds of inactivity.
2) Turn the air-conditioning off when leaving your office.
3) Turn your office lights off when there is enough natural light.
4) Use the stairs instead of escalators or elevators.
5) Only use the printers when it is absolutely necessary.
6) Dress to stay warm in the colder months and cool during the warmer ones.

Thank you for your understanding and cooperation.

Yours sincerely,

Kenji Tanaka
Manager of the Board

1 How much does the university currently pay for a kilowatt of electricity? **29**

① 20 yen
② 30 yen
③ 40 yen
④ 50 yen

2 Which of the following will not be installed? **30**

① Solar panels
② Humidifiers
③ LED lights
④ Motion-activated air conditioners

3 What will the second place winner receive? **31**

① One free cup of coffee at a café
② Tickets to a theme park
③ One night stay at Star Hotel
④ All of the above

4 Which energy saving idea is everyone encouraged to follow? **32**

① Using the stairs at least once a day
② Turning down the air-conditioning
③ Setting the computer to sleep mode after a certain time
④ Turning off the lights when leaving the office

VI 次の英文を読んで，1～6 の問いに答えよ。

"There have been as many plagues*[1] as wars in history; yet always plagues and wars take people equally by surprise," wrote Albert Camus in his novel, *The Plague*.

When the coronavirus disease, also known as COVID-19, appeared in January 2020, it took the world by (A) <u>surprise</u>. Many of us thought that the worldwide spread of deadly viruses could only have happened hundreds of years ago.

For many illnesses and diseases, we have modern medicine to help us recover our health. For some diseases, we have vaccines*[2] to prevent us from catching them in the future. For example, polio*[3] has been (B) <u>eradicated</u> from most of the world. In 1988, about 350,000 children in the world were paralyzed by polio, preventing them from moving some parts of their bodies. In 2018, that number was only 33.

In the case of the coronavirus, we did not have a vaccine available because it was a new form of virus. Suddenly, the race was on by scientists around the world to develop and, more importantly, test a vaccine.

The idea of vaccination*[4] was first developed in 1796, when Edward Jenner, a British doctor, intentionally infected the son of one of his employees with cowpox*[5]. Jenner was attempting to infect a healthy body with a mild disease in order to prevent a more serious one. The boy soon became sick with cowpox disease. (**C**), when he was later exposed to a more deadly disease, smallpox*[6], he did not become sick. The experiment worked. Getting infected by the mild cowpox disease prevented the boy from getting the more serious smallpox.

When smallpox was spreading throughout Japan from 1838 to 1842, Dr. Shisei Koyama started his own experiments. He sold his family's valuable sword and other items so that he could buy cows to use for experiments. At first, no parents wanted to risk getting their children infected with this unproven vaccine containing the cowpox virus, so Koyama's wife volunteered. This experiment was also successful. By 1849 his vaccine had been recognized as being highly effective. In both cases, (**D**) was necessary to prove the safety and effectiveness of the treatment. Even now, human trials are needed before a vaccine can be approved for use by the general population. There is hope that the COVID-19 vaccines people have been receiving around the world will keep us all healthy.

In the novel, *The Plague*, Camus told the story of not only the spread of a deadly disease, but also how humans reacted. In the story, residents in the Algerian city, Oran, suffered both physically and mentally for several difficult months. Although it is fiction in some ways, it is similar to the recent coronavirus pandemic. The best and the worst aspects of humanity become clear in a time of tragedy. One message of the novel is that the plague never really disappears. (**E**), it is always with us in some form. A plague may not just be a physical illness, but it can represent a breakdown in relations among humans. Human relations can break down in a community on a person-to-person level or when people are confronted by a greater power in times of great distress.

Camus realized this when he lived through the Nazi German invasion of France during the Second World War. We never know when we might be visited by plagues or wars, but what we do know is that with compassion and cooperation, we can overcome any evil that visits us.

*1 plague　伝染病，疫病　　*2 vaccine　ワクチン　　*3 polio　小児まひ
*4 vaccination　ワクチンの予防接種　　*5 cowpox　牛痘　　*6 smallpox　天然痘

（松尾秀樹・Alexander A. Bodnar・Jay C. Stocker・藤本温　*Reading Insight*　三修社　一部改変）

1　下線部 **(A)** の理由として最も適切なものを，次の ①〜④ のうちから一つ選び，その番号を解答番号 **33** にマークせよ。

① Modern medicine could not cure the deadly disease.
② People didn't expect to see such a deadly disease spread worldwide.
③ Camus thought people are more surprised by wars than plagues.
④ People took the threat of a deadly disease seriously.

2　下線部 **(B)** の意味に最も近いものを，次の ①〜④ のうちから一つ選び，その番号を解答番号 **34** にマークせよ。

① spread to the public
② regarded as potentially dangerous
③ wiped out
④ made more infectious

3　(　**C**　) に入れるのに最も適切な語句を，次の ①〜④ のうちから一つ選び，その番号を解答番号 **35** にマークせよ。

① However
② For example
③ First of all
④ In other words

4 (D) に入れるのに最も適切な語句を，次の ①〜④ のうちから一つ選び，その番号を解答番号 **36** にマークせよ。

① sacrificing cows' lives
② having support from experts
③ using smallpox to prevent infection
④ experimenting on humans

5 (E) に入れるのに最も適切な語句を，次の ①〜④ のうちから一つ選び，その番号を解答番号 **37** にマークせよ。

① That is to say
② First of all
③ On second thoughts
④ In spite of that

6 本文の内容と一致するものを，次の ①〜⑤ のうちから一つ選び，その番号を解答番号 **38** にマークせよ。

① Wars and plagues always come hand in hand.
② Camus thought that plagues were only physical diseases.
③ We can overcome any plague with today's medicines.
④ COVID-19 is an example of people's ignorance about medicine.
⑤ Camus understood how helpless our community can be.

数学

◀文・教育・心理・現代ビジネス・家政・看護学部▶

（60分）

I 次の（1）～（5）の空欄 **1** ～ **10** にあてはまる数字（と同じ番号）をマーク解答用紙にマークせよ。なお，分数はそれ以上約分できない形にせよ。

（1）時速4kmで歩くと4時間かかる道を，時速 **1** **2** kmの車で走ると10分で到着した。車の時速を求めよ。

（2）x^3+x^2+x-14 を因数分解すると，$(x-$ **3** $)(x^2+$ **4** $x+$ **5** $)$ である。

（3）$\tan^2 60^\circ - \sin^2 30^\circ - \cos^2 45^\circ - \cos^2 60^\circ =$ **6** である。

（4）1から6の目が等確率で出るサイコロを2回振り，出た目の積が素数となる確率は $\dfrac{\boxed{7}}{\boxed{8}}$ である。

（5）$|y-3|+|x-1|=0$ のとき，$x=$ **9** ，$y=$ **10** である。

II 高校生100人にアンケート調査をとったところ，全員が回答した。このとき，次の問いに答えよ。

(1) 数学が好きと回答した生徒が60人，英語が好きと回答した生徒が70人，数学も英語も好きと回答した生徒が30人であることがわかった。このとき，数学も英語も好きでない生徒は何人いるかを求めよ。結果に至る過程および答えは記述解答用紙 [11] に記せ。

(2) (1)に加え，生物が好きと回答した生徒が28人おり，その中に数学が好きな生徒は25人，数学も英語も好きな生徒は20人いた。このとき，生物も英語も好きな生徒は何人いるかを求めよ。結果に至る過程および答えは記述解答用紙 [12] に記せ。

(3) (2)で，数学，英語，生物のうち，1つだけ好きな生徒は何人いるかを求めよ。結果に至る過程および答えは記述解答用紙 [13] に記せ。

III 放物線 $C_1 : y = x^2 + ax + b$ は直線 $l : y = x - \frac{7}{4}$ と接する。放物線 $C_2 : y = 2x^2 + ax + b$ は x 軸と共有点をもつ。このとき、次の問いに答えよ。

(1) まず，放物線 C_1 と直線 l が接する条件のみから，a と b の関係式を求め，b を a の式で表せ。結果に至る過程および答えは記述解答用紙 [14] に記せ。

(2) 次に，放物線 C_2 に関する条件も考慮して，a のとりうる値の範囲を求めよ。結果に至る過程および答えは記述解答用紙 [15] に記せ。

(3) a が(2)で求めた範囲にあるとき，b のとりうる値の範囲を求めよ。結果に至る過程および答えは記述解答用紙 [16] に記せ。

◀薬 学 部▶

(60 分)

I 次の (1) ～ (6) の空欄 [1] ～ [15] にあてはまる数字（と同じ番号）をマーク解答用紙にマークせよ。

(1) 時速 4km で歩くと 4 時間かかる道を，時速 [1] [2] km の車で走ると 10 分で到着した。車の時速を求めよ。

(2) x^3+x^2+x-14 を因数分解すると，$(x-$ [3] $)(x^2+$ [4] $x+$ [5] $)$ である。

(3) $\tan^2 60^\circ-\sin^2 30^\circ-\cos^2 45^\circ-\cos^2 60^\circ=$ [6] である。

(4) $(x-5)(x-4)(x+3)(x+2)=30$ を解くと，$x=$ [7] $\pm\sqrt{\boxed{8}}$，[9] $\pm\sqrt{\boxed{10}\ \boxed{11}}$ である。

(5) 放物線 $y=x^2-2$ と直線 $y=2x$ で囲まれた部分の面積は [12] $\sqrt{\boxed{13}}$ である。

(6) 不等式 $\log_2 x+\log_2(x-2)\leqq 3$ を解くと，[14] $<x\leqq$ [15] である。

II 高校生 100 人にアンケート調査をとったところ，全員が回答した。このとき，次の問いに答えよ。

(1) 数学が好きと回答した生徒が 60 人，英語が好きと回答した生徒が 70 人，数学も英語も好きと回答した生徒が 30 人であることがわかった。このとき，数学も英語も好きでない生徒は何人いるかを求めよ。結果に至る過程および答えは記述解答用紙 16 に記せ。

(2) (1) に加え，生物が好きと回答した生徒が 28 人おり，その中に数学が好きな生徒は 25 人，数学も英語も好きな生徒は 20 人いた。このとき，生物も英語も好きな生徒は何人いるかを求めよ。結果に至る過程および答えは記述解答用紙 17 に記せ。

(3) (2) で，数学，英語，生物のうち，1 つだけ好きな生徒は何人いるかを求めよ。結果に至る過程および答えは記述解答用紙 18 に記せ。

III 放物線 $C_1 : y = x^2 + 2$ と C_1 上の点 $M(m, m^2+2)$ について，次の問いに答えよ。ただし，$m > 0$ とする。

(1) 点 M における C_1 の接線 l の方程式を求めよ。結果に至る過程および答えは記述解答用紙 19 に記せ。

(2) (1) で求めた接線 l が放物線 $C_2 : y = (x+p)^2 - p^2 + 2$ にも接しているとする。その接点を点 N としたとき，p および点 N の座標を，m を用いて表せ。ただし，$p \neq 0$ とする。結果に至る過程および答えは記述解答用紙 20 に記せ。

(3) (2) のとき，放物線 C_1, C_2 および共通接線 l で囲まれた図形の面積を m を用いて表せ。結果に至る過程および答えは記述解答用紙 21 に記せ。

化学

◀化学基礎・化学▶

（60 分）

計算に必要な場合は、次の原子量を用いよ。

H 1.0　C 12　O 16　K 39　Mn 55

標準状態における気体 1 mol の体積　22.4 L

気体は理想気体として扱うものとする。

計算問題では、必要ならば四捨五入して答えよ。

I　次の ①～⑥ のうちから、互いに同素体である組み合わせを二つ選び、それらの番号を解答番号 [1] と [2] にマークせよ。ただし、解答の順序は問わない。

① 二酸化炭素と一酸化炭素

② 酸素とオゾン

③ 氷と水蒸気

④ ヘリウムとネオン

⑤ 単斜硫黄と二酸化硫黄

⑥ 黄リンと赤リン

Ⅱ　次の ① ～ ⑥ の電子配置をもつ原子について、（1）～（4）の問いに答えよ。ただし、中心の丸は原子核を、その外側の同心円は電子殻を、円周上の丸は電子をそれぞれ表す。

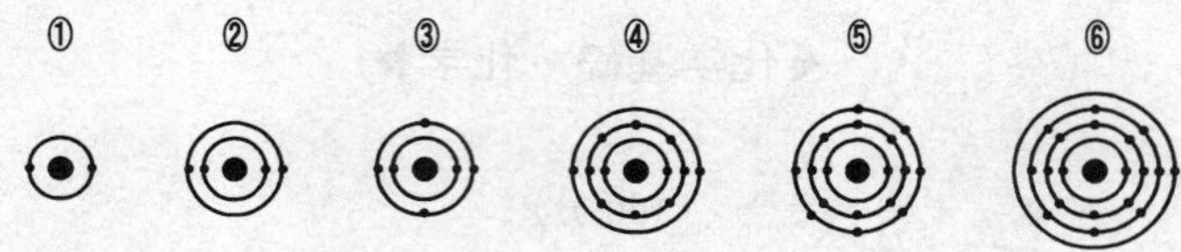

（1） 価電子の数が互いに等しい原子の組み合わせはどれか。① ～ ⑥ のうちから当てはまるものを二つ選び、それらの番号を解答番号 [3] と [4] にマークせよ。ただし、解答の順序は問わない。

（2） 電子を失って陽イオンになる傾向が最も大きい原子を、① ～ ⑥ のうちから一つ選び、その番号を解答番号 [5] にマークせよ。

（3） 原子番号 9 の原子と同じ族に分類されるものを、① ～ ⑥ のうちから一つ選び、その番号を解答番号 [6] にマークせよ。

（4） 質量数 12、中性子の数が 6 である原子を、① ～ ⑥ のうちから一つ選び、その番号を解答番号 [7] にマークせよ。

III 次の ①～⑤ のうちから、**電気を通さないもの**を一つ選び、その番号を解答番号 [8] にマークせよ。

① 融解した塩化ナトリウム

② 固体の硝酸カリウム

③ 硫酸マグネシウムの水溶液

④ 液体の水銀

⑤ 固体の金

IV イオン化エネルギーとイオンに関する記述として**誤りを含むもの**を、次の ①～⑥ のうちから二つ選び、それらの番号を解答番号 [9] と [10] にマークせよ。ただし、解答の順序は問わない。

① Be のイオン化エネルギーは、Li のそれよりも大きい。

② F のイオン化エネルギーは、Ne のそれよりも大きい。

③ Na^+の半径は、F^-のそれよりも小さい。

④ F^-の半径は、O^{2-}のそれよりも大きい。

⑤ Cl^-の半径は、Cl のそれよりも大きい。

⑥ Ca^{2+}の半径は、Ca のそれよりも小さい。

V　天然に存在する臭素は ^{79}Br および ^{81}Br の 2 種類の同位体からなり、その原子量は 79.90 である。また、^{79}Br および ^{81}Br の相対質量はそれぞれ 78.92 と 80.92 である。（1）・（2）の問いに答えよ。

（1） ^{81}Br の存在比(%)を 2 桁の整数で答えよ。解答は、空欄 [11] と [12] に当てはまる数字と同じ番号を、解答番号 [11] と [12] にマークせよ。

[11][12] %

（2） 2 種類の同位体が存在することから、臭素には相対質量が異なる臭素分子 Br_2 が複数存在することになる。何種類存在するか。その数と同じ番号を、解答番号 [13] にマークせよ。

VI　一定温度で、100 g の溶媒に溶ける溶質の最大量(g)を溶解度という。次の表は、水に対するホウ酸の溶解度と温度の関係を示したものである。（1）・（2）の問いに答えよ。

水の温度［℃］	20	40	60	80
ホウ酸の溶解度	4.9	8.9	14.9	23.5

（1） 40℃におけるホウ酸の飽和水溶液の質量パーセント濃度 c ［%］を、小数点以下 1 桁まで求めよ。解答は、空欄 [14] と [15] に当てはまる数字と同じ番号を、解答番号 [14] と [15] にマークせよ。

c = [14] . [15] %

(2) 80℃の水 140 g にホウ酸を 30.0 g 溶かしたのち、溶液の温度を 20℃に下げたとき、析出するホウ酸の質量 m [g]を、小数点以下 1 桁まで求めよ。解答は、空欄 [16] ～ [18] に当てはまる数字と同じ番号を、解答番号 [16] ～ [18] にマークせよ。

m = [16][17].[18] g

VII 濃度未知の酢酸水溶液の濃度を中和滴定で求める一連の操作で使用する器具(a)～(d)のうち、純水で洗浄後、内部がぬれたまま使用してよいものの組み合わせはどれか。次の ①～⑥ のうちから一つ選び、その番号を解答番号 [19] にマークせよ。

(a) コニカルビーカー

(b) ビュレット

(c) ホールピペット

(d) メスフラスコ

① (a)と(b)

② (a)と(c)

③ (a)と(d)

④ (b)と(c)

⑤ (b)と(d)

⑥ (c)と(d)

VIII 過マンガン酸カリウム $KMnO_4$ が酸化剤、過酸化水素 H_2O_2 が還元剤としてはたらくときの反応式は、それぞれ次のようになる。

酸化剤　$MnO_4^- + 8H^+ + 5e^- \rightarrow Mn^{2+} + 4H_2O$

還元剤　$H_2O_2 \rightarrow O_2 + 2H^+ + 2e^-$

濃度未知の過酸化水素水を水で10倍に希釈し、その溶液10.0 mLを量り取り、硫酸酸性下、0.020 mol/Lの過マンガン酸カリウム水溶液で滴定したところ、16.0 mL加えたときに水溶液が赤紫色になった。このとき、最初の過酸化水素水の濃度 c [mol/L]を小数点以下2桁まで求めよ。解答は、空欄 [20] ～ [22] に当てはまる数字と同じ番号を、解答番号 [20] ～ [22] にマークせよ。

c = [20] . [21] [22] mol/L

IX 硫酸亜鉛水溶液に浸した亜鉛板を負極、硫酸銅(II)水溶液に浸した銅板を正極とするダニエル電池がある。正極の質量が銅1 mol相当量だけ増加したとき、流れた電気量を表す式を、次の①～⑥のうちから一つ選び、その番号を解答番号 [23] にマークせよ。ただし、e は電子1個のもつ電気量の大きさ、N_A はアボガドロ定数とする。

① eN_A　　② $2eN_A$　　③ $\frac{eN_A}{2}$

④ $\frac{e}{N_A}$　　⑤ $\frac{2e}{N_A}$　　⑥ $\frac{e}{2N_A}$

X　酢酸とエタノールから酢酸エチルが生成する反応は、次のような平衡反応である。

$$CH_3COOH + C_2H_5OH \rightleftarrows CH_3COOC_2H_5 + H_2O$$

ある条件で、酢酸 0.25 mol とエタノール 0.40 mol を反応させて、平衡に達したとき、生成した酢酸エチルの量は 0.20 mol だった。同じ条件で、酢酸 0.50 mol とエタノールを 0.50 mol を反応させたとき、生成する酢酸エチルの物質量 n [mol] を、小数点以下 2 桁まで求めよ。解答は、空欄 [24] ～ [26] に当てはまる数字と同じ番号を、解答番号 [24] ～ [26] にマークせよ。

$n =$ [24] . [25] [26] mol

XI　標準状態で 44.8 L の一酸化炭素 CO を完全燃焼させたところ 566 kJ の熱が発生した。また、3.0 g の黒鉛を完全に燃焼させると 98.5 kJ の熱が発生した。CO の生成熱 Q [kJ/mol] を 3 桁の整数で答えよ。解答は、次の空欄 [28] ～ [30] に当てはまる数字と同じ番号を、解答番号 [28] ～ [30] にマークせよ。ただし、Qが正の場合は解答番号 [27] に ① を、Qが負の場合は解答番号 [27] に ② をマークせよ。

$Q =$ [27] [28] [29] [30] kJ/mol

XⅡ　ギ酸に濃硫酸を反応させて得られる気体をA、炭酸カルシウムに希塩酸を反応させて得られる気体をBとする。AとBの性質に関する記述として**誤りを含むもの**を、次の ① ～ ⑤ のうちから一つ選び、その番号を解答番号 [31] にマークせよ。

① Aは水に溶けにくいが、Bは水に少し溶ける。

② Aは高温で還元力をもつが、Bは還元力をもたない。

③ Aは無毒だが、Bは毒性が強い。

④ Aを石灰水に通しても白濁させないが、Bを石灰水に通すと白濁させる。

⑤ A、Bともに無色、無臭である。

XⅢ　ナトリウム、カルシウム、マグネシウムに関する記述として**誤りを含むもの**を、次の ① ～ ⑥ のうちから一つ選び、その番号を解答番号 [32] にマークせよ。

① Na と Ca は炎色反応を示すが、Mg は示さない。

② Na と Ca は常温の水と反応して水素を発生するが、Mg は常温の水とはほとんど反応しない。

③ Na と Ca の水酸化物は強い塩基、Mg の水酸化物は弱い塩基である。

④ $NaCl$、$CaCl_2$、$MgCl_2$ はいずれも水に溶けやすい。

⑤ Na_2SO_4 と $CaSO_4$ は水に溶けるが、$MgSO_4$ は水に溶けにくい。

⑥ Na_2CO_3 は水に溶けるが、$CaCO_3$ と $MgCO_3$ は水に溶けにくい。

XⅣ　分子式が C_4H_8 で表される有機化合物に関する次の（１）・（２）の問いに答えよ。

（１）異性体はいくつあるか。立体異性体を含め、その個数と同じ番号を解答番号 [33] にマークせよ。

（２）この分子式をもつ化合物 0.050 mol を完全燃焼させるのに必要な酸素の標準状態での体積 V [L]を、小数点以下 1 桁まで求めよ。解答は、次の空欄 [34] と [35] に当てはまる数字と同じ番号を、解答番号 [34] と [35] にマークせよ。

V = [34] . [35] L

XⅤ　水溶液中でアラニンは、陽イオンA、双性イオンB、陰イオンCの平衡混合物になっている。次の（１）・（２）の問いに答えよ。

A: $H_3C-CH(NH_3^+)-COOH$

B: $H_3C-CH(NH_3^+)-COO^-$

C: $H_3C-CH(NH_2)-COO^-$

（１）A、B、Cの平衡混合物に関する文章中の空欄 [36] と [37] に当てはまる語句を、次の①～⑥のうちからそれぞれ一つずつ選び、それらの番号を解答番号 [36] と [37] にマークせよ。

等電点は平衡混合物の電荷の総和が全体として 0 となるときの [36] である。このとき最も物質量が多いのは [37] である。

①　電離定数 K_a　②　水素イオン指数 pH　③　速度定数 k

④　A　⑤　B　⑥　C

（2） 次の ①～④ のうち、この平衡混合物に加えることでCを増加させることができる試薬はどれか。その番号を解答番号 **38** にマークせよ。

① 塩酸　　　　② 水酸化ナトリウム水溶液

③ 二酸化炭素　④ 塩化ナトリウム水溶液

XⅥ 1-ナフトール、トルエン、アニリン、ニトロベンゼン、アセトアニリド、安息香酸の混合物から各化合物を分離するため、分液ろうとを使用して次のような操作を行った。その結果、水層Aには安息香酸を、水層Bには1-ナフトールを分離することができた。一方、エーテル層Cには3種類の化合物**ア**～**ウ**が存在したことから、それらをカラムクロマトグラフィーで分離した。その結果、**ア**のみ精製でき、**イ**と**ウ**は混合物で得られた。次の（1）～（3）の問いに答えよ。

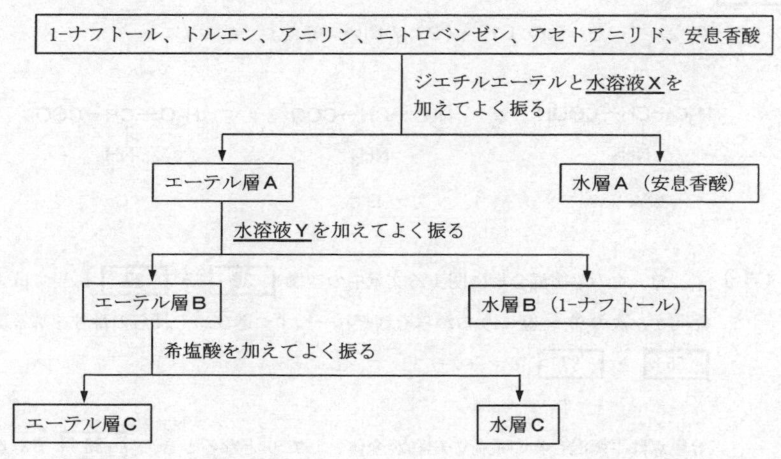

（1） 水溶液XおよびYとして適切なものを、次の ①～⑥ のうちからそれぞれ一つずつ選び、それらの番号を指定された解答番号 **39** と **40** にマークせよ。

水溶液X：39　　水溶液Y：40

① 塩化アンモニウム水溶液　　② エタノール水溶液
③ 炭酸水素ナトリウム水溶液　　④ 塩化ナトリウム水溶液
⑤ 水酸化ナトリウム水溶液　　⑥ 酢酸水溶液

（2） **ア**は、常温常圧で固体であった。その化合物を次の ①～④ のうちから一つ選び、その番号を解答番号 41 にマークせよ。

① トルエン　② アニリン　③ ニトロベンゼン　④ アセトアニリド

（3） **イ**と**ウ**を分離するのに最も適切な方法を、次の ①～④ のうちから一つ選び、その番号を解答番号 42 にマークせよ。

① 再結晶　② 分留　③ ろ過　④ 昇華法

◀化 学 基 礎▶

（注）「生物基礎」とあわせて１科目として解答。

（60分）

◀化学基礎・化学▶の I ～VIIIに同じ。

生物

◀生物基礎・生物▶

（60分）

I 生物の多様性および顕微鏡観察に関する次の（1）～（5）の問いに答えよ。

（1） 次のア～オのうち、肉眼で見えるものには①、肉眼では見えないが光学顕微鏡で見えるものには②、肉眼や光学顕微鏡では見えないが電子顕微鏡で見えるものには③、肉眼でも光学顕微鏡でも電子顕微鏡でも見えないものには④を、解答番号 1 ～ 5 にマークせよ。

ア　ヒトの卵　1
イ　大腸菌　2
ウ　インフルエンザウイルス　3
エ　イネの葉の葉緑体　4
オ　アメーバ　5

（2） 次のヒトの血液成分ア～エにおいて、核をもつものには①、核をもたないものには②を、それぞれ解答番号 6 ～ 9 にマークせよ。

ア　血小板　6
イ　好中球　7
ウ　赤血球　8
エ　リンパ球　9

（3） 光学顕微鏡で試料を観察したところ、光が散乱しすぎて構造を十分に観察できなかった。原因がプレパラートにあった場合に、考えられる理由として、最も適切なものを次の①～⑤のうちから一つ選び、その番号を解答番号 10 にマークせよ。

① 試料をエタノールなどで固定をしていなかった。
② 試料に水などの溶液を滴下していなかった。
③ 試料が染色液で染色できていなかった。
④ 塩酸などを使用して細胞どうしの接着を緩めていなかった。
⑤ 試料が適切な厚さでなかった。

(4)　光学顕微鏡の操作方法に関する次の①～⑥の記述のうちから適切なものを二つ選び、それらの番号を解答番号 11 と 12 にマークせよ。ただし、解答の順序は問わない。

① 顕微鏡を持ち運ぶときは、両手を鏡台の下側に添えて持ち運ぶ。
② 対物レンズを取り付けてから、接眼レンズを取り付ける。
③ 倍率の調節は、はじめに高倍率で観察してから行う。
④ 低倍率で観察するときには平面鏡を用い、400倍以上の高倍率で観察するときは凹面鏡を用いる。
⑤ ピントを合わせるときは、上から見ながら調節ねじを回す。
⑥ 見やすい明るさに調整するためには、一般に低倍率では、しぼりを絞る。

(5)　光学顕微鏡の対物レンズの倍率を10倍から40倍に交換して試料を観察した。倍率を変えた後の視野の中に見える試料の面積の変化について、最も適切なものを次の①～⑦のうちから一つ選び、その番号を解答番号 13 にマークせよ。

① 変わらなかった。
② 4倍になった。
③ 4分の1になった。
④ 8倍になった。
⑤ 8分の1になった。
⑥ 16倍になった。
⑦ 16分の1になった。

Ⅱ　多細胞生物の体細胞分裂と遺伝情報の分配に関する次の文章を読み、(1)～(6)の問いに答えよ。

ある植物について、等しい細胞周期で体細胞分裂を繰り返す1種類の細胞の集団があるとする。次の図1は、その細胞1個あたりのDNA量（相対値）の変化を示したものである。また、図2の（オ）～（コ）は、この細胞の1個が母細胞となり、体細胞分裂によって2個の娘細胞が生じるまでの過程を示した模式図である。

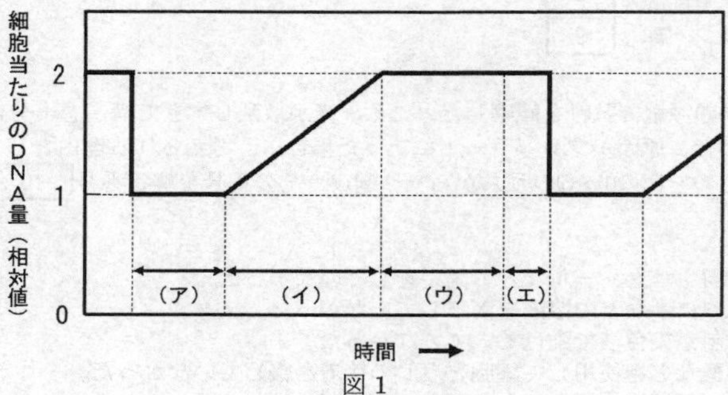

図1

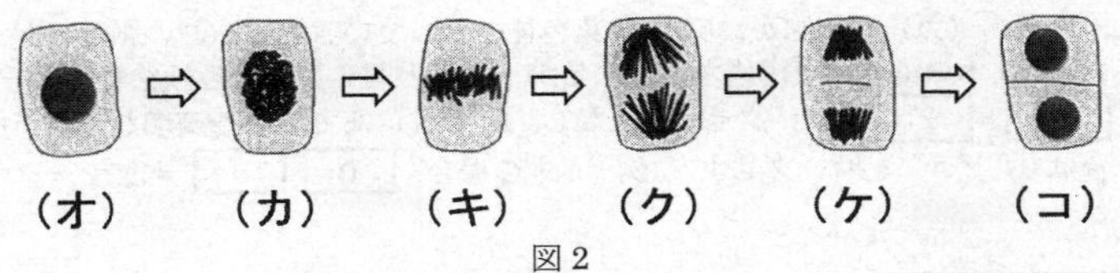

図2

(1) 次の(a)～(c)の細胞について、図1の(ア)～(エ)に示す期間のうち、どの期間にあてはまる細胞であるか。次の①～⑨のうちから最も適切なものを、一つずつ選び、それらの番号を解答番号 14 ～ 16 にそれぞれマークせよ。ただし、同じものを繰り返し選んでもよい。

(a) DNAの複製が行われている細胞： 14

(b) 間期にある細胞： 15

(c) 図2の(キ)の細胞： 16

① (ア)　② (イ)　③ (ウ)
④ (エ)　⑤ (ア)と(イ)　⑥ (イ)と(ウ)
⑦ (ウ)と(エ)　⑧ (ア)と(イ)と(ウ)　⑨ (イ)と(ウ)と(エ)

(2) 図1の(ア)～(エ)のそれぞれの期間について、最も適切な組合せを次の①～⑧のうちから一つ選び、その番号を解答番号 17 にマークせよ。

	(ア)	(イ)	(ウ)	(エ)
①	S期	G_2期	M期	G_1期
②	G_1期	S期	G_2期	M期
③	M期	G_1期	S期	G_2期
④	G_2期	M期	G_1期	S期
⑤	G_1期	G_2期	S期	M期
⑥	M期	G_1期	G_2期	S期
⑦	S期	M期	G_1期	G_2期
⑧	G_2期	S期	M期	G_1期

(3) 文章中の細胞の集団について、ある時刻に全部で250個の細胞を観察したところ、235個の細胞が図2の(オ)や(コ)のような細胞であった。この細胞の細胞周期が20時間であるとき、M期に要する時間として最も適切なものを次の①～⑨のうちから一つ選び、その番号を解答番号 18 にマークせよ。ただし、観察した細胞の集団では、一つ一つの細胞のM期の始まりの時刻はばらばらであったとし、分裂を停止したり、死滅した細胞もなかったものとする。

① 36分　② 48分　③ 60分　④ 72分　⑤ 84分
⑥ 96分　⑦ 108分　⑧ 120分　⑨ 132分

(4) 図2の(カ)の細胞は、ゲノムを何組もっているか。解答と同じ数字の番号を解答番号 19 にマークせよ。

19 組

(5)　図2の（カ）の細胞が、52本の染色体をもっている場合、この細胞のゲノム1組は何本の染色体で構成されているか。解答と同じ数字の番号を解答番号 20 と 21 にマークせよ。ただし、10の位にあてはまる適切な数字がない場合は0（ゼロ）をマークせよ。（例　5本の場合、 0 5 本とマークすること。）

20 21 本

(6)　問い（5）について、ある1本の染色体では、チミンがグアニンの1.5倍量含まれていた。この染色体に含まれるアデニンとシトシンの割合（%）として最も適切なものを次の①～⑨のうちから一つずつ選び、それらの番号を解答番号 22 と 23 にマークせよ。ただし、同じものを繰り返し選んでもよい。

① 20%　② 25%　③ 30%　④ 35%　⑤ 40%
⑥ 45%　⑦ 50%　⑧ 55%　⑨ 60%

アデニンの割合： 22 　　シトシンの割合： 23

III　ヒトの体内で代謝の結果生じる物質の処理に関する次の（1）～（7）の問いに答えよ。

(1)　呼吸では、有機物（$C_6H_{12}O_6$）が酸素を利用して段階的に分解され、二酸化炭素（CO_2）と水（H_2O）ができ、この過程でエネルギーが取り出される。この呼吸でできたCO_2は、血液中を運ばれ、肺胞周囲の毛細血管から肺胞中に放出される。呼吸でできたCO_2は、次の①～④のどこにまず入るか。最も適切なものを一つ選び、その番号を解答番号 24 にマークせよ。

① 赤血球　② 血しょう　③ 組織液　④ リンパ液

(2)　肺胞周囲の毛細血管を流れる血液は、次の心臓の①～④のどの部分から出るか。正しいものを一つ選び、その番号を解答番号 25 にマークせよ。

① 右心房　② 右心室　③ 左心房　④ 左心室

(3)　CO_2は、赤血球中では主としてどのような形で存在するか。次の①～④のうちから最も適切なものを一つ選び、その番号を解答番号 26 にマークせよ。

① CO_2　② HCO_3^-　③ H_2CO_3　④ H_2O

(4)　肺胞周囲の毛細血管の中の赤血球から肺胞中にCO_2が放出される際に、CO_2が肺胞内に到達するまでに細胞膜を何回通過することになるか。毛細血管は一層の内皮細胞、肺胞は一層の肺胞上皮細胞と呼ばれる細胞で構成されるとして、その回数を解答番号 27 にマークせよ。

27 回

（5） 問い（1）で示された有機物の代表はグルコースであるが、脂肪も構成元素はC（炭素）、H（水素）、O（酸素）である。したがって、呼吸で脂肪が代謝されても二酸化炭素（CO_2）と水（H_2O）しかできない。しかし、もう一つの栄養素であるタンパク質は、アミノ酸に分解されて代謝されると、二酸化炭素（CO_2）と水（H_2O）以外に、アンモニアが生じる。これは、アミノ酸がグルコースや脂肪には含まれない窒素（N）を元素として含むためである。アンモニアは毒性があるため、別の物質（物質A）に変えられる。この物質Aは何か。次の①～⑤のうちから最も適切なものを一つ選び、その番号を解答番号 28 にマークせよ。

① 尿酸　② 尿素　③ クレアチニン　④ イヌリン　⑤ ビリルビン

（6） アンモニアが問い（5）の物質Aに変えられるのは、主として次の①～⑦のどこか。最も適切なものを一つ選び、その番号を解答番号 29 にマークせよ。

① 肺　② 心臓　③ 小腸　④ 胃　⑤ 腎臓　⑥ 肝臓　⑦ ひ臓

（7） 問い（5）の物質Aが体外に排泄されるのは、次の①～⑦のどこからか。最も適切なものを一つ選び、その番号を解答番号 30 にマークせよ。

① 肺　② 心臓　③ 小腸　④ 胃　⑤ 腎臓　⑥ 肝臓　⑦ ひ臓

Ⅳ 多細胞生物における遺伝情報の分配と発現に関する次の文章を読み、（1）～（7）の問いに答えよ。

有性生殖を行う生物では、(a)配偶子が形成される過程で減数分裂が起きる。減数分裂の（　ア　）の（　イ　）には、(b)相同染色体どうしが対合して二価染色体を形成し、その際に相同染色体の間で交さがおこり、染色体の一部が交換されて乗換えがおこる場合がある。このとき、乗換えをおこした相同染色体に新たな遺伝子の連鎖が生じることがあり、これを遺伝子の組換えという。(c)連鎖している遺伝子間では一定の頻度で組換えがおきており、遺伝子の組換えがおきる頻度は組換え価とよばれる。一般に、連鎖している2つの遺伝子間の距離が大きくなるほど、組換え価も大きくなる。

（1） 文章中の下線部（a）について、動物の配偶子が形成される際に、1個の一次卵母細胞ならびに1個の一次精母細胞からはそれぞれ何個の配偶子が生じるか。解答と同じ数字の番号を解答番号 31 と 32 にそれぞれマークせよ。

1個の一次卵母細胞から生じる配偶子の数 31 個
1個の一次精母細胞から生じる配偶子の数 32 個

（2） 文章中の（　ア　）と（　イ　）にあてはまる語の組合せとして最も適切なものを次の①～⑧のうちから一つ選び、その番号を解答番号 33 にマークせよ。

	（ア）	（イ）
①	第一分裂	前期
②	第一分裂	中期
③	第一分裂	後期
④	第一分裂	終期
⑤	第二分裂	前期
⑥	第二分裂	中期
⑦	第二分裂	後期
⑧	第二分裂	終期

（3） 文章中の下線部（b）について、1対の二価染色体を構成する染色体の本数とこのときの核相（染色体の構成）の組合せとして最も適切なものを次の①～⑥のうちから一つ選び、その番号を解答番号 34 にマークせよ。

	染色体の本数	核相
①	2本	n
②	2本	$2n$
③	2本	$4n$
④	4本	n
⑤	4本	$2n$
⑥	4本	$4n$

（4） 文章中の下線部（c）について、有性生殖を行うある生物の体細胞がもつ相同染色体に3組の対立遺伝子 A と a、B と b、C と c があり、遺伝子 A、B、C は、それぞれ遺伝子 a、b、c に対して優性であるとする。この生物の体細胞の遺伝子型が $AaBbCc$ の個体について検定交雑を行い、得られた子の表現型の分離比を調べたところ、遺伝子 A と B と C ならびに a と b と c が連鎖していることが分かった。さらに遺伝子 $A-B$（$a-b$）間、$A-C$（$a-c$）間、$B-C$（$b-c$）間の組換え価は、それぞれ 20%、30%、10%であることが分かった。このとき、体細胞の遺伝子型が $AaBbCc$ の個体で形成された配偶子がもつ遺伝子型の分離比を求め、次の解答番号の 35 ～ 37 にあてはまる適切な数字と同じ番号をそれぞれマークせよ。ただし、解答は最も簡単な整数比で答えるものとする。

遺伝子型の分離比

ABC		ABc		Abc		aBC		abC		abc
35	：	36	：	37	：	37	：	36	：	35

（5） 問い（4）の生物に関して、次の図1に示される相同染色体をもつ遺伝子型 $AABbCc$ の個体で形成される配偶子がもつ遺伝子型の分離比を求め、次の解答番号の 38 と 39 にあてはまる適切な数字と同じ番号をそれぞれマークせよ。ただし、二重乗換えはおきないものとする。なお、解答は最も簡単な整数比で答えるものとする。

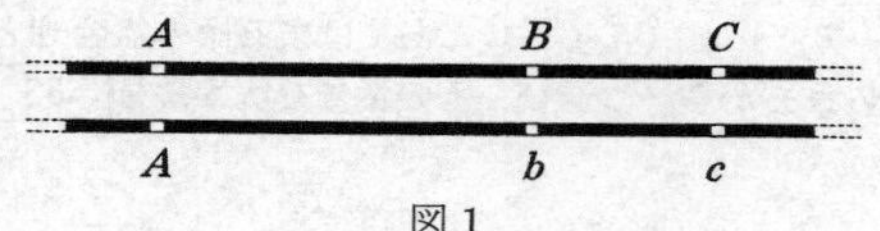

図1

遺伝子型の分離比

ABC		*ABc*		*AbC*		*Abc*
38	:	39	:	39	:	38

（６） 問い（４）の生物に関して、次の図２に示される相同染色体をもつ遺伝子型 *AaBbCC* の個体で形成される配偶子がもつ遺伝子型の分離比を求め、次の解答番号の 40 と 41 にあてはまる適切な数字と同じ番号をそれぞれマークせよ。ただし、二重乗換えはおきないものとする。なお、解答は最も簡単な整数比で答えるものとする。

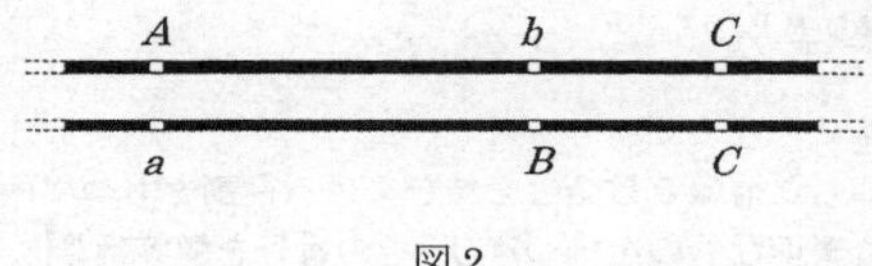

図２

遺伝子型の分離比

AbC		*ABC*		*abC*		*aBC*
40	:	41	:	41	:	40

（７） 問い（４）の生物に関して、問い（５）の遺伝子型 *AABbCc* の個体と、問い（６）の遺伝子型 *AaBbCC* の個体との交雑によって子を得た。得られた子のうち、３組の対立遺伝子（*A* と *a*、*B* と *b*、*C* と *c*）によって支配されるそれぞれの形質に関して、それらの表現型が全て優性となった子の割合（%）として最も適切なものを、次の①～⑨のうちから一つ選び、その番号を解答番号 42 にマークせよ。ただし、二重乗換えはおきなかったものとする。

①　60%　②　65%　③　70%　④　75%　⑤　80%　⑥　85%
⑦　90%　⑧　95%　⑨　100%

V　ヒトの刺激の受容と反応に関する次の（1）～（7）の問いに答えよ。

（1）　コルチ器の存在する場所として、次の①～⑤のうちから最も適切なものを一つ選び、その番号を解答番号 43 にマークせよ。

① 前庭
② 半規管の膨大部
③ うずまき細管の基底膜の上
④ 卵円窓の膜の上
⑤ 前庭神経

（2）　聴覚器で感知した情報と言語とを結びつける役割をもつ場所として、次の①～⑤のうちから最も適切なものを一つ選び、その番号を解答番号 44 にマークせよ。

① 間脳
② 脳幹部の橋
③ 大脳の側頭葉
④ 大脳の感覚野
⑤ 帯状回

（3）　光を視細胞が受容するとその情報は特定の領域へ伝えられ、そのニューロンが興奮し、視覚という感覚が生まれる。この視覚が生まれる場所として、次の①～⑤のうちから最も適切なものを一つ選び、その番号を解答番号 45 にマークせよ。

① 眼球の黄斑
② 視索
③ 視交叉（さ）
④ 大脳の後頭葉
⑤ 間脳の視床

（4）　体の内部の水分量の状態を常に監視し調節している場所として、次の①～⑤のうちから最も適切なものを一つ選び、その番号を解答番号 46 にマークせよ。

① 脳下垂体
② 大脳辺縁系の扁（へん）桃体
③ 大脳辺縁系の海馬
④ 脳幹の延髄
⑤ 視床下部

（5）　運動をつかさどる部位として、次の①～⑤のうちから最も適切なものを一つ選び、その番号を解答番号 47 にマークせよ。

① 大脳の前頭葉
② 間脳
③ 中脳
④ 橋
⑤ 脊髄の背根

（6）　意思や動機などの高度な精神活動の中枢である連合野が存在する大脳の部位として、次の①～⑤のうちから最も適切なものを一つ選び、その番号を解答番号 48 にマークせよ。

① 間脳
② 大脳辺縁系
③ 大脳新皮質
④ 白質
⑤ 脳梁

（7）　うす暗い所ではたらく、光を感じる感覚細胞がある。その細胞に関する記述として、次の①～⑤のうちから最も適切なものを一つ選び、その番号を解答番号 49 にマークせよ。

① 網膜周辺部の黄斑に多い。
② ヒトでは3種類ある。
③ 特定のビタミンが不足すると、はたらきが悪くなる。
④ 視神経に存在する。
⑤ 片方の眼全体で、約1000個存在する。

Ⅵ　オナモミの種子は、動物の毛皮や人の衣服に付着しやすい形態をもち、くっつき虫と呼ばれることがある。オナモミを植木鉢で栽培し、育てた苗を材料に、実験を行った。次の（1）～（7）の問いに答えよ。

（1）　オナモミは、春から夏にかけて栄養成長を行い、夏から秋にかけて開花・結実する。このような植物を何と呼ぶか。適切なものを次の①～③のうちから一つ選び、その番号を解答番号 50 にマークせよ。

① 中性植物　② 長日植物　③ 短日植物

（2）　問い（1）の解答の性質をもつ植物を、次の①～⑧のうちから三つ選び、それらの番号を解答番号 51 ～ 53 にマークせよ。ただし、解答の順序は問わない。

① アサガオ　② トマト　③ キク　④ コムギ
⑤ イネ　⑥ エンドウ　⑦ アブラナ　⑧ トウモロコシ

（3）　花芽の分化を誘導するものとして最も適切なものを、次の①～⑧のうちから一つ選び、その番号を解答番号 54 にマークせよ。

① アブシシン酸　② エチレン　③ ブラシノステロイド
④ サリチル酸　⑤ ジベレリン　⑥ ジャスモン酸
⑦ フロリゲン　⑧ オーキシン

（4）　花芽形成を促進する物質は葉でつくられる。その物質の運搬に関わる構造として最も適切なものを次の①〜③のうちから一つ選び、その番号を解答番号 55 にマークせよ。

①　木部（道管）　　　　②　師部（師管）　　　　③　形成層

（5）　次の①〜③は茎において、どのように位置するか。中心に近いものから順に、解答番号 56 〜 58 にそれぞれマークせよ。

①　木部（道管）　　　　②　師部（師管）　　　　③　形成層

茎の中心　→ 56 → 57 → 58 → 外側（表皮）

（6）　一定程度成長したオナモミを6株準備し、それぞれの地上部全体に次の図のとおり、様々な条件（ⅰ〜ⅵ）で白色光を照射して栽培を続けたところ、花芽は条件ⅱで形成され、条件ⅲでは形成されなかった。この結果から予想されるそのほかの光条件（ⅰとⅳ〜ⅵ）における花芽形成（あ〜え）について、花芽が形成されると予想されるものには①を、花芽が形成されないと予想されるものには②を、どちらともいえないものには③を、解答番号 59 〜 62 にそれぞれマークせよ。

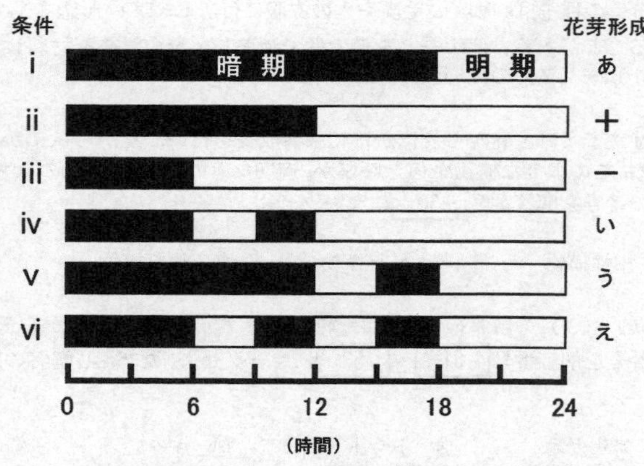

図　様々な光条件下でのオナモミの花芽形成

あ 59　　い 60　　う 61　　え 62

（7）　問い（6）の実験結果から考察されるオナモミの限界暗期として、最も適切なものを次の①〜⑧のうちから一つ選び、その番号を解答番号 63 にマークせよ。

① 限界暗期なし
② 6時間以下
③ 6時間
④ 6時間以上で12時間以下
⑤ 9時間
⑥ 9時間以上で12時間以下
⑦ 12時間
⑧ 12時間以上で18時間以下

◀生物基礎▶

（注）「化学基礎」とあわせて1科目として解答。

（60分）

◀生物基礎・生物▶のⅠ～Ⅲに同じ。

▲短期大学▼

（六〇分）

▲大学▼の[一]に同じ。

問三　傍線部イに「無念の事におぼゆ」とある。何を無念の事と思っているのか。最も適切なものを、次の①～⑤のうちから一つ選べ。解答は、マーク解答用紙の解答番号 22 に、その番号をマークせよ。

① 咸陽宮にあったと言うと、いかにも自慢しているようで嫌みに聞こえること。
② 咸陽宮はすばらしいが、「釘かくし」というとつまらないものに思われてしまうこと。
③ 世間では咸陽宮について知られていないので、貴重なものだとは思われないこと。
④ 古くてすばらしいものなのに、咸陽宮にあったといういわくがついていること。
⑤ 「釘かくし」などというものには全くふさわしくない花鳥が鏤められていること。

問四　傍線部ウに「持つたへたらましかば」とある。言葉を補ってこれを現代語訳せよ。解答は、記述解答用紙の解答番号 12 に記入せよ。

問五　空欄 A に入る語として、最も適切なものを、次の①～⑤のうちから選べ。解答は、マーク解答用紙の解答番号 23 に、その番号をマークせよ。

①　べから　②　べかり　③　べし　④　べき　⑤　べけれ

問六　釘かくしと茶碗とでは、作者の評価が少し異なっている。異なっている点について四十五字以内で答えよ（句読点等も字数に含む）。解答は、記述解答用紙の解答番号 13 に記入せよ。

（注）
※1　咸陽宮　＝　秦の始皇帝が都咸陽に建てた宮殿。咸宮。
※2　釘かくし　＝　建築物の内部に打った釘の頭を隠すための金属製の飾り。
※3　鍔　＝　刀剣の柄と刀身との間にはさみ、柄を握る手を保護する金具。
※4　物数奇て　＝　面白みがでるように工夫して。
※5　荒唐のさた　＝　でたらめな話や評判。
※6　ながらの橋杭・井出のほしかはず　＝　歌枕である「長柄の橋」を作った時のカンナくずを能因法師が、歌枕である「井出の玉川」の蛙の干物を藤原節信が、それぞれ持ち出して自慢した故事。
※7　常盤潭北　＝　江戸中期の俳人（一六七七～一七四四）。与謝蕪村とも交流があった。
※8　高麗の茶碗　＝　朝鮮の李朝の茶碗。
※9　大高源五　＝　赤穂浪士四十七士の一人（一六七二～一七〇三）で、俳諧に優れた。「源吾」とも書く。

問一　空欄 Ⅰ ～ Ⅳ に入る語として、最も適切なものを、次の ①～⑤ のうちから選べ。解答は、マーク解答用紙の解答番号 17 ～ 20 に、Ⅰ から順にその番号をマークせよ。

①　すなはち　②　やがて　③　されど　④　あたら　⑤　いかにも

問二　傍線部アに「千歳のいにしへもゆかしきものなりけらし」とある。この部分の意味として最も適切なものを、次の ①～⑤ のうちから一つ選べ。解答は、マーク解答用紙の解答番号 21 に、その番号をマークせよ。

①　千年の昔でさえも人が見たがる面白い飾りがあったということ。
②　千年の昔の奥ゆかしい人となったような気分であるということ。
③　千年の昔も慕わしく感じられるようなものであったということ。
④　千年の昔にもこの釘を短剣の鍔に転用する人がいたということ。
⑤　千年の昔にも珍しく花鳥の飾りが彫りこまれているということ。

① 過去に関する常識的理解において、過去の出来事や歴史的事実を語ることは、客観的な過去の事実や体験を再現することである。
② 原告と被告の証言が食い違っている場合、過去の客観的事実は物的証拠として存在し、目撃者の証言との照合によって決められる。
③ 過去の体験を話すことは、過ぎ去った知覚状況をありのままに描写することであるが、そこには感覚的刺激の細部が欠落している。
④ 過去の「経験」は、現在の行為に指針を与え、規制する働きをもつから、経験を語ることは、過去の体験を反省することである。
⑤ 経験を語ることは過去の体験を再生することではなく、経験を語る物語行為から独立して過去の体験は存在することができない。
⑥ 過去の出来事は、そのことを想い出すこととは別に、客観的に実在し、歴史的事実を語ることは客観的過去の再現にほかならない。
⑦ 物的証拠は、過去の事実ではなく、想起内容と過去の事実との整合性を通して語られる過去の物語の一要素になりうるものである。

二

次の文章は、中国古代の宮殿に付けられていたと伝えられる飾り金具と、大高源五（おおたかげんご）が大切にしていたと伝わる茶碗について、与謝蕪村（よさぶそん）（一七一六～八三・八四）が記したものである。よく読んで、あとの問いに答えよ。

ある人、※1咸陽宮（かんやうきう）の※2釘（くぎ）かくしなりとて、短剣の※3鍔（つば）に※4物数奇（ものずき）て、腰もはなたずめで興じける。[Ⅰ]金銀銅鉄をもて花鳥を鏤（ちりば）めたる古物にて、ア千歳（せんざい）のいにしへもゆかしきものなりけらし。[Ⅱ]、何を証として咸宮の釘かくしといへるにや、※5荒唐のさたなり。なかなかに「咸陽宮の釘かくし」といはずはめでたきものなるを、イ無念の事におぼゆ。※6ながらの橋杭・井出のほしかはずも、今の世の人、ウ持（も）つたへたらましかば、あさましくおぼつかなき事に人申しあさみ侍らめ。

※7常盤潭北（ときはたんぼく）が所持したる※8高麗（かうらい）の茶碗は、※9義士大高源五が秘蔵したるものにて[Ⅲ]源五よりつたへて、また余にゆづりたり。まことに伝来いちじるきものにて侍れど、何を証となす[A]。のちのちはかの咸陽の釘かくしの類ひなれば、[Ⅳ]人にうちくれたり。

（与謝蕪村『新花摘（しんはなつみ）』による／一部改変）

問六 傍線部イに「われわれの主題である物語行為」とある。これはどのような「行為」を意味しているのか。それを説明している部分を本文中から、六十五字以内で抜き出せ（句読点等も字数に含む）。解答は、記述解答用紙の解答番号 11 に記入せよ。

問七 傍線部ウに「想起体験についての根本的な誤解」とある。本文中で述べられている「誤解」の内容として、適切でないものを、次の①〜⑤のうちから一つ選べ。解答は、マーク解答用紙の解答番号 13 に、その番号をマークせよ。

① 想起とは、過去の経験を再現し、再生することである。
② 想起とは、過去の体験を繰り返し知覚することである。
③ 想起とは、客観的に実在する過去を再現することである。
④ 想起とは、過去の再現ではなく、過去そのものである。
⑤ 想起とは、過去の体験をありのままに描写することである。

問八 傍線部エに「これが大森「過去想起説」の要諦にほかならない」とある。大森の「過去想起説」の説明について、最も適切なものを次の①〜⑤のうちから一つ選べ。解答は、マーク解答用紙の解答番号 14 に、その番号をマークせよ。

① 過去の事実が今、存在しない以上、過去の事実を今現在知覚することはできず、過去の事実を想起と見なすことはできない。
② 過去の事実が記憶の中に存在しないから、過去の事実を今現在再現して記憶と比較することは、過去を想起することにならない。
③ 過去の事実が記憶の中にしか存在しないから、過去の知覚を繰り返すことは過去の再現となり、過去を想起することになる。
④ 過去の事実を今現在知覚することはできないのであり、過去の事実を再現して記憶と照合することで過去を想起できる。
⑤ 過去の事実があるから過去の知覚は体験といえるが、記憶の中に事実は存在しないため、想起を過去の再現と呼ぶことはできない。

問九 本文中の内容に合致するものを、次の①〜⑦のうちから二つ選べ。解答は、マーク解答用紙の解答番号 15 ・ 16 に、その番号をマークせよ。ただし、解答の順序は問わない。

問一　傍線部A～Eの漢字の読みを、ひらがなで記せ。解答は、記述解答用紙の解答番号 1 ～ 5 に、Aから順に正しく記入せよ。

問二　傍線部a～eのカタカナを漢字に改め、丁寧に記せ。解答は、記述解答用紙の解答番号 6 ～ 10 に、aから順に正しく記入せよ。

問三　空欄 I ～ V に入る言葉として、最も適切なものを、次の①～⑥のうちから一つずつ選べ。解答は、マーク解答用紙の解答番号 1 ～ 5 に、 I から順にそれらの番号をマークせよ。

①　まざまざと　②　もちろん　③　そもそも　④　まぎれもなく　⑤　なるほど　⑥　ありていに

問四　傍線部アに「羹に懲りて膾を吹く」とある。この俗諺の意味として、最も適切なものを、次の①～⑤のうちから一つ選べ。解答は、マーク解答用紙の解答番号 6 に、その番号をマークせよ。

①　用心しないと失敗することもある。
②　失敗のあと必要以上に用心深くなる。
③　用心の上にも用心深く物事を行う。
④　失敗しないように十分に用心する。
⑤　一度した失敗は取り返しがつかない。

問五　空欄 A ～ F に入る言葉として、最も適切なものを、次の①～⑥のうちから一つずつ選べ。解答は、マーク解答用紙の解答番号 7 ～ 12 に、 A から順にそれらの番号をマークせよ。

①　経験　②　体験　③　想起　④　描写　⑤　構成　⑥　過去

説」の要諦にほかならない。

だとすれば、証言の食い違いは、過去の事実と想起との対立なのではなく、原告の想起（過去）と被告の想起（過去）との対立にほかならない。いずれの証言が正しいかは、過去の事実との照合によってではなく、彼らの他の発言や別の目撃者の証言との「整合性」によって決められるほかはない。過去に関する言明の真偽を決定する基準は、事実との「対応」ではなく、他の諸々の言明との「整合性」、つまりは過去を語る「物語の筋の一貫性」なのである。

しかしながら、このように言えば、過去の事実は「物的証拠」として **V** 現前しているではないか、証言の黒白はそれとの照合によって疑いの余地なく決せられるはずだ、と反論されるはずである。なるほど、物的証拠は心強い味方ではある。だが、それは過去の事実そのものではなく、「過去の痕跡」であるにすぎない。われわれは、物的証拠という「過去の事実」と想起内容とを比較しているわけではなく、物的証拠という「過去の痕跡」から遡及的に再構成された過去の事実と想起内容との整合性を確かめているのである。物的証拠が法廷で「証拠」として採用されるためには、その年代の決定、血液型の鑑定[E]、指紋の照合などさまざまな条件が満たされねばならない。それは要するに、物的証拠を過去の「物語」の中に整合的に組み入れるための予備作業にほかならない。それゆえ、物的証拠もまた、想起から独立に同定される客観的過去ではなく、想起を通じて語られる「過去物語」の、重要ではあるが、やはり一要素にすぎないのである。

（野家啓一（のえけいいち）『物語の哲学』による／一部改変）

（注）
※1　クワイン　＝　アメリカの論理学者、哲学者（一九〇八〜二〇〇〇）。
※2　間主観的　＝　それぞれ自己意識を持つ複数の個別的主観の間の関連を問題にすること。
※3　大森荘蔵　＝　物理学から哲学に転向した日本の哲学者（一九二一〜一九九七）。
※4　成心　＝　ある立場にとらわれた見方。先入観。
※5　テーゼ　＝　ある観念をまとめて表現・主張する文章。
※6　バークリー　＝　イギリスの哲学者（一六八五〜一七五三）。主観的観念論の代表者。
※7　ミスリーディング　＝　誤解を招きかねない。紛らわしい。

生であるというものである。例えば今去年の夏の旅行を想い出しているとしよう。このとき昨年の旅行の経験が今甦(よみがえ)っているのだ、今再びその経験を思い返して味わっているのだ、人はこう思い勝ちなのである。しかしこれこそ<u>想起体験についての根本的な誤解</u>(ウ)であると私には思われる。それは成心[※4]なしにそのような想起体験を想起してみればすぐ気付くことである。昨年の旅行で見た海の青さが今眼に見えていようか。汽笛の音が耳に響いていようか。運悪くおきた歯の痛みが今また奥歯におきていようか。そんなことは全くないだろう。もちろん、海の色や汽笛や歯の痛みのことはよく憶(おぼ)えており今それらを Ⅲ 想い出している。しかし、 Ⅲ 想い出すということはそれらを再び知覚するということではないのである。想起とは過去の知覚を繰り返すことではない。再現すること、再生することではない。

ここで展開されている、知覚と想起とは根本的に異なる二つの経験様式であり、想起とは過去の知覚を再現することではないというテーゼ[※5]は、言われてみれば何のことはない平明な事実である。しかし、大森はそこからさらに一歩を進め、「過去」とは「想起される」ことであるという結論を導き出す。バークリー[※6]の「存在とは知覚なり」になぞらえて、彼はそれを「 E とは F なり」と簡潔に定式化している。すなわち、過去は想起という経験様式から独立には存在し得ない、ということである。この知覚と想起の対比を、先のわれわれの体験と経験との区別に重ね合わせるならば、大森テーゼは次のように言い換えることができる。つまり、経験を語ることは過去の体験を再生ないしは再現することではなく、過去の体験は経験を語る物語行為から独立には存在し得ない、ということである。

このように言えば、想起に「記憶違い」がある以上、過去の客観的実在性を否定して過去と想起とを同一視することは、真実と誤謬(びゅう)との区別をなくす余りにも乱暴な議論ではないか、という反問が直ちに返ってこよう。なるほど、乱暴な議論であるには違いない。しかし、議論の筋目を<u>丹念</u>(B)にたどり直すならば、乱暴なのはむしろ健全な常識の方なのである。

例えば、裁判において、過去の事実についての原告と被告との証言が食い違った場合を考えてみよう。どちらの言い分が正しいかを、「過去の客観的事実」に照らして決めることができるだろうか。できはしない。照合されるべき過去の事実は記憶の中にしかないからである。もしそれを法廷の中に再現できるならば、それは現在の知覚的事実であって、過去の事実ではない。過去の事実はいかなる手段をもってしても、それを今現在この場で知覚することはできないのである。先の大森の議論に従うならば、想起は過去に実在した「オリジナル」の「写し」ではない。 Ⅳ 「オリジナル」が過ぎ去って存在しない以上、「オリジナル」を<u>召喚</u>(C)して「写し」と比較することは、はなからできない相談である。そして、記憶の中には「写し」しかないのだとすれば、「オリジナル」あっての「写し」である以上、それを「写し」と呼ぶのは、<u>甚だ</u>(D)ミスリーディング[※7]な言い方であろう。それゆえ、想起は過去の「写し」ではなく、むしろ過去そのものなのである。<u>これが大森「過去想起</u>(エ)

るだけであり、そこには描写に値する感覚的な細部が欠落しているのである。同じことは、過ぎ去った知覚的体験すべてについて当てはまるであろう。過去の出来事は「 A 」されるのではなく、こう言ってよければ想起的に「 B 」されるのである。

そのことは、「体験」と「経験」とを対比することによって、別の側面から補強することができる。知覚的現在の見聞嗅触を「体験」と呼ぶことにすれば、「体験を話す」ことは、今現在の知覚状況を描写し、記述することにほかならない。それに対して、「経験を語る」ことは、過ぎ去った体験をありのままに描写することではない。「経験談」、「経験ホウフ[a]な人」、「学識経験者」といった日常表現にも表れているように、経験を語るという行為には、単なる記述にはおさまらないある種の規範的意味が込められている。 II 言えば、過去の「経験」は現在のわれわれの行為に指針を与え、それを規制する働きをもつということである。それゆえ、「経験を語る」とは、過ぎ去った体験をわれわれの信念体系の脈絡の中に組み入れ、それを意味づけると共に、現在の行為との間に規範的関係を新たに設定することにほかならない。「羹(あつもの)に懲りて膾(なます)を吹く」[ア]という俗諺(げん)は、過去の体験と現在の行為とのそうした関係をギガ[b]的に表現したものであろう。

一度限りの個人的な体験は、経験のネットワークの中に組み入れられ、他の経験と結びつけられることによって、「構造化」され「共同化」されて記憶に値するものとなる。逆にいえば、信念体系の中に一定の位置価を要求しうる体験のみが、経験として語り伝えられ、記憶の中にザンリュウ[c]するのである。したがって、繰り返せば、経験を語ることは過去の体験を正確に再生あるいは再現することではない。それはありのままの描写や記述ではなく、「解釈学的変形」ないしは「解釈学的再構成」の操作なのである。そして、体験を経験へと解釈学的に変形し、再構成する言語装置こそが、われわれの主題である物語行為[イ]にほかならない。それゆえ物語行為は、孤立した体験に脈絡とクッセツ[d]を与えることによって、それを新たに意味づける反省的な言語行為といえるであろう。言い換えれば、「 C 」は物語られることによって、「 D 」へと成熟を遂げるのである。

以上のような体験と経験との関係は、過去の出来事や歴史的事実を語る場面にも適用することができる。ごく常識的に考えれば、過去の出来事はわれわれが想起しようとしまいと、またそれについて語ろうと語るまいと、そうした主観的な活動からは独立に厳然として客観的に実在する。さもなければ、借金は返済する必要がなくなり、殺人犯は無罪放免となるであろう。そして、想起とは、客観的に実在する過去を再現することにほかならない。これは誰もが疑わない過去についての自明の了解事項である。しかし、こうした健全な常識を疑い、それに異を立てるところにこそ、哲学の面目はあると言わねばならない。以下に見る大森荘蔵(※3おおもりしょうぞう)の「想起過去説」は、過去に関する常識的理解に真っ向から挑戦する。

想起体験を検討する最初のタンショ[e]は一つの根強い誤解を除去することにある。その誤解というのは、想起とは過去経験の再現または再

国語

▲大　学▼

（六〇分）

一　次の文章を読んで、あとの問いに答えよ。

物語行為によって語られる事柄は多岐[A]にわたっているけれども、フィクションを別にすれば、その中核部分は過去の経験と歴史によって占められるであろう。それゆえ、「赤い花が見える」、「いい香りがする」、「お腹(なか)が痛い」など知覚的現在を直接的に描写することは、物語行為の対象とはならない。これら感覚的刺激によって聞き手の同意・不同意が促されるような文のことをクワイン※1は「観察文」と呼んだが、観察文は知覚状況が共有されていさえすれば、それについての同意・不同意に※2間主観(かんしゅかん)的一致を得ることができる。それに対して、物語文について同意・不同意の一致が得られるためには、知覚状況ではなく、「物語」の文脈の共有が必要不可欠の条件なのである。

［ I ］、知覚的現在はほどなく過去へと移行するが、われわれはそれを想起することによって、「過ぎ去った知覚的現在」すなわち過去の出来事について語ることができる。しかし、感覚的刺激に促されて知覚的現在を描写すること（観察文）と、想起に促されて「過ぎ去った知覚的現在」について語ること（物語文）とは、似ているようで、全く違った種類の行為である。簡単に言えば、われわれは現在の出来事を「描写」することはできるが、過去の出来事を「描写」することはできない。それは、過去の腹痛を今現在痛むことができないことと類比的である（今痛むことができれば、それは現在の腹痛であって、過去の腹痛ではないであろう）。過去の腹痛は、それを今思いだし、語ることができ

解答編

英語

I

解答　1－①　2－②　3－④　4－①　5－③　6－②
7－③　8－③　9－②　10－④

解説　1．時を表す副詞節の中は未来のことでも現在時制を用いる。よって①が正解。until「～まで」

2．see *A doing*「*A* が～するのを見る」を受動態にしたものである。よって②が正解。「私の同僚は早くミーティングから出て来るのを見られた」

3．make a decision「決定する」

4．out of order「故障して」

5．furniture「家具」は不可算名詞なので③が正解。④は lots of であれば使用可能。

6．eliminate *A* with *B*「*B* で *A* を取り除く」「世界の最も寛大な人たちは貧困を自分たちの莫大な寄付で取り除こうとする」

7．各選択肢は，①「～だけれども」，②「たとえ～としても」，③「～にもかかわらず」，④「～に関して」。the bad weather「悪天候」は名詞なので，①や②の接続詞は使用できない。③が正解。「悪天候にもかかわらず彼らはキャンプに行く決心をした」

8．go through「～を経験する」

9．「すべての水族館は海の生物の多様なニーズに［ 9 ］でなければならない」 この文脈に合うのは②「敏感な」である。

10．各選択肢は，①「推測する」，②「再開する」，③「推定する」，④「消費する」。「最新の車は以前の車ほどガソリンを［ 10 ］しない」の文脈に合う④が正解。

Ⅱ 解答

11―⑥　12―②　13―①　14―⑥　15―⑥　16―④
17―③　18―②

解説　11・12　③―⑥―⑤―④―②―①　through a visit to the museum「その記念館を訪れることで（を通して）」

13・14　②―①―④―③―⑥―⑤　If it had not been for ～「もし～がなかったならば」であるが，if を省略すると SV が倒置される。

15・16　②―⑥―①―⑤―④―③　place the order「注文する」

17・18　⑤―③―①―⑥―②―④　nothing but「～にすぎない」

Ⅲ 解答

19―②　20―⑤　21―④　22―①　23―⑥

解説　≪クラゲの生態≫

19. ケンジに夏休みはどうだったかを聞かれたジャックが答えている場面である。空所の直後にケンジがジャックに「ビーチで良くないことが起こることなんてある？」と聞き返しているので，②「良いこともあったし悪いこともあったと思う」が正解。

20. 空所の直後でジャックが「見て，そいつが僕の腕を刺したんだ」と発言しているので，⑤「すると，あらゆるところにクラゲがいたんだ」が正解。

21. 空所の直前でケンジがクラゲの生態について話した後，空所直後にジャックが「僕はクラゲが大嫌いなんだ」と発言しているので，④「すべてのクラゲを処分できたらいいのに」が正解。

22. 空所の前のケンジの発言で「何百年も科学者はクラゲが植物か動物か判断できなかった」とあり，空所直後では「動物なんだ」と答えているので，①「それで，それら（クラゲ）はどっち（動物か植物）なの？」が正解。

23. 空所直後でジャックは「わあ，感動した。今はクラゲ探しにビーチに戻っていきたいな」と答えているので，空所直前でケンジはクラゲの良さを述べていると判断できる。よって⑥「クラゲを食べると肌によく，血圧も下げてくれるよ」が正解。

 **解答**　24―④　25―③　26―⑥　27―①　28―②

解説　≪過剰漁獲の弊害とその防止策≫

24. 空所を含む1文（Scientists predict that…）は「持続不可能な漁業活動によって世界の海産物 [24] は2048年までには尽きてしまうだろう」という内容なので，「尽きてしまう」ことに対応する語としては④「供給」である。

25. 空所を含む文（This is due…）は「これは生物学的乱獲と呼ばれている [25] によるもので，3つの形態で現れる，つまりは生育面と回復面と生態系面である」という内容なので，この文脈に合うのは③「現象（事象）」である。

26. 空所を含む1文（For example, poisonous…）は「例えば，有害な海洋動物はもはや他の生物との [26] に直面しないのだから，それらは一部の海域で最近爆発的に増えているのである」という内容なので，この文脈に合うのは⑥「競争（争い）」である。

27. 空所を含む1文（Decades of overfishing…）は「何十年もの過剰漁獲の結果それら（タラ）の [27] になった，そして4万人が収入源を失った」という内容なので，この文脈に合うのは①「消滅」である。

28. 第4段は海洋生物の救済策として産業界や政府の役割について述べており，空所を含む1文（Consumers can make…）は「消費者もわずかな追加努力で [28] を作ることができる」という内容である。「消費者もわずかな努力で海洋生物を救済できる」という文脈になると判断できる。よって②「違い」である。make a difference「違いを生み出す（変革をもたらす）」

 **解答**　29―②　30―④　31―②　32―③

解説　≪節電の協力要請のメール≫

29. 第1段第3文（Firstly, we will…）に「最初に，現在の価格から20円アップして電力1キロワットあたり50円支払うことになります」とあるので，今の電力1キロワットの値段は②「30円」が正解。

30. 第2段第4文（As a first…）に「目標への第1段階として」設置予

定のもの3つ（solar panels, humidifiers, LED lights）は書かれているが，④の Motion-activated air conditioners には言及されていない。

31. 第3段第3文（Winners can select …）「勝者は1年分のコーヒー，好みのテーマパークのチケット4枚かスターホテルの4人分のステーキディナーから選ぶことができる」。よって②が正解。the second place winner「2位の勝者」も winners「勝者」ではある。

32. 節電案に関しては第4段冒頭（The following are …）に「次が我々が考えていただきたい節電案です」とあり，その1（Set your desktop …）に「デスクトップコンピューターは，30秒使っていない後はスリープモードになるように設定してください」とあるので，③「一定時間後にスリープモードになるようにコンピューターを設定する」が正解。
他の3つの選択肢の内容は本文中の記載内容と異なっている。

Ⅵ　**解答**　33―②　34―③　35―①　36―④　37―①　38―⑤

解説　≪疫病と人類≫

33. 新型コロナウイルスが世界を驚かせた理由については，第2段第2文（Many of us …）に「我々の多くは致命的なウイルスの世界的な広がりは数百年前にしか起こっていないと考えていた」とあるので，②「人々はこんな致命的な病気が世界的に広がることを予期していなかった」が正解。

34. 第3段第2文（For some diseases, …）に「一部の病気に対して我々には将来その病気にかかることを予防するワクチンがある」，また同段第4文以降には「小児まひによって体の一部が麻痺する子供たちの数は劇的に少なくなっている」という内容が書かれている。よって下線部を含む1文（For example, polio …）「例えば小児まひは世界のほとんどの地域から（eradicated）」の下線部は文脈から判断して，③「一掃されて」が正解。

35. 空所の直前の1文（The boy soon …）「その少年はすぐに牛痘で病気になった」とあり，空所を含む1文（(　C　), when he was …）「(　C　)，彼は後にもっと致命的な天然痘にさらされたとき病気にはならなかった」と書かれているので逆接を表す接続副詞である① However「しかしながら」が正解。

36. 空所を含む1文（In both cases, …）は「両方の場合で，治療の安全性と効果を証明するためには，（　D　）が必要であった」という内容である。つまり第5段のエドワード＝ジェンナー医師の実験事例と第6段の小山氏の事例との共通部分に注目すればよい。第5段第2文（Jenner was attempting …）でジェンナー医師は少年に，そして第6段第3文（At first, no …）で小山氏は妻に感染させている。よって④「人に対して実験すること」が正解。

37. 空所の前後は（One message of …）「その小説の1つのメッセージは疫病は実際に決して消えないということだ。（　E　）それはいつもある形で我々と共に存在する」という意味なので，言い換え表現である①「つまり」が正解。

38. ①「戦争と疫病はいつも相伴ってやってくる」は第1段の内容より不適。

②「カムスは疫病は体の病気にすぎないと考えた」は第7段第1文（In the novel, …）より不適。

③「我々は今日の医療があればどんな疫病でも克服できる」は本文に記載がないので不適。

④「新型コロナウイルス感染症は人々が医療のことを知らない1例である」は本文中に記載がないので不適。

⑤「カムスはいかに我々の社会が無力であるかを理解していた」は第7段第7文（A plague may …）以降の内容と一致するため正解。

数学

◀文・教育・心理・現代ビジネス・家政・看護学部▶

Ⅰ　解答　≪小問5問≫

(1) 1 ―⑨　2 ―⑥

(2) 3 ―②　4 ―③　5 ―⑦

(3) 6 ―②

(4) 7 ―①　8 ―⑥

(5) 9 ―①　10―③

Ⅱ　解答　≪3つの集合≫

(1)　全体の集合を U, 数学が好きと回答した生徒の集合を A, 英語が好きと回答した生徒の集合を B とすると

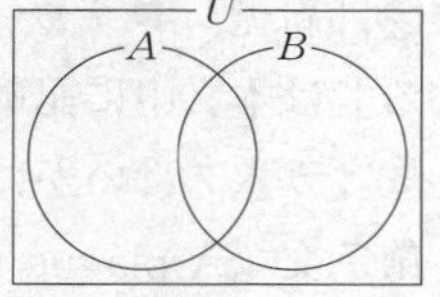

$n(U)=100,\ n(A)=60,\ n(B)=70,$

$n(A\cap B)=30$

である。

数学も英語も好きでない生徒の集合は $\overline{A}\cap\overline{B}=\overline{A\cup B}$ であり

$$\begin{aligned} n(\overline{A\cup B})&=n(U)-n(A\cup B)\\ &=n(U)-\{n(A)+n(B)-n(A\cap B)\}\\ &=100-(60+70-30)\\ &=0 \end{aligned}$$

したがって数学も英語も好きでない生徒は　　0人　……(答)

(2)　生物が好きと回答した生徒の集合を C とする。

(1)より次図のようになる。

$$n(C)=28,\ n(A\cap C)=25,\ n(A\cap B\cap C)=20$$

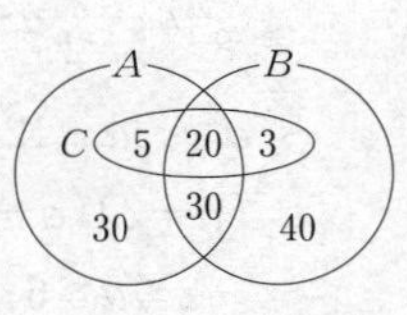

$$\therefore\quad n(B\cap C)=n(C)-\{n(A\cap C)-n(A\cap B\cap C)\}$$
$$=28-(25-20)$$
$$=23$$

したがって英語も生物も好きな生徒は　23人　……(答)

(3)　(1)より生物だけが好きな生徒は　0人

(2)より数学だけが好きな生徒は　25人

英語だけが好きな生徒は　37人

よって数学，英語，生物のうち1つだけ好きな生徒は　62人　……(答)

III　解答　≪放物線と直線≫

$$C_1 : y=x^2+ax+b$$
$$l : y=x-\frac{7}{4}$$
$$C_2 : y=2x^2+ax+b$$

(1)　C_1 と l を連立して

$$x^2+(a-1)x+b+\frac{7}{4}=0$$

C_1 と l は接するので，この方程式の判別式 D_1 について

$$D_1=(a-1)^2-4\left(b+\frac{7}{4}\right)=0$$
$$(a-1)^2-4b-7=0$$
$$\therefore\quad b=\frac{1}{4}(a-1)^2-\frac{7}{4}\quad\text{……(答)}$$

(2)　C_2 が x 軸と共有点をもつので，$2x^2+ax+b=0$ の判別式 D_2 について

$$D_2=a^2-8b\geqq 0$$
$$\therefore\quad b\leqq\frac{1}{8}a^2$$

(1)より

$$\frac{1}{4}a^2-\frac{1}{2}a-\frac{3}{2}\leqq\frac{1}{8}a^2$$

$$\frac{1}{8}a^2-\frac{1}{2}a-\frac{3}{2}\leqq 0$$

$$a^2-4a-12\leqq 0$$

$$(a+2)(a-6)\leqq 0$$

$\therefore\quad -2\leqq a\leqq 6$ ……(答)

(3) $b=\frac{1}{4}(a-1)^2-\frac{7}{4}$ $(-2\leqq a\leqq 6)$ について

b が最小値をとるのは $a=1$ のときで，このとき　$b=-\frac{7}{4}$

b が最大値をとるのは $a=6$ のときで，このとき

$b=\frac{18}{4}=\frac{9}{2}$　　$\therefore\quad -\frac{7}{4}\leqq b\leqq \frac{9}{2}$ ……(答)

◀薬　学　部▶

Ⅰ　解答　≪小問6問≫

(1)〜(3)　◀文・教育・心理・現代ビジネス・家政・看護学部▶のⅠ(1)〜(3)に同じ。

(4) 7 —①　8 —⑥　9 —①　10—①　11—⑨

(5) 12—④　13—③

(6) 14—②　15—④

Ⅱ　◀文・教育・心理・現代ビジネス・家政・看護学部▶のⅡに同じ。

Ⅲ　解答　≪2つの放物線の共通接線≫

$C_1 : y=x^2+2$, $\mathrm{M}(m,\ m^2+2)$ $(m>0)$

(1)　C_1 について

$y'=2x$ より接線 l の方程式は

$$y-(m^2+2)=2m(x-m)$$

$$\therefore\quad y=2mx-m^2+2 \quad \cdots\cdots(\text{答})$$

(2)　$C_2 : y=(x+p)^2-p^2+2$

$$=x^2+2px+2$$

C_2 は l と接するので連立して

$$x^2+2(p-m)x+m^2=0 \quad \cdots\cdots(*)$$

この方程式の判別式 D について

$$\frac{D}{4}=(p-m)^2-m^2=0$$

$$p^2-2pm=0$$

$p\neq 0$ より　　$p-2m=0$

$$\therefore\quad p=2m \quad \cdots\cdots(\text{答})$$

接点Nの x 座標は$(*)$より

$$x=-p+m$$

$p=2m$ より　　$x=-m$

このとき l の方程式より

$$y=-2m^2-m^2+2$$
$$=-3m^2+2$$

$\therefore$　N$(-m,\ -3m^2+2)$　……(答)

(3)　(2)のとき

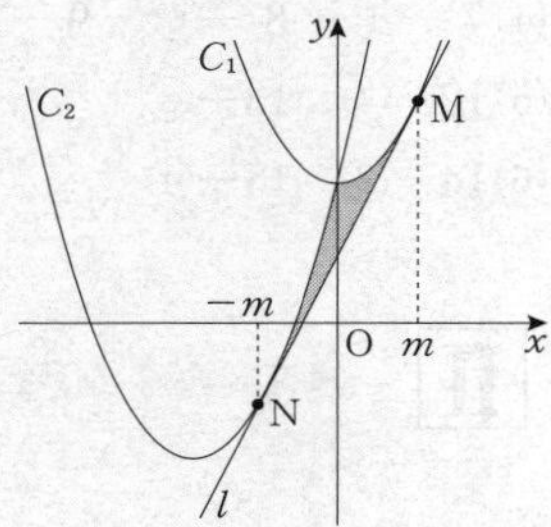

$$C_2: y=(x+2m)^2-4m^2+2$$
$$=x^2+4mx+2$$

C_1 と C_2 の交点の x 座標は，各方程式を連立して

$$x^2+2=x^2+4mx+2$$

$\therefore$　$x=0$

よって図の網かけ部分の面積 S を求めればよく

$$S=\int_{-m}^{0}(x^2+4mx+2-2mx+m^2-2)dx+\int_{0}^{m}(x^2+2-2mx+m^2-2)dx$$

$$=\int_{-m}^{0}(x+m)^2dx+\int_{0}^{m}(x-m)^2dx$$

$$=\left[\frac{1}{3}(x+m)^3\right]_{-m}^{0}+\left[\frac{1}{3}(x-m)^3\right]_{0}^{m}$$

$$=\frac{1}{3}m^3-\frac{1}{3}(-m)^3$$

$$=\frac{2}{3}m^3$$　……(答)

化学

◀化学基礎・化学▶

Ⅰ　解答　≪同素体≫

1・2―②・⑥

Ⅱ　解答　≪電子配置≫

3・4―②・④　5―⑥　6―⑤　7―③

Ⅲ　解答　≪電気を通さないもの≫

8―②

Ⅳ　解答　≪イオン化エネルギーとイオン半径の大小≫

9・10―②・④

Ⅴ　解答　≪同位体とその存在比，分子量≫

11―④　12―⑨　13―③

Ⅵ　解答　≪質量パーセント濃度，溶解度と再結晶≫

14―⑧　15―②　16―②　17―③　18―①

 解答 ≪ガラス器具の洗浄方法≫

19－③

 解答 ≪$KMnO_4$ と H_2O_2 の酸化還元滴定≫

20－⓪　21－⑧　22－⓪

 解答 ≪ダニエル電池の流れた電気量≫

23－②

 解答 ≪エステル化平衡時の量的関係≫

24－⓪　25－③　26－③

 解答 ≪CO の生成熱≫

27－①　28－①　29－①　30－①

 解答 ≪CO と CO_2 の気体の特徴と性質≫

31－③

 解答 ≪Na と Ca と Mg の単体と化合物の特徴と性質≫

32－⑤

 解答 ≪C_4H_8 の異性体と完全燃焼での量的関係≫

33－⑥　34－⑥　35－⑦

XV　解答　≪アラニンの等電点と平衡移動≫

36―②　37―⑤　38―②

XVI　解答　≪芳香族化合物の分離≫

39―③　40―⑤　41―④　42―②

◀化学基礎▶

◀化学基礎・化学▶のⅠ～Ⅷに同じ。

生物

◀生物基礎・生物▶

I　解答　≪顕微鏡観察のサイズ，核，光学顕微鏡の操作≫

1—①　2—②　3—③　4—②　5—①　6—②　7—①　8—②
9—①　10—②　11・12—④・⑥　13—⑦

II　解答　≪体細胞分裂，細胞周期，ゲノム，DNA 塩基の組成≫

14—②　15—⑧　16—④　17—②　18—④　19—④　20—①　21—③
22—③　23—①

III　解答　≪二酸化炭素の排出，アンモニアの代謝・排出≫

24—③　25—②　26—②　27—⑤　28—②　29—⑥　30—⑤

IV　解答　≪配偶子形成，減数分裂，遺伝子の連鎖・組換え≫

31—①　32—④　33—①　34—⑤　35—⑦　36—①　37—②　38—⑨
39—①　40—④　41—①　42—④

V　解答　≪聴覚，視覚，視床下部，脳のはたらき≫

43—③　44—③　45—④　46—⑤　47—①　48—③　49—③

VI　解答　≪光周性，花芽形成，茎の構造≫

50—③　51・52・53—①・③・⑤　54—⑦　55—②

56—①　57—③　58—②　59—①　60—②　61—①　62—②　63—④

◀生 物 基 礎▶

◀生物基礎・生物▶のⅠ～Ⅲに同じ。

▲大学▼の□に同じ。

▲短期大学▼

問三　④
問四　もしカンナくずや蛙の干物を伝来品として所持しているならば
問五　④
問六　釘かくしが咸陽宮のものだった証拠はないが、茶碗は大高源五からの伝来が明白である点。（四十五字以内）

解説　問一　Ⅰ、「めで興じける」のにふさわしい古美術品であるという文脈だから⑤「いかにも」が入る。Ⅱ、直前でほめて直後でけなしているので逆接の意の③「されど」が入る。Ⅲ・Ⅳ、ともに茶碗を人から人に譲るという文脈にあり、〝すぐに〟という意の語が入る。①「すなはち」または②「やがて」で、ほぼ同義語だが、「すなはち」の方が時間的間隔が短い。蕪村本人の手元にある期間の方が長く感じられているはずなので、Ⅲに①、Ⅳに②が入るのが自然である。

問二　「ゆかし」は、もっと知りたくなるような気持ちを示す。

問三　「ある人」が「咸陽宮の釘かくし」として大事にしていた短剣の鍔は、「めでたきもの」であったのに、なまじ根拠の乏しいでたらめな伝来を言ってしまうことで、かえってその物の本来の価値が損なわれていることを、作者は「無念」と言うのである。正解は④。

問四　「持(もち)つたへ」は「持ち伝へ」で、（宝物として）所持し、伝来させているということ。存続の助動詞「たり」の未然形「たら」、反実仮想助動詞「まし」の未然形「ましか」、仮定の助詞「ば」を訳出。「言葉を補って」と指定されているので、（注）を参照しつつ、直前に紹介される「ながらの橋杭」「井出のほしかはず」の例を入れる。

問五　疑問・反語をあらわす「何を」と呼応して、文末が連体形になる。

問六　「咸陽宮の釘かくし」には、本当に咸陽宮にあったという証拠はない。それに対して、「大高源五の高麗の茶碗」は、秘蔵していた大高源五本人から、常盤潭北に渡され、潭北本人から与謝蕪村に譲られたわけで、少なくともこの時点での伝来ははっきりしているという点が異なる。この点をまとめる。ただし、時代が下ればその来歴もおぼろげになって確かと言えなくなってしまうであろうから、「釘かくし」と同じようなものになってしまうだろうと最後に述べている。

構成する言語装置」と等しい。「経験を語ること」については、同段落内でも言葉をかえて繰り返し述べられているが、六十五字以内という字数指定が手がかり。少し広く眺めれば、前段落に、「『経験を語る』とは、……にほかならない」と、詳細に説明されている。

問七　まず、誤解の内容は、第五段落で述べられる「想起とは、客観的に実在する過去を再現すること」、すなわち、われわれは客観的に実在した過去の体験を描写や知覚によって再現・再生できるという考え。①・②・③・⑤はこれに当てはまるが、④はその誤解を否定する大森の「想起過去説」の内容である。

問八　②「過去の事実が記憶の中に存在しない」が誤り。③・④大森「想起過去説」の引用部分にもあるように想起は「過去の知覚を繰り返すこと」つまり再現・再生ではない。

⑤「記憶の中に事実は存在しないため」が誤り。よって前半部に矛盾がなく、「過去の事実を想起と見なすことはできない」とする①が正解。想起は「過去そのもの」であるが、「過去の事実」ではない。

問九　本文の中心となっているのは、体験を経験とする物語行為。後半は特に大森荘蔵の「想起過去説」に拠る。よって、①・⑥のようなよくある誤解としての「常識的理解」の内容は、本文の主旨ではない。②最終段落にあるように物的証拠は「過去の痕跡」にすぎない。③第二段落にあるように過ぎ去った知覚状況を想起に促されて語ることはできても「描写」することはできない。④第四段落にあるように物語行為は反省的な言語行為だが、それは「反省すること」ではない。

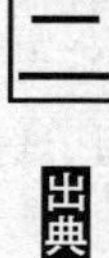
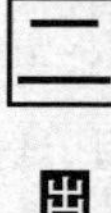

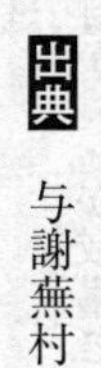

二

出典　与謝蕪村『新花摘』

解答

問一　Ⅰ―⑤　Ⅱ―③　Ⅲ―①　Ⅳ―②

問二　③

国語

▲大学▼

一

出典　野家啓一『物語の哲学』〈第2章　物語と歴史のあいだ　3「過去」を語る〉（岩波現代文庫）

解答

問一　A、たき　B、たんねん　C、しょうかん　D、はなは　E、かんてい

問二　a、豊富　b、戯画　c、残留　d、屈折　e、端緒〔初〕

問三　Ⅰ―②　Ⅱ―⑥　Ⅲ―①　Ⅳ―③　Ⅴ―④

問四　②

問五　A―④　B―⑤　C―②　D―①　E―⑥　F―③

問六　過ぎ去った体験をわれわれの信念体系の脈絡の中に組み入れ、それを意味づけると共に、現在の行為との間に規範的関係を新たに設定する

問七　④

問八　①

問九　⑤・⑦

解説

問六　まず、文脈上、「われわれの主題である物語行為」とは、直前の「体験を経験へと解釈学的に変形し、再

//////////////////// · memo · ////////////////////

教学社 刊行一覧

2025年版 大学赤本シリーズ

国公立大学（都道府県順）

374大学556点
全都道府県を網羅

全国の書店で取り扱っています。店頭にない場合は，お取り寄せができます。

1 北海道大学（文系ー前期日程）
2 北海道大学（理系ー前期日程） 医
3 北海道大学（後期日程）
4 旭川医科大学（医学部〈医学科〉） 医
5 小樽商科大学
6 帯広畜産大学
7 北海道教育大学
8 室蘭工業大学／北見工業大学
9 釧路公立大学
10 公立千歳科学技術大学
11 公立はこだて未来大学 総推
12 札幌医科大学（医学部） 医
13 弘前大学 医
14 岩手大学
15 岩手県立大学・盛岡短期大学部・宮古短期大学部
16 東北大学（文系ー前期日程）
17 東北大学（理系ー前期日程） 医
18 東北大学（後期日程）
19 宮城教育大学
20 宮城大学
21 秋田大学 医
22 秋田県立大学
23 国際教養大学 総推
24 山形大学 医
25 福島大学
26 会津大学
27 福島県立医科大学（医・保健科学部） 医
28 茨城大学（文系）
29 茨城大学（理系）
30 筑波大学（推薦入試） 医 総推
31 筑波大学（文系ー前期日程）
32 筑波大学（理系ー前期日程） 医
33 筑波大学（後期日程）
34 宇都宮大学
35 群馬大学 医
36 群馬県立女子大学
37 高崎経済大学
38 前橋工科大学
39 埼玉大学（文系）
40 埼玉大学（理系）
41 千葉大学（文系ー前期日程）
42 千葉大学（理系ー前期日程） 医
43 千葉大学（後期日程） 医
44 東京大学（文科） DL
45 東京大学（理科） DL 医
46 お茶の水女子大学
47 電気通信大学
48 東京外国語大学 DL
49 東京海洋大学
50 東京科学大学（旧 東京工業大学）
51 東京科学大学（旧 東京医科歯科大学） 医
52 東京学芸大学
53 東京藝術大学
54 東京農工大学
55 一橋大学（前期日程）
56 一橋大学（後期日程）
57 東京都立大学（文系）
58 東京都立大学（理系）
59 横浜国立大学（文系）
60 横浜国立大学（理系）
61 横浜市立大学（国際教養・国際商・理・データサイエンス・医〈看護〉学部）
62 横浜市立大学（医学部〈医学科〉） 医
63 新潟大学（人文・教育〈文系〉・法・経済科・医〈看護〉・創生学部）
64 新潟大学（教育〈理系〉・理・医〈看護を除く〉・歯・工・農学部） 医
65 新潟県立大学
66 富山大学（文系）
67 富山大学（理系） 医
68 富山県立大学
69 金沢大学（文系）
70 金沢大学（理系） 医
71 福井大学（教育・医〈看護〉・工・国際地域学部）
72 福井大学（医学部〈医学科〉） 医
73 福井県立大学
74 山梨大学（教育・医〈看護〉・工・生命環境学部）
75 山梨大学（医学部〈医学科〉） 医
76 都留文科大学
77 信州大学（文系ー前期日程）
78 信州大学（理系ー前期日程） 医
79 信州大学（後期日程）
80 公立諏訪東京理科大学 総推
81 岐阜大学（前期日程） 医
82 岐阜大学（後期日程）
83 岐阜薬科大学
84 静岡大学（前期日程）
85 静岡大学（後期日程）
86 浜松医科大学（医学部〈医学科〉） 医
87 静岡県立大学
88 静岡文化芸術大学
89 名古屋大学（文系）
90 名古屋大学（理系） 医
91 愛知教育大学
92 名古屋工業大学
93 愛知県立大学
94 名古屋市立大学（経済・人文社会・芸術工・看護・総合生命理・データサイエンス学部）
95 名古屋市立大学（医学部〈医学科〉） 医
96 名古屋市立大学（薬学部）
97 三重大学（人文・教育・医〈看護〉学部）
98 三重大学（医〈医〉・工・生物資源学部） 医
99 滋賀大学
100 滋賀医科大学（医学部〈医学科〉） 医
101 滋賀県立大学
102 京都大学（文系）
103 京都大学（理系） 医
104 京都教育大学
105 京都工芸繊維大学
106 京都府立大学
107 京都府立医科大学（医学部〈医学科〉） 医
108 大阪大学（文系） DL
109 大阪大学（理系） 医
110 大阪教育大学
111 大阪公立大学（現代システム科学域〈文系〉・文・法・経済・商・看護・生活科〈居住環境・人間福祉〉学部ー前期日程）
112 大阪公立大学（現代システム科学域〈理系〉・理・工・農・獣医・医・生活科〈食栄養〉学部ー前期日程） 医
113 大阪公立大学（中期日程）
114 大阪公立大学（後期日程）
115 神戸大学（文系ー前期日程）
116 神戸大学（理系ー前期日程） 医
117 神戸大学（後期日程）
118 神戸市外国語大学 DL
119 兵庫県立大学（国際商経・社会情報科・看護学部）
120 兵庫県立大学（工・理・環境人間学部）
121 奈良教育大学／奈良県立大学
122 奈良女子大学
123 奈良県立医科大学（医学部〈医学科〉） 医
124 和歌山大学
125 和歌山県立医科大学（医・薬学部） 医
126 鳥取大学 医
127 公立鳥取環境大学
128 島根大学 医
129 岡山大学（文系）
130 岡山大学（理系） 医
131 岡山県立大学
132 広島大学（文系ー前期日程）
133 広島大学（理系ー前期日程） 医
134 広島大学（後期日程）
135 尾道市立大学 総推
136 県立広島大学
137 広島市立大学
138 福山市立大学 総推
139 山口大学（人文・教育〈文系〉・経済・医〈看護〉・国際総合科学部）
140 山口大学（教育〈理系〉・理・医〈看護を除く〉・工・農・共同獣医学部） 医
141 山陽小野田市立山口東京理科大学 総推
142 下関市立大学／山口県立大学
143 周南公立大学 新 総推
144 徳島大学 医
145 香川大学 医
146 愛媛大学 医
147 高知大学 医
148 高知工科大学
149 九州大学（文系ー前期日程）
150 九州大学（理系ー前期日程） 医
151 九州大学（後期日程）
152 九州工業大学
153 福岡教育大学
154 北九州市立大学
155 九州歯科大学
156 福岡県立大学／福岡女子大学
157 佐賀大学 医
158 長崎大学（多文化社会・教育〈文系〉・経済・医〈保健〉・環境科〈文系〉学部）
159 長崎大学（教育〈理系〉・医〈医〉・歯・薬・情報データ科・工・環境科〈理系〉・水産学部） 医
160 長崎県立大学 総推
161 熊本大学（文・教育・法・医〈看護〉学部・情報融合学環〈文系型〉）
162 熊本大学（理・医〈看護を除く〉・薬・工学部・情報融合学環〈理系型〉） 医
163 熊本県立大学
164 大分大学（教育・経済・医〈看護〉・理工・福祉健康科学部）
165 大分大学（医学部〈医・先進医療科学科〉） 医
166 宮崎大学（教育・医〈看護〉・工・農・地域資源創成学部）
167 宮崎大学（医学部〈医学科〉） 医
168 鹿児島大学（文系）
169 鹿児島大学（理系） 医
170 琉球大学 医

2025年版　大学赤本シリーズ

国公立大学 その他

171 〔国公立大〕医学部医学科 総合型選抜・学校推薦型選抜※ 医 総推
172 看護・医療系大学〈国公立 東日本〉※
173 看護・医療系大学〈国公立 中日本〉※
174 看護・医療系大学〈国公立 西日本〉※
175 海上保安大学校／気象大学校
176 航空保安大学校
177 国立看護大学校
178 防衛大学校 総推
179 防衛医科大学校(医学科) 医
180 防衛医科大学校(看護学科)

※No.171～174の収載大学は赤本ウェブサイト(http://akahon.net/)でご確認ください。

私立大学①

北海道の大学(50音順)

201 札幌大学
202 札幌学院大学
203 北星学園大学
204 北海学園大学
205 北海道医療大学
206 北海道科学大学
207 北海道武蔵女子大学・短期大学
208 酪農学園大学(獣医学群〈獣医学類〉)

東北の大学(50音順)

209 岩手医科大学(医・歯・薬学部) 医
210 仙台大学 総推
211 東北医科薬科大学(医・薬学部) 医
212 東北学院大学
213 東北工業大学
214 東北福祉大学
215 宮城学院女子大学 総推

関東の大学(50音順)

あ行(関東の大学)

216 青山学院大学(法・国際政治経済学部－個別学部日程)
217 青山学院大学(経済学部－個別学部日程)
218 青山学院大学(経営学部－個別学部日程)
219 青山学院大学(文・教育人間科学部－個別学部日程)
220 青山学院大学(総合文化政策・社会情報・地球社会共生・コミュニティ人間科学部－個別学部日程)
221 青山学院大学(理工学部－個別学部日程)
222 青山学院大学(全学部日程)
223 麻布大学(獣医、生命・環境科学部)
224 亜細亜大学
226 桜美林大学
227 大妻女子大学・短期大学部

か行(関東の大学)

228 学習院大学(法学部－コア試験)
229 学習院大学(経済学部－コア試験)
230 学習院大学(文学部－コア試験)
231 学習院大学(国際社会科学部－コア試験)
232 学習院大学(理学部－コア試験)
233 学習院女子大学
234 神奈川大学(給費生試験)
235 神奈川大学(一般入試)
236 神奈川工科大学
237 鎌倉女子大学・短期大学部
238 川村学園女子大学
239 神田外語大学
240 関東学院大学
241 北里大学(理学部)
242 北里大学(医学部) 医
243 北里大学(薬学部)
244 北里大学(看護・医療衛生学部)
245 北里大学(未来工・獣医・海洋生命科学部)
246 共立女子大学・短期大学
247 杏林大学(医学部) 医
248 杏林大学(保健学部)
249 群馬医療福祉大学・短期大学部
250 群馬パース大学 総推
251 慶應義塾大学(法学部)
252 慶應義塾大学(経済学部)
253 慶應義塾大学(商学部)
254 慶應義塾大学(文学部) 総推
255 慶應義塾大学(総合政策学部)
256 慶應義塾大学(環境情報学部)
257 慶應義塾大学(理工学部)
258 慶應義塾大学(医学部) 医
259 慶應義塾大学(薬学部)
260 慶應義塾大学(看護医療学部)
261 工学院大学
262 國學院大學
263 国際医療福祉大学 医
264 国際基督教大学
265 国士舘大学
266 駒澤大学(一般選抜T方式・S方式)
267 駒澤大学(全学部統一日程選抜)

さ行(関東の大学)

268 埼玉医科大学(医学部) 医
269 相模女子大学・短期大学部
270 産業能率大学
271 自治医科大学(医学部) 医
272 自治医科大学(看護学部)／東京慈恵会医科大学(医学部〈看護学科〉)
273 実践女子大学 総推
274 芝浦工業大学(前期日程)
275 芝浦工業大学(全学統一日程・後期日程)
276 十文字学園女子大学
277 淑徳大学
278 順天堂大学(医学部) 医
279 順天堂大学(スポーツ健康科・医療看護・保健看護・国際教養・保健医療・医療科・健康データサイエンス・薬学部) 総推
280 上智大学(神・文・総合人間科学部)
281 上智大学(法・経済学部)
282 上智大学(外国語・総合グローバル学部)
283 上智大学(理工学部)
284 上智大学(TEAPスコア利用方式)
285 湘南工科大学
286 昭和大学(医学部) 医
287 昭和大学(歯・薬・保健医療学部)
288 昭和女子大学
289 昭和薬科大学
290 女子栄養大学・短期大学部 総推
291 白百合女子大学
292 成蹊大学(法学部－A方式)
293 成蹊大学(経済・経営学部－A方式)
294 成蹊大学(文学部－A方式)
295 成蹊大学(理工学部－A方式)
296 成蹊大学(E方式・G方式・P方式)
297 成城大学(経済・社会イノベーション学部－A方式)
298 成城大学(文芸・法学部－A方式)
299 成城大学(S方式〈全学部統一選抜〉)
300 聖心女子大学
301 清泉女子大学
303 聖マリアンナ医科大学 医
304 聖路加国際大学(看護学部)
305 専修大学(スカラシップ・全国入試)
306 専修大学(前期入試〈学部個別入試〉)
307 専修大学(前期入試〈全学部入試・スカラシップ入試〉)

た行(関東の大学)

308 大正大学
309 大東文化大学
310 高崎健康福祉大学
311 拓殖大学
312 玉川大学
313 多摩美術大学
314 千葉工業大学
315 中央大学(法学部－学部別選抜)
316 中央大学(経済学部－学部別選抜)
317 中央大学(商学部－学部別選抜)
318 中央大学(文学部－学部別選抜)
319 中央大学(総合政策学部－学部別選抜)
320 中央大学(国際経営・国際情報学部－学部別選抜)
321 中央大学(理工学部－学部別選抜)
322 中央大学(5学部共通選抜)
323 中央学院大学
324 津田塾大学
325 帝京大学(薬・経済・法・文・外国語・教育・理工・医療技術・福岡医療技術学部)
326 帝京大学(医学部) 医
327 帝京科学大学 総推
328 帝京平成大学 総推
329 東海大学(医〈医〉学部を除く－一般選抜)
330 東海大学(文系・理系学部統一選抜)
331 東海大学(医学部〈医学科〉) 医
332 東京医科大学(医学部〈医学科〉) 医
333 東京家政大学・短期大学部 総推
334 東京経済大学
335 東京工科大学
336 東京工芸大学
337 東京国際大学
338 東京歯科大学
339 東京慈恵会医科大学(医学部〈医学科〉) 医
340 東京情報大学
341 東京女子大学
342 東京女子医科大学(医学部) 医
343 東京電機大学
344 東京都市大学
345 東京農業大学
346 東京薬科大学(薬学部) 総推
347 東京薬科大学(生命科学部) 総推
348 東京理科大学(理学部〈第一部〉－B方式)
349 東京理科大学(創域理工学部－B方式・S方式)
350 東京理科大学(工学部－B方式)
351 東京理科大学(先進工学部－B方式)
352 東京理科大学(薬学部－B方式)
353 東京理科大学(経営学部－B方式)
354 東京理科大学(C方式、グローバル方式、理学部〈第二部〉－B方式)
355 東邦大学(医学部) 医
356 東邦大学(薬学部)

2025年版　大学赤本シリーズ

私立大学②

357 東邦大学（理・看護・健康科学部）
358 東洋大学（文・経済・経営・法・社会・国際・国際観光学部）
359 東洋大学（情報連携・福祉社会デザイン・健康スポーツ科・理工・総合情報・生命科・食環境科学部）
360 東洋大学（英語〈3日程×3カ年〉）
361 東洋大学（国語〈3日程×3カ年〉）
362 東洋大学（日本史・世界史〈2日程×3カ年〉）
363 東洋英和女学院大学
364 常磐大学・短期大学 総推
365 獨協大学
366 獨協医科大学（医学部） 医

な行（関東の大学）

367 二松学舎大学
368 日本大学（法学部）
369 日本大学（経済学部）
370 日本大学（商学部）
371 日本大学（文理学部〈文系〉）
372 日本大学（文理学部〈理系〉）
373 日本大学（芸術学部〈専門試験併用型〉）
374 日本大学（国際関係学部）
375 日本大学（危機管理・スポーツ科学部）
376 日本大学（理工学部）
377 日本大学（生産工・工学部）
378 日本大学（生物資源科学部）
379 日本大学（医学部） 医
380 日本大学（歯・松戸歯学部）
381 日本大学（薬学部）
382 日本大学（N全学統一方式－医・芸術〈専門試験併用型〉学部を除く）
383 日本医科大学 医
384 日本工業大学
385 日本歯科大学
386 日本社会事業大学 総推
387 日本獣医生命科学大学
388 日本女子大学
389 日本体育大学

は行（関東の大学）

390 白鷗大学（学業特待選抜・一般選抜）
391 フェリス女学院大学
392 文教大学
393 法政大学（法〈I日程〉・文〈II日程〉・経営〈II日程〉学部－A方式）
394 法政大学（法〈II日程〉・国際文化・キャリアデザイン学部－A方式）
395 法政大学（文〈I日程〉・経営〈I日程〉・人間環境・グローバル教養学部－A方式）
396 法政大学（経済〈I日程〉・社会〈I日程〉・現代福祉学部－A方式）
397 法政大学（経済〈II日程〉・社会〈II日程〉・スポーツ健康学部－A方式）
398 法政大学（情報科・デザイン工・理工・生命科学部－A方式）
399 法政大学（T日程〈統一日程〉・英語外部試験利用入試）
400 星薬科大学 総推

ま行（関東の大学）

401 武蔵大学
402 武蔵野大学
403 武蔵野美術大学
404 明海大学
405 明治大学（法学部－学部別入試）
406 明治大学（政治経済学部－学部別入試）
407 明治大学（商学部－学部別入試）
408 明治大学（経営学部－学部別入試）
409 明治大学（文学部－学部別入試）
410 明治大学（国際日本学部－学部別入試）
411 明治大学（情報コミュニケーション学部－学部別入試）
412 明治大学（理工学部－学部別入試）
413 明治大学（総合数理学部－学部別入試）
414 明治大学（農学部－学部別入試）
415 明治大学（全学部統一入試）
416 明治学院大学（A日程）
417 明治学院大学（全学部日程）
418 明治薬科大学 総推
419 明星大学
420 目白大学・短期大学部

ら・わ行（関東の大学）

421 立教大学（文系学部－一般入試〈大学独自の英語を課さない日程〉）
422 立教大学（国語〈3日程×3カ年〉）
423 立教大学（日本史・世界史〈2日程×3カ年〉）
424 立教大学（文学部－一般入試〈大学独自の英語を課す日程〉）
425 立教大学（理学部－一般入試）
426 立正大学
427 早稲田大学（法学部）
428 早稲田大学（政治経済学部）
429 早稲田大学（商学部）
430 早稲田大学（社会科学部）
431 早稲田大学（文学部）
432 早稲田大学（文化構想学部）
433 早稲田大学（教育学部〈文科系〉）
434 早稲田大学（教育学部〈理科系〉）
435 早稲田大学（人間科・スポーツ科学部）
436 早稲田大学（国際教養学部）
437 早稲田大学（基幹理工・創造理工・先進理工学部）
438 和洋女子大学 総推

中部の大学（50音順）

439 愛知大学
440 愛知医科大学（医学部） 医
441 愛知学院大学・短期大学部
442 愛知工業大学 総推
443 愛知淑徳大学
444 朝日大学 総推
445 金沢医科大学（医学部） 医
446 金沢工業大学
447 岐阜聖徳学園大学 総推
448 金城学院大学
449 至学館大学 総推
450 静岡理工科大学
451 椙山女学園大学
452 大同大学
453 中京大学
454 中部大学
455 名古屋外国語大学 総推
456 名古屋学院大学 総推
457 名古屋学芸大学 総推
458 名古屋女子大学 総推
459 南山大学（外国語〈英米〉・法・総合政策・国際教養学部）
460 南山大学（人文・外国語〈英米を除く〉・経済・経営・理工学部）
461 新潟国際情報大学
462 日本福祉大学
463 福井工業大学
464 藤田医科大学（医学部） 医
465 藤田医科大学（医療科・保健衛生学部）
466 名城大学（法・経営・経済・外国語・人間・都市情報学部）
467 名城大学（情報工・理工・農・薬学部）
468 山梨学院大学

近畿の大学（50音順）

469 追手門学院大学 総推
470 大阪医科薬科大学（医学部） 医
471 大阪医科薬科大学（薬学部） 総推
472 大阪学院大学 総推
473 大阪経済大学 総推
474 大阪経済法科大学 総推
475 大阪工業大学 総推
476 大阪国際大学・短期大学部 総推
477 大阪産業大学 総推
478 大阪歯科大学（歯学部）
479 大阪商業大学 総推
480 大阪成蹊大学・短期大学 総推
481 大谷大学 総推
482 大手前大学・短期大学 総推
483 関西大学（文系）
484 関西大学（理系）
485 関西大学（英語〈3日程×3カ年〉）
486 関西大学（国語〈3日程×3カ年〉）
487 関西大学（日本史・世界史・文系数学〈3日程×3カ年〉）
488 関西医科大学（医学部） 医
489 関西医療大学 総推
490 関西外国語大学・短期大学部 総推
491 関西学院大学（文・法・商・人間福祉・総合政策学部－学部個別日程）
492 関西学院大学（神・社会・経済・国際・教育学部－学部個別日程）
493 関西学院大学（全学部日程〈文系型〉）
494 関西学院大学（全学部日程〈理系型〉）
495 関西学院大学（共通テスト併用日程〈数学〉・英数日程）
496 関西学院大学（英語〈3日程×3カ年〉） 新
497 関西学院大学（国語〈3日程×3カ年〉） 新
498 関西学院大学（日本史・世界史・文系数学〈3日程×3カ年〉） 新
499 畿央大学 総推
500 京都外国語大学・短期大学 総推
502 京都産業大学（公募推薦入試） 総推
503 京都産業大学（一般選抜入試〈前期日程〉）
504 京都女子大学 総推
505 京都先端科学大学 総推
506 京都橘大学 総推
507 京都ノートルダム女子大学 総推
508 京都薬科大学 総推
509 近畿大学・短期大学部（医学部を除く－推薦入試） 総推
510 近畿大学・短期大学部（医学部を除く－一般入試前期）
511 近畿大学（英語〈医学部を除く3日程×3カ年〉）
512 近畿大学（理系数学〈医学部を除く3日程×3カ年〉）
513 近畿大学（国語〈医学部を除く3日程×3カ年〉）
514 近畿大学（医学部－推薦入試・一般入試前期） 医 総推
515 近畿大学・短期大学部（一般入試後期） 医
516 皇學館大学 総推
517 甲南大学 総推
518 甲南女子大学（学校推薦型選抜） 新 総推
519 神戸学院大学 総推
520 神戸国際大学 総推
521 神戸女学院大学 総推
522 神戸女子大学・短期大学 総推
523 神戸薬科大学 総推
524 四天王寺大学・短期大学部 総推
525 摂南大学（公募制推薦入試） 総推
526 摂南大学（一般選抜前期日程）
527 帝塚山学院大学 総推
528 同志社大学（法、グローバル・コミュニケーション学部－学部個別日程）

2025年版　大学赤本シリーズ

私立大学③

529 同志社大学(文・経済学部−学部個別日程)
530 同志社大学(神・商・心理・グローバル地域文化学部−学部個別日程)
531 同志社大学(社会学部−学部個別日程)
532 同志社大学(政策・文化情報〈文系型〉・スポーツ健康科〈文系型〉学部−学部個別日程)
533 同志社大学(理工・生命医科・文化情報〈理系型〉・スポーツ健康科〈理系型〉学部−学部個別日程)
534 同志社大学(全学部日程)
535 同志社女子大学 総推
536 奈良大学 総推
537 奈良学園大学 総推
538 阪南大学 総推
539 姫路獨協大学 総推
540 兵庫医科大学(医学部) 医
541 兵庫医科大学(薬・看護・リハビリテーション学部) 総推
542 佛教大学 総推
543 武庫川女子大学 総推
544 桃山学院大学 総推
545 大和大学・大和大学白鳳短期大学部 総推
546 立命館大学(文系−全学統一方式・学部個別配点方式)／立命館アジア太平洋大学(前期方式・英語重視方式)
547 立命館大学(理系−全学統一方式・学部個別配点方式・理系型3教科方式・薬学方式)
548 立命館大学(英語〈全学統一方式3日程×3カ年〉)
549 立命館大学(国語〈全学統一方式3日程×3カ年〉)
550 立命館大学(文系選択科目〈全学統一方式2日程×3カ年〉)
551 立命館大学(IR方式〈英語資格試験利用型〉・共通テスト併用方式)／立命館アジア太平洋大学(共通テスト併用方式)
552 立命館大学(後期分割方式・「経営学部で学ぶ感性+共通テスト」方式)／立命館アジア太平洋大学(後期方式)
553 龍谷大学(公募推薦入試) 総推
554 龍谷大学(一般選抜入試)

中国の大学(50音順)

555 岡山商科大学 総推
556 岡山理科大学 総推
557 川崎医科大学 医
558 吉備国際大学 総推
559 就実大学 総推
560 広島経済大学
561 広島国際大学 総推
562 広島修道大学
563 広島文教大学 総推
564 福山大学／福山平成大学
565 安田女子大学 総推

四国の大学(50音順)

567 松山大学

九州の大学(50音順)

568 九州医療科学大学
569 九州産業大学
570 熊本学園大学
571 久留米大学(文・人間健康・法・経済・商学部)
572 久留米大学(医学部〈医学科〉) 医
573 産業医科大学(医学部) 医
574 西南学院大学(商・経済・法・人間科学部−A日程)
575 西南学院大学(神・外国語・国際文化学部−A日程／全学部−F日程)
576 福岡大学(医学部医学科を除く−学校推薦型選抜・一般選抜系統別日程) 総推
577 福岡大学(医学部医学科を除く−一般選抜前期日程)
578 福岡大学(医学部〈医学科〉−学校推薦型選抜・一般選抜系統別日程) 医 総推
579 福岡工業大学
580 令和健康科学大学 総推

医 医学部医学科を含む
総推 総合型選抜または学校推薦型選抜を含む
DL リスニング音声配信　新 2024年 新刊・復刊

掲載している入試の種類や試験科目，収載年数などはそれぞれ異なります。詳細については，それぞれの本の目次や赤本ウェブサイトでご確認ください。

akahon.net
赤本 検索

難関校過去問シリーズ

出題形式別・分野別に収録した
「入試問題事典」
20大学73点
定価2,310〜2,640円(本体2,100〜2,400円)

先輩合格者はこう使った!
「難関校過去問シリーズの使い方」

61年，全部載せ!
要約演習で，総合力を鍛える
東大の英語
要約問題 UNLIMITED

国公立大学

東大の英語25カ年[第12版] 改
東大の英語リスニング20カ年[第9版] DL 改
東大の英語 要約問題 UNLIMITED
東大の文系数学25カ年[第12版] 改
東大の理系数学25カ年[第12版] 改
東大の現代文25カ年[第12版] 改
東大の古典25カ年[第12版] 改
東大の日本史25カ年[第9版] 改
東大の世界史25カ年[第9版] 改
東大の地理25カ年[第9版] 改
東大の物理25カ年[第9版] 改
東大の化学25カ年[第9版] 改
東大の生物25カ年[第9版] 改
東工大の英語20カ年[第8版] 改
東工大の数学20カ年[第9版] 改
東工大の物理20カ年[第5版] 改
東工大の化学20カ年[第5版] 改
一橋大の英語20カ年[第9版] 改
一橋大の数学20カ年[第9版] 改
一橋大の国語20カ年[第6版] 改
一橋大の日本史20カ年[第6版] 改
一橋大の世界史20カ年[第6版] 改
筑波大の英語15カ年 新
筑波大の数学15カ年 新
京大の英語25カ年[第12版]
京大の文系数学25カ年[第12版]
京大の理系数学25カ年[第12版]
京大の現代文25カ年[第2版]
京大の古典25カ年[第2版]
京大の日本史20カ年[第3版]
京大の世界史20カ年[第3版]
京大の物理25カ年[第9版]
京大の化学25カ年[第9版]
北大の英語15カ年[第8版]
北大の理系数学15カ年[第8版]
北大の物理15カ年[第2版]
北大の化学15カ年[第2版]
東北大の英語15カ年[第8版]
東北大の理系数学15カ年[第8版]
東北大の物理15カ年[第2版]
東北大の化学15カ年[第2版]
名古屋大の英語15カ年[第8版]
名古屋大の理系数学15カ年[第8版]
名古屋大の物理15カ年[第2版]
名古屋大の化学15カ年[第2版]
阪大の英語20カ年[第9版]
阪大の文系数学20カ年[第3版]
阪大の理系数学20カ年[第9版]
阪大の国語15カ年[第3版]
阪大の物理20カ年[第8版]
阪大の化学20カ年[第6版]
九大の英語15カ年[第8版]
九大の理系数学15カ年[第7版]
九大の物理15カ年[第2版]
九大の化学15カ年[第2版]
神戸大の英語15カ年[第9版]
神戸大の数学15カ年[第5版]
神戸大の国語15カ年[第3版]

私立大学

早稲田の英語[第11版] 改
早稲田の国語[第9版] 改
早稲田の日本史[第9版] 改
早稲田の世界史[第2版] 改
慶應の英語[第11版] 改
慶應の小論文[第3版] 改
明治大の英語[第9版] 改
明治大の国語[第2版] 改
明治大の日本史[第2版] 改
中央大の英語[第9版] 改
法政大の英語[第9版] 改
同志社大の英語[第10版]
立命館大の英語[第10版]
関西大の英語[第10版]
関西学院大の英語[第10版]

DL リスニング音声配信
新 2024年 新刊
改 2024年 改訂

共通テスト対策関連書籍

共通テスト対策も赤本で

① 過去問演習

2025年版

共通テスト赤本シリーズ

全12点

A5判／定価1,320円
（本体1,200円）

- 英国数には新課程対応オリジナル実戦模試 掲載！
- 公表された新課程試作問題はすべて掲載！
- くわしい対策講座で得点力UP
- 英語はリスニングを10回分掲載！赤本の音声サイトで本番さながらの対策！

- 英語 リーディング／リスニング DL
- 数学I，A／II，B，C
- 国語
- 歴史総合，日本史探究
- 歴史総合，世界史探究
- 地理総合，地理探究
- 公共，倫理
- 公共，政治・経済
- 物理
- 化学
- 生物
- 物理基礎／化学基礎／生物基礎／地学基礎

DL 音声無料配信

② 自己分析

赤本ノートシリーズ **過去問演習の効果を最大化**

▶共通テスト対策には

赤本ノート
（共通テスト用）

赤本ルーズリーフ
（共通テスト用）

共通テスト赤本シリーズ

新課程攻略問題集

全26点
に対応!!

▶二次・私大対策には

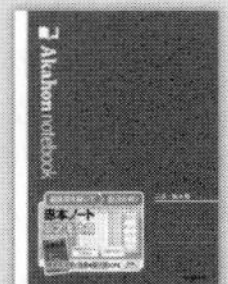

大学赤本シリーズ

全556点
に対応!!

赤本ノート（二次・私大用）

③ 重点対策

共通テスト赤本プラス

新課程攻略問題集

基礎固め&苦手克服のための分野別対策問題集!!
厳選された問題でかしこく対策

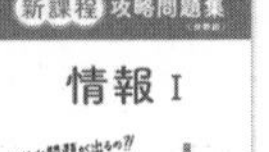
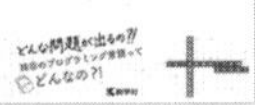

- 英語リーディング
- 英語リスニング DL
- 数学I，A
- 数学II，B，C
- 国語（現代文）
- 国語（古文，漢文）
- 歴史総合，日本史探究
- 歴史総合，世界史探究
- 地理総合，地理探究
- 公共，政治・経済
- 物理
- 化学
- 生物
- 情報I

DL 音声無料配信

全14点
好評発売中！

A5判／定価1,320円（本体1,200円）

手軽なサイズの実戦的参考書

目からウロコのコツが満載！

直前期にも！

満点のコツシリーズ

赤本ポケット

2025 年版　大学赤本シリーズ　No. 565

安田女子大学

編　集　教学社編集部
発行者　上原 寿明
発行所　教学社
〒606-0031
京都市左京区岩倉南桑原町56
電話　075-721-6500
振替　01020-1-15695
印　刷　共同印刷工業

2024 年 7 月 10 日　第 1 刷発行
ISBN978-4-325-26623-5
定価は裏表紙に表示しています